中华人民共和国公司法培训用书

# 《中华人民共和国公司法》释义

翟继光 项国 ◎ 主编

立信会计出版社
LIXIN ACCOUNTING PUBLISHING HOUSE

图书在版编目（CIP）数据

《中华人民共和国公司法》释义/翟继光，项国主编.—上海：立信会计出版社，2024.3
ISBN 978-7-5429-7602-4

Ⅰ.①中… Ⅱ.①翟… ②项… Ⅲ.①公司法—法律解释—中国 Ⅳ.① D922.291.915

中国国家版本馆 CIP 数据核字（2024）第 045015 号

责任编辑　毕芸芸

《中华人民共和国公司法》释义
ZHONGHUA RENMIN GONGHEGUO GONGSIFA SHIYI

| | |
|---|---|
| 出版发行 | 立信会计出版社 |
| 地　　址 | 上海市中山西路 2230 号　　邮政编码　200235 |
| 电　　话 | （021）64411389　　传　真　（021）64411325 |
| 网　　址 | www.lixinaph.com　　电子邮箱　lixinaph2019@126.com |
| 网上书店 | http://lixin.jd.com　　http://lxkjcbs.tmall.com |
| 经　　销 | 各地新华书店 |
| 印　　刷 | 北京鑫海金澳胶印有限公司 |
| 开　　本 | 787 毫米 ×1092 毫米　1/16 |
| 印　　张 | 28 |
| 字　　数 | 597 千字 |
| 版　　次 | 2024 年 3 月第 1 版 |
| 印　　次 | 2024 年 3 月第 1 次 |
| 书　　号 | ISBN 978-7-5429-7602-4/ D |
| 定　　价 | 96.00 元 |

如有印订差错，请与本社联系调换

# 编 委 会

**主　编**

翟继光　中国政法大学 / 教授

项　国　北京市盈科律师事务所 / 博士

**编委委员（排名不分先后）**

欧云塔娜　新疆维吾尔自治区人民政府办公厅

石银霞　北京大成律师事务所

周　跃　北京市盈科（深圳）律师事务所

杨　巍　北京市两高律师事务所

葛　昱　北京市兰台律师事务所

卜庆卫　中国航天科工集团有限公司

王月圆　中国航天科工集团有限公司

毋亦蒙　中原银行股份有限公司

马跃鑫　中国政法大学研究生院

葛禹辰　中国政法大学法律硕士学院

# 前　言

公司法是规范公司的设立、组织活动和解散以及其他与公司组织有关的对内对外关系的法律规范，是社会主义市场经济最基础、最重要的商事法律之一。1993年12月29日，第八届全国人民代表大会常务委员会第五次会议通过《中华人民共和国公司法》（以下简称《公司法》），该法历经1999年12月25日第九届全国人民代表大会常务委员会第十三次会议第一次修正、2004年8月28日第十届全国人民代表大会常务委员会第十一次会议第二次修正、2005年10月27日第十届全国人民代表大会常务委员会第十八次会议第一次修订、2013年12月28日第十二届全国人民代表大会常务委员会第六次会议第三次修正、2018年10月26日第十三届全国人民代表大会常务委员会第六次会议第四次修正。

2023年12月29日，第十四届全国人民代表大会常务委员会第七次会议对《公司法》进行了第二次修订。该次修订是对《公司法》的全面修订，增加和完善了一系列重要的制度：进一步完善公司出资制度，强化股东出资责任；明确股东失权的决议程序和失权股东的异议程序；进一步强化职工民主管理、保护职工合法权益；规定公司董事会成员中的职工代表可以成为审计委员会成员；明确公司收到股东提议召开临时股东会会议的请求时，应当在规定期限内答复股东是否召开会议，以确保股东能够及时自行召集；完善审计委员会的议事方式和表决程序；增加股东对全资子公司相关材料的查阅、复制权利，完善股东对全资子公司董事、监事、高级管理人员等提起代表诉讼的程序。

为帮助公司的股东、董事、监事、高级管理人员以及社会公众了解新修订的《公司法》的主要内容，我们组织相关专家、研究人员和律师编写了本书。

本书具有以下三个特点：第一，对比清晰。本书列举了2018年版本的《公司法》、

2023年8月提交全国人大常委会审议的《中华人民共和国公司法（修订草案三次审议稿）》（以下简称《三次审议稿》）以及2023年12月29日全国人大常委会审议通过的《公司法》，便于读者对照三个版本之间的差异。第二，逐条释义，简明扼要，重点突出。本书对《公司法》266个条款进行了逐条释义，释义遵循简明扼要、重点突出的原则，对一些常识性的问题不再做详细解释，重点介绍容易理解错误的重要内容。第三，相关法律、法规、司法解释齐全。本书在逐条释义之后，增加了与该条款相关的法律、法规、规章、其他规范性文件、司法解释。

本书由北京市盈科律师事务所项国博士和中国政法大学翟继光教授主编，编委成员包括欧云塔娜（新疆维吾尔自治区人民政府办公厅）、石银霞（北京大成律师事务所）、周跃［北京市盈科（深圳）律师事务所］、杨巍（北京市两高律师事务所）、葛昱（北京市兰台律师事务所）、卜庆卫（中国航天科工集团有限公司）、王月圆（中国航天科工集团有限公司）、毋亦蒙（中原银行股份有限公司）、马跃鑫（中国政法大学研究生院）、葛禹辰（中国政法大学法律硕士学院）。（排名不分先后）

本书使用的法律、法规、规章、其他规范性文件、司法解释的发布日期截至2023年12月31日。上述规范性文件的部分内容与新修订的《公司法》有冲突，读者在使用时应当注意。由于时间关系，本书在写作和资料搜集中难免有不足，欢迎广大读者批评指正，相关意见和建议可以发送至电子邮箱：zhaijiguang2008@sina.com，我们将在未来修订时予以进一步完善。

本书编委会

2024年1月10日

# 目　录

第一章　总则 ································································ 001

第二章　公司登记 ························································ 043

第三章　有限责任公司的设立和组织机构 ······················ 061

　　第一节　设立 ······················································· 061

　　第二节　组织机构 ················································ 101

第四章　有限责任公司的股权转让 ································ 137

第五章　股份有限公司的设立和组织机构 ······················ 147

　　第一节　设立 ······················································· 147

　　第二节　股东会 ···················································· 199

　　第三节　董事会、经理 ·········································· 213

　　第四节　监事会 ···················································· 223

　　第五节　上市公司组织机构的特别规定 ···················· 228

第六章　股份有限公司的股份发行和转让……………………………… 249

　　第一节　股份发行………………………………………………… 249

　　第二节　股份转让………………………………………………… 271

第七章　国家出资公司组织机构的特别规定…………………………… 292

第八章　公司董事、监事、高级管理人员的资格和义务……………… 310

第九章　公司债券………………………………………………………… 330

第十章　公司财务、会计………………………………………………… 346

第十一章　公司合并、分立、增资、减资……………………………… 367

第十二章　公司解散和清算……………………………………………… 378

第十三章　外国公司的分支机构………………………………………… 401

第十四章　法律责任……………………………………………………… 407

第十五章　附则…………………………………………………………… 438

# 第一章 总　　则

## 一、第一条

### （一）原文

**【2023 年版本】**

第一条　为了规范公司的组织和行为，保护公司、股东、职工和债权人的合法权益，完善中国特色现代企业制度，弘扬企业家精神，维护社会经济秩序，促进社会主义市场经济的发展，根据宪法，制定本法。

**【三次审议稿】**

第一条　为了规范公司的组织和行为，保护公司、股东和债权人的合法权益，完善中国特色现代企业制度，弘扬企业家精神，维护社会经济秩序，促进社会主义市场经济的发展，制定本法。

**【2018 年版本】**

第一条　为了规范公司的组织和行为，保护公司、股东和债权人的合法权益，维护社会经济秩序，促进社会主义市场经济的发展，制定本法。

### （二）条文释义

本条规定了公司法的立法宗旨。与 2018 年版本相比，三次审议稿和 2023 年版本增加了"完善中国特色现代企业制度，弘扬企业家精神"。

《公司法》是对公司的规范，《中华人民共和国民法典》（以下简称《民法典》）、《中华人民共和国证券法》（以下简称《证券法》）、《中华人民共和国保险法》（以下简称《保险法》）等法律也涉及对公司的规范，但《公司法》是规范公司组织和行为最基本的法律。如何成立公司，公司的组织架构是什么，公司如何运作等基本问题都由《公司法》来规范，其他法律仅仅起到补充作用。

《公司法》的直接目的是通过规范公司的组织和行为，保护公司、股东和债权人的合法权益。这里需要注意的是，与公司相关的利益主体包括公司、股东和债权人三者，《公司法》对三者的利益均予以保护，并非仅仅保护股东利益。在大多数情形下，三者利益是一致的。只有在少数情形下，三者利益才会发生冲突。此时，《公司法》的作用就是平衡三者利益，避免一方利用其优势地位侵犯其他一方或者两方的利益。

《公司法》的间接目的是完善中国特色现代企业制度，弘扬企业家精神，维护社会经济秩序，促进社会主义市场经济的发展。公司是现代企业最主要的表现形式，除此以外，还有个人独资企业、合伙企业等。完善公司法律制度就是完善中国特色现代企业制度。由于中国企业发展的历史较短，股东利用公司有限责任侵犯其他主体利益的情形还时有出现，因此，急需弘扬企业家精神，维护社会经济秩序。《公司法》设计的有限责任是为了防范股东的风险，并非为股东逃债、侵犯其他主体利益提供保护伞。

通过以上直接目的与间接目的，《公司法》的最终目的是促进社会主义市场经济的发展，因为公司是社会主义市场经济中最重要的主体，公司能够规范发展，也就为社会主义市场经济的稳定发展奠定了基础。

## 二、第二条

### （一）原文

【2023年版本、三次审议稿】

第二条　本法所称公司，是指依照本法在中华人民共和国境内设立的有限责任公司和股份有限公司。

【2018年版本】

第二条　本法所称公司是指依照本法在中国境内设立的有限责任公司和股份有限公司。

### （二）条文释义

本条规定了公司的种类和范围。

各国的公司种类各不相同，但比较常见的两种形态是有限责任公司和股份有限公司。《公司法》规范的公司仅限于在中国境内设立的有限责任公司和股份有限公司。在中国境内，不允许有其他形态的公司存在。个人独资企业、合伙企业不是公司。

有限责任公司和股份有限公司基本结构是类似的，前者不存在股份，股东持有的是股权，后者存在股份，股东持有股份，股份的外在表现形态是股票。有限责任公司不能上市，其股权只能私下转让或者在国家设立的相关交易场所转让，股份有限公司可以上市，其股票可以在证券交易所公开交易。

## 三、第三条

### （一）原文

**【2023 年版本、三次审议稿】**

第三条　公司是企业法人，有独立的法人财产，享有法人财产权。公司以其全部财产对公司的债务承担责任。

公司的合法权益受法律保护，不受侵犯。

**【2018 年版本】**

第三条　公司是企业法人，有独立的法人财产，享有法人财产权。公司以其全部财产对公司的债务承担责任。

有限责任公司的股东以其认缴的出资额为限对公司承担责任；股份有限公司的股东以其认购的股份为限对公司承担责任。

### （二）条文释义

本条规定了公司的基本地位。与 2018 年版本相比，三次审议稿增加了"公司的合法权益受法律保护，不受侵犯"。

民事主体分为自然人、法人等，法人又包括营利法人、非营利法人和特别法人。营利法人的主要形态是企业法人。公司是企业法人的主要形态，除公司外，我国还存在全民所有制企业，也属于企业法人。公司有独立的法人财产，享有法人财产权。股东出资、公司成立之后，股东的出资就转化为公司的财产。公司是独立于股东的法律主体，公司也具有独立于股东的合法权益，公司的合法权益受法律保护，不受侵犯。

公司虽然名称中含有"有限"两字，但公司本身承担的是无限责任。也就是说，公司以其全部财产对公司的债务承担责任。如果其全部财产少于公司债务，公司可以破产，也可以继续经营，创造新的利润来偿还债务。

# 四、第四条

## （一）原文

**【2023年版本、三次审议稿】**

**第四条** 有限责任公司的股东以其认缴的出资额为限对公司承担责任；股份有限公司的股东以其认购的股份为限对公司承担责任。

公司股东对公司依法享有资产收益、参与重大决策和选择管理者等权利。

**【2018年版本】**

**第三条** 公司是企业法人，有独立的法人财产，享有法人财产权。公司以其全部财产对公司的债务承担责任。

有限责任公司的股东以其认缴的出资额为限对公司承担责任；股份有限公司的股东以其认购的股份为限对公司承担责任。

**第四条** 公司股东依法享有资产收益、参与重大决策和选择管理者等权利。

## （二）条文释义

本条规定了股东的有限责任及股东权利。

公司名称中的"有限"是针对股东责任而言的，股东对公司承担责任是有限度的。有限责任公司的股东以其认缴的出资额为限对公司承担责任；股份有限公司的股东以其认购的股份为限对公司承担责任。需要注意的是，股东是以"认缴的出资额"或者"认购的股份"为限对公司承担责任，并非以实缴出资额或者实际购买的股份为限对公司承担责任。因此，股东在确定公司注册资本的数额时应当量力而行，如果在注册资本上"吹牛"，将来全体股东需要按照注册资本的数额来对公司债务承担责任，在公司破产之前，全体股东必须将各自认缴的出资额全部出资完成或者将认购的股份认购完成。

公司是股东出资设立的，因此，股东对公司享有非常重要的权利。公司股东对公司依法享有资产收益、参与重大决策和选择管理者等权利。资产收益权也就是分取股息的权利。参与重大决策权就是参加股东会并进行表决的权利。选择管理者权则是通过股东会确定公司管理人员的权利。股东行使上述权利应当依照法律和公司章程规定的程序和方式。

## 五、第五条

### （一）原文

【2023年版本、三次审议稿】

**第五条** 设立公司应当依法制定公司章程。公司章程对公司、股东、董事、监事、高级管理人员具有约束力。

【2018年版本】

**第十一条** 设立公司必须依法制定公司章程。公司章程对公司、股东、董事、监事、高级管理人员具有约束力。

### （二）条文释义

本条规定了公司章程及其约束力。

公司章程是在法律允许的范围内对公司设立、组织、运行等相关内容的具体规范。公司章程不仅涉及公司自身的建设，还涉及股东、董事、监事以及高级管理人员的权利义务，因此，其对公司、股东、董事、监事、高级管理人员具有约束力。公司章程的规定只要不违反法律法规的强制性规定，公司、股东、董事、监事、高级管理人员均应遵守公司章程的规定。

## 六、第六条

### （一）原文

【2023年版本、三次审议稿】

**第六条** 公司应当有自己的名称。公司名称应当符合国家有关规定。

公司的名称权受法律保护。

【2018年版本】

**第八条** 依照本法设立的有限责任公司，必须在公司名称中标明有限责任公司或者有限公司字样。

依照本法设立的股份有限公司，必须在公司名称中标明股份有限公司或者股份公司字样。

### （二）条文释义

本条规定了公司的名称。

公司作为独立的法人，必须有自己的名称。公司签订合同，参与法律诉讼等均以自己的名称签订或者参与。公司名称的确定既涉及公共利益，也涉及已有公司的利益，公司登记机关对公司名称有详细的规定，因此，公司名称应当符合国家有关规定。

公司名称是公司的重要资产，也具有经济价值，因此，公司的名称权受法律保护。未经公司允许，不允许使用或者借用其名称从事法律活动。

## 七、第七条

### （一）原文

**【2023年版本、三次审议稿】**

第七条 依照本法设立的有限责任公司，应当在公司名称中标明有限责任公司或者有限公司字样。

依照本法设立的股份有限公司，应当在公司名称中标明股份有限公司或者股份公司字样。

**【2018年版本】**

第八条 依照本法设立的有限责任公司，必须在公司名称中标明有限责任公司或者有限公司字样。

依照本法设立的股份有限公司，必须在公司名称中标明股份有限公司或者股份公司字样。

### （二）条文释义

本条规定了公司确定名称的规范。

一个好的公司名称应当包含公司最基本的要素，因此，公司名称通常应当包括公司的地理位置、字号、所处行业以及组织形式。因此，有限责任公司，应当在公司名称中标明有限责任公司或者有限公司字样。股份有限公司，应当在公司名称中标明股份有限公司或者股份公司字样。例如，"北京好宝贝餐饮有限责任公司"就包含了地域、字号、行业和组织形式等信息，是一个合格的企业名称。

## 八、第八条

### （一）原文

【2023 年版本、三次审议稿】
第八条　公司以其主要办事机构所在地为住所。

【2018 年版本】
第十条　公司以其主要办事机构所在地为住所。

### （二）条文释义

本条规定了公司的住所。

公司必须有住所，这既是公司主要的办事机构所在地，也是确定管辖法院、送达诉讼文书等的法定地址。在公司有多个办事机构时，应当以其主要办事机构所在地为住所。住所应当登记在公司的营业执照上。

## 九、第九条

### （一）原文

【2023 年版本、三次审议稿】
第九条　公司的经营范围由公司章程规定。公司可以修改公司章程，变更经营范围。

公司的经营范围中属于法律、行政法规规定须经批准的项目，应当依法经过批准。

【2018 年版本】
第十二条　公司的经营范围由公司章程规定，并依法登记。公司可以修改公司章程，改变经营范围，但是应当办理变更登记。

公司的经营范围中属于法律、行政法规规定须经批准的项目，应当依法经过批准。

### （二）条文释义

本条规定了公司的经营范围。

公司的经营范围是公司最主要的事项，应当由公司章程明确规定，且应登记在公司营业执照之上。公司的经营范围并非一成不变，但如果变更经营范围，公司必须修改公司章程。也就是说，无论什么时候，公司的经营范围都以公司章程规定的范围为准。

公司的经营范围原则上由股东通过公司章程自由决定，但其中属于法律、行政法规规定须经批准的项目，应当依法经过批准才能写到公司章程之中。目前，需要经过批准才能经营的项目已经大大压缩了，绝大多数经营项目均不需要批准，股东可以通过公司章程自由决定。股东在公司登记机关办理登记、确定经营范围时，公司登记机关会告知其哪些项目需要经过批准。

# 十、第十条

## （一）原文

**【2023 年版本】**

**第十条** 公司的法定代表人按照公司章程的规定，由代表公司执行公司事务的董事或者经理担任。

担任法定代表人的董事或者经理辞任的，视为同时辞去法定代表人。

法定代表人辞任的，公司应当在法定代表人辞任之日起三十日内确定新的法定代表人。

**【三次审议稿】**

**第十条** 公司的法定代表人按照公司章程的规定，由代表公司执行公司事务的董事或者经理担任。

**【2018 年版本】**

**第十三条** 公司法定代表人依照公司章程的规定，由董事长、执行董事或者经理担任，并依法登记。公司法定代表人变更，应当办理变更登记。

## （二）条文释义

本条规定了公司的法定代表人。

法定代表人是公司的代表，代表公司签订合同，代表公司参与诉讼，也是承担相关责任的主体，因此，是公司的重要事项。公司法定代表人应当由公司章程明确规定，且登记在营业执照之上。董事长、执行董事或者经理可以担任法定代表人，其他人不允许担任法定代表人。

担任法定代表人的董事或者经理如果辞任，视为同时辞去法定代表人。因为担任法定代表人的前提是担任公司董事或者经理。法定代表人辞职可以向董事会秘书提出，也可以向董事长提出，如果其本身就是董事长，也可以向副董事长提出。

法定代表人辞任的，公司应当在法定代表人辞任之日起 30 日内确定新的法定代表人，因为公司不能长期没有法定代表人。法定代表人的辞职原则上立即生效，公司应当及时确定新的法定代表人。公司章程也可以规定在法定代表人辞职后，由谁接任法定代表人或者由谁担任临时法定代表人，以防止公司运营出现权力真空。

## 十一、第十一条

### （一）原文

【2023 年版本、三次审议稿】

第十一条　法定代表人以公司名义从事的民事活动，其法律后果由公司承受。

公司章程或者股东会对法定代表人职权的限制，不得对抗善意相对人。

法定代表人因执行职务造成他人损害的，由公司承担民事责任。公司承担民事责任后，依照法律或者公司章程的规定，可以向有过错的法定代表人追偿。

### （二）条文释义

本条规定了法定代表人民事活动的后果。本条是三次审议稿新增加的内容。

由于法定代表人是写入公司章程和营业执照的，已经向社会公示，因此，法定代表人以公司名义从事的民事活动，其法律后果应当由公司承受。法定代表人以个人名义从事的民事活动，其法律后果由个人承受，与公司无关。

公司章程或者股东会对法定代表人职权的限制，由于对外公示性不足，为降低交易成本，保护善意相对人的利益，该限制不得对抗善意相对人。善意相对人是不知道且不应知道该项限制的相对人，即相对人应当对该项限制尽到合理注意义务，在签订重要合同时应当查看公司章程是否有该项限制并要求公司及法定代表人承诺股东会未作出该项限制。

法定代表人的一切职务行为，其后果都应当由公司承担。因此，法定代表人因执行职务造成他人损害的，应当由公司承担民事责任。公司承担民事责任后，依照法律或者公司章程的规定，可以向有过错的法定代表人追偿。这里的"过错"通常是指故意以及重大过失，如果公司章程另有明确规定，可以包括轻微过失。如果法定代表人在执行职务时，尽到了通常合理的注意义务，应当认为法定代表人没有"过错"。

《中华人民共和国公司法》释义

## 十二、第十二条

### （一）原文

【2023年版本、三次审议稿】

第十二条 有限责任公司变更为股份有限公司，应当符合本法规定的股份有限公司的条件。股份有限公司变更为有限责任公司，应当符合本法规定的有限责任公司的条件。

有限责任公司变更为股份有限公司的，或者股份有限公司变更为有限责任公司的，公司变更前的债权、债务由变更后的公司承继。

【2018年版本】

第九条 有限责任公司变更为股份有限公司，应当符合本法规定的股份有限公司的条件。股份有限公司变更为有限责任公司，应当符合本法规定的有限责任公司的条件。

有限责任公司变更为股份有限公司的，或者股份有限公司变更为有限责任公司的，公司变更前的债权、债务由变更后的公司承继。

### （二）条文释义

本条规定了有限责任公司和股份有限公司的互相变更。

为提高公司经营的连续性，降低交易成本，有限责任公司和股份有限公司可以互相转变形式。由于二者设立的条件并不完全相同，因此，有限责任公司变更为股份有限公司，应当符合《公司法》规定的股份有限公司的条件。股份有限公司变更为有限责任公司，应当符合《公司法》规定的有限责任公司的条件。

公司组织形式的变更并未改变公司的实质性法律关系，因此，有限责任公司变更为股份有限公司的，或者股份有限公司变更为有限责任公司的，公司变更前的债权、债务由变更后的公司承继。

## 十三、第十三条

### （一）原文

【2023年版本】

第十三条 公司可以设立子公司。子公司具有法人资格，依法独立承担民事责任。

公司可以设立分公司。分公司不具有法人资格,其民事责任由公司承担。

【三次审议稿】

第十三条  公司可以设立分公司。分公司不具有法人资格,其民事责任由公司承担。

公司可以设立子公司。子公司具有法人资格,依法独立承担民事责任。

【2018年版本】

第十四条  公司可以设立分公司。设立分公司,应当向公司登记机关申请登记,领取营业执照。分公司不具有法人资格,其民事责任由公司承担。

公司可以设立子公司,子公司具有法人资格,依法独立承担民事责任。

## (二)条文释义

本条规定了子公司与分公司的设立。

为方便公司跨地区经营以及集团化管理,公司可以设立子公司。子公司具有法人资格,也就是说能够独立承担民事责任,能够破产。母公司在认缴出资范围内对子公司的债务承担责任。子公司作为独立的公司,可以设立自己的分公司,也可以设立自己的子公司。

为方便公司跨地区经营以及精细化管理,公司可以设立分公司。分公司不具有法人资格,也就是说不能独立承担民事责任,不能破产,分公司的民事责任由公司承担。分公司也应当登记并领取营业执照,因此,分公司可以参与诉讼,也可以先用自己的财产承担民事责任,不足部分再由总公司承担。

## 十四、第十四条

### (一)原文

【2023年版本】

第十四条  公司可以向其他企业投资。

法律规定公司不得成为对所投资企业的债务承担连带责任的出资人的,从其规定。

【三次审议稿】

第十四条  公司可以向其他企业投资;法律规定公司不得成为对所投资企业的债务承担连带责任的出资人的,从其规定。

【2018年版本】

第十五条  公司可以向其他企业投资;但是,除法律另有规定外,不得成为对所投资企业的债务承担连带责任的出资人。

### （二）条文释义

本条规定了公司对外投资的限制。

公司可以向其他企业投资，可以成为其他公司的股东，构建母子公司的架构。

公司通常情况下也可以向合伙企业投资，成为合伙企业的合伙人。如果法律规定公司不得成为对所投资企业的债务承担连带责任的出资人的，从其规定。实务中，公司作为合伙企业的有限合伙人没有争议。比较有争议的是公司能否成为合伙企业的普通合伙人。《公司法》的本条规定并未限制公司成为合伙企业的普通合伙人，如果其他法律有限制规定，则遵守其规定，例如《中华人民共和国合伙企业法》（以下简称《合伙企业法》）。目前，《合伙企业法》也仅仅是规定上市公司、国有独资公司和国有企业不能作为合伙企业的普通合伙人，因此，从目前法律规定来看，并不禁止普通公司成为合伙企业的普通合伙人。

### （三）相关法律规定

《合伙企业法》（1997年2月23日第八届全国人民代表大会常务委员会第二十四次会议通过，2006年8月27日第十届全国人民代表大会常务委员会第二十三次会议修订，下同）

**第二条** 本法所称合伙企业，是指自然人、法人和其他组织依照本法在中国境内设立的普通合伙企业和有限合伙企业。

普通合伙企业由普通合伙人组成，合伙人对合伙企业债务承担无限连带责任。本法对普通合伙人承担责任的形式有特别规定的，从其规定。

有限合伙企业由普通合伙人和有限合伙人组成，普通合伙人对合伙企业债务承担无限连带责任，有限合伙人以其认缴的出资额为限对合伙企业债务承担责任。

**第三条** 国有独资公司、国有企业、上市公司以及公益性的事业单位、社会团体不得成为普通合伙人。

## 十五、第十五条

### （一）原文

【2023年版本、三次审议稿】

第十五条　公司向其他企业投资或者为他人提供担保，按照公司章程的规定，由董事会或者股东会决议；公司章程对投资或者担保的总额及单项投资或者担保的数额有限额规定的，不得超过规定的限额。

公司为公司股东或者实际控制人提供担保的，应当经股东会决议。

前款规定的股东或者受前款规定的实际控制人支配的股东，不得参加前款规定事项的表决。该项表决由出席会议的其他股东所持表决权的过半数通过。

【2018年版本】

第十六条　公司向其他企业投资或者为他人提供担保，依照公司章程的规定，由董事会或者股东会、股东大会决议；公司章程对投资或者担保的总额及单项投资或者担保的数额有限额规定的，不得超过规定的限额。

公司为公司股东或者实际控制人提供担保的，必须经股东会或者股东大会决议。

前款规定的股东或者受前款规定的实际控制人支配的股东，不得参加前款规定事项的表决。该项表决由出席会议的其他股东所持表决权的过半数通过。

## （二）条文释义

本条规定了公司对外投资或者提供担保的规则。

公司向其他企业投资或者为他人提供担保，对于公司而言，都是重要的事项，都有可能给公司及其股东造成损失或者增加其责任，因此应当经过董事会会议或者股东会会议决定，具体由哪一个机构决定，还是一定金额以上的由股东会会议决定，一定金额以下的由董事会会议决定，则按照公司章程的规定来执行。如果公司章程对投资或者担保的总额及单项投资或者担保的数额有限额规定，无论该事项是由董事会会议决定，还是由股东会会议决定，均不得超过规定的限额。

如果公司为公司股东或者实际控制人提供担保，无论数额大小，也无论是否提供反担保，为防止公司股东或者实际控制人利用其控制的董事会操纵会议决议，从而损害公司小股东的利益，该项担保应当经股东会决议。这一项属于法律的强制性规定，不允许公司通过公司章程或者股东会特别决议予以变更。

为保护中小股东利益，防止大股东利用绝对控股权损害中小股东的利益，前一段所提及的股东或者受前一段提及的实际控制人支配的股东，不得参加前一段提及的担保事项的表决。该项表决由出席会议的其他股东所持表决权的过半数通过。这一规则也是法律的强制性规定，不允许公司通过公司章程或者股东会特别决议予以变更。

# 十六、第十六条

## （一）原文

【2023年版本、三次审议稿】

第十六条　公司应当保护职工的合法权益，依法与职工签订劳动合同，参加社会保险，加强劳动保护，实现安全生产。

公司应当采用多种形式，加强公司职工的职业教育和岗位培训，提高职工素质。

【2018年版本】

**第十七条** 公司必须保护职工的合法权益，依法与职工签订劳动合同，参加社会保险，加强劳动保护，实现安全生产。

公司应当采用多种形式，加强公司职工的职业教育和岗位培训，提高职工素质。

## （二）条文释义

本条规定了公司对职工权益的保护。

公司不仅仅属于股东，也是职工的家园。公司不能仅以盈利为目的，还应当尽到职工保护等社会责任。因此，公司应当保护职工的合法权益，依法与职工签订劳动合同，参加社会保险，加强劳动保护，实现安全生产。以上内容实际上也是《中华人民共和国劳动法》（以下简称《劳动法》）和《中华人民共和国劳动合同法》（以下简称《劳动合同法》）的相关要求，公司必须遵守。

职工素质的高低直接影响公司的效益，因此，公司应当采用多种形式，加强公司职工的职业教育和岗位培训，提高职工素质。这些内容实际上也是《劳动法》和《劳动合同法》的相关要求，公司必须遵守。

《中华人民共和国企业所得税法》（以下简称《企业所得税法》）及其实施条例还专门规定了企业职工教育经费支出、劳动保护支出的扣除，可见国家对职工权益保护的重视。

## （三）相关法律规定

《劳动法》（1994年7月5日第八届全国人民代表大会常务委员会第八次会议通过，根据2009年8月27日第十一届全国人民代表大会常务委员会第十次会议《关于修改部分法律的决定》第一次修正，根据2018年12月29日第十三届全国人民代表大会常务委员会第七次会议《关于修改〈中华人民共和国劳动法〉等七部法律的决定》第二次修正，下同）

**第一条** 为了保护劳动者的合法权益，调整劳动关系，建立和维护适应社会主义市场经济的劳动制度，促进经济发展和社会进步，根据宪法，制定本法。

**第二条** 在中华人民共和国境内的企业、个体经济组织（以下统称用人单位）和与之形成劳动关系的劳动者，适用本法。

国家机关、事业组织、社会团体和与之建立劳动合同关系的劳动者，依照本法执行。

**第三条** 劳动者享有平等就业和选择职业的权利、取得劳动报酬的权利、休息休假的权利、获得劳动安全卫生保护的权利、接受职业技能培训的权利、享受社会保险和福利的权利、提请劳动争议处理的权利以及法律规定的其他劳动权利。

劳动者应当完成劳动任务,提高职业技能,执行劳动安全卫生规程,遵守劳动纪律和职业道德。

**第四条** 用人单位应当依法建立和完善规章制度,保障劳动者享有劳动权利和履行劳动义务。

**第五条** 国家采取各种措施,促进劳动就业,发展职业教育,制定劳动标准,调节社会收入,完善社会保险,协调劳动关系,逐步提高劳动者的生活水平。

**第六条** 国家提倡劳动者参加社会义务劳动,开展劳动竞赛和合理化建议活动,鼓励和保护劳动者进行科学研究、技术革新和发明创造,表彰和奖励劳动模范和先进工作者。

**第七条** 劳动者有权依法参加和组织工会。

工会代表和维护劳动者的合法权益,依法独立自主地开展活动。

**第八条** 劳动者依照法律规定,通过职工大会、职工代表大会或者其他形式,参与民主管理或者就保护劳动者合法权益与用人单位进行平等协商。

《**劳动合同法**》(2007年6月29日第十届全国人民代表大会常务委员会第二十八次会议通过,根据2012年12月28日第十一届全国人民代表大会常务委员会第三十次会议《关于修改〈中华人民共和国劳动合同法〉的决定》修正 主席令第73号,下同)

**第一条** 为了完善劳动合同制度,明确劳动合同双方当事人的权利和义务,保护劳动者的合法权益,构建和发展和谐稳定的劳动关系,制定本法。

**第二条** 中华人民共和国境内的企业、个体经济组织、民办非企业单位等组织(以下称用人单位)与劳动者建立劳动关系,订立、履行、变更、解除或者终止劳动合同,适用本法。

国家机关、事业单位、社会团体和与其建立劳动关系的劳动者,订立、履行、变更、解除或者终止劳动合同,依照本法执行。

**第三条** 订立劳动合同,应当遵循合法、公平、平等自愿、协商一致、诚实信用的原则。

依法订立的劳动合同具有约束力,用人单位与劳动者应当履行劳动合同约定的义务。

**第四条** 用人单位应当依法建立和完善劳动规章制度,保障劳动者享有劳动权利、履行劳动义务。

用人单位在制定、修改或者决定有关劳动报酬、工作时间、休息休假、劳动安全卫生、保险福利、职工培训、劳动纪律以及劳动定额管理等直接涉及劳动者切身利益的规章制度或者重大事项时,应当经职工代表大会或者全体职工讨论,提出方案和意见,与工会或者职工代表平等协商确定。

在规章制度和重大事项决定实施过程中,工会或者职工认为不适当的,有权向用人单位提出,通过协商予以修改完善。

用人单位应当将直接涉及劳动者切身利益的规章制度和重大事项决定公示，或者告知劳动者。

《企业所得税法》（2007年3月16日第十届全国人民代表大会第五次会议通过。根据2017年2月24日第十二届全国人民代表大会常务委员会第二十六次会议《关于修改〈中华人民共和国企业所得税法〉的决定》第一次修正。根据2018年12月29日第十三届全国人民代表大会常务委员会第七次会议《关于修改〈中华人民共和国电力法〉等四部法律的决定》第二次修正，下同）

第八条　企业实际发生的与取得收入有关的、合理的支出，包括成本、费用、税金、损失和其他支出，准予在计算应纳税所得额时扣除。

**【相关法规规定】**

**《中华人民共和国企业所得税法实施条例》**（2007年12月6日中华人民共和国国务院令第512号公布，根据2019年4月23日《国务院关于修改部分行政法规的决定》修订，以下简称《企业所得税法实施条例》）

第四十二条　除国务院财政、税务主管部门另有规定外，企业发生的职工教育经费支出，不超过工资薪金总额2.5%的部分，准予扣除；超过部分，准予在以后纳税年度结转扣除。

第四十八条　企业发生的合理的劳动保护支出，准予扣除。

# 十七、第十七条

## （一）原文

**【2023年版本】**

第十七条　公司职工依照《中华人民共和国工会法》组织工会，开展工会活动，维护职工合法权益。公司应当为本公司工会提供必要的活动条件。公司工会代表职工就职工的劳动报酬、工作时间、休息休假、劳动安全卫生和保险福利等事项依法与公司签订集体合同。

公司依照宪法和有关法律的规定，建立健全以职工代表大会为基本形式的民主管理制度，通过职工代表大会或者其他形式，实行民主管理。

公司研究决定改制、解散、申请破产以及经营方面的重大问题、制定重要的规章制度时，应当听取公司工会的意见，并通过职工代表大会或者其他形式听取职工的意见和建议。

**【三次审议稿】**

第十七条　公司职工依照《中华人民共和国工会法》组织工会，开展工会活动，维护职工合法权益。公司应当为本公司工会提供必要的活动条件。公司工会代表职工就职工的劳动报酬、工作时间、休息休假、劳动安全卫生和保险福利等事项依法与公司签订集体合同。

公司依照宪法和有关法律的规定，建立健全以职工代表大会为基本形式的民主管理制度，通过职工代表大会或者其他形式，实行民主管理。

公司研究决定改制以及经营方面的重大问题、制定重要的规章制度时，应当听取公司工会的意见，并通过职工代表大会或者其他形式听取职工的意见和建议。

【2018 年版本】

第十八条 公司职工依照《中华人民共和国工会法》组织工会，开展工会活动，维护职工合法权益。公司应当为本公司工会提供必要的活动条件。公司工会代表职工就职工的劳动报酬、工作时间、福利、保险和劳动安全卫生等事项依法与公司签订集体合同。

公司依照宪法和有关法律的规定，通过职工代表大会或者其他形式，实行民主管理。

公司研究决定改制以及经营方面的重大问题、制定重要的规章制度时，应当听取公司工会的意见，并通过职工代表大会或者其他形式听取职工的意见和建议。

## （二）条文释义

本条规定了公司的工会建设。

工会是中国共产党领导的职工自愿结合的工人阶级群众组织，是中国共产党联系职工群众的桥梁和纽带。因此，公司职工有权依照《中华人民共和国工会法》（以下简称《工会法》）组织工会，开展工会活动，维护职工合法权益。公司应当为本公司工会提供必要的活动条件，如活动场地和活动经费。根据《劳动法》和《劳动合同法》的规定，公司工会可以代表职工就职工的劳动报酬、工作时间、休息休假、劳动安全卫生和保险福利等事项依法与公司签订集体合同。

公司实行民主化管理不仅是维护职工权益的表现，也能大大提高公司的效益。因此，公司应当依照宪法和有关法律的规定，建立健全以职工代表大会为基本形式的民主管理制度，通过职工代表大会或者其他形式，实行民主管理。职工代表大会是最基本的公司民主管理形式，但公司也可以采取其他方式，如征求职工意见、征求工会意见以及选举职工代表列席董事会、监事会和股东会等。

公司的重要决策不仅影响股东利益，也影响职工的饭碗，因此，公司研究决定改制、解散、申请破产以及经营方面的重大问题、制定重要的规章制度时，应当听取公司工会的意见，并通过职工代表大会或者其他形式听取职工的意见和建议。需要注意的是，公司决策影响的主要是股东的利益，因此，公司决策中听取职工意见和建议并不意味着一定要采纳。职工意见和建议仅供公司决策时参考。

## （三）相关法律规定

**《工会法》**（1992年4月3日第七届全国人民代表大会第五次会议通过，根据2001年10月27日第九届全国人民代表大会常务委员会第二十四次会议《关于修改〈中华人民共和国工会法〉的决定》第一次修正，根据2009年8月27日第十一届全国人民代表大会常务委员会第十次会议《关于修改部分法律的决定》第二次修正，根据2021年12月24日第十三届全国人民代表大会常务委员会第三十二次会议《关于修改〈中华人民共和国工会法〉的决定》第三次修正）

**第一条** 为保障工会在国家政治、经济和社会生活中的地位，确定工会的权利与义务，发挥工会在社会主义现代化建设事业中的作用，根据宪法，制定本法。

**第二条** 工会是中国共产党领导的职工自愿结合的工人阶级群众组织，是中国共产党联系职工群众的桥梁和纽带。

中华全国总工会及其各工会组织代表职工的利益，依法维护职工的合法权益。

**第三条** 在中国境内的企业、事业单位、机关、社会组织（以下统称用人单位）中以工资收入为主要生活来源的劳动者，不分民族、种族、性别、职业、宗教信仰、教育程度，都有依法参加和组织工会的权利。任何组织和个人不得阻挠和限制。

工会适应企业组织形式、职工队伍结构、劳动关系、就业形态等方面的发展变化，依法维护劳动者参加和组织工会的权利。

**第五条** 工会组织和教育职工依照宪法和法律的规定行使民主权利，发挥国家主人翁的作用，通过各种途径和形式，参与管理国家事务、管理经济和文化事业、管理社会事务；协助人民政府开展工作，维护工人阶级领导的、以工农联盟为基础的人民民主专政的社会主义国家政权。

**第六条** 维护职工合法权益、竭诚服务职工群众是工会的基本职责。工会在维护全国人民总体利益的同时，代表和维护职工的合法权益。

工会通过平等协商和集体合同制度等，推动健全劳动关系协调机制，维护职工劳动权益，构建和谐劳动关系。

工会依照法律规定通过职工代表大会或者其他形式，组织职工参与本单位的民主选举、民主协商、民主决策、民主管理和民主监督。

工会建立联系广泛、服务职工的工会工作体系，密切联系职工，听取和反映职工的意见和要求，关心职工的生活，帮助职工解决困难，全心全意为职工服务。

**第七条** 工会动员和组织职工积极参加经济建设，努力完成生产任务和工作任务。教育职工不断提高思想道德、技术业务和科学文化素质，建设有理想、有道德、有文化、有纪律的职工队伍。

**第八条** 工会推动产业工人队伍建设改革，提高产业工人队伍整体素质，发挥产业工人骨干作用，维护产业工人合法权益，保障产业工人主人翁地位，造就一支有理想守信念、懂技术会创新、敢担当讲奉献的宏大产业工人队伍。

# 第一章 总 则

**《劳动法》**

**第三十三条** 企业职工一方与企业可以就劳动报酬、工作时间、休息休假、劳动安全卫生、保险福利等事项，签订集体合同。集体合同草案应当提交职工代表大会或者全体职工讨论通过。

集体合同由工会代表职工与企业签订；没有建立工会的企业，由职工推举的代表与企业签订。

**第三十四条** 集体合同签订后应当报送劳动行政部门；劳动行政部门自收到集体合同文本之日起十五日内未提出异议的，集体合同即行生效。

**第三十五条** 依法签订的集体合同对企业和企业全体职工具有约束力。职工个人与企业订立的劳动合同中劳动条件和劳动报酬等标准不得低于集体合同的规定。

**《劳动合同法》**

**第五十一条** 企业职工一方与用人单位通过平等协商，可以就劳动报酬、工作时间、休息休假、劳动安全卫生、保险福利等事项订立集体合同。集体合同草案应当提交职工代表大会或者全体职工讨论通过。

集体合同由工会代表企业职工一方与用人单位订立；尚未建立工会的用人单位，由上级工会指导劳动者推举的代表与用人单位订立。

**第五十二条** 企业职工一方与用人单位可以订立劳动安全卫生、女职工权益保护、工资调整机制等专项集体合同。

**第五十三条** 在县级以下区域内，建筑业、采矿业、餐饮服务业等行业可以由工会与企业方面代表订立行业性集体合同，或者订立区域性集体合同。

**第五十四条** 集体合同订立后，应当报送劳动行政部门；劳动行政部门自收到集体合同文本之日起十五日内未提出异议的，集体合同即行生效。

依法订立的集体合同对用人单位和劳动者具有约束力。行业性、区域性集体合同对当地本行业、本区域的用人单位和劳动者具有约束力。

**第五十五条** 集体合同中劳动报酬和劳动条件等标准不得低于当地人民政府规定的最低标准；用人单位与劳动者订立的劳动合同中劳动报酬和劳动条件等标准不得低于集体合同规定的标准。

**第五十六条** 用人单位违反集体合同，侵犯职工劳动权益的，工会可以依法要求用人单位承担责任；因履行集体合同发生争议，经协商解决不成的，工会可以依法申请仲裁、提起诉讼。

## （四）相关法规规定

**《企业所得税法实施条例》**

**第四十一条** 企业拨缴的工会经费，不超过工资薪金总额2%的部分，准予扣除。

## 十八、第十八条

### (一) 原文

【2023年版本、三次审议稿】

第十八条 在公司中,根据中国共产党章程的规定,设立中国共产党的组织,开展党的活动。公司应当为党组织的活动提供必要条件。

【2018年版本】

第十九条 在公司中,根据中国共产党章程的规定,设立中国共产党的组织,开展党的活动。公司应当为党组织的活动提供必要条件。

### (二) 条文释义

本条规定了公司中的党组织。

中国共产党党员是中国工人阶级的有共产主义觉悟的先锋战士。每个党员,不论职务高低,都必须编入党的一个支部、小组或其他特定组织,参加党的组织生活,接受党内外群众的监督。由于公司中也存在大量党员,因此,在公司中,根据中国共产党章程的规定,设立中国共产党的组织,开展党的活动。党员人数较少的公司可以设立党支部,人数较多的公司可以设立党委。如果公司的主要负责人也是党员,可以担任党支部书记、党委书记,以便于党组织在公司中开展活动。公司应当为党组织的活动提供必要条件,如活动场所、活动时间和活动经费等。

### (三) 相关党内法规的规定

《中国共产党章程》(中国共产党第二十次全国代表大会部分修改,2022年10月22日通过)

第一条 年满十八岁的中国工人、农民、军人、知识分子和其他社会阶层的先进分子,承认党的纲领和章程,愿意参加党的一个组织并在其中积极工作、执行党的决议和按期交纳党费的,可以申请加入中国共产党。

第二条 中国共产党党员是中国工人阶级的有共产主义觉悟的先锋战士。

中国共产党党员必须全心全意为人民服务,不惜牺牲个人的一切,为实现共产主义奋斗终身。

中国共产党党员永远是劳动人民的普通一员。除了法律和政策规定范围内的个人利益和工作职权以外，所有共产党员都不得谋求任何私利和特权。

**第八条** 每个党员，不论职务高低，都必须编入党的一个支部、小组或其他特定组织，参加党的组织生活，接受党内外群众的监督。党员领导干部还必须参加党委、党组的民主生活会。不允许有任何不参加党的组织生活、不接受党内外群众监督的特殊党员。

**第三十条** 企业、农村、机关、学校、医院、科研院所、街道社区、社会组织、人民解放军连队和其他基层单位，凡是有正式党员三人以上的，都应当成立党的基层组织。

党的基层组织，根据工作需要和党员人数，经上级党组织批准，分别设立党的基层委员会、总支部委员会、支部委员会。基层委员会由党员大会或代表大会选举产生，总支部委员会和支部委员会由党员大会选举产生，提出委员候选人要广泛征求党员和群众的意见。

**第三十一条** 党的基层委员会、总支部委员会、支部委员会每届任期三年至五年。基层委员会、总支部委员会、支部委员会的书记、副书记选举产生后，应报上级党组织批准。

**第三十二条** 党的基层组织是党在社会基层组织中的战斗堡垒，是党的全部工作和战斗力的基础。它的基本任务是：

（一）宣传和执行党的路线、方针、政策，宣传和执行党中央、上级组织和本组织的决议，充分发挥党员的先锋模范作用，积极创先争优，团结、组织党内外的干部和群众，努力完成本单位所担负的任务。

（二）组织党员认真学习马克思列宁主义、毛泽东思想、邓小平理论、"三个代表"重要思想、科学发展观、习近平新时代中国特色社会主义思想，推进"两学一做"学习教育、党史学习教育常态化制度化，学习党的路线、方针、政策和决议，学习党的基本知识，学习科学、文化、法律和业务知识。

（三）对党员进行教育、管理、监督和服务，提高党员素质，坚定理想信念，增强党性，严格党的组织生活，开展批评和自我批评，维护和执行党的纪律，监督党员切实履行义务，保障党员的权利不受侵犯。加强和改进流动党员管理。

（四）密切联系群众，经常了解群众对党员、党的工作的批评和意见，维护群众的正当权利和利益，做好群众的思想政治工作。

（五）充分发挥党员和群众的积极性创造性，发现、培养和推荐他们中间的优秀人才，鼓励和支持他们在改革开放和社会主义现代化建设中贡献自己的聪明才智。

（六）对要求入党的积极分子进行教育和培养，做好经常性的发展党员工作，重视在生产、工作第一线和青年中发展党员。

（七）监督党员干部和其他任何工作人员严格遵守国家法律法规，严格遵守国家的财政经济法规和人事制度，不得侵占国家、集体和群众的利益。

（八）教育党员和群众自觉抵制不良倾向，坚决同各种违纪违法行为作斗争。

**第三十三条** 街道、乡、镇党的基层委员会和村、社区党组织，统一领导本地区基层各类组织和各项工作，加强基层社会治理，支持和保证行政组织、经济组织和群众性自治组织充分行使职权。

国有企业党委（党组）发挥领导作用，把方向、管大局、保落实，依照规定讨论和决定企业重大事项。国有企业和集体企业中党的基层组织，围绕企业生产经营开展工作。保证监督党和国家的方针、政策在本企业的贯彻执行；支持股东会、董事会、监事会和经理（厂长）依法行使职权；全心全意依靠职工群众，支持职工代表大会开展工作；参与企业重大问题的决策；加强党组织的自身建设，领导思想政治工作、精神文明建设、统一战线工作和工会、共青团、妇女组织等群团组织。

非公有制经济组织中党的基层组织，贯彻党的方针政策，引导和监督企业遵守国家的法律法规，领导工会、共青团等群团组织，团结凝聚职工群众，维护各方的合法权益，促进企业健康发展。

社会组织中党的基层组织，宣传和执行党的路线、方针、政策，领导工会、共青团等群团组织，教育管理党员，引领服务群众，推动事业发展。

实行行政领导人负责制的事业单位中党的基层组织，发挥战斗堡垒作用。实行党委领导下的行政领导人负责制的事业单位中党的基层组织，对重大问题进行讨论和作出决定，同时保证行政领导人充分行使自己的职权。

各级党和国家机关中党的基层组织，协助行政负责人完成任务，改进工作，对包括行政负责人在内的每个党员进行教育、管理、监督，不领导本单位的业务工作。

**第三十四条** 党支部是党的基础组织，担负直接教育党员、管理党员、监督党员和组织群众、宣传群众、凝聚群众、服务群众的职责。

# 十九、第十九条

## （一）原文

**【2023年版本、三次审议稿】**

**第十九条** 公司从事经营活动，应当遵守法律法规，遵守社会公德、商业道德，诚实守信，接受政府和社会公众的监督。

**【2018年版本】**

**第五条** 公司从事经营活动，必须遵守法律、行政法规，遵守社会公德、商业道德，诚实守信，接受政府和社会公众的监督，承担社会责任。

公司的合法权益受法律保护，不受侵犯。

## （二）条文释义

本条规定了公司的基本社会义务。

公司是社会生产的基本单位之一，也是社会的组成部分。公司不仅要完成股东的盈利目标，也要实现社会单位与组成部分的任务。因此，公司从事经营活动，应当遵守法律法规，遵守社会公德、商业道德，诚实守信，接受政府和社会公众的监督。不同类型的公司，接受政府和社会公众监督的程度是不同的。国有企业、上市公司应当起到表率作用，受到监督的程度最高。上市公司以外的公众公司其次，非公众公司的有限责任公司和股份有限公司受到的监督最弱。

# 二十、第二十条

## （一）原文

【2023年版本】

第二十条　公司从事经营活动，应当充分考虑公司职工、消费者等利益相关者的利益以及生态环境保护等社会公共利益，承担社会责任。

国家鼓励公司参与社会公益活动，公布社会责任报告。

【三次审议稿】

第二十条　公司从事经营活动，应当在遵守法律法规规定的基础上，充分考虑公司职工、消费者等利益相关者的利益以及生态环境保护等社会公共利益，承担社会责任。

国家鼓励公司参与社会公益活动，公布社会责任报告。

【2018年版本】

第五条　公司从事经营活动，必须遵守法律、行政法规，遵守社会公德、商业道德，诚实守信，接受政府和社会公众的监督，承担社会责任。

公司的合法权益受法律保护，不受侵犯。

## （二）条文释义

本条规定了公司的社会责任。

公司是多个利益主体共同的利益主体，因此，公司不能只关注股东利益，还应当考虑其他主体的利益。公司从事经营活动，应当充分考虑公司职工、消费者等利益相关者的利益以及生态环境保护等社会公共利益，承担社会责任。

公司积极承担社会责任不仅是公司应尽的法律义务，也是提升公司知名度，提高公司效益的重要途径。国家鼓励公司参与社会公益活动，公布社会责任报告。国有企业和上市公司在社会责任的承担方面应当走在前面，应当积极履行社会责任并发布社会责任报告。特殊行业的经营者也应当在履行社会责任方面走在其他行业前面，如农产品生产经营者、提供个人信息服务的企业、数据处理企业、旅游企业、网络运营者等。

## （三）相关法律规定

**《中华人民共和国农产品质量安全法》**（2006年4月29日第十届全国人民代表大会常务委员会第二十一次会议通过，根据2018年10月26日第十三届全国人民代表大会常务委员会第六次会议《关于修改〈中华人民共和国野生动物保护法〉等十五部法律的决定》修正，2022年9月2日第十三届全国人民代表大会常务委员会第三十六次会议修订）

**第七条** 农产品生产经营者应当对其生产经营的农产品质量安全负责。

农产品生产经营者应当依照法律、法规和农产品质量安全标准从事生产经营活动，诚信自律，接受社会监督，承担社会责任。

**《中华人民共和国职业教育法》**（1996年5月15日第八届全国人民代表大会常务委员会第十九次会议通过，2022年4月20日第十三届全国人民代表大会常务委员会第三十四次会议修订）

**第二十四条** 企业应当根据本单位实际，有计划地对本单位的职工和准备招用的人员实施职业教育，并可以设置专职或者兼职实施职业教育的岗位。

企业应当按照国家有关规定实行培训上岗制度。企业招用的从事技术工种的劳动者，上岗前必须进行安全生产教育和技术培训；招用的从事涉及公共安全、人身健康、生命财产安全等特定职业（工种）的劳动者，必须经过培训并依法取得职业资格或者特种作业资格。

企业开展职业教育的情况应当纳入企业社会责任报告。

**《中华人民共和国个人信息保护法》**（2021年8月20日第十三届全国人民代表大会常务委员会第三十次会议通过，以下简称《个人信息保护法》）

**第五十八条** 提供重要互联网平台服务、用户数量巨大、业务类型复杂的个人信息处理者，应当履行下列义务：

（一）按照国家规定建立健全个人信息保护合规制度体系，成立主要由外部成员组成的独立机构对个人信息保护情况进行监督；

（二）遵循公开、公平、公正的原则，制定平台规则，明确平台内产品或者服务提供者处理个人信息的规范和保护个人信息的义务；

（三）对严重违反法律、行政法规处理个人信息的平台内的产品或者服务提供者，停止提供服务；

（四）定期发布个人信息保护社会责任报告，接受社会监督。

**《中华人民共和国数据安全法》**（2021年6月10日第十三届全国人民代表大会常务委员会第二十九次会议通过）

第八条 开展数据处理活动，应当遵守法律、法规，尊重社会公德和伦理，遵守商业道德和职业道德，诚实守信，履行数据安全保护义务，承担社会责任，不得危害国家安全、公共利益，不得损害个人、组织的合法权益。

**《中华人民共和国旅游法》**（2013年4月25日第十二届全国人民代表大会常务委员会第二次会议通过，根据2016年11月7日第十二届全国人民代表大会常务委员会第二十四次会议《关于修改〈中华人民共和国对外贸易法〉等十二部法律的决定》第一次修正，根据2018年10月26日第十三届全国人民代表大会常务委员会第六次会议《关于修改〈中华人民共和国野生动物保护法〉等十五部法律的决定》第二次修正）

第六条 国家建立健全旅游服务标准和市场规则，禁止行业垄断和地区垄断。旅游经营者应当诚信经营，公平竞争，承担社会责任，为旅游者提供安全、健康、卫生、方便的旅游服务。

**《中华人民共和国网络安全法》**（2016年11月7日第十二届全国人民代表大会常务委员会第二十四次会议通过）

第九条 网络运营者开展经营和服务活动，必须遵守法律、行政法规，尊重社会公德，遵守商业道德，诚实信用，履行网络安全保护义务，接受政府和社会的监督，承担社会责任。

**《中华人民共和国企业国有资产法》**（2008年10月28日第十一届全国人民代表大会常务委员会第五次会议通过，以下简称《企业国有资产法》）

第十七条 国家出资企业从事经营活动，应当遵守法律、行政法规，加强经营管理，提高经济效益，接受人民政府及其有关部门、机构依法实施的管理和监督，接受社会公众的监督，承担社会责任，对出资人负责。

国家出资企业应当依法建立和完善法人治理结构，建立健全内部监督管理和风险控制制度。

**《合伙企业法》**

第七条 合伙企业及其合伙人必须遵守法律、行政法规，遵守社会公德、商业道德，承担社会责任。

### （四）相关规章规定

**《国务院国有资产监督管理委员会关于印发〈关于国有企业更好履行社会责任的指导意见〉的通知》（国资发研究〔2016〕105号）**

企业积极履行社会责任，以遵循法律和道德的透明行为，在运营全过程对利益相关方、社会和环境负责，最大限度地创造经济、社会和环境的综合价值，促进可持续发展，是深入贯彻落实党的十八大和十八届三中、四中、五中全会精神，深化国有企业改革的重要举措，也是适应经济社会可持续发展要求，提升企业核心竞争力的必然选择。为推动国有企业更好地履行社会责任，现提出以下意见。

……

坚持以可持续发展为核心。在努力创造经济价值、实现自身发展的同时，管理好企业运营对利益相关方的影响，有效利用资源，保护生态环境，坚持以人为本，促进社会和谐，最大限度创造经济、社会和环境的综合价值。

坚持社会责任与企业改革发展相结合。把社会责任作为提高依法治企水平、提高发展质量效益和提高企业竞争力的重要内容，将社会责任工作与企业改革发展各项工作作为一个有机整体，统筹安排部署，同步推动落实。

坚持社会责任与企业运营相融合。将社会责任融入企业战略、治理和日常经营，全面改进、丰富和完善各项制度和管理体系，促进企业不断优化管理，提升管理水平。

## 二十一、第二十一条

### （一）原文

**【2023年版本、三次审议稿】**

第二十一条　公司股东应当遵守法律、行政法规和公司章程，依法行使股东权利，不得滥用股东权利损害公司或者其他股东的利益。

公司股东滥用股东权利给公司或者其他股东造成损失的，应当承担赔偿责任。

**【2018年版本】**

第二十条　公司股东应当遵守法律、行政法规和公司章程，依法行使股东权利，不得滥用股东权利损害公司或者其他股东的利益；不得滥用公司法人独立地位和股东有限责任损害公司债权人的利益。

公司股东滥用股东权利给公司或者其他股东造成损失的，应当依法承担赔偿责任。

公司股东滥用公司法人独立地位和股东有限责任，逃避债务，严重损害公司债权人利益的,应当对公司债务承担连带责任。

## (二)条文释义

本条规定了股东依法行使股东权利的义务。

权利不得滥用是现代法治社会的基本原则。《公司法》在充分保障股东权利的同时,也禁止股东滥用股东权利损害其他股东或者公司的利益。因此,公司股东应当遵守法律、行政法规和公司章程,依法行使股东权利,不得滥用股东权利损害公司或者其他股东的利益。所谓"不得滥用股东权利"是指股东在行使权利的同时应当考虑到其他股东的利益,不能为了个人的蝇头小利而损害其他股东的重要利益,或者利用股东权利与其他股东"共同毁灭",让其他股东为自己"陪葬",最终结果是损人不利己。在大多数情况下,大股东依法行使自己的权利,即使对小股东不利,只要没有达到明显不公平的程度,法律都应当保护大股东的权利。

公司股东滥用股东权利给公司或者其他股东造成损失的,应当承担赔偿责任。公司或者其他股东可以直接起诉滥用权利的股东,请求其承担赔偿责任。小股东也有可能滥用其股东权利,损害公司以及其他股东的利益,此时,小股东也应依法承担赔偿责任。

## (三)相关法律规定

《中华人民共和国宪法》(1982年12月4日第五届全国人民代表大会第五次会议通过,1982年12月4日全国人民代表大会公告公布施行,根据1988年4月12日第七届全国人民代表大会第一次会议通过的《中华人民共和国宪法修正案》、1993年3月29日第八届全国人民代表大会第一次会议通过的《中华人民共和国宪法修正案》、1999年3月15日第九届全国人民代表大会第二次会议通过的《中华人民共和国宪法修正案》、2004年3月14日第十届全国人民代表大会第二次会议通过的《中华人民共和国宪法修正案》和2018年3月11日第十三届全国人民代表大会第一次会议通过的《中华人民共和国宪法修正案》修正)

**第五十一条** 中华人民共和国公民在行使自由和权利的时候,不得损害国家的、社会的、集体的利益和其他公民的合法的自由和权利。

《民法典》

第六条 民事主体从事民事活动,应当遵循公平原则,合理确定各方的权利和义务。

第七条 民事主体从事民事活动,应当遵循诚信原则,秉持诚实,恪守承诺。

第八条 民事主体从事民事活动,不得违反法律,不得违背公序良俗。

第十条 处理民事纠纷,应当依照法律;法律没有规定的,可以适用习惯,但是不得违背公序良俗。

## （四）相关法规规定

**《证券公司监督管理条例》**（2008年4月23日中华人民共和国国务院令第522号公布，根据2014年7月29日《国务院关于修改部分行政法规的决定》修订，下同）

**第三条** 证券公司的股东和实际控制人不得滥用权利，占用证券公司或者客户的资产，损害证券公司或者客户的合法权益。

## （五）相关规章规定

**《证券公司股权管理规定》**〔2018年8月15日中国证券监督管理委员会2018年第7次主席办公会议（委务会）审议通过，根据2021年3月18日中国证券监督管理委员会《关于修改〈证券公司股权管理规定〉的决定》修正〕

**第二十九条** 证券公司股东及其控股股东、实际控制人不得有下列行为：

（一）对证券公司虚假出资、出资不实、抽逃出资或者变相抽逃出资；

（二）违反法律、行政法规和公司章程的规定干预证券公司的经营管理活动；

（三）滥用权利或影响力，占用证券公司或者客户的资产，进行利益输送，损害证券公司、其他股东或者客户的合法权益；

（四）违规要求证券公司为其或其关联方提供融资或者担保，或者强令、指使、协助、接受证券公司以其证券经纪客户或者证券资产管理客户的资产提供融资或者担保；

（五）与证券公司进行不当关联交易，利用对证券公司经营管理的影响力获取不正当利益；

（六）未经批准，委托他人或接受他人委托持有或管理证券公司股权，变相接受或让渡证券公司股权的控制权；

（七）中国证监会禁止的其他行为。

证券公司及其董事、监事、高级管理人员等相关主体不得配合证券公司的股东及其控股股东、实际控制人发生上述情形。

证券公司发现股东及其控股股东、实际控制人存在上述情形，应当及时采取措施防止违规情形加剧，并在2个工作日内向住所地中国证监会派出机构报告。

**《期货公司监督管理办法》**（中国证券监督管理委员会令2019年第155号）

**第四条** 期货公司的股东、实际控制人和其他关联人不得滥用权利，不得占用期货公司资产或者挪用客户资产，不得侵害期货公司、客户的合法权益。

**《证券公司治理准则》**（2012年12月11日中国证券监督管理委员会公告〔2012〕41号发布，根据2020年3月20日中国证券监督管理委员会《关于修改部分证券期货规范

性文件的决定》修正）

第二十条　证券公司的控股股东、实际控制人不得利用其控制地位或者滥用权利损害证券公司、公司其他股东和公司客户的合法权益。

# 二十二、第二十二条

## （一）原文

**【2023年版本、三次审议稿】**

第二十二条　公司的控股股东、实际控制人、董事、监事、高级管理人员不得利用关联关系损害公司利益。

违反前款规定，给公司造成损失的，应当承担赔偿责任。

**【2018年版本】**

第二十一条　公司的控股股东、实际控制人、董事、监事、高级管理人员不得利用其关联关系损害公司利益。

违反前款规定，给公司造成损失的，应当承担赔偿责任。

## （二）条文释义

本条规定了公司控股股东等的责任。

公司的控股股东、实际控制人、董事、监事、高级管理人员对公司的控制能力较强，理应公平合理地利用公司这个平台给所有人谋利益，不得利用关联关系损害公司利益。上述主体利用关联关系损害公司利益的常见形式是转移利润，即将公司的产品或者资产低价卖给自己的关联企业，或者将自己关联企业的产品或者资产高价卖给公司，或者将公司的经营机会拱手让给自己的关联企业。

上述主体利用关联关系损害公司利益，给公司造成损失的，应当承担赔偿责任。公司法定代表人可以代表公司起诉上述主体，如果法定代表人不履行职责，公司董事会也有权代表公司起诉上述主体，如果董事会不履行职责，监事会也有权代表公司起诉上述主体，如果监事会也不履行职责，公司股东有权代表公司起诉上述主体。

## （三）相关法律规定

**《民法典》**

第八十四条　营利法人的控股出资人、实际控制人、董事、监事、高级管理人员不得利用其关联关系损害法人的利益；利用关联关系造成法人损失的，应当承担赔偿责任。

**《中华人民共和国慈善法》**（2016年3月16日第十二届全国人民代表大会第四次会议通过）

**第十四条** 慈善组织的发起人、主要捐赠人以及管理人员，不得利用其关联关系损害慈善组织、受益人的利益和社会公共利益。

慈善组织的发起人、主要捐赠人以及管理人员与慈善组织发生交易行为的，不得参与慈善组织有关该交易行为的决策，有关交易情况应当向社会公开。

**《企业所得税法》**

**第四十一条** 企业与其关联方之间的业务往来，不符合独立交易原则而减少企业或者其关联方应纳税收入或者所得额的，税务机关有权按照合理方法调整。

企业与其关联方共同开发、受让无形资产，或者共同提供、接受劳务发生的成本，在计算应纳税所得额时应当按照独立交易原则进行分摊。

## （四）相关法规规定

**《企业所得税法实施条例》**

**第一百零九条** 企业所得税法第四十一条所称关联方，是指与企业有下列关联关系之一的企业、其他组织或者个人：

（一）在资金、经营、购销等方面存在直接或者间接的控制关系；

（二）直接或者间接地同为第三者控制；

（三）在利益上具有相关联的其他关系。

# 二十三、第二十三条

## （一）原文

**【2023年版本、三次审议稿】**

**第二十三条** 公司股东滥用公司法人独立地位和股东有限责任，逃避债务，严重损害公司债权人利益的，应当对公司债务承担连带责任。

股东利用其控制的两个以上公司实施前款规定行为的，各公司应当对任一公司的债务承担连带责任。

只有一个股东的公司，股东不能证明公司财产独立于股东自己的财产的，应当对公司债务承担连带责任。

**【2018 年版本】**

第二十条　公司股东应当遵守法律、行政法规和公司章程，依法行使股东权利，不得滥用股东权利损害公司或者其他股东的利益；不得滥用公司法人独立地位和股东有限责任损害公司债权人的利益。

公司股东滥用股东权利给公司或者其他股东造成损失的，应当依法承担赔偿责任。

公司股东滥用公司法人独立地位和股东有限责任，逃避债务，严重损害公司债权人利益的，应当对公司债务承担连带责任。

第六十三条　一人有限责任公司的股东不能证明公司财产独立于股东自己的财产的，应当对公司债务承担连带责任。

## （二）条文释义

本条规定了公司股东滥用权利的责任。

公司股东可以利用公司法人独立地位和股东有限责任来限定自身责任范围，从而减轻经营风险，但不能滥用公司法人独立地位和股东有限责任，逃避债务，严重损害公司债权人利益的，如果公司股东有上述行为，法律不会保护股东的有限责任，该股东应当对公司债务承担连带责任。

如果股东利用其控制的两个以上公司滥用公司法人独立地位和股东有限责任，逃避债务，严重损害公司债权人利益，各公司应当对任一公司的债务承担连带责任。也就是说，股东及其控制的两个以上的公司作为一个整体要对外承担责任，任何一个主体的债权人都可以要求其他主体对其债务承担连带责任。

如果公司的股东只有一个，该公司在以前的《公司法》中被称为"一人有限责任公司"，这类公司的股东如果不能证明公司财产独立于股东自己的财产，就应当对公司债务承担连带责任。公司的债权人不负举证责任，原则上，只要是一人有限责任公司，债权人就可以要求股东对公司债务承担连带责任，除非该公司的股东能够证明公司财产独立于股东自己的财产。通常需要公司建立完善的财务会计制度和清晰的账簿记录来证明公司财产独立于股东自己的财产。

## （三）相关规章规定

**《上市公司章程指引（2022 年修订）》**（中国证券监督管理委员会公告〔2022〕2 号）

第三十八条　公司股东承担下列义务：

（一）遵守法律、行政法规和本章程；

（二）依其所认购的股份和入股方式缴纳股金；

（三）除法律、法规规定的情形外，不得退股；

（四）不得滥用股东权利损害公司或者其他股东的利益；不得滥用公司法人独立地位和股东有限责任损害公司债权人的利益；

（五）法律、行政法规及本章程规定应当承担的其他义务。

公司股东滥用股东权利给公司或者其他股东造成损失的，应当依法承担赔偿责任。公司股东滥用公司法人独立地位和股东有限责任，逃避债务，严重损害公司债权人利益的，应当对公司债务承担连带责任。

**《上市公司监管指引第 3 号——上市公司现金分红》**（中国证券监督管理委员会公告〔2022〕3 号）

第十三条　证券监管机构在日常监管工作中，应当对下列情形予以重点关注：

（一）公司章程中没有明确、清晰的股东回报规划或者具体的现金分红政策的，重点关注其中的具体原因，相关决策程序是否合法合规，董事、监事、高级管理人员是否勤勉尽责，独立董事是否出具了明确意见等；

（二）公司章程规定不进行现金分红的，重点关注该等规定是否符合公司的实际情况，是否进行了充分的自我评价，独立董事是否出具了明确意见等；

（三）公司章程规定了现金分红政策，但无法按照既定现金分红政策确定当年利润分配方案的，重点关注公司是否按照要求在年度报告中披露了具体原因，相关原因与实际情况是否相符合，独立董事是否出具了明确意见等；

（四）上市公司在年度报告期内有能力分红但不分红尤其是连续多年不分红或者分红水平较低的，重点关注其有关审议通过年度报告的董事会公告中是否详细披露了未进行现金分红或现金分红水平较低的原因，相关原因与实际情况是否相符合，持续关注留存未分配利润的确切用途以及收益情况，独立董事是否对未进行现金分红或现金分红水平较低的合理性发表独立意见，是否按照规定为中小股东参与决策提供了便利等；

（五）上市公司存在大比例现金分红等情形的，重点关注相关决策程序是否合法合规，董事、监事及高级管理人员是否勤勉尽责，独立董事是否出具了明确意见，是否按照规定为中小股东参与决策提供了便利，是否存在明显不合理或相关股东滥用股东权利不当干预公司决策等情形。

# 二十四、第二十四条

## （一）原文

**【2023 年版本】**

第二十四条　公司股东会、董事会、监事会召开会议和表决可以采用电子通信方式，公司章程另有规定的除外。

**【三次审议稿】**

第二十四条　公司股东会、董事会、监事会召开会议和表决可以采用电子通讯方式，公司章程另有规定的除外。

## （二）条文释义

本条规定了公司三会的电子通信表决方式。

在互联网时代，很多会议都是通过线上方式召开的，线上方式与线下方式没有本质区别，因此，除非公司章程另有规定外，公司股东会、董事会、监事会召开会议和表决均可以采用电子通信方式。实践中，全部线上召开会议和表决，部分线上、部分线下召开会议和表决均是合法的。无论采取什么方式召开会议和表决，所有股东、董事和监事都应当在会议决议和相关文件上亲笔签名。

# 二十五、第二十五条

## （一）原文

**【2023年版本、三次审议稿】**

第二十五条　公司股东会、董事会的决议内容违反法律、行政法规的无效。

**【2018年版本】**

第二十二条　公司股东会或者股东大会、董事会的决议内容违反法律、行政法规的无效。

股东会或者股东大会、董事会的会议召集程序、表决方式违反法律、行政法规或者公司章程，或者决议内容违反公司章程的，股东可以自决议作出之日起六十日内，请求人民法院撤销。

股东依照前款规定提起诉讼的，人民法院可以应公司的请求，要求股东提供相应担保。

公司根据股东会或者股东大会、董事会决议已办理变更登记的，人民法院宣告该决议无效或者撤销该决议后，公司应当向公司登记机关申请撤销变更登记。

## （二）条文释义

本条规定了公司股东会、董事会决议无效的情形。

公司股东会、董事会的决议内容违反法律、行政法规的无效。如果公司股东会、董事会的决议内容违反规章，并不会导致其无效。公司股东会、董事会的决议内容违反法律、行政法规的强制性规定才会导致其无效，违反非强制性规定不会导致其无效。

## （三）相关规章规定

**《上市公司股东大会规则》**（中国证券监督管理委员会公告〔2022〕13号）

**第四十六条** 公司股东大会决议内容违反法律、行政法规的无效。

公司控股股东、实际控制人不得限制或者阻挠中小投资者依法行使投票权，不得损害公司和中小投资者的合法权益。

股东大会的会议召集程序、表决方式违反法律、行政法规或者公司章程，或者决议内容违反公司章程的，股东可以自决议作出之日起六十日内，请求人民法院撤销。

## （四）相关司法解释规定

**《最高人民法院关于适用〈中华人民共和国公司法〉若干问题的规定（一）》**（2006年3月27日最高人民法院审判委员会第1382次会议通过，根据2014年2月17日最高人民法院审判委员会第1607次会议《关于修改关于适用〈中华人民共和国公司法〉若干问题的规定的决定》修正，2014年2月20日发布，下同）

**第三条** 原告以公司法第二十二条第二款、第七十四条第二款规定事由，向人民法院提起诉讼时，超过公司法规定期限的，人民法院不予受理。

**《最高人民法院关于适用〈中华人民共和国公司法〉若干问题的规定（四）》**（2016年12月5日最高人民法院审判委员会第1702次会议通过，根据2020年12月23日最高人民法院审判委员会第1823次会议通过的《最高人民法院关于修改〈最高人民法院关于破产企业国有划拨土地使用权应否列入破产财产等问题的批复〉等二十九件商事类司法解释的决定》修正，下同）

**第一条** 公司股东、董事、监事等请求确认股东会或者股东大会、董事会决议无效或者不成立的，人民法院应当依法予以受理。

**第二条** 依据民法典第八十五条、公司法第二十二条第二款请求撤销股东会或者股东大会、董事会决议的原告，应当在起诉时具有公司股东资格。

**第三条** 原告请求确认股东会或者股东大会、董事会决议不成立、无效或者撤销决议的案件，应当列公司为被告。对决议涉及的其他利害关系人，可以依法列为第三人。

一审法庭辩论终结前，其他有原告资格的人以相同的诉讼请求申请参加前款规定诉讼的，可以列为共同原告。

**第四条** 股东请求撤销股东会或者股东大会、董事会决议，符合民法典第八十五条、公司法第二十二条第二款规定的，人民法院应当予以支持，但会议召集程序或者表决方式仅有轻微瑕疵，且对决议未产生实质影响的，人民法院不予支持。

第五条 股东会或者股东大会、董事会决议存在下列情形之一，当事人主张决议不成立的，人民法院应当予以支持：

（一）公司未召开会议的，但依据公司法第三十七条第二款或者公司章程规定可以不召开股东会或者股东大会而直接作出决定，并由全体股东在决定文件上签名、盖章的除外；

（二）会议未对决议事项进行表决的；

（三）出席会议的人数或者股东所持表决权不符合公司法或者公司章程规定的；

（四）会议的表决结果未达到公司法或者公司章程规定的通过比例的；

（五）导致决议不成立的其他情形。

第六条 股东会或者股东大会、董事会决议被人民法院判决确认无效或者撤销的，公司依据该决议与善意相对人形成的民事法律关系不受影响。

# 二十六、第二十六条

## （一）原文

**【2023 年版本】**

第二十六条 公司股东会、董事会的会议召集程序、表决方式违反法律、行政法规或者公司章程，或者决议内容违反公司章程的，股东自决议作出之日起六十日内，可以请求人民法院撤销。但是，股东会、董事会的会议召集程序或者表决方式仅有轻微瑕疵，对决议未产生实质影响的除外。

未被通知参加股东会会议的股东自知道或者应当知道股东会决议作出之日起六十日内，可以请求人民法院撤销；自决议作出之日起一年内没有行使撤销权的，撤销权消灭。

**【三次审议稿】**

第二十六条 公司股东会、董事会会议的召集程序、表决方式违反法律、行政法规或者公司章程，或者决议内容违反公司章程的，股东自决议作出之日起六十日内，未被通知参加股东会的股东自知道或者应当知道股东会决议作出之日起六十日内，可以请求人民法院撤销；但是，股东会、董事会会议的召集程序或者表决方式仅有轻微瑕疵，对决议未产生实质影响的除外。

股东自决议作出之日起五年内没有行使撤销权的，撤销权消灭。

**【2018 年版本】**

第二十二条 公司股东会或者股东大会、董事会的决议内容违反法律、行政法规的无效。

股东会或者股东大会、董事会的会议召集程序、表决方式违反法律、行政法规或者公司章程，或者决议内容违反公司章程的，股东可以自决议作出之日起六十日内，请求人民法院撤销。

股东依照前款规定提起诉讼的，人民法院可以应公司的请求，要求股东提供相应担保。

公司根据股东会或者股东大会、董事会决议已办理变更登记的，人民法院宣告该决议无效或者撤销该决议后，公司应当向公司登记机关申请撤销变更登记。

## （二）条文释义

本条规定了股东的撤销权。

如果公司股东会、董事会会议的召集程序、表决方式违反法律、行政法规或者公司章程，或者决议内容违反公司章程，此种情形有可能侵犯部分股东的利益，但通常不会侵犯社会公共利益，因此，法律并未规定上述情形自动无效，而是赋予利益受到影响的股东撤销权。

股东自上述决议作出之日起 60 日内，未被通知参加股东会的股东自知道或者应当知道股东会决议作出之日起 60 日内，可以请求人民法院撤销；但是，如果股东会、董事会会议的召集程序或者表决方式仅有轻微瑕疵，对决议未产生实质影响，为防止个别股东滥用股东权利，影响公司正常运转，此时，股东对上述决议没有撤销权。未被通知参加股东会会议的股东自知道或者应当知道股东会决议作出之日起 60 日内，可以请求人民法院撤销。

由于股东有可能在相当长的时间内并不知晓上述决议，为确保社会秩序的稳定，防止公司决议在相当长的时间内处于不确定的状态，如果股东自决议作出之日起 1 年内没有行使撤销权，撤销权消灭。也就是说，如果股东在一年后才得知公司决议，其撤销权也同样消灭。股东 1 年内均不知晓公司的该项决议，说明公司的该项决议对其利益的影响微乎其微，为保护社会秩序的稳定，可以忽略该股东的撤销权。

## （三）相关法律规定

**《民法典》**

**第一百五十二条** 有下列情形之一的，撤销权消灭：

（一）当事人自知道或者应当知道撤销事由之日起一年内、重大误解的当事人自知道或者应当知道撤销事由之日起九十日内没有行使撤销权；

（二）当事人受胁迫，自胁迫行为终止之日起一年内没有行使撤销权；

（三）当事人知道撤销事由后明确表示或者以自己的行为表明放弃撤销权。

当事人自民事法律行为发生之日起五年内没有行使撤销权的,撤销权消灭。

**第一百九十九条** 法律规定或者当事人约定的撤销权、解除权等权利的存续期间,除法律另有规定外,自权利人知道或者应当知道权利产生之日起计算,不适用有关诉讼时效中止、中断和延长的规定。存续期间届满,撤销权、解除权等权利消灭。

**第五百三十八条** 债务人以放弃其债权、放弃债权担保、无偿转让财产等方式无偿处分财产权益,或者恶意延长其到期债权的履行期限,影响债权人的债权实现的,债权人可以请求人民法院撤销债务人的行为。

**第五百三十九条** 债务人以明显不合理的低价转让财产、以明显不合理的高价受让他人财产或者为他人的债务提供担保,影响债权人的债权实现,债务人的相对人知道或者应当知道该情形的,债权人可以请求人民法院撤销债务人的行为。

**第五百四十条** 撤销权的行使范围以债权人的债权为限。债权人行使撤销权的必要费用,由债务人负担。

**第五百四十一条** 撤销权自债权人知道或者应当知道撤销事由之日起一年内行使。自债务人的行为发生之日起五年内没有行使撤销权的,该撤销权消灭。

**第五百四十二条** 债务人影响债权人的债权实现的行为被撤销的,自始没有法律约束力。

**第六百六十三条** 受赠人有下列情形之一的,赠与人可以撤销赠与:

(一)严重侵害赠与人或者赠与人近亲属的合法权益;

(二)对赠与人有扶养义务而不履行;

(三)不履行赠与合同约定的义务。

赠与人的撤销权,自知道或者应当知道撤销事由之日起一年内行使。

**第六百六十四条** 因受赠人的违法行为致使赠与人死亡或者丧失民事行为能力的,赠与人的继承人或者法定代理人可以撤销赠与。

赠与人的继承人或者法定代理人的撤销权,自知道或者应当知道撤销事由之日起六个月内行使。

**第六百六十五条** 撤销权人撤销赠与的,可以向受赠人请求返还赠与的财产。

## (四)相关司法解释规定

**《江苏省高级人民法院关于债权人行使撤销权的五年除斥期间应从何时起算问题的纪要》**(江苏省高级人民法院审判委员会会议纪要〔2015〕3号)

2015年3月30日,江苏省高级人民法院审判委员会第7次会议讨论了南京雅德投资管理咨询有限公司(以下简称雅德公司)与江苏省金湖县饮食服务公司(以下简称饮服公司)、江苏金湖农村商业银行股份有限公司(原金湖县农村信用合作联社,以下简称信用社)债权人撤销权纠纷一案,就债权人行使撤销权的五年除斥期间应从何时起算的问题形成意见,现将讨论意见纪要如下:

一、案件基本情况

江苏省淮安市中级人民法院（以下简称淮安中院）于2002年1月4日作出〔2001〕淮经初字第110号民事调解书，确认饮服公司欠中国华融资产管理公司南京办事处（以下简称华融南京办）本金171万元及相应利息。饮服公司未按调解书履行义务，华融南京办向淮安中院申请执行，因饮服公司暂无财产可供执行，华融南京办也提供不出被执行人可供执行的财产线索，2003年10月15日华融南京办表示，同意领取债权凭证终结该案的执行程序，2003年10月17日，淮安中院作出〔2002〕淮执字第69-3号民事裁定书，裁定：执行程序终结。该院向华融南京办发出债权凭证，未受偿债权余额为1 313 328.2元。

2007年10月12日，华融南京办将上述债权转让给雅德公司，并通知了债务人饮服公司。雅德公司在向法院申请恢复执行中得知饮服公司于2002年至2003年间，将位于金湖县人民南路50号2 415.75平方米的房屋转让给了信用社，该房屋占用的5 055平方米土地使用权于2002年12月27日变更登记于信用社名下，房屋所有权于2008年7月7日登记至信用社名下。雅德公司认为饮服公司在明知尚欠巨额债务的情况下，擅自无偿转让房屋，侵犯了债权人的利益，故于2011年9月向金湖法院起诉，要求撤销饮服公司与信用社之间房屋转让的行为。

金湖法院一审查明：因饮服公司及物资局、贸易局下属八家企业经营困难，且拖欠信用社七百余万元贷款无力偿还。从2001年开始，在政府主导下，饮服公司即开始改制，在改制过程中，将上述土地、房屋转让给信用社，以抵偿上述企业拖欠的贷款。

金湖法院一审认为：撤销权的行使不得违反法律规定。饮服公司与信用社签订的房屋转让协议系当事人真实意思表示，且不违反法律法规的强制性规定，合法有效。信用社已支付对价，不存在无偿转让房产的行为。债权人的撤销权自债务人的行为发生之日起五年内没有行使撤销权的，该撤销权消灭。饮服公司与信用社的房屋交易行为及交付行为均发生于2002年至2003年间，雅德公司于2011年提起债权人撤销权之诉，已超过法律规定的最长期间，故撤销权已消灭。遂判决驳回雅德公司的诉讼请求。

雅德公司不服，提起上诉。淮安中院二审认为：饮服公司与信用社签订协议是在2002年至2003年间，信用社履行了支付对价的义务，且已办理了国有土地使用权过户手续，房屋也已转移占有，从该日期起算，撤销权已经消灭。故判决：驳回上诉，维持原判。雅德公司仍不服，向本院申请再审，本院裁定驳回再审申请。后雅德公司向江苏省人民检察院申诉，省检察院向本院抗诉认为，雅德公司的撤销权没有消灭，应当从物权变动之日起计算撤销权的起算期间。

二、关于相关问题的处理意见

本院审判委员会讨论认为，本案争议焦点是债权人撤销权的五年除斥期间从何时起算的问题，其中涉及以下几个问题的理解与认定。

1.债权人撤销权撤销的是债务人处分财产的行为，物权变更登记仅是处分行为的结果。债权人为了债的保全享有的撤销权是以《合同法》第七十四条规定的撤销事由为前提。根据《合同法》第七十四条和《最高人民法院关于适用〈中华人民共和国合同法〉若干问题的解释（二）》第十八条、第十九条的规定，债务人放弃到期债权或者无偿转让财产，对债权人造成损害的；债务人以明显不合理的低价转让财产，对债权人造成损害，并且受让人知道该情形的；债务人放弃未到期债权或放弃债权担保、恶意延长到期债权的履行期、以明显不合理的高价收购他人财产等情形之一的，债权人享有撤销权。从《合同法》的上述规定分析，只要债务人实施了一定的法律上处分财产的行为，即放弃债权、无偿转让、免除债务以及高价收购等行为，且处分财产的行为已经发生法律效力，而该处分行为有可能导致债权人的债权难以实现或者完全不能实现，债权人方可行使撤销权。由此可见，债权人撤销的是债务人处置财产的行为。具体来说，对于无偿转让、高价收购的行为而言，债务人与受让人（或出让人）签订了买卖合同，且合同不违反法律的规定，财产转让合同生效，就应当认定债务人已经实施了法律上处分财产的行为，受让人（或债务人）有权据此要求债务人（或出让人）交付转让的财产、办理产权过户登记。因此，如果转让的财产属于不动产或者特殊动产，办理产权过户登记的，只是该处分行为的结果，即财产转让合同的履行结果。而对于放弃债权、免除债务等行为，无须办理任何财产过户登记手续，只要当事人作出明确的意思表示即可，就应当认定当事人已经实施了处分财产的行为。所以，不论当事人的财产转让是否需要办理过户手续以及有无办理过户手续，如果该处分行为有可能损害债权人的利益，那么债权人就具备了行使撤销权的条件，就可以向人民法院提起诉讼请求撤销该财产转让合同。由此可见，《合同法》第七十四条规定的债权人的撤销权是以债务人的财产处分行为的发生为前提条件，而不是以为了实现财产处分结果而进行的过户登记行为作为撤销权行使的条件。

2. 债权人撤销权一年期间与五年期间的适用。《合同法》第七十五条规定："撤销权自债权人知道或者应当知道撤销事由之日起一年内行使。自债务人的行为发生之日起五年内没有行使撤销权的，该撤销权消灭。"据此，债权人行使撤销权的时间，应当同时受一年期间和五年期间的限制。换言之，即使债权人行使撤销权的时间是在其知道或者应当知道撤销事由的一年之内，但是如果此时自债务人的处分行为发生之日已满五年的，则该撤销权依法已消灭。

3. 从本案查明的事实看，雅德公司主张撤销权既超过了一年期间，也超过了五年的最长期间，其撤销权已经消灭。雅德公司享有的债权系在2007年10月12日受让的华融南京办的债权，而华融南京办早在2002年5月22日就该债权向人民法院申请执行，尚有1 311 332.72元未能执行到位，因饮服公司暂无财产可供执行，华融南京办也提供不出被执行人可供执行的财产情况，华融南京办同意领取债权凭证终结该案的执行程序，淮安中院作出裁定终结执行程序，并向华融南京办发出债权凭证。也就是在2002年至2003年，即在华融南京办申请执行该案的过程中，债务人饮服公司与信用社以及主管部门物资公司签订系列协议，将本案所涉房地产转让给信用社以偿还所欠信用社贷款，信用社也早在2002年12月27日取得涉案房地产的土地使用权证，且占有了地上建筑物。虽然，信用社并未办理房屋产权证，根据我国房屋、土地不得分离转让，土地使用权转让时地上建筑物应当一并转让的原则，作为债权人的华融南京办也应当通过土地使用权的变更登记情况以及房屋的实际占有状况知道或者应当知道债务人饮服公司转让财产的行为已经发生，如果华融南京办认为饮服公司处分财产的行为损害其利益，应当在一年的期间内向人民法院申请撤销该房地产转让协议。但直至2007年10月12日，华融南京办在转让该债权时，从未向人民法院申请撤销该转让协议，已经超过了法律规定的一年撤销权期间，撤销权已经消灭。不论是由于债权人华融南京办自己的过失应当知道却不知道撤销事由的发生，还是知道后没有及时行使撤销权，均不影响撤销权的消灭。雅德公司系该债权的受让人，该受让的债权不能超出原债权的内容和范围，债务人对原债权人的抗辩，同样可以对受让人主张。因此，原债权人丧失的撤销权，雅德公司在受让该债权后不得重新享有。即便如雅德公司所说，华融南京办和雅德公司因为不可归责于自己的原因确实不知道撤销事由已经发生，直到其起诉前才知道饮服公司处分财产的情形，但从债务人饮服公司处分财产的最后时间（2003年12月）至雅德公司2011年9月起诉时，也已经远远超过了五年的撤销权期间，撤销权也已消灭。据此，雅德公司认为应当从本案房屋产权变更登记之日计算五年的撤销权期间，其作为债权人的撤销权没有消灭的理由不能成立。

# 二十七、第二十七条

## （一）原文

**【2023年版本、三次审议稿】**

**第二十七条** 有下列情形之一的，公司股东会、董事会的决议不成立：

（一）未召开股东会、董事会会议作出决议；

（二）股东会、董事会会议未对决议事项进行表决；

（三）出席会议的人数或者所持表决权数未达到本法或者公司章程规定的人数或者所持表决权数；

（四）同意决议事项的人数或者所持表决权数未达到本法或者公司章程规定的人数或者所持表决权数。

## （二）条文释义

本条规定了公司股东会、董事会决议不成立的情形。

公司股东会、董事会的决议应当按照法定程序作出，如果违反了最基本的程序，其决议在形式上就不能成立。有下列情形之一的，公司股东会、董事会的决议不成立：

（1）未召开股东会、董事会会议作出决议，必须按照程序召开股东会、董事会会议，才有可能作出有效的决议，如果连会议都未召开，所谓的决议肯定不能成立。

（2）股东会、董事会会议未对决议事项进行表决，股东会、董事会会议应当按照法律或者公司章程确定的表决程序对相关事项进行表决，如果根本未表决，关于该事项的决议根本不能成立。

（3）出席会议的人数或者所持表决权数未达到《公司法》或者公司章程规定的人数或者所持表决权数，股东会、董事会会议合法召开的前提之一就是出席人数达到法定人数或者公司章程规定的人数，如果出席人数不达标，则无法召开合法的股东会和董事会会议，由该次会议通过的决议自然不能成立。

（4）同意决议事项的人数或者所持表决权数未达到《公司法》或者公司章程规定的人数或者所持表决权数，股东会会议表决通过的标准大多是股东所持表决权过半数或者达到三分之二，董事会会议表决通过的标准大多数是同意人数过全体董事的半数，如果上述标准未达到，相关决议当然不能成立。

# 二十八、第二十八条

## （一）原文

【2023 年版本】

第二十八条　公司股东会、董事会决议被人民法院宣告无效、撤销或者确认不成立的，公司应当向公司登记机关申请撤销根据该决议已办理的登记。

股东会、董事会决议被人民法院宣告无效、撤销或者确认不成立的，公司根据该决议与善意相对人形成的民事法律关系不受影响。

【三次审议稿】

第二十八条　公司股东会、董事会决议被人民法院宣告无效、撤销或者确认不成立的，公司应当向公司登记机关申请撤销根据该决议已办理的变更登记。

股东会、董事会决议被人民法院宣告无效、撤销或者确认不成立的，公司根据该决议与善意相对人形成的民事法律关系不受影响。

【2018 年版本】

第二十二条　公司股东会或者股东大会、董事会的决议内容违反法律、行政法规的无效。

股东会或者股东大会、董事会的会议召集程序、表决方式违反法律、行政法规或者公司章程，或者决议内容违反公司章程的，股东可以自决议作出之日起六十日内，请求人民法院撤销。

股东依照前款规定提起诉讼的,人民法院可以应公司的请求,要求股东提供相应担保。

公司根据股东会或者股东大会、董事会决议已办理变更登记的,人民法院宣告该决议无效或者撤销该决议后,公司应当向公司登记机关申请撤销变更登记。

## (二)条文释义

本条规定了股东会、董事会决议无效、被撤销或者不成立的后果。

如果公司股东会、董事会决议被人民法院宣告无效、撤销或者确认不成立,根据该决议所进行的登记等事项都是无效的,因此,公司应当向公司登记机关申请撤销根据该决议已办理的变更登记。

为维护社会秩序的稳定,保护善意第三人的利益,如果股东会、董事会决议被人民法院宣告无效、撤销或者确认不成立,公司根据该决议与善意相对人形成的民事法律关系不受影响。如公司根据该决议对外签订了买卖合同、担保合同、投资合同等,如果相对人是善意的,上述合同都是有效的,公司应当履行合同义务。当然,公司也可以在平等协商的基础上,与善意第三人协商解除合同或者变更合同。善意相对人是不知且不应知公司股东会、董事会决议无效、被撤销或者不成立的相对人,相对人应当尽到普通人的谨慎注意义务,如果通常人都能看出股东会、董事会决议无效、被撤销或者不成立,则不能认定相对人为善意。

# 第二章 公司登记

## 一、第二十九条

### （一）原文

【2023 年版本、三次审议稿】
第二十九条　设立公司，应当依法向公司登记机关申请设立登记。
法律、行政法规规定设立公司必须报经批准的，应当在公司登记前依法办理批准手续。

【2018 年版本】
第六条　设立公司，应当依法向公司登记机关申请设立登记。符合本法规定的设立条件的，由公司登记机关分别登记为有限责任公司或者股份有限公司；不符合本法规定的设立条件的，不得登记为有限责任公司或者股份有限公司。
法律、行政法规规定设立公司必须报经批准的，应当在公司登记前依法办理批准手续。
公众可以向公司登记机关申请查询公司登记事项，公司登记机关应当提供查询服务。

### （二）条文释义

本条规定了设立公司应当登记。
登记是国家同意公司成立的标志，因此，设立公司，应当依法向公司登记机关申请设立登记。我国的公司登记机关是各级市场监督管理局。
我国公司登记大多数情况下并不需要其他部门的实现审批，但对一些特殊行业，如金融、安全生产等，法律、行政法规规定设立公司应当报经批准，对于这些有事先审批要求的行业,应当在公司登记前依法办理批准手续。没有相关批准手续,公司登记机关不能办理公司设立登记。

## (三)相关法规规定

**《中华人民共和国市场主体登记管理条例》**(中华人民共和国国务院令2021年第746号,下同)

**第一条** 为了规范市场主体登记管理行为,推进法治化市场建设,维护良好市场秩序和市场主体合法权益,优化营商环境,制定本条例。

**第二条** 本条例所称市场主体,是指在中华人民共和国境内以营利为目的从事经营活动的下列自然人、法人及非法人组织:

(一)公司、非公司企业法人及其分支机构;

(二)个人独资企业、合伙企业及其分支机构;

(三)农民专业合作社(联合社)及其分支机构;

(四)个体工商户;

(五)外国公司分支机构;

(六)法律、行政法规规定的其他市场主体。

**第三条** 市场主体应当依照本条例办理登记。未经登记,不得以市场主体名义从事经营活动。法律、行政法规规定无需办理登记的除外。

市场主体登记包括设立登记、变更登记和注销登记。

**第四条** 市场主体登记管理应当遵循依法合规、规范统一、公开透明、便捷高效的原则。

**第五条** 国务院市场监督管理部门主管全国市场主体登记管理工作。

县级以上地方人民政府市场监督管理部门主管本辖区市场主体登记管理工作,加强统筹指导和监督管理。

**第六条** 国务院市场监督管理部门应当加强信息化建设,制定统一的市场主体登记数据和系统建设规范。

县级以上地方人民政府承担市场主体登记工作的部门(以下称登记机关)应当优化市场主体登记办理流程,提高市场主体登记效率,推行当场办结、一次办结、限时办结等制度,实现集中办理、就近办理、网上办理、异地可办,提升市场主体登记便利化程度。

**第七条** 国务院市场监督管理部门和国务院有关部门应当推动市场主体登记信息与其他政府信息的共享和运用,提升政府服务效能。

## 二、第三十条

### （一）原文

**【2023年版本、三次审议稿】**

第三十条　申请设立公司，应当提交设立登记申请书、公司章程等文件，提交的相关材料应当真实、合法和有效。

申请材料不齐全或者不符合法定形式的，公司登记机关应当一次性告知需要补正的材料。

**【2018年版本】**

第二十九条　股东认足公司章程规定的出资后，由全体股东指定的代表或者共同委托的代理人向公司登记机关报送公司登记申请书、公司章程等文件，申请设立登记。

### （二）条文释义

本条规定了公司登记的材料。

申请设立公司，应当提交设立登记申请书、公司章程等文件，提交的相关材料应当真实、合法和有效。公司申请书中有公司的基本信息，公司章程是公司最基本的规范，也是公司治理的重要依据，因此上述两份文件是必须的，其他材料由市场监督管理局具体制定。

为减少当事人跑腿的次数，如果当事人的申请材料不齐全或者不符合法定形式，公司登记机关应当一次性告知需要补正的材料。因此，建议相关当事人先去市场监督管理局咨询公司设立登记所应提交的材料，避免跑冤枉路。

### （三）相关法规规定

**《中华人民共和国市场主体登记管理条例》**

第十六条　申请办理市场主体登记，应当提交下列材料：

（一）申请书；

（二）申请人资格文件、自然人身份证明；

（三）住所或者主要经营场所相关文件；

（四）公司、非公司企业法人、农民专业合作社（联合社）章程或者合伙企业合伙协议；

（五）法律、行政法规和国务院市场监督管理部门规定提交的其他材料。

国务院市场监督管理部门应当根据市场主体类型分别制定登记材料清单和文书格式样本，通过政府网站、登记机关服务窗口等向社会公开。

登记机关能够通过政务信息共享平台获取的市场主体登记相关信息，不得要求申请人重复提供。

**第十七条** 申请人应当对提交材料的真实性、合法性和有效性负责。

**第十八条** 申请人可以委托其他自然人或者中介机构代其办理市场主体登记。受委托的自然人或者中介机构代为办理登记事宜应当遵守有关规定，不得提供虚假信息和材料。

# 三、第三十一条

## （一）原文

**【2023年版本、三次审议稿】**

**第三十一条** 申请设立公司，符合本法规定的设立条件的，由公司登记机关分别登记为有限责任公司或者股份有限公司；不符合本法规定的设立条件的，不得登记为有限责任公司或者股份有限公司。

**【2018年版本】**

**第六条** 设立公司，应当依法向公司登记机关申请设立登记。符合本法规定的设立条件的，由公司登记机关分别登记为有限责任公司或者股份有限公司；不符合本法规定的设立条件的，不得登记为有限责任公司或者股份有限公司。

法律、行政法规规定设立公司必须报经批准的，应当在公司登记前依法办理批准手续。

公众可以向公司登记机关申请查询公司登记事项，公司登记机关应当提供查询服务。

## （二）条文释义

本条规定了公司设立登记的结果。

当事人申请设立公司，如果符合《公司法》规定的设立条件，由公司登记机关根据其申请的种类及其符合的条件分别登记为有限责任公司或者股份有限公司。如果不符合《公司法》规定的设立条件的，公司登记机关不得将其登记为有限责任公司或者股份有限公司。

## （三）相关法规规定

**《中华人民共和国市场主体登记管理条例》**

第十九条　登记机关应当对申请材料进行形式审查。对申请材料齐全、符合法定形式的予以确认并当场登记。不能当场登记的，应当在3个工作日内予以登记；情形复杂的，经登记机关负责人批准，可以再延长3个工作日。

申请材料不齐全或者不符合法定形式的，登记机关应当一次性告知申请人需要补正的材料。

第二十条　登记申请不符合法律、行政法规规定，或者可能危害国家安全、社会公共利益的，登记机关不予登记并说明理由。

## 四、第三十二条

### （一）原文

**【2023年版本】**

第三十二条　公司登记事项包括：

（一）名称；

（二）住所；

（三）注册资本；

（四）经营范围；

（五）法定代表人的姓名；

（六）有限责任公司股东、股份有限公司发起人的姓名或者名称。

公司登记机关应当将前款规定的公司登记事项通过国家企业信用信息公示系统向社会公示。

**【三次审议稿】**

第三十二条　公司登记事项包括：

（一）名称；

（二）住所；

（三）注册资本；

（四）经营范围；

（五）法定代表人的姓名；

（六）有限责任公司股东、股份有限公司发起人的姓名或者名称。

公司登记机关应当将前款规定的公司登记事项通过统一的企业信息公示系统向社会公示。

【2018年版本】

第六条 设立公司，应当依法向公司登记机关申请设立登记。符合本法规定的设立条件的，由公司登记机关分别登记为有限责任公司或者股份有限公司；不符合本法规定的设立条件的，不得登记为有限责任公司或者股份有限公司。

法律、行政法规规定设立公司必须报经批准的，应当在公司登记前依法办理批准手续。

公众可以向公司登记机关申请查询公司登记事项，公司登记机关应当提供查询服务。

## （二）条文释义

本条规定了公司登记事项。

公司登记事项是公司登记最基本的事项，也是写到营业执照上向社会公示的事项，具体包括：

（1）名称，规范的公司名称应当体现其所在地域、所在行业以及组织形式等，后登记的公司不能侵犯之前登记公司的名称。

（2）住所，住所是公司总机构所在地，也是公司接收合同、法律文件、确定诉讼管辖权等的地址。

（3）注册资本，注册资本是全体股东认缴的资本额，与实缴资本不同。

（4）经营范围，经营范围代表了公司所处的行业以及主要的服务种类、商品种类。

（5）法定代表人的姓名，法定代表人是公司的代表，也是公司向社会公示的唯一合法代表人。

（6）有限责任公司股东、股份有限公司发起人的姓名或者名称，这些名称往往不登记在营业执照上，因为他们的数量有可能较多。

公司登记机关应当将上述规定的公司登记事项通过统一的企业信息公示系统向社会公示。上述登记信息无论是否写到营业执照上，均应在统一的企业信息公示系统中显示，这些信息均应免费向所有社会公众公开。

## （三）相关法规规定

**《中华人民共和国市场主体登记管理条例》**

第八条 市场主体的一般登记事项包括：

（一）名称；

（二）主体类型；

（三）经营范围；

（四）住所或者主要经营场所；
（五）注册资本或者出资额；
（六）法定代表人、执行事务合伙人或者负责人姓名。

除前款规定外，还应当根据市场主体类型登记下列事项：
（一）有限责任公司股东、股份有限公司发起人、非公司企业法人出资人的姓名或者名称；
（二）个人独资企业的投资人姓名及居所；
（三）合伙企业的合伙人名称或者姓名、住所、承担责任方式；
（四）个体工商户的经营者姓名、住所、经营场所；
（五）法律、行政法规规定的其他事项。

**第九条** 市场主体的下列事项应当向登记机关办理备案：
（一）章程或者合伙协议；
（二）经营期限或者合伙期限；
（三）有限责任公司股东或者股份有限公司发起人认缴的出资数额，合伙企业合伙人认缴或者实际缴付的出资数额、缴付期限和出资方式；
（四）公司董事、监事、高级管理人员；
（五）农民专业合作社（联合社）成员；
（六）参加经营的个体工商户家庭成员姓名；
（七）市场主体登记联络员、外商投资企业法律文件送达接受人；
（八）公司、合伙企业等市场主体受益所有人相关信息；
（九）法律、行政法规规定的其他事项。

**第十条** 市场主体只能登记一个名称，经登记的市场主体名称受法律保护。

市场主体名称由申请人依法自主申报。

**第十一条** 市场主体只能登记一个住所或者主要经营场所。

电子商务平台内的自然人经营者可以根据国家有关规定，将电子商务平台提供的网络经营场所作为经营场所。

省、自治区、直辖市人民政府可以根据有关法律、行政法规的规定和本地区实际情况，自行或者授权下级人民政府对住所或者主要经营场所作出更加便利市场主体从事经营活动的具体规定。

**第十二条** 有下列情形之一的，不得担任公司、非公司企业法人的法定代表人：
（一）无民事行为能力或者限制民事行为能力；
（二）因贪污、贿赂、侵占财产、挪用财产或者破坏社会主义市场经济秩序被判处刑罚，执行期满未逾5年，或者因犯罪被剥夺政治权利，执行期满未逾5年；
（三）担任破产清算的公司、非公司企业法人的法定代表人、董事或者厂长、经理，对破产负有个人责任的，自破产清算完结之日起未逾3年；

（四）担任因违法被吊销营业执照、责令关闭的公司、非公司企业法人的法定代表人，并负有个人责任的，自被吊销营业执照之日起未逾3年；

（五）个人所负数额较大的债务到期未清偿；

（六）法律、行政法规规定的其他情形。

**第十三条** 除法律、行政法规或者国务院决定另有规定外，市场主体的注册资本或者出资额实行认缴登记制，以人民币表示。

出资方式应当符合法律、行政法规的规定。公司股东、非公司企业法人出资人、农民专业合作社（联合社）成员不得以劳务、信用、自然人姓名、商誉、特许经营权或者设定担保的财产等作价出资。

**第十四条** 市场主体的经营范围包括一般经营项目和许可经营项目。经营范围中属于在登记前依法须经批准的许可经营项目，市场主体应当在申请登记时提交有关批准文件。

市场主体应当按照登记机关公布的经营项目分类标准办理经营范围登记。

**第十五条** 市场主体实行实名登记。申请人应当配合登记机关核验身份信息。

# 五、第三十三条

## （一）原文

**【2023年版本、三次审议稿】**

第三十三条 依法设立的公司，由公司登记机关发给公司营业执照。公司营业执照签发日期为公司成立日期。

公司营业执照应当载明公司的名称、住所、注册资本、经营范围、法定代表人姓名等事项。

公司登记机关可以发给电子营业执照。电子营业执照与纸质营业执照具有同等法律效力。

**【2018年版本】**

第七条 依法设立的公司，由公司登记机关发给公司营业执照。公司营业执照签发日期为公司成立日期。

公司营业执照应当载明公司的名称、住所、注册资本、经营范围、法定代表人姓名等事项。

公司营业执照记载的事项发生变更的，公司应当依法办理变更登记，由公司登记机关换发营业执照。

第二章 公司登记

## （二）条文释义

本条规定了公司营业执照的发放与使用。

依法设立的公司，由公司登记机关发给公司营业执照。公司营业执照是公司依法设立的凭证，未依法取得公司营业执照的，不得以公司的名义开展生产经营活动。公司营业执照签发日期为公司成立日期。在公司成立之前，不得开展生产经营活动。

公司营业执照应当载明公司最主要的信息，以便向社会公众公示，该信息包括公司的名称、住所、注册资本、经营范围、法定代表人姓名等事项。

为大力推广信息化、数字化建设，公司登记机关可以发给电子营业执照。电子营业执照具有方便保存、方便携带、方便使用等优点。电子营业执照与纸质营业执照具有同等法律效力。

## （三）相关法规规定

**《中华人民共和国市场主体登记管理条例》**

第二十一条 申请人申请市场主体设立登记，登记机关依法予以登记的，签发营业执照。营业执照签发日期为市场主体的成立日期。

法律、行政法规或者国务院决定规定设立市场主体须经批准的，应当在批准文件有效期内向登记机关申请登记。

第二十二条 营业执照分为正本和副本，具有同等法律效力。

电子营业执照与纸质营业执照具有同等法律效力。

营业执照样式、电子营业执照标准由国务院市场监督管理部门统一制定。

# 六、第三十四条

## （一）原文

【2023年版本、三次审议稿】

第三十四条 公司登记事项发生变更的，应当依法办理变更登记。

公司登记事项未经登记或者未经变更登记，不得对抗善意相对人。

【2018年版本】

第七条 依法设立的公司，由公司登记机关发给公司营业执照。公司营业执照签发日期为公司成立日期。

公司营业执照应当载明公司的名称、住所、注册资本、经营范围、法定代表人姓名等事项。

公司营业执照记载的事项发生变更的，公司应当依法办理变更登记，由公司登记机关换发营业执照。

## （二）条文释义

本条规定了公司登记事项变更登记及其效力。

公司登记事项具有对社会公示的效力，因此，如果其中的相关事项发生变更，公司应当依法到公司登记机关办理变更登记。

由于公司登记事项具有公示效力，社会公众主要依靠公司登记系统查询公司的相关信息，因此，如果公司登记事项未经登记或者未经变更登记，该事项不得对抗善意相对人。例如，公司更换了法定代表人，但未依法进行变更登记。公司登记系统中显示的仍然是原法定代表人。原法定代表人代表公司与善意相对人签订合同，该合同对公司有效。

## （三）相关法规规定

**《中华人民共和国市场主体登记管理条例》**

**第二十三条** 市场主体设立分支机构，应当向分支机构所在地的登记机关申请登记。

**第二十四条** 市场主体变更登记事项，应当自作出变更决议、决定或者法定变更事项发生之日起30日内向登记机关申请变更登记。

市场主体变更登记事项属于依法须经批准的，申请人应当在批准文件有效期内向登记机关申请变更登记。

**第二十五条** 公司、非公司企业法人的法定代表人在任职期间发生本条例第十二条所列情形之一的，应当向登记机关申请变更登记。

**第二十六条** 市场主体变更经营范围，属于依法须经批准的项目的，应当自批准之日起30日内申请变更登记。许可证或者批准文件被吊销、撤销或者有效期届满的，应当自许可证或者批准文件被吊销、撤销或者有效期届满之日起30日内向登记机关申请变更登记或者办理注销登记。

**第二十七条** 市场主体变更住所或者主要经营场所跨登记机关辖区的，应当在迁入新的住所或者主要经营场所前，向迁入地登记机关申请变更登记。迁出地登记机关无正当理由不得拒绝移交市场主体档案等相关材料。

**第二十八条** 市场主体变更登记涉及营业执照记载事项的，登记机关应当及时为市场主体换发营业执照。

第二十九条　市场主体变更本条例第九条规定的备案事项的，应当自作出变更决议、决定或者法定变更事项发生之日起 30 日内向登记机关办理备案。农民专业合作社（联合社）成员发生变更的，应当自本会计年度终了之日起 90 日内向登记机关办理备案。

## 七、第三十五条

### （一）原文

【2023 年版本、三次审议稿】

第三十五条　公司申请变更登记，应当向公司登记机关提交公司法定代表人签署的变更登记申请书、依法作出的变更决议或者决定等文件。

公司变更登记事项涉及修改公司章程的，应当提交修改后的公司章程。

公司变更法定代表人的，变更登记申请书由变更后的法定代表人签署。

【2018 年版本】

第七条　依法设立的公司，由公司登记机关发给公司营业执照。公司营业执照签发日期为公司成立日期。

公司营业执照应当载明公司的名称、住所、注册资本、经营范围、法定代表人姓名等事项。

公司营业执照记载的事项发生变更的，公司应当依法办理变更登记，由公司登记机关换发营业执照。

### （二）条文释义

本条规定了公司变更登记。

公司申请变更登记，应当向公司登记机关提交公司法定代表人签署的变更登记申请书、依法作出的变更决议或者决定等文件。公司的重要事项，需要由法定代表人签署意见。根据公司章程的规定，相关事项的变更需要公司股东会或者董事会决议的，应当提交该决议；如果不需要公司股东会或者董事会决议，仅仅需要相关主体的决定，如一个股东的决定，国资委的决定等，应当提交该决定。

公司变更登记事项涉及修改公司章程的，应当提交修改后的公司章程。公司登记事项大多都会在公司章程中规定，因此，公司变更登记事项通常都会涉及修改公司章程。修改公司章程需要召开股东会，并经过公司全体股东或者出席会议股东所持表决权的三分之二以上通过。

公司变更法定代表人的，原法定代表人已无权代表公司，也可能不愿意签署相关文件，因此，变更登记申请书由变更后的法定代表人签署。

## （三）相关法规规定

**《中华人民共和国市场主体登记管理条例》**

第二十四条　市场主体变更登记事项，应当自作出变更决议、决定或者法定变更事项发生之日起30日内向登记机关申请变更登记。

市场主体变更登记事项属于依法须经批准的，申请人应当在批准文件有效期内向登记机关申请变更登记。

第二十六条　市场主体变更经营范围，属于依法须经批准的项目的，应当自批准之日起30日内申请变更登记。许可证或者批准文件被吊销、撤销或者有效期届满的，应当自许可证或者批准文件被吊销、撤销或者有效期届满之日起30日内向登记机关申请变更登记或者办理注销登记。

# 八、第三十六条

## （一）原文

**【2023年版本、三次审议稿】**

第三十六条　公司营业执照记载的事项发生变更的，公司办理变更登记后，由公司登记机关换发营业执照。

**【2018年版本】**

第七条　依法设立的公司，由公司登记机关发给公司营业执照。公司营业执照签发日期为公司成立日期。

公司营业执照应当载明公司的名称、住所、注册资本、经营范围、法定代表人姓名等事项。

公司营业执照记载的事项发生变更的，公司应当依法办理变更登记，由公司登记机关换发营业执照。

## （二）条文释义

本条规定了营业执照的换发。

如果公司营业执照记载的事项发生变更，公司办理变更登记后，原营业执照的信息就不准确了，因此，应当由公司登记机关换发营业执照。

### （三）相关法规规定

**《中华人民共和国市场主体登记管理条例》**
**第二十八条** 市场主体变更登记涉及营业执照记载事项的，登记机关应当及时为市场主体换发营业执照。

## 九、第三十七条

### （一）原文

**【2023年版本、三次审议稿】**
**第三十七条** 公司因解散、被宣告破产或者其他法定事由需要终止的，应当依法向公司登记机关申请注销登记，由公司登记机关公告公司终止。

### （二）条文释义

本条规定了公司终止。

如果公司因解散、被宣告破产或者其他法定事由需要终止，公司法定代表人或者其他主体应当依法向公司登记机关申请注销登记，由公司登记机关公告公司终止。公司登记机关的终止公告是公司在法律上终止的标志。

### （三）相关法规规定

**《中华人民共和国市场主体登记管理条例》**
**第三十条** 因自然灾害、事故灾难、公共卫生事件、社会安全事件等原因造成经营困难的，市场主体可以自主决定在一定时期内歇业。法律、行政法规另有规定的除外。

市场主体应当在歇业前与职工依法协商劳动关系处理等有关事项。

市场主体应当在歇业前向登记机关办理备案。登记机关通过国家企业信用信息公示系统向社会公示歇业期限、法律文书送达地址等信息。

市场主体歇业的期限最长不得超过3年。市场主体在歇业期间开展经营活动的，视为恢复营业，市场主体应当通过国家企业信用信息公示系统向社会公示。

市场主体歇业期间，可以以法律文书送达地址代替住所或者主要经营场所。

第三十一条　市场主体因解散、被宣告破产或者其他法定事由需要终止的,应当依法向登记机关申请注销登记。经登记机关注销登记,市场主体终止。

市场主体注销依法须经批准的,应当经批准后向登记机关申请注销登记。

第三十二条　市场主体注销登记前依法应当清算的,清算组应当自成立之日起10日内将清算组成员、清算组负责人名单通过国家企业信用信息公示系统公告。清算组可以通过国家企业信用信息公示系统发布债权人公告。

清算组应当自清算结束之日起30日内向登记机关申请注销登记。市场主体申请注销登记前,应当依法办理分支机构注销登记。

第三十三条　市场主体未发生债权债务或者已将债权债务清偿完结,未发生或者已结清清偿费用、职工工资、社会保险费用、法定补偿金、应缴纳税款(滞纳金、罚款),并由全体投资人书面承诺对上述情况的真实性承担法律责任的,可以按照简易程序办理注销登记。

市场主体应当将承诺书及注销登记申请通过国家企业信用信息公示系统公示,公示期为20日。在公示期内无相关部门、债权人及其他利害关系人提出异议的,市场主体可以于公示期届满之日起20日内向登记机关申请注销登记。

个体工商户按照简易程序办理注销登记的,无需公示,由登记机关将个体工商户的注销登记申请推送至税务等有关部门,有关部门在10日内没有提出异议的,可以直接办理注销登记。

市场主体注销依法须经批准的,或者市场主体被吊销营业执照、责令关闭、撤销,或者被列入经营异常名录的,不适用简易注销程序。

第三十四条　人民法院裁定强制清算或者裁定宣告破产的,有关清算组、破产管理人可以持人民法院终结强制清算程序的裁定或者终结破产程序的裁定,直接向登记机关申请办理注销登记。

# 十、第三十八条

## (一)原文

【2023年版本、三次审议稿】

第三十八条　公司设立分公司,应当向公司登记机关申请登记,领取营业执照。

【2018年版本】

第十四条　公司可以设立分公司。设立分公司,应当向公司登记机关申请登记,领取营业执照。分公司不具有法人资格,其民事责任由公司承担。

公司可以设立子公司,子公司具有法人资格,依法独立承担民事责任。

## （二）条文释义

本条规定了分公司的营业执照。

如果公司要设立分公司，应当向公司登记机关申请登记，领取营业执照。分公司虽然没有法人资格，分公司的责任虽然最终由总公司承担，但分公司毕竟是一个相对独立的主体，可以参与诉讼，也可以在自身管理财产的范围内承担责任，因此，设立分公司也应当申请登记，领取营业执照。分公司拥有与总公司不同的统一社会信用代码，分公司在增值税上属于独立的纳税主体，与总公司分别独立缴纳增值税。在企业所得税上，分公司需要与总公司汇总纳税。如果分公司与总公司不在同一省份，分公司需要在当地预缴企业所得税。

## （三）相关法律规定

**《民法典》**

第七十四条 法人可以依法设立分支机构。法律、行政法规规定分支机构应当登记的，依照其规定。

分支机构以自己的名义从事民事活动，产生的民事责任由法人承担；也可以先以该分支机构管理的财产承担，不足以承担的，由法人承担。

## （四）相关法规规定

**《中华人民共和国市场主体登记管理条例》**

第二十三条 市场主体设立分支机构，应当向分支机构所在地的登记机关申请登记。

# 十一、第三十九条

## （一）原文

**【2023年版本】**

第三十九条 虚报注册资本、提交虚假材料或者采取其他欺诈手段隐瞒重要事实取得公司设立登记的，公司登记机关应当依照法律、行政法规的规定予以撤销。

**【三次审议稿】**

第三十九条 虚报注册资本、提交虚假材料或者采取其他欺诈手段隐瞒重要事实取得公司登记的，公司登记机关应当依法予以撤销。

《中华人民共和国公司法》释义

## （二）条文释义

本条规定了虚假登记的后果。

当事人如果虚报注册资本、提交虚假材料或者采取其他欺诈手段隐瞒重要事实取得公司登记，公司登记机关查实后，应当依照法律、行政法规的规定予以撤销。公司登记被撤销后，视为自始不存在该登记事项，但善意相对人的利益应当予以保护。

## （三）相关法规规定

**《中华人民共和国市场主体登记管理条例》**

**第四十条** 提交虚假材料或者采取其他欺诈手段隐瞒重要事实取得市场主体登记的，受虚假市场主体登记影响的自然人、法人和其他组织可以向登记机关提出撤销市场主体登记的申请。

登记机关受理申请后，应当及时开展调查。经调查认定存在虚假市场主体登记情形的，登记机关应当撤销市场主体登记。相关市场主体和人员无法联系或者拒不配合的，登记机关可以将相关市场主体的登记时间、登记事项等通过国家企业信用信息公示系统向社会公示，公示期为45日。相关市场主体及其利害关系人在公示期内没有提出异议的，登记机关可以撤销市场主体登记。

因虚假市场主体登记被撤销的市场主体，其直接责任人自市场主体登记被撤销之日起3年内不得再次申请市场主体登记。登记机关应当通过国家企业信用信息公示系统予以公示。

**第四十一条** 有下列情形之一的，登记机关可以不予撤销市场主体登记：

（一）撤销市场主体登记可能对社会公共利益造成重大损害；

（二）撤销市场主体登记后无法恢复到登记前的状态；

（三）法律、行政法规规定的其他情形。

**第四十二条** 登记机关或者其上级机关认定撤销市场主体登记决定错误的，可以撤销该决定，恢复原登记状态，并通过国家企业信用信息公示系统公示。

## 十二、第四十条

### （一）原文

**【2023年版本】**

**第四十条** 公司应当按照规定通过国家企业信用信息公示系统公示下列事项：

（一）有限责任公司股东认缴和实缴的出资额、出资方式和出资日期，股份有限公司发起人认购的股份数；

（二）有限责任公司股东、股份有限公司发起人的股权、股份变更信息；

（三）行政许可取得、变更、注销等信息；

（四）法律、行政法规规定的其他信息。

公司应当确保前款公示信息真实、准确、完整。

【三次审议稿】

第四十条　公司应当按照规定通过统一的企业信息公示系统公示下列事项：

（一）有限责任公司股东认缴和实缴的出资额、出资方式和出资日期，股份有限公司发起人认购的股份数；

（二）有限责任公司股东股权转让等股权变更信息；

（三）行政许可取得、变更、注销等信息；

（四）法律、行政法规规定的其他信息。

## （二）条文释义

本条规定了企业信息公示系统公示的事项。

公司应当按照规定通过国家企业信用信息公示系统公示下列事项，并确保其公示信息真实、准确、完整：

（1）有限责任公司股东认缴和实缴的出资额、出资方式和出资日期，股份有限公司发起人认购的股份数。这些信息直接决定着公司对外承担责任的范围，应当为社会公众知晓。

（2）有限责任公司股东、股份有限公司发起人的股权、股份变更信息。通过股权转让信息，可以知晓公司的创始股东及其后继股东，有利于社会公众了解该公司的历史及其责任承担主体，也应当为社会公众知晓。

（3）行政许可取得、变更、注销等信息。这些信息有助于社会公众判断公司的经营范围、经营能力及其责任承担，也应当为社会公众知晓。

（4）法律、行政法规规定的其他信息。法律、行政法规可以规定其他应当公示的事项，规章以及级别更低的规范性文件无权作出该项规定。

## （三）相关法规规定

**《中华人民共和国市场主体登记管理条例》**

第三十五条　市场主体应当按照国家有关规定公示年度报告和登记相关信息。

《中华人民共和国公司法》释义

## 十三、第四十一条

### （一）原文

【2023年版本】

第四十一条　公司登记机关应当优化公司登记办理流程，提高公司登记效率，加强信息化建设，推行网上办理等便捷方式，提升公司登记便利化水平。

国务院市场监督管理部门根据本法和有关法律、行政法规的规定，制定公司登记注册的具体办法。

【三次审议稿】

第四十一条　公司登记机关应当优化公司登记办理流程，完善具体规定，提高公司登记效率，加强信息化建设，推行网上办理等便捷方式，提升公司登记便利化水平。

### （二）条文释义

本条规定了公司登记机关提高信息化建设的义务。

为方便公司登记，公司登记机关应当优化公司登记办理流程，提高公司登记效率，加强信息化建设，推行网上办理等便捷方式，提升公司登记便利化水平。目前各省市场监督管理局基本上推出了网上注册登记的APP和相关网站，基本上满足了该条的规定。

### （三）相关法规规定

**《中华人民共和国市场主体登记管理条例》**

第六条　国务院市场监督管理部门应当加强信息化建设，制定统一的市场主体登记数据和系统建设规范。

县级以上地方人民政府承担市场主体登记工作的部门（以下称登记机关）应当优化市场主体登记办理流程，提高市场主体登记效率，推行当场办结、一次办结、限时办结等制度，实现集中办理、就近办理、网上办理、异地可办，提升市场主体登记便利化程度。

第七条　国务院市场监督管理部门和国务院有关部门应当推动市场主体登记信息与其他政府信息的共享和运用，提升政府服务效能。

# 第三章 有限责任公司的设立和组织机构

## 第一节 设 立

### 一、第四十二条

#### （一）原文

【2023年版本、三次审议稿】
第四十二条 有限责任公司由一个以上五十个以下股东出资设立。
【2018年版本】
第二十四条 有限责任公司由五十个以下股东出资设立。

#### （二）条文释义

本条规定了有限责任公司的股东人数。

有限责任公司由一个以上五十个以下股东出资设立，也就是说，有限责任公司的股东人数最低为一人，最高为五十人。有限责任公司的股东可以是自然人、有限责任公司、股份有限公司、合伙企业、个人独资企业。通常情况下，不能是公司的分支机构、个体工商户、政府机关。

## 二、第四十三条

### （一）原文

【2023 年版本、三次审议稿】

第四十三条 有限责任公司设立时的股东可以签订设立协议，明确各自在公司设立过程中的权利和义务。

### （二）条文释义

本条规定了股东协议。

除了公司章程以外，有限责任公司设立时的股东可以签订设立协议，明确各自在公司设立过程中的权利和义务。该协议仅仅约束在协议上签字的创始股东，未来的公司章程可以根据该协议起草。该协议的内容如果写入公司章程，则对公司、全体股东、董事、监事、高管等均有约束力，未写入公司章程的内容仅对签字的股东有效，对公司及其他人无效。

### （三）相关司法解释规定

《最高人民法院关于适用〈中华人民共和国公司法〉若干问题的规定（三）》（2010 年 12 月 6 日最高人民法院审判委员会第 1504 次会议通过，根据 2014 年 2 月 17 日最高人民法院审判委员会第 1607 次会议《关于修改关于适用〈中华人民共和国公司法〉若干问题的规定的决定》第一次修正，根据 2020 年 12 月 23 日最高人民法院审判委员会第 1823 次会议通过的《最高人民法院关于修改〈最高人民法院关于破产企业国有划拨土地使用权应否列入破产财产等问题的批复〉等二十九件商事类司法解释的决定》第二次修正，法释〔2020〕18 号，下同）

第一条 为设立公司而签署公司章程、向公司认购出资或者股份并履行公司设立职责的人，应当认定为公司的发起人，包括有限责任公司设立时的股东。

第二条 发起人为设立公司以自己名义对外签订合同，合同相对人请求该发起人承担合同责任的，人民法院应予支持；公司成立后合同相对人请求公司承担合同责任的，人民法院应予支持。

第三章　有限责任公司的设立和组织机构

## 三、第四十四条

### （一）原文

【2023 年版本】

**第四十四条**　有限责任公司设立时的股东为设立公司从事的民事活动，其法律后果由公司承受。

公司未成立的，其法律后果由公司设立时的股东承受；设立时的股东为二人以上的，享有连带债权，承担连带债务。

设立时的股东为设立公司以自己的名义从事民事活动产生的民事责任，第三人有权选择请求公司或者公司设立时的股东承担。

设立时的股东因履行公司设立职责造成他人损害的，公司或者无过错的股东承担赔偿责任后，可以向有过错的股东追偿。

【三次审议稿】

**第四十四条**　有限责任公司设立时的股东为设立公司从事的活动，其法律后果由公司承受。

公司未成立的，其法律后果由公司设立时的股东承受；设立时的股东为二人以上的，享有连带债权，承担连带债务。

设立时的股东因履行公司设立职责造成他人损害的，公司或者无过错的股东承担赔偿责任后，可以向有过错的股东追偿。

设立时的股东为设立公司以自己的名义从事活动而产生的责任，第三人有权请求公司或者公司设立时的股东承担。

### （二）条文释义

本条规定了有限责任公司设立中责任的承担。

有限责任公司设立时的股东为设立公司从事的活动，其法律后果由公司承受。此时公司尚未成立，无法以自己的名义从事相关活动，只能由股东来从事，类似职务代理行为，该行为的法律后果应当由公司承受。

如果公司最终并未成立，股东为设立公司从事的活动的法律后果只能由公司设立时的股东承受，如果设立时的股东为二人以上，全体股东享有连带债权，承担连带债务。这里需要注意的是，一个股东的行为将由全体股东承担后果。

设立时的股东为设立公司以自己的名义从事民事活动而产生的民事责任，第三人有权选择请求公司或者公司设立时的股东承担。该项活动是为公司设立而从事的，其法律后果可以归属于公司和全体股东，该项活动又是以股东自己的名义从事的，其法律后果也可以归属于该股东个人，因此，第三人有选择权。

如果设立时的股东因履行公司设立职责造成他人损害，公司或者无过错的股东承担赔偿责任后，可以向有过错的股东追偿。如果履行职责、造成他人损害的股东并无过错，则不能向其追偿，该责任由全体股东承担。

## （三）相关司法解释规定

**《最高人民法院关于适用〈中华人民共和国公司法〉若干问题的规定（三）》**

**第四条** 公司因故未成立，债权人请求全体或者部分发起人对设立公司行为所产生的费用和债务承担连带清偿责任的，人民法院应予支持。

部分发起人依照前款规定承担责任后，请求其他发起人分担的，人民法院应当判令其他发起人按照约定的责任承担比例分担责任；没有约定责任承担比例的，按照约定的出资比例分担责任；没有约定出资比例的，按照均等份额分担责任。

因部分发起人的过错导致公司未成立，其他发起人主张其承担设立行为所产生的费用和债务的，人民法院应当根据过错情况，确定过错一方的责任范围。

**第五条** 发起人因履行公司设立职责造成他人损害，公司成立后受害人请求公司承担侵权赔偿责任的，人民法院应予支持；公司未成立，受害人请求全体发起人承担连带赔偿责任的，人民法院应予支持。

公司或者无过错的发起人承担赔偿责任后，可以向有过错的发起人追偿。

# 四、第四十五条

## （一）原文

**【2023年版本、三次审议稿】**

**第四十五条** 设立有限责任公司，应当由股东共同制定公司章程。

**【2018年版本】**

**第二十三条** 设立有限责任公司，应当具备下列条件：

（一）股东符合法定人数；

（二）有符合公司章程规定的全体股东认缴的出资额；

（三）股东共同制定公司章程；

（四）有公司名称，建立符合有限责任公司要求的组织机构；

（五）有公司住所。

## （二）条文释义

本条规定了公司章程的制定主体。

公司章程对全体股东均有约束力，是全体股东达成的一致协议，因此，设立有限责任公司，应当由股东共同制定公司章程。公司章程中的内容原则上需要由全体股东一致同意。公司成立后，为确保公司和社会秩序的稳定，修改公司章程仅仅需要全体股东三分之二以上表决权同意即可。

## 五、第四十六条

### （一）原文

【2023 年版本、三次审议稿】

第四十六条　有限责任公司章程应当载明下列事项：

（一）公司名称和住所；

（二）公司经营范围；

（三）公司注册资本；

（四）股东的姓名或者名称；

（五）股东的出资额、出资方式和出资日期；

（六）公司的机构及其产生办法、职权、议事规则；

（七）公司法定代表人的产生、变更办法；

（八）股东会认为需要规定的其他事项。

股东应当在公司章程上签名或者盖章。

【2018 年版本】

第二十五条　有限责任公司章程应当载明下列事项：

（一）公司名称和住所；

（二）公司经营范围；

（三）公司注册资本；

（四）股东的姓名或者名称；

（五）股东的出资方式、出资额和出资时间；

（六）公司的机构及其产生办法、职权、议事规则；

（七）公司法定代表人；

（八）股东会会议认为需要规定的其他事项。

股东应当在公司章程上签名、盖章。

**第三十四条** 股东按照实缴的出资比例分取红利；公司新增资本时，股东有权优先按照实缴的出资比例认缴出资。但是，全体股东约定不按照出资比例分取红利或者不按照出资比例优先认缴出资的除外。

## （二）条文释义

本条规定了有限责任公司章程应当记载的事项。

有限责任公司章程应当载明对公司而言最重要、最基本的事项，具体包括下列事项：

（1）公司名称和住所。该事项是在公司登记机关登记的事项，也是写在营业执照上的事项，对公司而言，是最重要、最基本的事项。公司参加各种法律关系均需要一个名称和一个住所。在公司签订的合同中，一般均在开头写明该公司的名称和住所（地址）。

（2）公司经营范围。该事项是在公司登记机关登记的事项，也是写在营业执照上的事项，该事项决定了公司的性质、所处的行业以及未来主要从事的业务。

（3）公司注册资本。该事项是在公司登记机关登记的事项，也是写在营业执照上的事项，该事项决定了公司的规模以及对外承担责任的额度。

（4）股东的姓名或者名称。该事项是在公司登记机关登记的事项，但不需要写在营业执照上。公司章程是由全体股东共同制定的，因此，应当在章程中写明全体股东的姓名（如果是自然人）或者名称（如果是组织）。

（5）股东的出资额、出资方式和出资日期。该事项是在公司登记机关登记的事项，但不需要写在营业执照上。由于公司的注册资本是认缴的，因此，真正能决定公司规模、决定公司对外承担责任的是股东的实缴资本，因此，公司章程中应写明认缴资本的出资期限和方式。

（6）公司的机构及其产生办法、职权、议事规则。该事项通常不需要在公司登记机关进行登记，也不写在营业执照上，但这是公司日常运营所必需的。未来公司产生争议和矛盾较多的领域也是该项规定，因此，公司章程应当认真、详细规定公司的机构及其产生办法、职权以及议事规则。例如是否设立董事会？是否设立监事会？是否将股东会的部分职权授予董事会，或者将董事会的部分职权提升至股东会行使？

（7）公司法定代表人的产生、变更办法。公司法定代表人是公司登记事项，也是写在营业执照上的事项，但其产生、变更办法并不是登记事项，也不需要写在营业执照上。法定代表人可以由董事长、执行董事、经理等担任，其作为公司的代表，产生与变更办法非常重要。如果章程规定由董事长担任法定代表人，董事长的产生与变更办法实际上就是法定代表人产生与变更的办法。

（8）股东会认为需要规定的其他事项。只要不违反法律规定，股东会可以在公司章程上规定其他事项，如股权转让的规则、股东继承的规则、股息分配的规则、对法定代表人权限的限制等。

股东应当在公司章程上签名或者盖章。自然人股东签名，非自然人股东盖章。

## 六、第四十七条

### （一）原文

【2023 年版本】

第四十七条　有限责任公司的注册资本为在公司登记机关登记的全体股东认缴的出资额。全体股东认缴的出资额由股东按照公司章程的规定自公司成立之日起五年内缴足。

法律、行政法规以及国务院决定对有限责任公司注册资本实缴、注册资本最低限额、股东出资期限另有规定的，从其规定。

【三次审议稿】

第四十七条　有限责任公司的注册资本为在公司登记机关登记的全体股东认缴的出资额。全体股东认缴的出资额由股东按照公司章程的规定自公司成立之日起五年内缴足。

法律、行政法规以及国务院决定对有限责任公司注册资本实缴、注册资本最低限额另有规定的，从其规定。

【2018 年版本】

第二十六条　有限责任公司的注册资本为在公司登记机关登记的全体股东认缴的出资额。

法律、行政法规以及国务院决定对有限责任公司注册资本实缴、注册资本最低限额另有规定的，从其规定。

### （二）条文释义

本条规定了有限责任公司的注册资本。

有限责任公司的注册资本为在公司登记机关登记的全体股东认缴的出资额。注册资本是认缴的出资额，而非实缴出资额。认缴制有利于减轻股东在设立公司时的出资负担。为防止股东认缴期限过长，导致其实缴资本过低，全体股东认缴的出资额由股东按照公司章程的规定自公司成立之日起 5 年内缴足。公司章程规定的缴足期限可以低于 5 年，但不能超过 5 年。公司章程可以规定股东按年分期缴纳出资，也可以规定股东在出资期限届满之前一次性缴足出资。

法律、行政法规以及国务院决定对有限责任公司注册资本实缴、注册资本最低限额、股东出资期限另有规定的，从其规定。目前，我国相关法律法规对银行、证券、保险、信托等特殊领域的公司在注册资本实缴、注册资本最低限额方面有强制性规定，该类公司应当遵守相关法律法规的规定。除法律、行政法规以及国务院决定以外，其他规范性文件和主体不得对有限责任公司注册资本实缴、注册资本最低限额另有规定。

## （三）相关法律规定

**《中华人民共和国商业银行法》**（1995年5月10日第八届全国人民代表大会常务委员会第十三次会议通过，根据2003年12月27日第十届全国人民代表大会常务委员会第六次会议《关于修改〈中华人民共和国商业银行法〉的决定》修正，根据2015年8月29日第十二届全国人民代表大会常务委员会第十六次会议《关于修改〈中华人民共和国商业银行法〉的决定》第二次修正，以下简称《商业银行法》）

**第十三条** 设立全国性商业银行的注册资本最低限额为十亿元人民币。设立城市商业银行的注册资本最低限额为一亿元人民币，设立农村商业银行的注册资本最低限额为五千万元人民币。注册资本应当是实缴资本。

国务院银行业监督管理机构根据审慎监管的要求可以调整注册资本最低限额，但不得少于前款规定的限额。

**《证券法》**（1998年12月29日第九届全国人民代表大会常务委员会第六次会议通过，根据2004年8月28日第十届全国人民代表大会常务委员会第十一次会议《关于修改〈中华人民共和国证券法〉的决定》第一次修正，2005年10月27日第十届全国人民代表大会常务委员会第十八次会议第一次修订，根据2013年6月29日第十二届全国人民代表大会常务委员会第三次会议《关于修改〈中华人民共和国文物保护法〉等十二部法律的决定》第二次修正，根据2014年8月31日第十二届全国人民代表大会常务委员会第十次会议《关于修改〈中华人民共和国保险法〉等五部法律的决定》第三次修正，2019年12月28日第十三届全国人民代表大会常务委员会第十五次会议第二次修订，下同）

**第一百二十条** 经国务院证券监督管理机构核准，取得经营证券业务许可证，证券公司可以经营下列部分或者全部证券业务：

（一）证券经纪；

（二）证券投资咨询；

（三）与证券交易、证券投资活动有关的财务顾问；

（四）证券承销与保荐；

（五）证券融资融券；

（六）证券做市交易；

（七）证券自营；

（八）其他证券业务。

国务院证券监督管理机构应当自受理前款规定事项申请之日起三个月内，依照法定条件和程序进行审查，作出核准或者不予核准的决定，并通知申请人；不予核准的，应当说明理由。

证券公司经营证券资产管理业务的，应当符合《中华人民共和国证券投资基金法》等法律、行政法规的规定。

除证券公司外，任何单位和个人不得从事证券承销、证券保荐、证券经纪和证券融资融券业务。

证券公司从事证券融资融券业务，应当采取措施，严格防范和控制风险，不得违反规定向客户出借资金或者证券。

**第一百二十一条** 证券公司经营本法第一百二十条第一款第（一）项至第（三）项业务的，注册资本最低限额为人民币五千万元；经营第（四）项至第（八）项业务之一的，注册资本最低限额为人民币一亿元；经营第（四）项至第（八）项业务中两项以上的，注册资本最低限额为人民币五亿元。证券公司的注册资本应当是实缴资本。

国务院证券监督管理机构根据审慎监管原则和各项业务的风险程度，可以调整注册资本最低限额，但不得少于前款规定的限额。

**《保险法》**（1995 年 6 月 30 日第八届全国人民代表大会常务委员会第十四次会议通过，根据 2002 年 10 月 28 日第九届全国人民代表大会常务委员会第三十次会议《关于修改〈中华人民共和国保险法〉的决定》第一次修正，2009 年 2 月 28 日第十一届全国人民代表大会常务委员会第七次会议修订，根据 2014 年 8 月 31 日第十二届全国人民代表大会常务委员会第十次会议《关于修改〈中华人民共和国保险法〉等五部法律的决定》第二次修正，根据 2015 年 4 月 24 日第十二届全国人民代表大会常务委员会第十四次会议《关于修改〈中华人民共和国计量法〉等五部法律的决定》第三次修正，下同）

**第六十八条** 设立保险公司应当具备下列条件：

（一）主要股东具有持续盈利能力，信誉良好，最近三年内无重大违法违规记录，净资产不低于人民币二亿元；

（二）有符合本法和《中华人民共和国公司法》规定的章程；

（三）有符合本法规定的注册资本；

（四）有具备任职专业知识和业务工作经验的董事、监事和高级管理人员；

（五）有健全的组织机构和管理制度；

（六）有符合要求的营业场所和与经营业务有关的其他设施；

（七）法律、行政法规和国务院保险监督管理机构规定的其他条件。

**第六十九条** 设立保险公司，其注册资本的最低限额为人民币二亿元。

国务院保险监督管理机构根据保险公司的业务范围、经营规模，可以调整其注册资本的最低限额，但不得低于本条第一款规定的限额。

保险公司的注册资本必须为实缴货币资本。

## （四）相关规章规定

**《信托公司管理办法》**（中国银行业监督管理委员会令2007年第2号）

**第十条** 信托公司注册资本最低限额为3亿元人民币或等值的可自由兑换货币，注册资本为实缴货币资本。

申请经营企业年金基金、证券承销、资产证券化等业务，应当符合相关法律法规规定的最低注册资本要求。

中国银行业监督管理委员会根据信托公司行业发展的需要，可以调整信托公司注册资本最低限额。

## 七、第四十八条

### （一）原文

**【2023年版本、三次审议稿】**

**第四十八条** 股东可以用货币出资，也可以用实物、知识产权、土地使用权、股权、债权等可以用货币估价并可以依法转让的非货币财产作价出资；但是，法律、行政法规规定不得作为出资的财产除外。

对作为出资的非货币财产应当评估作价，核实财产，不得高估或者低估作价。法律、行政法规对评估作价有规定的，从其规定。

**【2018年版本】**

**第二十七条** 股东可以用货币出资，也可以用实物、知识产权、土地使用权等可以用货币估价并可以依法转让的非货币财产作价出资；但是，法律、行政法规规定不得作为出资的财产除外。

对作为出资的非货币财产应当评估作价，核实财产，不得高估或者低估作价。法律、行政法规对评估作价有规定的，从其规定。

### （二）条文释义

本条规定了股东出资的形式。

货币是一般等价物，因此，股东可以用货币出资。除货币外，股东也可以用实物、知识产权、土地使用权、股权、债权等可以用货币估价并可以依法转让的非货币财产作价出资；但是，法律、行政法规规定不得作为出资的财产除外。不动产、土地使用权、机器设备、专利权、商标权、股权、债权是比较常见的非货币出资形式。依法不得转让的非货币财产不得用于出资，如全民所有的森林、水流、矿藏等自然资源，军用武器、弹药和淫秽物品等。

对作为出资的非货币财产应当评估作价，核实财产，不得高估或者低估作价。评估的方法可以由公司章程规定，既可以由专业的资产评估机构评估作价，也可以由全体股东共同评估作价。法律、行政法规对评估作价有规定的，应遵守其规定。除法律、行政法规外，其他规范性文件不允许对公司出资的非货币财产的评估作价作出其他规定。

## （三）相关法律规定

**《中华人民共和国资产评估法》**（2016年7月2日第十二届全国人民代表大会常务委员会第二十一次会议通过，以下简称《资产评估法》）

**第一条** 为了规范资产评估行为，保护资产评估当事人合法权益和公共利益，促进资产评估行业健康发展，维护社会主义市场经济秩序，制定本法。

**第二条** 本法所称资产评估（以下称评估），是指评估机构及其评估专业人员根据委托对不动产、动产、无形资产、企业价值、资产损失或者其他经济权益进行评定、估算，并出具评估报告的专业服务行为。

**第三条** 自然人、法人或者其他组织需要确定评估对象价值的，可以自愿委托评估机构评估。

涉及国有资产或者公共利益等事项，法律、行政法规规定需要评估的（以下称法定评估），应当依法委托评估机构评估。

**第四条** 评估机构及其评估专业人员开展业务应当遵守法律、行政法规和评估准则，遵循独立、客观、公正的原则。

评估机构及其评估专业人员依法开展业务，受法律保护。

**第五条** 评估专业人员从事评估业务，应当加入评估机构，并且只能在一个评估机构从事业务。

**第六条** 评估行业可以按照专业领域依法设立行业协会，实行自律管理，并接受有关评估行政管理部门的监督和社会监督。

**第七条** 国务院有关评估行政管理部门按照各自职责分工，对评估行业进行监督管理。

设区的市级以上地方人民政府有关评估行政管理部门按照各自职责分工，对本行政区域内的评估行业进行监督管理。

# 八、第四十九条

## （一）原文

【2023年版本】

第四十九条　股东应当按期足额缴纳公司章程规定的各自所认缴的出资额。

股东以货币出资的，应当将货币出资足额存入有限责任公司在银行开设的账户；以非货币财产出资的，应当依法办理其财产权的转移手续。

股东未按期足额缴纳出资的，除应当向公司足额缴纳外，还应当对给公司造成的损失承担赔偿责任。

【三次审议稿】

第四十九条　股东应当按期足额缴纳公司章程规定的各自所认缴的出资额。

股东以货币出资的，应当将货币出资足额存入有限责任公司在银行开设的账户；以非货币财产出资的，应当依法办理其财产权的转移手续。

股东未按期足额缴纳出资给公司造成损失的，应当承担赔偿责任。

【2018年版本】

第二十八条　股东应当按期足额缴纳公司章程中规定的各自所认缴的出资额。股东以货币出资的，应当将货币出资足额存入有限责任公司在银行开设的账户；以非货币财产出资的，应当依法办理其财产权的转移手续。

股东不按照前款规定缴纳出资的，除应当向公司足额缴纳外，还应当向已按期足额缴纳出资的股东承担违约责任。

## （二）条文释义

本条规定了股东按期足额缴纳出资的义务。

出资是股东最基本的义务，也是股东享有股东权利的前提，甚至也是取得股东资格的条件，因此，股东应当按期足额缴纳公司章程规定的各自所认缴的出资额。股东的出资义务既包括按照公司章程规定的期限和金额出资，也包括按照公司章程规定的出资形式来出资。如公司章程规定股东使用货币出资，股东不得用非货币财产出资，公司章程规定股东使用不动产出资，股东不得用其他货币资产出资。由于货币是一般等价物，因此，公司章程规定股东使用非货币财产出资的，股东可以使用货币出资来代替。

股东以货币出资的，应当将货币出资足额存入有限责任公司在银行开设的账户，如果公司开设有多个银行存款账户，通常应当存入公司的基本存款账户。股东以非货币财产出资的，应当依法办理其财产权的转移手续。不动产、土地使用权通常需要办理登记才能转移财产权，动产交付后即算完成转移手续，但机动车、船舶、航空器等特殊不动产还需要转移登记才算完成转移手续。

股东未按期足额缴纳出资的，除应当向公司足额缴纳外，还应当对给公司造成的损失承担赔偿责任。股东未按期足额缴纳出资首先会给公司造成利息的损失，因此，股东应当按照同期人民币贷款利率依法向公司支付迟延缴纳出资期间的利息。如果公司因此产生其他损失，如对合同相对人违约、迟延缴纳税款等，则由此产生的违约金和滞纳金等损失，股东也应当承担赔偿责任。

## （三）相关法律规定

### 《民法典》

**第二百零九条** 不动产物权的设立、变更、转让和消灭，经依法登记，发生效力；未经登记，不发生效力，但是法律另有规定的除外。

依法属于国家所有的自然资源，所有权可以不登记。

**第二百一十四条** 不动产物权的设立、变更、转让和消灭，依照法律规定应当登记的，自记载于不动产登记簿时发生效力。

**第二百一十五条** 当事人之间订立有关设立、变更、转让和消灭不动产物权的合同，除法律另有规定或者当事人另有约定外，自合同成立时生效；未办理物权登记的，不影响合同效力。

**第二百一十六条** 不动产登记簿是物权归属和内容的根据。

不动产登记簿由登记机构管理。

**第二百一十七条** 不动产权属证书是权利人享有该不动产物权的证明。不动产权属证书记载的事项，应当与不动产登记簿一致；记载不一致的，除有证据证明不动产登记簿确有错误外，以不动产登记簿为准。

**第二百二十四条** 动产物权的设立和转让，自交付时发生效力，但是法律另有规定的除外。

**第二百二十五条** 船舶、航空器和机动车等的物权的设立、变更、转让和消灭，未经登记，不得对抗善意第三人。

**第二百二十六条** 动产物权设立和转让前，权利人已经占有该动产的，物权自民事法律行为生效时发生效力。

**第二百二十七条** 动产物权设立和转让前，第三人占有该动产的，负有交付义务的人可以通过转让请求第三人返还原物的权利代替交付。

**第二百二十八条** 动产物权转让时，当事人又约定由出让人继续占有该动产的，物权自该约定生效时发生效力。

**第二百二十九条** 因人民法院、仲裁机构的法律文书或者人民政府的征收决定等，导致物权设立、变更、转让或者消灭的，自法律文书或者征收决定等生效时发生效力。

**第二百三十条** 因继承取得物权的，自继承开始时发生效力。

**第二百三十一条** 因合法建造、拆除房屋等事实行为设立或者消灭物权的，自事实行为成就时发生效力。

**第二百三十二条** 处分依照本节规定享有的不动产物权，依照法律规定需要办理登记的，未经登记，不发生物权效力。

## （四）相关司法解释规定

**《最高人民法院关于适用〈中华人民共和国公司法〉若干问题的规定（三）》**

**第七条** 出资人以不享有处分权的财产出资，当事人之间对于出资行为效力产生争议的，人民法院可以参照民法典第三百一十一条的规定予以认定。

以贪污、受贿、侵占、挪用等违法犯罪所得的货币出资后取得股权的，对违法犯罪行为予以追究、处罚时，应当采取拍卖或者变卖的方式处置其股权。

**第八条** 出资人以划拨土地使用权出资，或者以设定权利负担的土地使用权出资，公司、其他股东或者公司债权人主张认定出资人未履行出资义务的，人民法院应当责令当事人在指定的合理期间内办理土地变更手续或者解除权利负担；逾期未办理或者未解除的，人民法院应当认定出资人未依法全面履行出资义务。

**第九条** 出资人以非货币财产出资，未依法评估作价，公司、其他股东或者公司债权人请求认定出资人未履行出资义务的，人民法院应当委托具有合法资格的评估机构对该财产评估作价。评估确定的价额显著低于公司章程所定价额的，人民法院应当认定出资人未依法全面履行出资义务。

**第十条** 出资人以房屋、土地使用权或者需要办理权属登记的知识产权等财产出资，已经交付公司使用但未办理权属变更手续，公司、其他股东或者公司债权人主张认定出资人未履行出资义务的，人民法院应当责令当事人在指定的合理期间内办理权属变更手续；在前述期间内办理了权属变更手续的，人民法院应当认定其已经履行了出资义务；出资人主张自其实际交付财产给公司使用时享有相应股东权利的，人民法院应予支持。

出资人以前款规定的财产出资，已经办理权属变更手续但未交付给公司使用，公司或者其他股东主张其向公司交付、并在实际交付之前不享有相应股东权利的，人民法院应予支持。

**第十一条** 出资人以其他公司股权出资，符合下列条件的，人民法院应当认定出资人已履行出资义务：

（一）出资的股权由出资人合法持有并依法可以转让；

（三）出资人已履行关于股权转让的法定手续；

（四）出资的股权已依法进行了价值评估。

股权出资不符合前款第（一）、（二）、（三）项的规定，公司、其他股东或者公司债权人请求认定出资人未履行出资义务的，人民法院应当责令该出资人在指定的合理期间内采取补正措施，以符合上述条件；逾期未补正的，人民法院应当认定其未依法全面履行出资义务。

股权出资不符合本条第一款第（四）项的规定，公司、其他股东或者公司债权人请求认定出资人未履行出资义务的，人民法院应当按照本规定第九条的规定处理。

**第十九条**　公司股东未履行或者未全面履行出资义务或者抽逃出资，公司或者其他股东请求其向公司全面履行出资义务或者返还出资，被告股东以诉讼时效为由进行抗辩的，人民法院不予支持。

公司债权人的债权未过诉讼时效期间，其依照本规定第十三条第二款、第十四条第二款的规定请求未履行或者未全面履行出资义务或者抽逃出资的股东承担赔偿责任，被告股东以出资义务或者返还出资义务超过诉讼时效期间为由进行抗辩的，人民法院不予支持。

**第二十条**　当事人之间对是否已履行出资义务发生争议，原告提供对股东履行出资义务产生合理怀疑证据的，被告股东应当就其已履行出资义务承担举证责任。

# 九、第五十条

## （一）原文

**【2023年版本】**

**第五十条**　有限责任公司设立时，股东未按照公司章程规定实际缴纳出资，或者实际出资的非货币财产的实际价额显著低于所认缴的出资额的，设立时的其他股东与该股东在出资不足的范围内承担连带责任。

**【三次审议稿】**

**第五十条**　有限责任公司设立时，股东未按照公司章程规定足额缴纳出资，或者作为出资的非货币财产的实际价额显著低于所认缴的出资额的，应当由该股东补足其差额，设立时的其他股东承担连带责任。

**【2018年版本】**

**第三十条**　有限责任公司成立后，发现作为设立公司出资的非货币财产的实际价额显著低于公司章程所定价额的，应当由交付该出资的股东补足其差额；公司设立时的其他股东承担连带责任。

## （二）条文释义

本条规定了有限责任公司股东的补足出资责任。

有限责任公司设立时，如果股东未按照公司章程规定足额缴纳出资，包括出资期限迟延、出资金额不足、出资形式不符等，或者实际出资的非货币财产的实际价额显著低于所认缴的出资额，应当由该股东补足其差额，设立时的其他股东承担连带责任。

上述"实际价额"是指出资时相关非货币财产的实际价值，如果出资之后由于市场变化或者其他客观因素导致出资的非货币财产贬值，该风险应当由公司承担，而不能转嫁给股东，除非股东在出资时对该财产的贬值风险进行了保证。

承担连带责任的是设立时的其他股东，公司设立后通过增资的方式新增加的股东不承担责任。如果设立时的其他股东将全部股权转让给他人，该连带责任应当由转让股权的股东和受让股权的股东共同承担。

## （三）相关司法解释规定

**《最高人民法院关于适用〈中华人民共和国公司法〉若干问题的规定（三）》**

**第十三条** 股东未履行或者未全面履行出资义务，公司或者其他股东请求其向公司依法全面履行出资义务的，人民法院应予支持。

公司债权人请求未履行或者未全面履行出资义务的股东在未出资本息范围内对公司债务不能清偿的部分承担补充赔偿责任的，人民法院应予支持；未履行或者未全面履行出资义务的股东已经承担上述责任，其他债权人提出相同请求的，人民法院不予支持。

股东在公司设立时未履行或者未全面履行出资义务，依照本条第一款或者第二款提起诉讼的原告，请求公司的发起人与被告股东承担连带责任的，人民法院应予支持；公司的发起人承担责任后，可以向被告股东追偿。

股东在公司增资时未履行或者未全面履行出资义务，依照本条第一款或者第二款提起诉讼的原告，请求未尽公司法第一百四十七条第一款规定的义务而使出资未缴足的董事、高级管理人员承担相应责任的，人民法院应予支持；董事、高级管理人员承担责任后，可以向被告股东追偿。

**第十五条** 出资人以符合法定条件的非货币财产出资后，因市场变化或者其他客观因素导致出资财产贬值，公司、其他股东或者公司债权人请求该出资人承担补足出资责任的，人民法院不予支持。但是，当事人另有约定的除外。

## 十、第五十一条

### （一）原文

**【2023年版本】**

第五十一条　有限责任公司成立后，董事会应当对股东的出资情况进行核查，发现股东未按期足额缴纳公司章程规定的出资的，应当由公司向该股东发出书面催缴书，催缴出资。

未及时履行前款规定的义务，给公司造成损失的，负有责任的董事应当承担赔偿责任。

**【三次审议稿】**

第五十一条　有限责任公司成立后，董事会应当对股东的出资情况进行核查，发现股东未按期足额缴纳公司章程规定的出资的，应当向该股东发出书面催缴书，催缴出资。

董事会未履行前款规定的义务，给公司造成损失的，负有责任的董事应当承担赔偿责任。

### （二）条文释义

本条规定了董事会催缴出资的义务。

有限责任公司成立后，公司的日常领导机构是董事会，因此，董事会应当对股东的出资情况进行核查，如果发现股东未按期足额缴纳公司章程规定的出资，应当向该股东发出书面催缴书，催缴出资。董事会没有强制股东出资的权利，只能向股东催缴出资。

如果董事会未履行上述催缴出资义务，且给公司造成损失，负有责任的董事应当承担赔偿责任。通常情况下，董事长属于负有责任的董事，因为其有义务召集董事会并作出向股东催缴出资的决议。如果董事长依法召集了董事会会议，但董事会会议没有通过向股东催缴出资的决议，该次会议未投赞成票的董事都是负有责任的董事，都应当承担赔偿责任。

# 十一、第五十二条

## （一）原文

**【2023年版本】**

第五十二条　股东未按照公司章程规定的出资日期缴纳出资，公司依照前条第一款规定发出书面催缴书催缴出资的，可以载明缴纳出资的宽限期；宽限期自公司发出催缴书之日起，不得少于六十日。宽限期届满，股东仍未履行出资义务的，公司经董事会决议可以向该股东发出失权通知，通知应当以书面形式发出。自通知发出之日起，该股东丧失其未缴纳出资的股权。

依照前款规定丧失的股权应当依法转让，或者相应减少注册资本并注销该股权；六个月内未转让或者注销的，由公司其他股东按照其出资比例足额缴纳相应出资。

股东对失权有异议的，应当自接到失权通知之日起三十日内，向人民法院提起诉讼。

**【三次审议稿】**

第五十二条　公司依照前条第一款规定发出书面催缴书催缴出资，可以载明缴纳出资的宽限期；宽限期自公司发出催缴书之日起，不得少于六十日。宽限期届满，股东仍未履行出资义务的，公司可以向该股东发出失权通知，通知应当以书面形式发出，自通知发出之日起，该股东丧失其未缴纳出资的股权。

依照前款规定丧失的股权应当依法转让，或者相应减少注册资本并注销该股权；六个月内未转让或者注销的，由公司其他股东按照其出资比例足额缴纳相应出资。

## （二）条文释义

本条规定了股东失权制度。

有限责任公司成立后，董事会应当对股东的出资情况进行核查，发现股东未按期足额缴纳公司章程规定的出资的，应当向该股东发出书面催缴书，催缴出资。公司发出书面催缴书催缴出资，可以载明缴纳出资的宽限期；宽限期自公司发出催缴书之日起，不得少于60日。宽限期最长不得超过公司5年的出资期限。例如，公司于2024年1月10日成立，某位股东的最后出资期限为2028年10月10日，该股东出资逾期后，公司可以给60天的宽限期，也可以给更长的宽限期，但最长不能超过2029年1月10日，否则就是变相规避5年的出资期限。

宽限期届满，股东仍未履行出资义务的，公司经董事会决议可以向该股东发出失权通知，通知应当以书面形式发出，自通知发出之日起，该股东丧失其未缴纳出资的股权。股东失权不需要由股东会会议另行决议，也不需要由公司章程明确规定，这是法律规定的制度。

依照上述规定丧失的股权应当依法转让，或者相应减少注册资本并注销该股权。该股权可以转让给其他股东，也可以转让给股东以外的人，引入新的股东。如果多个股东都要购买该股权，可以根据持股比例由多个股东共同购买。股权转让的价款由公司与拟购买的股东或主体协商确定。如果上述股权在六个月内未转让或者注销的，由公司其他股东按照其出资比例足额缴纳相应出资。

股东对失权如果有异议的，应当自接到失权通知之日起 30 日内，向人民法院提起诉讼。超过期限，人民法院将不予受理。

## 十二、第五十三条

### （一）原文

【2023 年版本】

第五十三条　公司成立后，股东不得抽逃出资。

违反前款规定的，股东应当返还抽逃的出资；给公司造成损失的，负有责任的董事、监事、高级管理人员应当与该股东承担连带赔偿责任。

【三次审议稿】

第五十七条　公司成立后，股东不得抽逃出资。

违反前款规定的，股东应当返还抽逃的出资；给公司造成损失的，负有责任的董事、监事、高级管理人员应当与该股东承担连带赔偿责任。

【2018 年版本】

第三十五条　公司成立后，股东不得抽逃出资。

### （二）条文释义

本条规定了股东不得抽逃出资的义务。

公司资本是公司运营以及对外承担责任的保障，因此，公司成立后，股东不得抽逃出资。所谓抽逃出资就是没有其他合理理由和正当目的，将公司资本转入股东个人账户。

股东抽逃出资的，股东应当返还抽逃的出资。股东抽逃出资会导致公司日常经营资金不足，有可能给公司造成损失，如果给公司造成损失，负有责任的董事、监事、高级管理人员应当与该股东承担连带赔偿责任。因为股东抽逃出资往往需要董事、监事、高级管理人员的配合，帮助股东抽逃出资、发现股东抽逃出资不予以制止或者采取其他措施、因工作失误而未发现股东抽逃出资的董事、监事、高级管理人员都属于负有责任的人员。

## （三）相关法律规定

**《中华人民共和国期货和衍生品法》**（2022年4月20日第十三届全国人民代表大会常务委员会第三十四次会议通过）

**第七十五条** 期货经营机构的股东有虚假出资、抽逃出资行为的，国务院期货监督管理机构应当责令其限期改正，并可责令其转让所持期货经营机构的股权。

在股东依照前款规定的要求改正违法行为、转让所持期货经营机构的股权前，国务院期货监督管理机构可以限制其股东权利。

**《证券法》**

**第一百四十一条** 证券公司的股东有虚假出资、抽逃出资行为的，国务院证券监督管理机构应当责令其限期改正，并可责令其转让所持证券公司的股权。

在前款规定的股东按照要求改正违法行为、转让所持证券公司的股权前，国务院证券监督管理机构可以限制其股东权利。

**《中华人民共和国证券投资基金法》**（2003年10月28日第十届全国人民代表大会常务委员会第五次会议通过，2012年12月28日第十一届全国人民代表大会常务委员会第三十次会议修订，根据2015年4月24日第十二届全国人民代表大会常务委员会第十四次会议《关于修改〈中华人民共和国港口法〉等七部法律的决定》修正，下同）

**第二十三条** 公开募集基金的基金管理人的股东、实际控制人应当按照国务院证券监督管理机构的规定及时履行重大事项报告义务，并不得有下列行为：

（一）虚假出资或者抽逃出资；

（二）未依法经股东会或者董事会决议擅自干预基金管理人的基金经营活动；

（三）要求基金管理人利用基金财产为自己或者他人牟取利益，损害基金份额持有人利益；

（四）国务院证券监督管理机构规定禁止的其他行为。

公开募集基金的基金管理人的股东、实际控制人有前款行为或者股东不再符合法定条件的，国务院证券监督管理机构应当责令其限期改正，并可视情节责令其转让所持有或者控制的基金管理人的股权。

在前款规定的股东、实际控制人按照要求改正违法行为、转让所持有或者控制的基金管理人的股权前，国务院证券监督管理机构可以限制有关股东行使股东权利。

**《中华人民共和国刑法》**（1979年7月1日第五届全国人民代表大会第二次会议通过，1997年3月14日第八届全国人民代表大会第五次会议修订，根据1998年12月29日第九届全国人民代表大会常务委员会第六次会议通过的《全国人民代表大会常务委员会关于惩治骗购外汇、逃汇和非法买卖外汇犯罪的决定》、1999年12月25日第九届全国人民代表大会常务委员会第十三次会议通过的《中华人民共和国刑法修正案》、2001年8月31日第九届全国人民代表大会常务委员会第二十三次会议通过的《中华人民共和国刑法修正案（二）》、2001年12月29日第九届全国人民代表大会常务委员会第二十五次会议通过的《中华人民共和国刑法修正案（三）》、2002年12月28日第九届全国人民代表大会常务委员会第三十一次会议通过的《中华人民共和国刑法修正案（四）》、2005年2月28日第十届全国人民代表大会常务委员会第十四次会议通过的《中华人民共和国刑法修正案（五）》、2006年6月29日第十届全国人民代表大会常务委员会第二十二次会议通过的《中华人民共和国刑法修正案（六）》、2009年2月28日第十一届全国人民代表大会常务委员会第七次会议通过的《中华人民共和国刑法修正案（七）》、2009年8月27日第十一届全国人民代表大会常务委员会第十次会议通过的《全国人民代表大会常务委员会关于修改部分法律的决定》、2011年2月25日第十一届全国人民代表大会常务委员会第十九次会议通过的《中华人民共和国刑法修正案（八）》、2015年8月29日第十二届全国人民代表大会常务委员会第十六次会议通过的《中华人民共和国刑法修正案（九）》、2017年11月4日第十二届全国人民代表大会常务委员会第三十次会议通过的《中华人民共和国刑法修正案（十）》和2020年12月26日第十三届全国人民代表大会常务委员会第二十四次会议通过的《中华人民共和国刑法修正案（十一）》修正，以下简称《刑法》）

**第一百五十九条**　【虚假出资、抽逃出资罪】公司发起人、股东违反公司法的规定未交付货币、实物或者未转移财产权，虚假出资，或者在公司成立后又抽逃其出资，数额巨大、后果严重或者有其他严重情节的，处五年以下有期徒刑或者拘役，并处或者单处虚假出资金额或者抽逃出资金额百分之二以上百分之十以下罚金。

单位犯前款罪的，对单位判处罚金，并对其直接负责的主管人员和其他直接责任人员，处五年以下有期徒刑或者拘役。

## （四）相关法规规定

**《私募投资基金监督管理条例》**（国务院令2023年第762号，下同）

**第十二条**　私募基金管理人的股东、实际控制人、合伙人不得有下列行为：

（一）虚假出资、抽逃出资、委托他人或者接受他人委托出资；

（二）未经股东会或者董事会决议等法定程序擅自干预私募基金管理人的业务活动；

（三）要求私募基金管理人利用私募基金财产为自己或者他人牟取利益，损害投资者利益；

（四）法律、行政法规和国务院证券监督管理机构规定禁止的其他行为。

《期货交易管理条例》（2007年3月6日中华人民共和国国务院令第489号公布，根据2012年10月24日《国务院关于修改〈期货交易管理条例〉的决定》第一次修订，根据2013年7月18日《国务院关于废止和修改部分行政法规的决定》第二次修订，根据2016年2月6日《国务院关于修改部分行政法规的决定》第三次修订，根据2017年3月1日《国务院关于修改和废止部分行政法规的决定》第四次修订）

第五十七条 期货公司的股东有虚假出资或者抽逃出资行为的，国务院期货监督管理机构应当责令其限期改正，并可责令其转让所持期货公司的股权。

在股东按照前款要求改正违法行为、转让所持期货公司的股权前，国务院期货监督管理机构可以限制其股东权利。

《金融违法行为处罚办法》（国务院令1999年第260号）

第八条 金融机构不得虚假出资或者抽逃出资。

金融机构虚假出资或者抽逃出资的，责令停业整顿，并处虚假出资金额或者抽逃出资金额百分之五以上百分之十以下的罚款；对该金融机构直接负责的高级管理人员给予开除的纪律处分，对其他直接负责的主管人员和直接责任人员给予记过直至开除的纪律处分；情节严重的，吊销该金融机构的经营金融业务许可证；构成虚假出资、抽逃出资罪或者其他罪的，依法追究刑事责任。

《中华人民共和国市场主体登记管理条例》

第四十五条 实行注册资本实缴登记制的市场主体虚报注册资本取得市场主体登记的，由登记机关责令改正，处虚报注册资本金额5%以上15%以下的罚款；情节严重的，吊销营业执照。

实行注册资本实缴登记制的市场主体的发起人、股东虚假出资，未交付或者未按期交付作为出资的货币或者非货币财产的，或者在市场主体成立后抽逃出资的，由登记机关责令改正，处虚假出资金额5%以上15%以下的罚款。

《中华人民共和国民办教育促进法实施条例》（2004年3月5日中华人民共和国国务院令第399号公布，2021年4月7日中华人民共和国国务院令第741号修订）

第十条 举办民办学校，应当按时、足额履行出资义务。民办学校存续期间，举办者不得抽逃出资，不得挪用办学经费。

举办者可以依法募集资金举办营利性民办学校，所募集资金应当主要用于办学，不得擅自改变用途，并按规定履行信息披露义务。民办学校及其举办者不得以赞助费等名目向学生、学生家长收取或者变相收取与入学关联的费用。

第六十二条 民办学校举办者及实际控制人、决策机构或者监督机构组成人员有下列情形之一的，由县级以上人民政府教育行政部门、人力资源社会保障行政部门或者其他有关部门依据职责分工责令限期改正，有违法所得的，退还所收费用后没收违法所得；情节严重的，1至5年内不得新成为民办学校举办者或实际控制人、决策机构或者监督机构组成人员；情节特别严重、社会影响恶劣的，永久不得新成为民办学校举办者或实际控制人、决策机构或者监督机构组成人员；构成违反治安管理行为的，由公安机关依法给予治安管理处罚；构成犯罪的，依法追究刑事责任：

（一）利用办学非法集资，或者收取与入学关联的费用的；

（二）未按时、足额履行出资义务，或者抽逃出资、挪用办学经费的；

（三）侵占学校法人财产或者非法从学校获取利益的；

（四）与实施义务教育的民办学校进行关联交易，或者与其他民办学校进行关联交易损害国家利益、学校利益和师生权益的；

（五）伪造、变造、买卖、出租、出借办学许可证的；

（六）干扰学校办学秩序或者非法干预学校决策、管理的；

（七）擅自变更学校名称、层次、类型和举办者的；

（八）有其他危害学校稳定和安全、侵犯学校法人权利或者损害教职工、受教育者权益的行为的。

**《中华人民共和国中外合作办学条例》**（2003年3月1日中华人民共和国国务院令第372号公布，根据2013年7月18日《国务院关于废止和修改部分行政法规的决定》第一次修订，根据2019年3月2日《国务院关于修改部分行政法规的决定》第二次修订）

**第五十三条** 中外合作办学者虚假出资或者在中外合作办学机构成立后抽逃出资的，由教育行政部门、劳动行政部门按照职责分工责令限期改正；逾期不改正的，由教育行政部门、劳动行政部门按照职责分工处以虚假出资金额或者抽逃出资金额2倍以下的罚款。

## （五）相关司法解释规定

**《最高人民法院民二庭关于"股东以土地使用权的部分年限对应价值作价出资，期满后收回土地是否构成抽逃出资"的答复》**（〔2009〕民二他字第5号函，2009年7月29日）

辽宁省高级人民法院：

你院〔2006〕辽民二终字第314号《关于鞍山市人民政府与大连大锻锻造有限公司、鞍山第一工程机械股份有限公司、鞍山市国有资产监督管理委员会加工承揽合同欠款纠纷一案的请示报告》收悉。经研究，答复如下：

根据我国公司法及相关法律法规的规定，股份有限公司设立时发起人可以用土地使用权出资。土地使用权不同于土地所有权，其具有一定的存续期间即年限，发起人将土地使用权出资实际是将土地使用权的某部分年限作价用于出资，发起人可以将土地使用权的全部年限作价用于出资，作为公司的资本。发起人将土地使用权的部分年限作价作为出资投入公司，在其他发起人同意且公司章程没有相反的规定时，并不违反法律法规的禁止性规定，此时发起人投入公司的资本数额应当是土地使用权该部分年限作价的价值。

在该部分年限届至后，土地使用权在该部分年限内的价值已经为公司所享有和使用，且该部分价值也已经凝结为公司财产，发起人事实上无法抽回。由于土地使用权的剩余年限并未作价并用于出资，所以发起人收回土地使用权是取回自己财产的行为，这种行为与发起人出资后再将原先出资的资本抽回的行为具有明显的区别，不应认定为抽逃出资。发起人取回剩余年限的土地使用权后，公司的资本没有发生变动，所以无须履行公示程序。

本案中，你院应当查明作为股东的鞍山市人民政府在公司即鞍山一工设立时投入的570 620平方米土地使用权作价1 710万元所对应的具体年限。如果该作价1 710万元的土地使用权对应的出资年限就是10年，在10年期满后，鞍山市人民政府将剩余年限的土地使用权收回，不构成抽逃出资，也无需履行公示程序；反之，则鞍山市人民政府存在抽逃出资的行为，其应当承担对公司债务的赔偿责任，但以抽逃出资的价值为限。

以上意见，仅供参考。

## 《最高人民检察院 公安部关于严格依法办理虚报注册资本和虚假出资抽逃出资刑事案件的通知》（公经〔2014〕247号）

各省、自治区、直辖市人民检察院，公安厅、局，新疆生产建设兵团人民检察院、公安局：

2013年12月28日，第十二届全国人民代表大会常务委员会第六次会议通过了关于修改《中华人民共和国公司法》的决定，自2014年3月1日起施行。2014年4月24日，第十二届全国人民代表大会常务委员会第八次会议通过了《全国人大常委会关于刑法第一百五十八条、第一百五十九条的解释》。为了正确执行新修改的公司法和全国人大常委会立法解释，现就严格依法办理虚报注册资本和虚假出资、抽逃出资刑事案件的有关要求通知如下：

一、充分认识公司法修改对案件办理工作的影响。新修改的公司法主要涉及三个方面：一是将注册资本实缴登记制改为认缴登记制，除对公司注册资本实缴有另行规定的以外，取消了公司法定出资期限的规定，采取公司股东（发起人）自主约定认缴出资额、出资方式、出资期限等并记载于公司章程的规定。二是放宽注册资本登记条件，除对公司注册资本最低限额有另行规定的以外，取消了公司最低注册资本限制、公司设立时股东（发起人）的首次出资比例以及货币出资比例限制。三是简化登记事项和登记文件，有限责任公司股东认缴出资额、公司实收资本不再作为登记事项，公司登记时不需要提交验资报告。全国人大常委会立法解释规定："刑法第一百五十八条、第一百五十九条的规定，只适用于依法实行注册资本实缴登记制的公司。"新修改的公司法和上述立法解释，必将对公安机关、检察机关办理虚报注册资本和虚假出资、抽逃出资刑事案件产生重大影响。各级公安机关、检察机关要充分认识新修改的公司法和全国人大常委会立法解释的重要意义，深刻领会其精神实质，力争在案件办理工作中准确适用，并及时了解掌握本地区虚报注册资本和虚假出资、抽逃出资案件新情况、新问题以及其他相关犯罪态势，进一步提高办理虚报注册资本和虚假出资、抽逃出资刑事案件的能力和水平。

二、严格把握罪与非罪的界限。根据新修改的公司法和全国人大常委会立法解释，自2014年3月1日起，除依法实行注册资本实缴登记制的公司［参见《国务院关于印发注册资本登记制度改革方案的通知》（国发〔2014〕7号）］以外，对申请公司登记的单位和个人不得以虚报注册资本罪追究刑事责任；对公司股东、发起人不得以虚假出资、抽逃出资罪追究刑事责任。对依法实行注册资本实缴登记制的公司涉嫌虚报注册资本和虚假出资、抽逃出资犯罪的，各级公安机关、检察机关依照刑法和《立案追诉标准（二）》的相关规定追究刑事责任时，应当认真研究行为性质和危害后果，确保执法办案的法律效果和社会效果。

三、依法妥善处理跨时限案件。各级公安机关、检察机关对发生在2014年3月1日以前尚未处理或者正在处理的虚报注册资本和虚假出资、抽逃出资刑事案件，应当按照刑法第十二条规定的精神处理：除依法实行注册资本实缴登记制的公司以外，依照新修改的公司法不再符合犯罪构成要件的案件，公安机关已经立案侦查的，应当撤销案件；检察机关已经批准逮捕的，应当撤销批准逮捕决定，并监督公安机关撤销案件；检察机关审查起诉的，应当作出不起诉决定；检察机关已经起诉的，应当撤回起诉并作出不起诉决定；检察机关已经抗诉的，应当撤回抗诉。

四、进一步加强工作联系和沟通。各级公安机关、检察机关应当加强工作联系，对重大、疑难、复杂案件，主动征求意见，共同研究案件定性和法律适用等问题；应当加强与人民法院、工商行政管理等部门的工作联系，建立健全案件移送制度和有关工作协作制度，全面掌握公司注册资本制度改革后面临的经济犯罪态势；上级公安机关、检察机关应当加强对下级公安机关、检察机关的指导，确保虚报注册资本和虚假出资、抽逃出资案件得到依法妥善处理。

各地在执行中遇到的问题，请及时报告最高人民检察院和公安部。

**《最高人民法院关于适用〈中华人民共和国公司法〉若干问题的规定（三）》**

**第十二条**　公司成立后，公司、股东或者公司债权人以相关股东的行为符合下列情形之一且损害公司权益为由，请求认定该股东抽逃出资的，人民法院应予支持：

（一）制作虚假财务会计报表虚增利润进行分配；

（二）通过虚构债权债务关系将其出资转出；

（三）利用关联交易将出资转出；

（四）其他未经法定程序将出资抽回的行为。

**第十四条**　股东抽逃出资，公司或者其他股东请求其向公司返还出资本息、协助抽逃出资的其他股东、董事、高级管理人员或者实际控制人对此承担连带责任的，人民法院应予支持。

公司债权人请求抽逃出资的股东在抽逃出资本息范围内对公司债务不能清偿的部分承担补充赔偿责任、协助抽逃出资的其他股东、董事、高级管理人员或者实际控制人对此承担连带责任的，人民法院应予支持；抽逃出资的股东已经承担上述责任，其他债权人提出相同请求的，人民法院不予支持。

第十六条 股东未履行或者未全面履行出资义务或者抽逃出资，公司根据公司章程或者股东会决议对其利润分配请求权、新股优先认购权、剩余财产分配请求权等股东权利作出相应的合理限制，该股东请求认定该限制无效的，人民法院不予支持。

第十七条 有限责任公司的股东未履行出资义务或者抽逃全部出资，经公司催告缴纳或者返还，其在合理期间内仍未缴纳或者返还出资，公司以股东会决议解除该股东的股东资格，该股东请求确认该解除行为无效的，人民法院不予支持。

在前款规定的情形下，人民法院在判决时应当释明，公司应当及时办理法定减资程序或者由其他股东或者第三人缴纳相应的出资。在办理法定减资程序或者其他股东或者第三人缴纳相应的出资之前，公司债权人依照本规定第十三条或者第十四条请求相关当事人承担相应责任的，人民法院应予支持。

# 十三、第五十四条

## （一）原文

【2023年版本】

第五十四条 公司不能清偿到期债务的，公司或者已到期债权的债权人有权要求已认缴出资但未届出资期限的股东提前缴纳出资。

【三次审议稿】

第五十三条 公司不能清偿到期债务的，公司或者已到期债权的债权人有权要求已认缴出资但未届缴资期限的股东提前缴纳出资。

## （二）条文释义

本条规定了公司股东提前缴纳出资的义务。

公司的注册资本是公司对外承担责任的基础，因此，如果公司不能清偿到期债务，公司或者已到期债权的债权人有权要求已认缴出资但未届缴资期限的股东提前缴纳出资。该项出资，应当给相关股东留出合理的期限。提前缴纳的出资以公司不能清偿的到期债务为限，例如公司不能清偿的到期债务为 100 万元，某位股东未届缴资期限的认缴出资额为 200 万元，公司或者已到期债权的债权人只能要求其提前出资 100 万元。如果有多名股东未届缴资期限，公司或者已到期债权的债权人有权要求任意一名股东提前缴纳出资。

## 十四、第五十五条

### （一）原文

【2023 年版本】

第五十五条　有限责任公司成立后，应当向股东签发出资证明书，记载下列事项：

（一）公司名称；

（二）公司成立日期；

（三）公司注册资本；

（四）股东的姓名或者名称、认缴和实缴的出资额、出资方式和出资日期；

（五）出资证明书的编号和核发日期。

出资证明书由法定代表人签名，并由公司盖章。

【三次审议稿】

第五十四条　有限责任公司成立后，应当向股东签发出资证明书，记载下列事项：

（一）公司名称；

（二）公司成立日期；

（三）公司注册资本；

（四）股东的姓名或者名称、认缴和实缴的出资额、出资方式和出资日期；

（五）出资证明书的编号和核发日期。

出资证明书由法定代表人签名，并由公司盖章。

【2018 年版本】

第三十一条　有限责任公司成立后，应当向股东签发出资证明书。

出资证明书应当载明下列事项：

（一）公司名称；

（二）公司成立日期；

（三）公司注册资本；

（四）股东的姓名或者名称、缴纳的出资额和出资日期；

（五）出资证明书的编号和核发日期。

出资证明书由公司盖章。

## （二）条文释义

本条规定了出资证明书。

有限责任公司成立后，应当向股东签发出资证明书，出资证明书就是股东的股权证。出资证明书应当记载下列事项：

（1）公司名称。公司名称代表了股东拥有的是哪家公司的股权，因此，属于必须记载事项。

（2）公司成立日期。公司的成立日期代表了公司的历史，从其与出资证明书核发日期的对比也能看出该股东是创始股东还是非创始股东。

（3）公司注册资本。公司注册资本代表了公司的规模，也能间接计算该股东的持股比例，因此，属于必须记载事项。

（4）股东的姓名或者名称、认缴和实缴的出资额、出资方式和出资日期。这些信息是股东本人的基本信息，也表明了股东应当承担的出资义务，因此，属于必须记载事项。

（5）出资证明书的编号和核发日期。每一份出资证明书都应当是唯一的，因此，应当有唯一的编号，核发日期意味着股东是在公司成立后即取得了出资证明书，还是事后通过受让或者增资的方式取得了出资证明书。

出资证明书由法定代表人签名，并由公司盖章。出资证明书是公司出具的最重要的文件之一，因此，应当由公司的最高代表人签名，由公司盖章。

## （三）部门规章相关规定

**《金融企业财务规则》**（财政部令 2006 年第 42 号）

**第二十条** 金融企业筹集资本金，应当符合国家有关资本金管理的规定，根据发展战略和经营规划拟定筹资方案，履行规定的程序。

金融企业在国家法律、行政法规允许的范围内，可以接受货币出资，也可以接受实物、知识产权、土地使用权等可以用货币估价并可以依法转让的非货币财产出资，或者采取发行股票等方式筹集资本金。

金融企业接受非货币财产出资，应当进行评估作价，核实财产，按照评估确认或者合同约定的价值计价；采取发行股票方式筹集的资本金，按照股票面值计价。

金融企业筹集资本金，应当聘请会计师事务所验资。办理工商登记后，应当向投资者出具出资证明书。

**《企业财务通则》**（财政部令 2006 年第 41 号）

**第十六条** 企业应当执行国家有关资本管理制度，在获准工商登记后 30 日内，依据验资报告等向投资者出具出资证明书，确定投资者的合法权益。

企业筹集的实收资本，在持续经营期间可以由投资者依照法律、行政法规以及企业章程的规定转让或者减少，投资者不得抽逃或者变相抽回出资。

除《公司法》等有关法律、行政法规另有规定外，企业不得回购本企业发行的股份。企业依法回购股份，应当符合有关条件和财务处理办法，并经投资者决议。

## （四）司法解释的相关规定

**《最高人民法院关于人民法院强制执行股权若干问题的规定》**（法释〔2021〕20号）

**第十七条** 在审理股东资格确认纠纷案件中，当事人提出要求公司签发出资证明书、记载于股东名册并办理公司登记机关登记的诉讼请求且其主张成立的，人民法院应当予以支持；当事人未提出前述诉讼请求的，可以根据案件具体情况向其释明。

生效法律文书仅确认股权属于当事人所有，当事人可以持该生效法律文书自行向股权所在公司、公司登记机关申请办理股权变更手续；向人民法院申请强制执行的，不予受理。

**《人民法院办理执行案件规范（第二版）》**（2022年）

**859.【股权确认之诉的执行】**

在审理股东资格（在其他营利法人享有的投资权益）确认纠纷案件中，当事人提出要求公司签发出资证明书、记载于股东名册并办理公司登记机关登记的诉讼请求且其主张成立的，人民法院应当予以支持；当事人未提出前述诉讼请求的，可以根据案件具体情况向其释明。

生效法律文书仅确认股权属于当事人所有，当事人可以持该生效法律文书自行向股权所在公司、公司登记机关申请办理股权变更手续；向人民法院申请强制执行的，不予受理。

# 十五、第五十六条

## （一）原文

**【2023年版本】**

**第五十六条** 有限责任公司应当置备股东名册，记载下列事项：

（一）股东的姓名或者名称及住所；

（二）股东认缴和实缴的出资额、出资方式和出资日期；

（三）出资证明书编号；

（四）取得和丧失股东资格的日期。

记载于股东名册的股东，可以依股东名册主张行使股东权利。

【三次审议稿】

第五十五条　有限责任公司应当置备股东名册，记载下列事项：

（一）股东的姓名或者名称及住所；

（二）股东认缴和实缴的出资额、出资方式和出资日期；

（三）出资证明书编号；

（四）取得和丧失股东资格的日期。

记载于股东名册的股东，可以依股东名册主张行使股东权利。

【2018年版本】

第三十二条　有限责任公司应当置备股东名册，记载下列事项：

（一）股东的姓名或者名称及住所；

（二）股东的出资额；

（三）出资证明书编号。

记载于股东名册的股东，可以依股东名册主张行使股东权利。

公司应当将股东的姓名或者名称向公司登记机关登记；登记事项发生变更的，应当办理变更登记。未经登记或者变更登记的，不得对抗第三人。

## （二）条文释义

本条规定了股东名册。

有限责任公司应当置备股东名册，以便公司能够随时准确掌握本公司的股东情况。股东名册应当记载下列事项：

（1）股东的姓名或者名称及住所。股东名册的首要作用是提供公司股东的名单，因此，自然人股东的姓名，非自然人股东的名称，股东的住所是必须记载的事项。

（2）股东认缴和实缴的出资额、出资方式和出资日期。股东享有权利的基础是出资，股东不仅享有股东权利，也承担出资义务，因此，关于股东出资的信息也是必须记载的事项。

（3）出资证明书编号。为了使股东名册与出资证明书互相对照，便于查找股东以及防范出资证明书造假，股东名册上应当记载出资证明书编号。

（4）取得和丧失股东资格的日期。为便于全面掌握公司股东变动的历史和现状，股东名册上不仅应记载股东取得股东资格的日期，也应当记载股东丧失股东资格的日期。也就是说，股东名册上的股东包括公司成立以来的所有股东，既包括现任所有股东，也包括曾任所有股东。

记载于股东名册的股东，可以依股东名册主张行使股东权利。如果股东丢失了出资证明书，其可以依据股东名册请求公司补发出资证明书，也可以直接依据股东名册主张行使股东权利。

## （三）相关法律规定

**《商业银行法》**

**第十五条** 设立商业银行的申请经审查符合本法第十四条规定的，申请人应当填写正式申请表，并提交下列文件、资料：

（一）章程草案；

（二）拟任职的董事、高级管理人员的资格证明；

（三）法定验资机构出具的验资证明；

（四）股东名册及其出资额、股份；

（五）持有注册资本百分之五以上的股东的资信证明和有关资料；

（六）经营方针和计划；

（七）营业场所、安全防范措施和与业务有关的其他设施的资料；

（八）国务院银行业监督管理机构规定的其他文件、资料。

## （四）相关法规规定

**《私募投资基金监督管理条例》**

**第二十一条** 私募基金管理人运用私募基金财产进行投资的，在以私募基金管理人名义开立账户、列入所投资企业股东名册或者持有其他私募基金财产时，应当注明私募基金名称。

## （五）相关规章规定

**《优先股试点管理办法》**（2013年12月9日中国证券监督管理委员会第16次主席办公会会议审议通过，根据2021年6月11日中国证券监督管理委员会《关于修改部分证券期货规章的决定》修正，2023年中国证券监督管理委员会第2次委务会议修订）

**第十二条** 优先股股东有权查阅公司章程、股东名册、公司债券存根、股东大会会议记录、董事会会议决议、监事会会议决议、财务会计报告。

**《金融控股公司监督管理试行办法》**（中国人民银行令2020年第4号）

**第十三条** 设立金融控股公司，应当经中国人民银行批准，依照金融机构管理。

本办法实施前已具备第六条情形的机构，拟申请成为金融控股公司的，应当在本办法实施之日起12个月内向中国人民银行提出申请。

本办法实施后，拟控股或实际控制两个或两个以上不同类型金融机构，并具有本办法第六条规定设立金融控股公司情形的，应当向中国人民银行申请。

申请设立金融控股公司应当提交以下文件、资料:

(一)章程草案。

(二)拟任职的董事、高级管理人员的资格证明。

(三)法定验资机构出具的验资证明。

(四)股东名册及其出资额、股份。

(五)持有注册资本5%以上的股东的资信证明和有关资料。

(六)经营方针和计划。

(七)经营场所、安全防范措施和与业务有关的其他设施的资料。

(八)其他需专门说明的事项及申请材料真实性声明。

中国人民银行应当自受理申请之日起六个月内作出批准或不予批准的书面决定;决定不批准的,应当说明理由。

设立许可的实施细则由中国人民银行另行制定。

中国人民银行批准后,应当颁发金融控股公司许可证,并由金融控股公司凭该许可证向市场监督管理部门办理登记,领取营业执照。未经中国人民银行批准,不得注册登记为金融控股公司。

金融控股公司名称应包含"金融控股"字样,未取得金融控股公司许可证的,不得从事本办法第六条所规定的金融控股公司业务,不得在名称中使用"金融控股""金融集团"等字样。

**《信托公司股权管理暂行办法》**(中国银行保险监督管理委员会令2020年第4号)

**第四十七条** 信托公司应当建立股权托管制度,原则上将股权在信托登记机构进行集中托管。信托登记机构履行股东名册初始登记和变更登记等托管职责。托管的具体要求由国务院银行业监督管理机构另行规定。

上市信托公司按照法律、行政法规规定股权需集中存管到法定证券登记结算机构的,股权托管工作按照相应的规定进行。

**《商业银行股权托管办法》**(中国银行保险监督管理委员会令2019年第2号)

**第三条** 本办法所称股权托管是指商业银行与托管机构签订服务协议,委托其管理商业银行股东名册,记载股权信息,以及代为处理相关股权管理事务。

**《保险公司股权管理办法》**(保监会令2018年第5号)

**第六十一条** 保险公司应当加强对股权质押和解质押的管理,在股东名册上记载质押相关信息,并及时协助股东向有关机构办理出质登记。

## (六)相关司法解释规定

**《最高人民法院关于适用〈中华人民共和国民事诉讼法〉的解释》**(2014年12月

18日最高人民法院审判委员会第1636次会议通过；根据2020年12月23日最高人民法院审判委员会第1823次会议通过的《最高人民法院关于修改〈最高人民法院关于人民法院民事调解工作若干问题的规定〉等十九件民事诉讼类司法解释的决定》第一次修正；根据2022年3月22日最高人民法院审判委员会第1866次会议通过的《最高人民法院关于修改〈最高人民法院关于适用〈中华人民共和国民事诉讼法〉的解释〉的决定》第二次修正，该修正自2022年4月10日起施行）

**第二十二条** 因股东名册记载、请求变更公司登记、股东知情权、公司决议、公司合并、公司分立、公司减资、公司增资等纠纷提起的诉讼，依照民事诉讼法第二十七条规定确定管辖。

**《最高人民法院关于人民法院强制执行股权若干问题的规定》**（法释〔2021〕20号）

**第四条** 人民法院可以冻结下列资料或者信息之一载明的属于被执行人的股权：

（一）股权所在公司的章程、股东名册等资料；

（二）公司登记机关的登记、备案信息；

（三）国家企业信用信息公示系统的公示信息。

案外人基于实体权利对被冻结股权提出排除执行异议的，人民法院应当依照民事诉讼法第二百二十七条的规定进行审查。

**第十七条** 在审理股东资格确认纠纷案件中，当事人提出要求公司签发出资证明书、记载于股东名册并办理公司登记机关登记的诉讼请求且其主张成立的，人民法院应当予以支持；当事人未提出前述诉讼请求的，可以根据案件具体情况向其释明。

生效法律文书仅确认股权属于当事人所有，当事人可以持该生效法律文书自行向股权所在公司、公司登记机关申请办理股权变更手续；向人民法院申请强制执行的，不予受理。

**《民事案件案由规定》**〔2007年10月29日最高人民法院审判委员会第1438次会议通过，自2008年4月1日起施行，根据2011年2月18日最高人民法院《关于修改〈民事案件案由规定〉的决定》（法〔2011〕41号）第一次修正，根据2020年12月14日最高人民法院审判委员会第1821次会议通过的《最高人民法院关于修改〈民事案件案由规定〉的决定》（法〔2020〕346号）第二次修正〕

二十一、与公司有关的纠纷

262.股东资格确认纠纷

263.股东名册记载纠纷

264.请求变更公司登记纠纷

265.股东出资纠纷

266.新增资本认购纠纷

267.股东知情权纠纷

268. 请求公司收购股份纠纷
269. 股权转让纠纷
270. 公司决议纠纷
（1）公司决议效力确认纠纷
（2）公司决议撤销纠纷
271. 公司设立纠纷
272. 公司证照返还纠纷
273. 发起人责任纠纷
274. 公司盈余分配纠纷
275. 损害股东利益责任纠纷
276. 损害公司利益责任纠纷
277. 损害公司债权人利益责任纠纷
（1）股东损害公司债权人利益责任纠纷
（2）实际控制人损害公司债权人利益责任纠纷
278. 公司关联交易损害责任纠纷
279. 公司合并纠纷
280. 公司分立纠纷
281. 公司减资纠纷
282. 公司增资纠纷
283. 公司解散纠纷
284. 清算责任纠纷
285. 上市公司收购纠纷

**《最高人民法院关于适用〈中华人民共和国公司法〉若干问题的规定（三）》**

第二十一条 当事人向人民法院起诉请求确认其股东资格的，应当以公司为被告，与案件争议股权有利害关系的人作为第三人参加诉讼。

第二十二条 当事人之间对股权归属发生争议，一方请求人民法院确认其享有股权的，应当证明以下事实之一：

（一）已经依法向公司出资或者认缴出资，且不违反法律法规强制性规定；

（二）已经受让或者以其他形式继受公司股权，且不违反法律法规强制性规定。

第二十三条 当事人依法履行出资义务或者依法继受取得股权后，公司未根据公司法第三十一条、第三十二条的规定签发出资证明书、记载于股东名册并办理公司登记机关登记，当事人请求公司履行上述义务的，人民法院应予支持。

第二十四条 有限责任公司的实际出资人与名义出资人订立合同，约定由实际出资人出资并享有投资权益，以名义出资人为名义股东，实际出资人与名义股东对该合同效力发生争议的，如无法律规定的无效情形，人民法院应当认定该合同有效。

前款规定的实际出资人与名义股东因投资权益的归属发生争议，实际出资人以其实际履行了出资义务为由向名义股东主张权利的，人民法院应予支持。名义股东以公司股东名册记载、公司登记机关登记为由否认实际出资人权利的，人民法院不予支持。

实际出资人未经公司其他股东半数以上同意，请求公司变更股东、签发出资证明书、记载于股东名册、记载于公司章程并办理公司登记机关登记的，人民法院不予支持。

第二十五条　名义股东将登记于其名下的股权转让、质押或者以其他方式处分，实际出资人以其对于股权享有实际权利为由，请求认定处分股权行为无效的，人民法院可以参照民法典第三百一十一条的规定处理。

名义股东处分股权造成实际出资人损失，实际出资人请求名义股东承担赔偿责任的，人民法院应予支持。

第二十六条　公司债权人以登记于公司登记机关的股东未履行出资义务为由，请求其对公司债务不能清偿的部分在未出资本息范围内承担补充赔偿责任，股东以其仅为名义股东而非实际出资人为由进行抗辩的，人民法院不予支持。

名义股东根据前款规定承担赔偿责任后，向实际出资人追偿的，人民法院应予支持。

第二十八条　冒用他人名义出资并将该他人作为股东在公司登记机关登记的，冒名登记行为人应当承担相应责任；公司、其他股东或者公司债权人以未履行出资义务为由，请求被冒名登记为股东的承担补足出资责任或者对公司债务不能清偿部分的赔偿责任的，人民法院不予支持。

# 十六、第五十七条

## （一）原文

【2023 年版本】

第五十七条　股东有权查阅、复制公司章程、股东名册、股东会会议记录、董事会会议决议、监事会会议决议和财务会计报告。

股东可以要求查阅公司会计账簿、会计凭证。股东要求查阅公司会计账簿、会计凭证的，应当向公司提出书面请求，说明目的。公司有合理根据认为股东查阅会计账簿、会计凭证有不正当目的，可能损害公司合法利益的，可以拒绝提供查阅，并应当自股东提出书面请求之日起十五日内书面答复股东并说明理由。公司拒绝提供查阅的，股东可以向人民法院提起诉讼。

股东查阅前款规定的材料，可以委托会计师事务所、律师事务所等中介机构进行。

股东及其委托的会计师事务所、律师事务所等中介机构查阅、复制有关材料，应当遵守有关保护国家秘密、商业秘密、个人隐私、个人信息等法律、行政法规的规定。

股东要求查阅、复制公司全资子公司相关材料的,适用前四款的规定。

**【三次审议稿】**

第五十六条 股东有权查阅、复制公司章程、股东名册、股东会会议记录、董事会会议决议、监事会会议决议和财务会计报告。

股东可以要求查阅公司会计账簿、会计凭证。股东要求查阅公司会计账簿、会计凭证的,应当向公司提出书面请求,说明目的。公司有合理根据认为股东查阅会计账簿、会计凭证有不正当目的,可能损害公司合法利益的,可以拒绝提供查阅,并应当自股东提出书面请求之日起十五日内书面答复股东并说明理由。公司拒绝提供查阅的,股东可以向人民法院提起诉讼。

股东查阅前款规定的材料,可以委托会计师事务所、律师事务所等中介机构进行。

股东及其委托的会计师事务所、律师事务所等中介机构查阅、复制有关材料,应当遵守有关保护国家秘密、商业秘密、个人隐私、个人信息等法律、行政法规的规定。

**【2018 年版本】**

第三十三条 股东有权查阅、复制公司章程、股东会会议记录、董事会会议决议、监事会会议决议和财务会计报告。

股东可以要求查阅公司会计账簿。股东要求查阅公司会计账簿的,应当向公司提出书面请求,说明目的。公司有合理根据认为股东查阅会计账簿有不正当目的,可能损害公司合法利益的,可以拒绝提供查阅,并应当自股东提出书面请求之日起十五日内书面答复股东并说明理由。公司拒绝提供查阅的,股东可以请求人民法院要求公司提供查阅。

## (二)条文释义

本条规定了股东的查阅和复制权。

股东行使权利以了解公司经营状况为前提,因此,法律必须赋予股东一定的查阅权和复制权。股东有权查阅和复制的资料包括公司章程、股东名册、股东会会议记录、董事会会议决议、监事会会议决议和财务会计报告。这些资料本来就应当向股东公开或者应当送达股东,因此,股东不仅有查阅权,还有复制权。

公司会计账簿、会计凭证属于公司的敏感信息,需要特别保护,股东只能查阅,不能复制。为防止一些别有用心的小股东利用股东权利来谋取私人利益,股东要求查阅公司会计账簿、会计凭证的,应当向公司提出书面请求,说明目的。该目的应当与其股东权利的行使有关。公司有合理根据认为股东查阅会计账簿、会计凭证有不正当目的,可能损害公司合法利益的,可以拒绝提供查阅,并应当自股东提出书面请求之日起 15 日内书面答复股东并说明理由。该理由的重点是阐述股东查阅相关资料的"不正当目的"。为了平衡二者的利益,法律将最终的决定权交给了法院,公司拒绝提供查阅的，股东可以向人民法院提起诉讼，由法院作出最终裁决。

由于会计账簿、会计凭证属于专业资料，非财务专业人士可能根本看不出问题，为确保股东能够真正行使查阅权，法律允许股东在查阅会计账簿、会计凭证时，委托会计师事务所、律师事务所等中介机构进行。

股东通过行使查阅权和复制权所获得的信息只能用于行使其股东权利等正当目的，不能侵犯公司以及相关个人的秘密及隐私，因此，股东及其委托的会计师事务所、律师事务所等中介机构查阅、复制有关材料，应当遵守有关保护国家秘密、商业秘密、个人隐私、个人信息等法律、行政法规的规定。

股东有权要求查阅、复制公司的全资子公司的相关材料，查阅的范围、条件等与查阅公司相关资料的要求相同。例如，张某为甲公司的股东，乙公司为甲公司的全资子公司，张某不仅有权查阅、复制甲公司的相关资料，也有权查阅、复制乙公司的相关资料。

## （三）相关法律规定

**《中华人民共和国保守国家秘密法》**（1988年9月5日第七届全国人民代表大会常务委员会第三次会议通过，2010年4月29日第十一届全国人民代表大会常务委员会第十四次会议修订）

**第二条** 国家秘密是关系国家安全和利益，依照法定程序确定，在一定时间内只限一定范围的人员知悉的事项。

**第三条** 国家秘密受法律保护。

一切国家机关、武装力量、政党、社会团体、企业事业单位和公民都有保守国家秘密的义务。

任何危害国家秘密安全的行为，都必须受到法律追究。

**第四条** 保守国家秘密的工作（以下简称保密工作），实行积极防范、突出重点、依法管理的方针，既确保国家秘密安全，又便利信息资源合理利用。

法律、行政法规规定公开的事项，应当依法公开。

**第七条** 机关、单位应当实行保密工作责任制，健全保密管理制度，完善保密防护措施，开展保密宣传教育，加强保密检查。

**《中华人民共和国反不正当竞争法》**（1993年9月2日第八届全国人民代表大会常务委员会第三次会议通过，2017年11月4日第十二届全国人民代表大会常务委员会第三十次会议修订，根据2019年4月23日第十三届全国人民代表大会常务委员会第十次会议《关于修改〈中华人民共和国建筑法〉等八部法律的决定》修正）

**第九条** 经营者不得实施下列侵犯商业秘密的行为：

（一）以盗窃、贿赂、欺诈、胁迫、电子侵入或者其他不正当手段获取权利人的商业秘密；

（二）披露、使用或者允许他人使用以前项手段获取的权利人的商业秘密；

（三）违反保密义务或者违反权利人有关保守商业秘密的要求，披露、使用或允许他人使用其所掌握的商业秘密；

（四）教唆、引诱、帮助他人违反保密义务或者违反权利人有关保守商业秘密的要求，获取、披露、使用或者允许他人使用权利人的商业秘密。

经营者以外的其他自然人、法人和非法人组织实施前款所列违法行为的，视为侵犯商业秘密。

第三人明知或者应知商业秘密权利人的员工、前员工或者其他单位、个人实施本条第一款所列违法行为，仍获取、披露、使用或者允许他人使用该商业秘密的，视为侵犯商业秘密。

本法所称的商业秘密，是指不为公众所知悉、具有商业价值并经权利人采取相应保密措施的技术信息、经营信息等商业信息。

**《民法典》**

**第一千零三十二条** 自然人享有隐私权。任何组织或者个人不得以刺探、侵扰、泄露、公开等方式侵害他人的隐私权。

隐私是自然人的私人生活安宁和不愿为他人知晓的私密空间、私密活动、私密信息。

**第一千零三十三条** 除法律另有规定或者权利人明确同意外，任何组织或者个人不得实施下列行为：

（一）以电话、短信、即时通讯工具、电子邮件、传单等方式侵扰他人的私人生活安宁；

（二）进入、拍摄、窥视他人的住宅、宾馆房间等私密空间；

（三）拍摄、窥视、窃听、公开他人的私密活动；

（四）拍摄、窥视他人身体的私密部位；

（五）处理他人的私密信息；

（六）以其他方式侵害他人的隐私权。

**第一千零三十四条** 自然人的个人信息受法律保护。

个人信息是以电子或者其他方式记录的能够单独或者与其他信息结合识别特定自然人的各种信息，包括自然人的姓名、出生日期、身份证件号码、生物识别信息、住址、电话号码、电子邮箱、健康信息、行踪信息等。

个人信息中的私密信息，适用有关隐私权的规定；没有规定的，适用有关个人信息保护的规定。

**第一千零三十五条** 处理个人信息的，应当遵循合法、正当、必要原则，不得过度处理，并符合下列条件：

（一）征得该自然人或者其监护人同意，但是法律、行政法规另有规定的除外；

（二）公开处理信息的规则；
（三）明示处理信息的目的、方式和范围；
（四）不违反法律、行政法规的规定和双方的约定。

个人信息的处理包括个人信息的收集、存储、使用、加工、传输、提供、公开等。

**第一千零三十六条** 处理个人信息，有下列情形之一的，行为人不承担民事责任：
（一）在该自然人或者其监护人同意的范围内合理实施的行为；
（二）合理处理该自然人自行公开的或者其他已经合法公开的信息，但是该自然人明确拒绝或者处理该信息侵害其重大利益的除外；
（三）为维护公共利益或者该自然人合法权益，合理实施的其他行为。

**第一千零三十七条** 自然人可以依法向信息处理者查阅或者复制其个人信息；发现信息有错误的，有权提出异议并请求及时采取更正等必要措施。

自然人发现信息处理者违反法律、行政法规的规定或者双方的约定处理其个人信息的，有权请求信息处理者及时删除。

**第一千零三十八条** 信息处理者不得泄露或者篡改其收集、存储的个人信息；未经自然人同意，不得向他人非法提供其个人信息，但是经过加工无法识别特定个人且不能复原的除外。

信息处理者应当采取技术措施和其他必要措施，确保其收集、存储的个人信息安全，防止信息泄露、篡改、丢失；发生或者可能发生个人信息泄露、篡改、丢失的，应当及时采取补救措施，按照规定告知自然人并向有关主管部门报告。

**第一千零三十九条** 国家机关、承担行政职能的法定机构及其工作人员对于履行职责过程中知悉的自然人的隐私和个人信息，应当予以保密，不得泄露或者向他人非法提供。

**《个人信息保护法》**
**第二条** 自然人的个人信息受法律保护，任何组织、个人不得侵害自然人的个人信息权益。

**第四条** 个人信息是以电子或者其他方式记录的与已识别或可识别的自然人有关的各种信息，不包括匿名化处理后的信息。

个人信息的处理包括个人信息的收集、存储、使用、加工、传输、提供、公开、删除等。

**第五条** 处理个人信息应当遵循合法、正当、必要和诚信原则，不得通过误导、欺诈、胁迫等方式处理个人信息。

**第六条** 处理个人信息应当具有明确、合理的目的，并应当与处理目的直接相关，采取对个人权益影响最小的方式。

收集个人信息，应当限于实现处理目的的最小范围，不得过度收集个人信息。

## （四）相关司法解释规定

**《最高人民法院关于适用〈中华人民共和国公司法〉若干问题的规定（四）》**

**第七条** 股东依据公司法第三十三条、第九十七条或者公司章程的规定，起诉请求查阅或者复制公司特定文件材料的，人民法院应当依法予以受理。

公司有证据证明前款规定的原告在起诉时不具有公司股东资格的，人民法院应当驳回起诉，但原告有初步证据证明在持股期间其合法权益受到损害，请求依法查阅或者复制其持股期间的公司特定文件材料的除外。

**第八条** 有限责任公司有证据证明股东存在下列情形之一的，人民法院应当认定股东有公司法第三十三条第二款规定的"不正当目的"：

（一）股东自营或者为他人经营与公司主营业务有实质性竞争关系业务的，但公司章程另有规定或者全体股东另有约定的除外；

（二）股东为了向他人通报有关信息查阅公司会计账簿，可能损害公司合法利益的；

（三）股东在向公司提出查阅请求之日前的三年内，曾通过查阅公司会计账簿，向他人通报有关信息损害公司合法利益的；

（四）股东有不正当目的的其他情形。

**第九条** 公司章程、股东之间的协议等实质性剥夺股东依据公司法第三十三条、第九十七条规定查阅或者复制公司文件材料的权利，公司以此为由拒绝股东查阅或者复制的，人民法院不予支持。

**第十条** 人民法院审理股东请求查阅或者复制公司特定文件材料的案件，对原告诉讼请求予以支持的，应当在判决中明确查阅或者复制公司特定文件材料的时间、地点和特定文件材料的名录。

股东依据人民法院生效判决查阅公司文件材料的，在该股东在场的情况下，可以由会计师、律师等依法或者依据执业行为规范负有保密义务的中介机构执业人员辅助进行。

**第十一条** 股东行使知情权后泄露公司商业秘密导致公司合法利益受到损害，公司请求该股东赔偿相关损失的，人民法院应当予以支持。

根据本规定第十条辅助股东查阅公司文件材料的会计师、律师等泄露公司商业秘密导致公司合法利益受到损害，公司请求其赔偿相关损失的，人民法院应当予以支持。

**第十二条** 公司董事、高级管理人员等未依法履行职责，导致公司未依法制作或者保存公司法第三十三条、第九十七条规定的公司文件材料，给股东造成损失，股东依法请求负有相应责任的公司董事、高级管理人员承担民事赔偿责任的，人民法院应当予以支持。

# 第二节 组织机构

## 一、第五十八条

### （一）原文

**【2023年版本、三次审议稿】**

第五十八条 有限责任公司股东会由全体股东组成。股东会是公司的权力机构，依照本法行使职权。

**【2018年版本】**

第三十六条 有限责任公司股东会由全体股东组成。股东会是公司的权力机构，依照本法行使职权。

### （二）条文释义

本条规定了有限责任公司股东会的组织及其地位。

有限责任公司股东会由全体股东组成。无论股东持股比例有多少，均有权参加股东会。股东会是公司的权力机构，依照《公司法》行使职权。在公司的各类组织机构中，权力最大的机会股东会。只要不违反法律，公司股东会理论上可以行使公司的一切权力。

### （三）相关法律规定

**《企业国有资产法》**

第十三条 履行出资人职责的机构委派的股东代表参加国有资本控股公司、国有资本参股公司召开的股东会会议、股东大会会议，应当按照委派机构的指示提出提案、发表意见、行使表决权，并将其履行职责的情况和结果及时报告委派机构。

**《中华人民共和国证券投资基金法》**

第二十一条 公开募集基金的基金管理人应当建立良好的内部治理结构，明确股东会、董事会、监事会和高级管理人员的职责权限，确保基金管理人独立运作。

公开募集基金的基金管理人可以实行专业人士持股计划，建立长效激励约束机制。

公开募集基金的基金管理人的股东、董事、监事和高级管理人员在行使权利或者履行职责时，应当遵循基金份额持有人利益优先的原则。

## 二、第五十九条

### （一）原文

**【2023年版本、三次审议稿】**

第五十九条　股东会行使下列职权：

（一）选举和更换董事、监事，决定有关董事、监事的报酬事项；

（二）审议批准董事会的报告；

（三）审议批准监事会的报告；

（四）审议批准公司的利润分配方案和弥补亏损方案；

（五）对公司增加或者减少注册资本作出决议；

（六）对发行公司债券作出决议；

（七）对公司合并、分立、解散、清算或者变更公司形式作出决议；

（八）修改公司章程；

（九）公司章程规定的其他职权。

股东会可以授权董事会对发行公司债券作出决议。

对本条第一款所列事项股东以书面形式一致表示同意的，可以不召开股东会会议，直接作出决定，并由全体股东在决定文件上签名或者盖章。

**【2018年版本】**

第三十七条　股东会行使下列职权：

（一）决定公司的经营方针和投资计划；

（二）选举和更换非由职工代表担任的董事、监事，决定有关董事、监事的报酬事项；

（三）审议批准董事会的报告；

（四）审议批准监事会或者监事的报告；

（五）审议批准公司的年度财务预算方案、决算方案；

（六）审议批准公司的利润分配方案和弥补亏损方案；

（七）对公司增加或者减少注册资本作出决议；

（八）对发行公司债券作出决议；

（九）对公司合并、分立、解散、清算或者变更公司形式作出决议；

（十）修改公司章程；

（十一）公司章程规定的其他职权。

对前款所列事项股东以书面形式一致表示同意的，可以不召开股东会会议，直接作出决定，并由全体股东在决定文件上签名、盖章。

## （二）条文释义

本条规定了股东会的职权。

股东会作为公司的权力机关，行使公司决策中最重要的职权，具体包括：

（1）选举和更换董事、监事，决定有关董事、监事的报酬事项。董事会和监事会是在股东会领导之下的执行机关和监督机关，因此，其具体人选及其报酬均由股东会决定。

（2）审议批准董事会的报告。股东会领导董事会工作的主要形式，除了选举和更换董事之外，审议和批准董事会的报告也是最重要的形式之一。董事会的报告如果未被批准，则可能面临更换董事的结果。

（3）审议批准监事会的报告。股东会领导监事会工作的主要形式，除了选举和更换监事之外，审议和批准监事会的报告也是最重要的形式之一。监事会的报告如果未被批准，则可能面临更换监事的结果。

（4）审议批准公司的利润分配方案和弥补亏损方案。公司的权益属于股东，因此，关于利润和亏损的问题，往往都由股东会决定。公司如有亏损应当先弥补亏损，弥补亏损之后才能分配利润。

（5）对公司增加或者减少注册资本作出决议。公司资本全部来自股东，属于股东权益，因此，有关资本的事项往往也是由股东会决定。

（6）对发行公司债券作出决议。公司对外借款属于重大事项，通常需要由股东会决定。发行公司债券属于比较重要的借款与金融行为，应当由股东会决定。

（7）对公司合并、分立、解散、清算或者变更公司形式作出决议。涉及公司生死存亡的重大事项，应当由股东会决定。变更公司形式主要是指从有限责任公司变更为股份有限公司，或者从股份有限公司变更为有限责任公司。如果公司因股权变动由普通有限责任公司变更为一人有限责任公司，或者反之，或者由非国有企业变更为国有企业，或者反之，或者由非外资企业变更为外资企业，或者反之，不属于变更公司形式。如果由公司变更为个体工商户、个人独资企业或者合伙企业，属于公司解散和清算，也不属于变更公司形式。

（8）修改公司章程。公司章程是公司应当遵守的除法律法规以外最重要的规范性文件，其对股东均有约束力，因此，修改公司章程应由股东会决定。如果公司章程规定了法定代表人，变更法定代表人也应修改公司章程，也应由股东会决定。

（9）公司章程规定的其他职权。公司章程可以规定股东会拥有更多职权，可以将法律规定属于董事会、监事会或者其他主体的部分职权规定为股东会的职权。

由于股东会会议次数较少，召集程序也比较复杂，耗费时间较长，为方便公司对发行公司债券事项及时作出回应，股东会可以授权董事会对发行公司债券作出决议。股东会拥有的其他职权原则上不允许授权董事会行使。

对于规模较小、股东人数较少的公司，为提高股东会决议的效率，对上述股东会职权范围内的事项股东以书面形式一致表示同意的，可以不召开股东会会议，直接作出决定，并由全体股东在决定文件上签名或者盖章。书面决议的形式大大提高了小公司股东会决议的效率，节省了人力物力。

## （三）相关法律规定

**《民法典》**

**第八十条** 营利法人应当设权力机构。

权力机构行使修改法人章程，选举或者更换执行机构、监督机构成员，以及法人章程规定的其他职权。

**《保险法》**

**第八十九条** 保险公司因分立、合并需要解散，或者股东会、股东大会决议解散，或者公司章程规定的解散事由出现，经国务院保险监督管理机构批准后解散。

经营有人寿保险业务的保险公司，除因分立、合并或者被依法撤销外，不得解散。

保险公司解散，应当依法成立清算组进行清算。

**《企业国有资产法》**

**第四十条** 企业改制应当依照法定程序，由履行出资人职责的机构决定或者由公司股东会、股东大会决定。

重要的国有独资企业、国有独资公司、国有资本控股公司的改制，履行出资人职责的机构在作出决定或者向其委派参加国有资本控股公司股东会会议、股东大会会议的股东代表作出指示前，应当将改制方案报请本级人民政府批准。

## （四）相关法规规定

**《证券公司风险处置条例》**（2008年4月23日中华人民共和国国务院令第523号公布，根据2016年2月6日《国务院关于修改部分行政法规的决定》第一次修订，根据2023年7月20日《国务院关于修改和废止部分行政法规的决定》第二次修订，下同）

**第十一条** 国务院证券监督管理机构决定对证券公司进行接管的，应当按照规定程序组织专业人员成立接管组，行使被接管证券公司的经营管理权，接管组负责人行使被接管证券公司法定代表人职权，被接管证券公司的股东会或者股东大会、董事会、监事会以及经理、副经理停止履行职责。

接管组自接管之日起履行下列职责：

（一）接管证券公司的财产、印章和账簿、文书等资料；

（二）决定证券公司的管理事务；

（三）保障证券公司证券经纪业务正常合规运行，完善内控制度；

（四）清查证券公司财产，依法保全、追收资产；

（五）控制证券公司风险，提出风险化解方案；

（六）核查证券公司有关人员的违法行为；

（七）国务院证券监督管理机构要求履行的其他职责。

接管期限一般不超过 12 个月。满 12 个月，确需继续接管的，国务院证券监督管理机构可以决定延长接管期限，但延长接管期限最长不得超过 12 个月。

**《私募投资基金监督管理条例》**

**第十二条** 私募基金管理人的股东、实际控制人、合伙人不得有下列行为：

（一）虚假出资、抽逃出资、委托他人或者接受他人委托出资；

（二）未经股东会或者董事会决议等法定程序擅自干预私募基金管理人的业务活动；

（三）要求私募基金管理人利用私募基金财产为自己或者他人牟取利益，损害投资者利益；

（四）法律、行政法规和国务院证券监督管理机构规定禁止的其他行为。

**《企业国有资产监督管理暂行条例》**（2003 年 5 月 27 日中华人民共和国国务院令第 378 号公布，根据 2011 年 1 月 8 日《国务院关于废止和修改部分行政法规的决定》第一次修订，根据 2019 年 3 月 2 日《国务院关于修改部分行政法规的决定》第二次修订，下同）

**第二十二条** 国有资产监督管理机构依照公司法的规定，派出股东代表、董事，参加国有控股的公司、国有参股的公司的股东会、董事会。

国有控股的公司、国有参股的公司的股东会、董事会决定公司的分立、合并、破产、解散、增减资本、发行公司债券、任免企业负责人等重大事项时，国有资产监督管理机构派出的股东代表、董事，应当按照国有资产监督管理机构的指示发表意见、行使表决权。

国有资产监督管理机构派出的股东代表、董事，应当将其履行职责的有关情况及时向国有资产监督管理机构报告。

## （五）相关规章规定

**《证券期货经营机构私募资产管理业务管理办法》**（中国证券监督管理委员会令 2023 年第 203 号）

**第三十五条** 证券期货经营机构以自有资金参与集合资产管理计划，应当符合法律、行政法规和中国证监会的规定,并按照《中华人民共和国公司法》和公司章程的规定,获得公司股东会、董事会或者其他授权程序的批准。

证券期货经营机构自有资金所持的集合资产管理计划份额,应当与投资者所持的同类份额享有同等权益、承担同等风险。

**《企业集团财务公司管理办法》**(中国银行保险监督管理委员会令2022年第6号)

**第十四条** 财务公司股东应当承担下列义务并在财务公司章程中载明:

(一)遵守法律法规和监管规定。

(二)以合法自有资金出资,不得使用委托资金、债务资金等非自有资金入股,不得虚假出资、循环出资、抽逃出资或者变相抽逃出资。

(三)承诺不将所持有的财务公司股权质押或设立信托。

(四)股东及其实际控制人应维护财务公司独立法人地位和经营管理自主权,不得滥用股东权利损害财务公司、其他股东及利益相关者的合法权益,不得干预财务公司董事会、高级管理层根据公司章程享有的决策权和管理权,不得越过董事会、高级管理层直接干预财务公司经营管理。

(五)应经但未经监管部门批准或未向监管部门报告的股东,不得行使股东会召开请求权、表决权、提名权、提案权、处分权等权利。

(六)不得将股东所享有的管理权,股东会召开请求权、表决权、提名权、提案权、处分权等各项权利委托他人行使。

(七)集团母公司应当承担财务公司风险防范和化解的主体责任,应当建立有效的风险隔离机制,防止风险通过财务公司外溢;集团母公司及财务公司控股股东应当在必要时向财务公司补充资本。

(八)财务公司发生风险事件或者重大违规行为的,股东应当配合监管机构开展调查和风险处置。

(九)主要股东应当及时、准确、完整地向财务公司提供自身经营状况、财务信息、股权结构等信息。

(十)对于存在虚假陈述、滥用股东权利或其他损害财务公司利益行为的股东,银保监会及其派出机构可以限制或禁止财务公司与其开展关联交易,限制其持有财务公司股权的限额等,并可限制其股东会召开请求权、表决权、提名权、提案权、处分权等权利。

**《期货公司期货交易咨询业务办法》**(2010年12月23日中国证券监督管理委员会第289次主席办公会议审议通过,根据2022年8月12日中国证券监督管理委员会《关于修改、废止部分证券期货规章的决定》修正)

**第七条** 期货公司申请期货交易咨询业务资格,应当提交下列申请材料:

(一)期货交易咨询业务资格申请书;

（二）股东会关于申请期货交易咨询业务的决议文件；

（三）申请日前 6 个月的期货公司风险监管报表；

（四）期货交易咨询业务管理制度文本，内容包括部门和人员管理、业务操作、合规检查、客户回访与投诉等；

（五）最近 3 年的期货公司合规经营情况说明；

（六）拟从事期货交易咨询业务的高级管理人员和业务人员的名单、简历、相关任职条件和从业条件证明，以及公司出具的诚信合规证明材料；

（七）加盖公司公章的《企业法人营业执照》复印件、《经营期货业务许可证》复印件；

（八）经符合规定的会计师事务所审计的前一年度财务报告；申请日在下半年的，还应当提供经审计的半年度财务报告；

（九）律师事务所就期货公司是否符合本办法第六条第（三）、（五）项规定的条件，以及股东会决议是否合法出具的法律意见书；

（十）中国证监会规定的其他材料。

## （六）相关司法解释规定

**《最高人民法院关于执行担保若干问题的规定》**（2017 年 12 月 11 日最高人民法院审判委员会第 1729 次会议通过，根据 2020 年 12 月 23 日最高人民法院审判委员会第 1823 次会议通过的《最高人民法院关于修改〈最高人民法院关于人民法院扣押铁路运输货物若干问题的规定〉等十八件执行类司法解释的决定》修正，下同）

**第五条** 公司为被执行人提供执行担保的，应当提交符合公司法第十六条规定的公司章程、董事会或者股东会、股东大会决议。

**《最高人民法院关于适用〈中华人民共和国行政诉讼法〉的解释》**（2017 年 11 月 13 日最高人民法院审判委员会第 1726 次会议通过，自 2018 年 2 月 8 日起施行 法释〔2018〕1 号，下同）

**第十六条** 股份制企业的股东大会、股东会、董事会等认为行政机关作出的行政行为侵犯企业经营自主权的，可以企业名义提起诉讼。

联营企业、中外合资或者合作企业的联营、合资、合作各方，认为联营、合资、合作企业权益或者自己一方合法权益受行政行为侵害的，可以自己的名义提起诉讼。

非国有企业被行政机关注销、撤销、合并、强令兼并、出售、分立或者改变企业隶属关系的，该企业或者其法定代表人可以提起诉讼。

## 三、第六十条

### （一）原文

【2023年版本、三次审议稿】

第六十条 只有一个股东的有限责任公司不设股东会。股东作出前条第一款所列事项的决定时，应当采用书面形式，并由股东签名或者盖章后置备于公司。

【2018年版本】

第六十一条 一人有限责任公司不设股东会。股东作出本法第三十七条第一款所列决定时，应当采用书面形式，并由股东签名后置备于公司。

### （二）条文释义

本条规定了一人有限责任公司权力机构的设置。

只有一个股东的有限责任公司因为只有一名股东，不设股东会。由该股东独自行使有限责任公司股东会的职权，为便于事后审查和其他利益主体监督，股东作出股东会职权范围事项的决定时，应当采用书面形式，并由股东签名或者盖章后置备于公司。

## 四、第六十一条

### （一）原文

【2023年版本、三次审议稿】

第六十一条 首次股东会会议由出资最多的股东召集和主持，依照本法规定行使职权。

【2018年版本】

第三十八条 首次股东会会议由出资最多的股东召集和主持，依照本法规定行使职权。

### （二）条文释义

本条规定了首次股东会会议的召集人。

首次股东会会议召开时尚未选举董事和董事长，所以无法由董事长召集和主持，因此，应当由出资最多的股东召集和主持，依照《公司法》规定行使职权。这里所谓的出资最多，应当理解为认缴出资最多的股东，而非实缴出资最多的股东。

## 五、第六十二条

### （一）原文

【2023 年版本、三次审议稿】
第六十二条　股东会会议分为定期会议和临时会议。
定期会议应当按照公司章程的规定按时召开。代表十分之一以上表决权的股东、三分之一以上的董事或者监事会提议召开临时会议的，应当召开临时会议。

【2018 年版本】
第三十九条　股东会会议分为定期会议和临时会议。
定期会议应当依照公司章程的规定按时召开。代表十分之一以上表决权的股东，三分之一以上的董事，监事会或者不设监事会的公司的监事提议召开临时会议的，应当召开临时会议。

### （二）条文释义

本条规定了股东会会议的召开。

为确保股东权利的行使，股东会应当每年召开适当次数的会议。股东会会议分为定期会议和临时会议。定期会议应当按照公司章程的规定按时召开。通常情况下，股东会会议每年应当召开一次。

为确保小股东权利的行使以及应对公司的紧急状况，代表十分之一以上表决权的股东、三分之一以上的董事或者监事会提议召开临时会议的，应当召开临时会议。三分之一以上的董事即有股东会临时会议的召集权，董事会当然也有股东会临时会议的召集权，但从合法性的角度来看，原则上还是应该以三分之一以上的董事的名义提议召开股东会临时会议。代表十分之一以上表决权的股东、三分之一以上的董事或者监事会提议召开临时会议的，董事会必须依法召开股东会临时会议，不存在拒绝的可能性。

## 六、第六十三条

### （一）原文

**【2023年版本、三次审议稿】**

**第六十三条** 股东会会议由董事会召集，董事长主持；董事长不能履行职务或者不履行职务的，由副董事长主持；副董事长不能履行职务或者不履行职务的，由过半数的董事共同推举一名董事主持。

董事会不能履行或者不履行召集股东会会议职责的，由监事会召集和主持；监事会不召集和主持的，代表十分之一以上表决权的股东可以自行召集和主持。

**【2018年版本】**

**第四十条** 有限责任公司设立董事会的，股东会会议由董事会召集，董事长主持；董事长不能履行职务或者不履行职务的，由副董事长主持；副董事长不能履行职务或者不履行职务的，由半数以上董事共同推举一名董事主持。

有限责任公司不设董事会的，股东会会议由执行董事召集和主持。

董事会或者执行董事不能履行或者不履行召集股东会会议职责的，由监事会或者不设监事会的公司的监事召集和主持；监事会或者监事不召集和主持的，代表十分之一以上表决权的股东可以自行召集和主持。

### （二）条文释义

本条规定了股东会会议的召集和主持人。

董事会是股东会设立的行政机构，因此，股东会会议由董事会召集，董事长主持；董事长不能履行职务或者不履行职务的，由副董事长主持；副董事长不能履行职务或者不履行职务的，由过半数的董事共同推举一名董事主持。这里所谓"不能履行职务"包括因董事长健康或者其他原因而导致其在客观上不能履行职务，所谓"不履行职务"则是指其主观上不愿意履行职务。如果董事意见过于分散，任何一名董事均无法得到半数以上的董事支持，则董事会无法召集股东会。

董事会不能履行或者不履行召集股东会会议职责的，由监事会召集和主持；监事会不召集和主持的，代表十分之一以上表决权的股东可以自行召集和主持。股东会会议召集权的行使顺序依次为董事会、监事会和代表十分之一以上表决权的股东，持有低于十分之一表决权的股东没有股东会会议的召集权。代表十分之一以上表决权的股东可以是一人，也可以是多人联合在一起，因此，多位小股东联合在一起也有可能合法召集股东会临时会议。

## 七、第六十四条

### （一）原文

【2023 年版本】

第六十四条　召开股东会会议，应当于会议召开十五日前通知全体股东；但是，公司章程另有规定或者全体股东另有约定的除外。

股东会应当对所议事项的决定作成会议记录，出席会议的股东应当在会议记录上签名或者盖章。

【三次审议稿】

第六十四条　召开股东会会议，应当于会议召开十五日前通知全体股东；但是，公司章程另有规定或者全体股东另有约定的除外。

股东会应当对所议事项的决定作成会议记录，出席会议的股东应当在会议记录上签名。

【2018 年版本】

第四十一条　召开股东会会议，应当于会议召开十五日前通知全体股东；但是，公司章程另有规定或者全体股东另有约定的除外。

股东会应当对所议事项的决定作成会议记录，出席会议的股东应当在会议记录上签名。

### （二）条文释义

本条规定了召开股东会会议的通知及决议程序。

为了确保股东有充足的时间研究相关提案以及安排参会事宜，召开股东会会议，应当于会议召开 15 日前通知全体股东。由于这一时间较长，有可能影响股东会会议召开的效率，因此，如果公司章程另有规定或者全体股东另有约定的，可以按照较短的期限来通知。当然，公司章程和全体股东也可以规定或者约定更长的通知期限，从实践角度来看，规定或者约定更长的通知期限意义并不大。

股东会应当对所议事项的决定作成会议记录，出席会议的股东应当在会议记录上签名或者盖章。股东会会议记录实际上是对股东会整个召开过程是否合法、每位股东是否同意等的书面确认，未来如产生争议，股东会会议记录是非常重要的文件。如果会议记录记载有误，股东在签名前可以要求更正，如果公司拒绝更正，股东可以拒绝签名。如果股东是组织，则由出席会议的股东代表盖章。

## 八、第六十五条

### （一）原文

**【2023年版本、三次审议稿】**

第六十五条 股东会会议由股东按照出资比例行使表决权；但是，公司章程另有规定的除外。

**【2018年版本】**

第四十二条 股东会会议由股东按照出资比例行使表决权；但是，公司章程另有规定的除外。

### （二）条文释义

本条规定了股东会会议表决权的分配方式。

通常情况下，股东会会议由股东按照出资比例行使表决权；但是，公司章程另有规定的除外。《公司法》允许股东出资比例与行使表决权的比例不一致，也就是说出资少的股东可以比出资多的股东拥有更高比例的表决权，这样就可以使得公司的创始股东可以以较小的出资控制公司较大的表决权，提高了公司经营与融资的灵活性。

### （三）相关法律规定

**《企业国有资产法》**

第十三条 履行出资人职责的机构委派的股东代表参加国有资本控股公司、国有资本参股公司召开的股东会会议、股东大会会议，应当按照委派机构的指示提出提案、发表意见、行使表决权，并将其履行职责的情况和结果及时报告委派机构。

第三十四条 重要的国有独资企业、国有独资公司、国有资本控股公司的合并、分立、解散、申请破产以及法律、行政法规和本级人民政府规定应当由履行出资人职责的机构报经本级人民政府批准的重大事项，履行出资人职责的机构在作出决定或者向其委派参加国有资本控股公司股东会会议、股东大会会议的股东代表作出指示前，应当报请本级人民政府批准。

本法所称的重要的国有独资企业、国有独资公司和国有资本控股公司，按照国务院的规定确定。

第三章　有限责任公司的设立和组织机构

## 九、第六十六条

### （一）原文

【2023 年版本】

**第六十六条**　股东会的议事方式和表决程序，除本法有规定的外，由公司章程规定。

股东会作出决议，应当经代表过半数表决权的股东通过。

股东会作出修改公司章程、增加或者减少注册资本的决议，以及公司合并、分立、解散或者变更公司形式的决议，应当经代表三分之二以上表决权的股东通过。

【三次审议稿】

**第六十六条**　股东会的议事方式和表决程序，除本法有规定的外，由公司章程规定。

股东会会议作出决议应当经代表过半数表决权的股东通过。

股东会会议作出修改公司章程、增加或者减少注册资本的决议，以及公司合并、分立、解散或者变更公司形式的决议，应当经代表三分之二以上表决权的股东通过。

【2018 年版本】

**第四十三条**　股东会的议事方式和表决程序，除本法有规定的外，由公司章程规定。

股东会会议作出修改公司章程、增加或者减少注册资本的决议，以及公司合并、分立、解散或者变更公司形式的决议，必须经代表三分之二以上表决权的股东通过。

### （二）条文释义

本条规定了股东会的议事方式和表决程序。

股东会的议事方式和表决程序，属于公司自治的范围，因此，除《公司法》有规定的外，由公司章程规定。公司章程的规定应当具有合理性，能够顺利通过股东会会议的决议。例如，公司章程不能规定低于半数即可通过股东会会议决议，这样就相当于少数表决权可以否定多数表决权，既违背了常理，在实践中也行不通。

股东会会议作出决议应当经代表过半数表决权的股东通过。这里的"过半数"是指超过 50%，等于 50% 不可以，因为公司中可以有两个股东各持股 50%。这里的"过半数"是指超过公司全部表决权的 50%，而非出席会议的股东所持全部表决权的 50%。因此，如果出席股东会会议的股东所持表决权等于或者小于公司全部表决权的 50%，该次股东会会议不应继续召开，因为无法作出有效的决议。

为防止大股东侵犯小股东的利益，股东会会议作出修改公司章程、增加或者减少注册资本的决议，以及公司合并、分立、解散或者变更公司形式的决议，应当经代表三分之二以上表决权的股东通过。这里的"三分之二以上"包括三分之二本身，因为

《中华人民共和国公司法》释义

一个公司中不可能有两个股东都持股三分之二。如果单一大股东的持股比例达到三分之二，原则上该股东自己即可以决定股东会的所有事项。这里规定的"三分之二以上"是法律的强制性要求，不允许通过公司章程或者全体股东约定予以修改。当然，公司章程有权增加必须经代表三分之二以上表决权的股东通过的事项，如变更法定代表人、对外重大担保、为股东提供担保、向股东提供借款、决定上市、决定发行公司债券、改变公司经营范围等。

# 十、第六十七条

## （一）原文

**【2023年版本】**

第六十七条　有限责任公司设董事会，本法第七十五条另有规定的除外。

董事会行使下列职权：

（一）召集股东会会议，并向股东会报告工作；

（二）执行股东会的决议；

（三）决定公司的经营计划和投资方案；

（四）制订公司的利润分配方案和弥补亏损方案；

（五）制订公司增加或者减少注册资本以及发行公司债券的方案；

（六）制订公司合并、分立、解散或者变更公司形式的方案；

（七）决定公司内部管理机构的设置；

（八）决定聘任或者解聘公司经理及其报酬事项，并根据经理的提名决定聘任或者解聘公司副经理、财务负责人及其报酬事项；

（九）制定公司的基本管理制度；

（十）公司章程规定或者股东会授予的其他职权。

公司章程对董事会职权的限制不得对抗善意相对人。

**【三次审议稿】**

第六十七条　有限责任公司设董事会，本法第七十五条另有规定的除外。

董事会行使下列职权：

（一）召集股东会会议，并向股东会报告工作；

（二）执行股东会的决议；

（三）制订公司的利润分配方案和弥补亏损方案；

（四）制订公司增加或者减少注册资本以及发行公司债券的方案；

（五）制订公司合并、分立、解散或者变更公司形式的方案；

（六）决定公司内部管理机构的设置；

（七）决定聘任或者解聘公司经理及其报酬事项，并根据经理的提名决定聘任或者解聘公司副经理、财务负责人及其报酬事项；

（八）制定公司的基本管理制度；

（九）公司章程规定或者股东会授予的其他职权。

公司章程对董事会权力的限制不得对抗善意相对人。

【2018 年版本】

第四十六条　董事会对股东会负责，行使下列职权：

（一）召集股东会会议，并向股东会报告工作；

（二）执行股东会的决议；

（三）决定公司的经营计划和投资方案；

（四）制订公司的年度财务预算方案、决算方案；

（五）制订公司的利润分配方案和弥补亏损方案；

（六）制订公司增加或者减少注册资本以及发行公司债券的方案；

（七）制订公司合并、分立、解散或者变更公司形式的方案；

（八）决定公司内部管理机构的设置；

（九）决定聘任或者解聘公司经理及其报酬事项，并根据经理的提名决定聘任或者解聘公司副经理、财务负责人及其报酬事项；

（十）制定公司的基本管理制度；

（十一）公司章程规定的其他职权。

## （二）条文释义

本条规定了有限责任公司的董事会及其职权。

除《公司法》另有规定外，有限责任公司应当设董事会，作为股东会的执行机关。

董事会作为股东会下属的执行机关，负责公司重要事项方案的起草以及股东会职权以外的管理事项，具体而言，董事会行使下列职权：

（1）召集股东会会议，并向股东会报告工作。董事会类似股东会的常设机构，因此，召集股东会会议是其首要职权，向股东会报告工作是其首要义务。

（2）执行股东会的决议。董事会作为股东会下属的执行机关，执行股东会的决议是其基本职权和职责。

（3）决定公司的经营计划和投资方案。公司的经营计划和投资方案属于具体经营管理方面的比较重要的事项，由董事会决定比较合适。

（4）制订公司的利润分配方案和弥补亏损方案。股东会行使的很多职权都需要由相关机构起草具体的方案，公司的利润分配方案和弥补亏损方案的制订者就是董事会。实务中，大多数董事本身就是大股东，其制订的方案大概率可以被股东会会议通过。

（5）制订公司增加或者减少注册资本以及发行公司债券的方案。公司增加或减少注册资本以及发行公司债券是股东会的职权，制订具体方案自然就是董事会的职权与职责。

（6）制订公司合并、分立、解散或者变更公司形式的方案。公司合并、分立、解散或者变更公司形式是股东会的职权，制订具体方案自然就是董事会的职权与职责。

（7）决定公司内部管理机构的设置。公司内部管理机构，如总经理办公室、财务部、销售部、研发部、售后部、法务部等的设置属于董事会的职权。

（8）决定聘任或者解聘公司经理及其报酬事项，并根据经理的提名决定聘任或者解聘公司副经理、财务负责人及其报酬事项。公司高级管理人员的聘任及其报酬属于董事会的职权。

（9）制定公司的基本管理制度。公司的基本管理制度涉及事项较多，股东会往往没有足够的时间予以制订，通常作为董事会的职权。

（10）公司章程规定或者股东会授予的其他职权。通常情况下，除法律另有规定外，公司章程或者股东会可以将股东会的部分职权授予董事会。

公司章程对董事会职权可以进行限制，该限制由于属于内部决策，外部人员无法得知，因此，该项限制不得对抗善意相对人。

## （三）相关法律规定

**《民法典》**

第八十一条　营利法人应当设执行机构。

执行机构行使召集权力机构会议，决定法人的经营计划和投资方案，决定法人内部管理机构的设置，以及法人章程规定的其他职权。

执行机构为董事会或者执行董事的，董事长、执行董事或者经理按照法人章程的规定担任法定代表人；未设董事会或者执行董事的，法人章程规定的主要负责人为其执行机构和法定代表人。

**《企业国有资产法》**

第三十二条　国有独资企业、国有独资公司有本法第三十条所列事项的，除依照本法第三十一条和有关法律、行政法规以及企业章程的规定，由履行出资人职责的机构决定的以外，国有独资企业由企业负责人集体讨论决定，国有独资公司由董事会决定。

第三十三条　国有资本控股公司、国有资本参股公司有本法第三十条所列事项的，依照法律、行政法规以及公司章程的规定，由公司股东会、股东大会或者董事会决定。由股东会、股东大会决定的，履行出资人职责的机构委派的股东代表应当依照本法第十三条的规定行使权利。

## （四）相关法规规定

**《证券公司风险处置条例》**

**第十一条** 国务院证券监督管理机构决定对证券公司进行接管的，应当按照规定程序组织专业人员成立接管组，行使被接管证券公司的经营管理权，接管组负责人行使被接管证券公司法定代表人职权，被接管证券公司的股东会或者股东大会、董事会、监事会以及经理、副经理停止履行职责。

接管组自接管之日起履行下列职责：

（一）接管证券公司的财产、印章和账簿、文书等资料；

（二）决定证券公司的管理事务；

（三）保障证券公司证券经纪业务正常合规运行，完善内控制度；

（四）清查证券公司财产，依法保全、追收资产；

（五）控制证券公司风险，提出风险化解方案；

（六）核查证券公司有关人员的违法行为；

（七）国务院证券监督管理机构要求履行的其他职责。

接管期限一般不超过12个月。满12个月，确需继续接管的，国务院证券监督管理机构可以决定延长接管期限，但延长接管期限最长不得超过12个月。

**《私募投资基金监督管理条例》**

**第十二条** 私募基金管理人的股东、实际控制人、合伙人不得有下列行为：

（一）虚假出资、抽逃出资、委托他人或者接受他人委托出资；

（二）未经股东会或者董事会决议等法定程序擅自干预私募基金管理人的业务活动；

（三）要求私募基金管理人利用私募基金财产为自己或者他人牟取利益，损害投资者利益；

（四）法律、行政法规和国务院证券监督管理机构规定禁止的其他行为。

**《企业国有资产监督管理暂行条例》**

**第二十二条** 国有资产监督管理机构依照公司法的规定，派出股东代表、董事，参加国有控股的公司、国有参股的公司的股东会、董事会。

国有控股的公司、国有参股的公司的股东会、董事会决定公司的分立、合并、破产、解散、增减资本、发行公司债券、任免企业负责人等重大事项时，国有资产监督管理机构派出的股东代表、董事，应当按照国有资产监督管理机构的指示发表意见、行使表决权。

国有资产监督管理机构派出的股东代表、董事，应当将其履行职责的有关情况及时向国有资产监督管理机构报告。

## （五）相关司法解释规定

**《最高人民法院关于适用〈中华人民共和国民法典〉有关担保制度的解释》（法释〔2020〕28号）**

第九条　相对人根据上市公司公开披露的关于担保事项已经董事会或者股东大会决议通过的信息，与上市公司订立担保合同，相对人主张担保合同对上市公司发生效力，并由上市公司承担担保责任的，人民法院应予支持。

相对人未根据上市公司公开披露的关于担保事项已经董事会或者股东大会决议通过的信息，与上市公司订立担保合同，上市公司主张担保合同对其不发生效力，且不承担担保责任或者赔偿责任的，人民法院应予支持。

相对人与上市公司已公开披露的控股子公司订立的担保合同，或者相对人与股票在国务院批准的其他全国性证券交易场所交易的公司订立的担保合同，适用前两款规定。

**《最高人民法院关于执行担保若干问题的规定》**

第五条　公司为被执行人提供执行担保的，应当提交符合公司法第十六条规定的公司章程、董事会或者股东会、股东大会决议。

**《最高人民法院关于适用〈中华人民共和国行政诉讼法〉的解释》**

第十六条　股份制企业的股东大会、股东会、董事会等认为行政机关作出的行政行为侵犯企业经营自主权的，可以企业名义提起诉讼。

联营企业、中外合资或者合作企业的联营、合资、合作各方，认为联营、合资、合作企业权益或者自己一方合法权益受行政行为侵害的，可以自己的名义提起诉讼。

非国有企业被行政机关注销、撤销、合并、强令兼并、出售、分立或者改变企业隶属关系的，该企业或者其法定代表人可以提起诉讼。

# 十一、第六十八条

## （一）原文

**【2023年版本、三次审议稿】**

第六十八条　有限责任公司董事会成员为三人以上，其成员中可以有公司职工代表。职工人数三百人以上的有限责任公司，除依法设监事会并有公司职工代表的外，其董事会成员中应当有公司职工代表。董事会中的职工代表由公司职工通过职工代表大会、职工大会或者其他形式民主选举产生。

董事会设董事长一人，可以设副董事长。董事长、副董事长的产生办法由公司章程规定。

【2018年版本】

**第四十四条** 有限责任公司设董事会，其成员为三人至十三人；但是，本法第五十条另有规定的除外。

两个以上的国有企业或者两个以上的其他国有投资主体投资设立的有限责任公司，其董事会成员中应当有公司职工代表；其他有限责任公司董事会成员中可以有公司职工代表。董事会中的职工代表由公司职工通过职工代表大会、职工大会或者其他形式民主选举产生。

董事会设董事长一人，可以设副董事长。董事长、副董事长的产生办法由公司章程规定。

## （二）条文释义

本条规定了有限责任公司董事会成员及其职务设置。

有限责任公司董事会成员为三人以上，通常为单数，如五人、九人等，便于董事会作出有效决议，但董事会成员人数为偶数也不违法，董事会成员人数没有上限。董事会成员中可以有公司职工代表，也可以没有公司职工代表。

职工人数三百人以上的有限责任公司，除依法设监事会并有公司职工代表的外，其董事会成员中应当有公司职工代表。董事会中设置职工代表可以在相关决策中充分考虑职工的利益。无论是国有企业还是非国有企业，只要职工人数超过三百人，除依法设监事会并有公司职工代表的外，其董事会成员中应当有公司职工代表。职工人数可以按照季度平均值来计算，即用每一个季度的季初人数与季末人数的平均数作为该季度的职工人数，四个季度的职工人数相加后除以四，作为该年度的职工人数。

董事会中的职工代表由公司职工通过职工代表大会、职工大会或者其他形式民主选举产生。其他形式包括由工会推荐代表、由职工代表推荐代表等。董事会中的职工代表不应由公司股东会决议产生或者由大股东指定。

董事会设董事长一人，可以设副董事长，也可以不设副董事长。董事长、副董事长的产生办法由公司章程规定。通常由董事会全体成员选举产生，当然也可以由股东会会议直接指定董事长和副董事长。

## 十二、第六十九条

### （一）原文

**【2023 年版本】**

第六十九条　有限责任公司可以按照公司章程的规定在董事会中设置由董事组成的审计委员会，行使本法规定的监事会的职权，不设监事会或者监事。公司董事会成员中的职工代表可以成为审计委员会成员。

**【三次审议稿】**

第六十九条　有限责任公司可以按照公司章程的规定在董事会中设置由董事组成的审计委员会，行使本法规定的监事会的职权，不设监事会或者监事。

### （二）条文释义

本条规定了审计委员会代替监事会的制度。

实务中，公司监事会起到的作用并不大，为进一步简化公司的机构设置，减轻公司运行的成本，有限责任公司可以按照公司章程的规定在董事会中设置由董事组成的审计委员会，行使《公司法》规定的监事会的职权，不设监事会或者监事。实行该项制度需要在公司章程中有明确规定，董事会审计委员会全部由董事组成，可以是内部董事，也可以是外部董事，还可以是职工董事或者独立董事。公司董事会成员中的职工代表可以成为审计委员会成员，当然也可以不作为审计委员会的成员。为确保审计委员会的独立性，建议担任公司高级管理人员的董事不参加审计委员会，审计委员会人数可以为5人（通常审计委员会仅为3人），成员中建议包括独立董事、职工董事和外部董事。

## 十三、第七十条

### （一）原文

**【2023 年版本】**

第七十条　董事任期由公司章程规定，但每届任期不得超过三年。董事任期届满，连选可以连任。

董事任期届满未及时改选，或者董事在任期内辞任导致董事会成员低于法定人数的，在改选出的董事就任前，原董事仍应当依照法律、行政法规和公司章程的规定，履行董事职务。

董事辞任的，应当以书面形式通知公司，公司收到通知之日辞任生效，但存在前款规定情形的，董事应当继续履行职务。

【三次审议稿】

第七十条 董事任期由公司章程规定，但每届任期不得超过三年。董事任期届满，连选可以连任。

董事任期届满未及时改选，或者董事在任期内辞任导致董事会成员低于法定人数的，在改选出的董事就任前，原董事仍应当依照法律、行政法规和公司章程的规定，履行董事职务。

董事辞任的，应当以书面形式通知公司，公司收到通知之日辞任生效，但存在前款规定情形的，董事应当继续履行职务。

担任法定代表人的董事辞任的，视为同时辞去法定代表人。

法定代表人辞任的，公司应当在法定代表人辞任之日起三十日内确定新的法定代表人。

【2018年版本】

第四十五条 董事任期由公司章程规定，但每届任期不得超过三年。董事任期届满，连选可以连任。

董事任期届满未及时改选，或者董事在任期内辞职导致董事会成员低于法定人数的，在改选出的董事就任前，原董事仍应当依照法律、行政法规和公司章程的规定，履行董事职务。

## （二）条文释义

本条规定了董事的任期及履职义务。

董事任期由公司章程规定，但每届任期不得超过三年，可以为三年，实务中通常为三年。董事任期届满，连选可以连任，连任次数不受限制。实务中，很多董事都是大股东，因此，只要其不转让股权，董事可以一直担任公司董事。

董事任期届满应当及时改选，如果未及时改选，或者董事在任期内辞任导致董事会成员低于法定人数，在改选出的董事就任前，原董事仍应当依照法律、行政法规和公司章程的规定，履行董事职务。由于董事会并非天天开会，因此，董事履职时也并没有太多任务需要完成。在新董事上任前，原董事仍是公司董事。如果遇到董事会召开会议，原董事仍应参加并履行职责。如果是董事突然离世，股东会应当及时改选董事，避免董事会因人数不足而无法行使职权。

董事辞任的，应当以书面形式通知公司，公司收到通知之日辞任生效，但依法应当继续履行职务的情形除外。董事辞职可以向董事会秘书提出，也可以向董事长提出，或者向公司法定代表人提出。

## 十四、第七十一条

### （一）原文

【2023年版本、三次审议稿】
第七十一条　股东会可以决议解任董事，决议作出之日解任生效。
无正当理由，在任期届满前解任董事的，该董事可以要求公司予以赔偿。

### （二）条文释义

本条规定了股东会解任董事的规则。

由于董事是股东会选举产生的，因此，股东会当然可以决议解任董事，决议作出之日解任生效。原则上，股东会在解任董事的同时应当选出新的董事来接任，如果留任董事的数量足够，股东会也可以只解任董事，而不任命新的董事，董事会仍旧可以正常运作。需要注意的是，如果是由职工代表出任的董事，股东会无权解任，选举该职工代表的职工代表大会、职工大会等有权解任其选举的董事。

股东会解任董事不需要任何理由，但如果股东会无正当理由，在任期届满前解任董事，对董事的信赖利益造成了损害，该董事可以要求公司予以赔偿。

### （三）相关司法解释规定

**《最高人民法院关于适用〈中华人民共和国公司法〉若干问题的规定（五）》**（2019年4月22日最高人民法院审判委员会第1766次会议审议通过，根据2020年12月23日最高人民法院审判委员会第1823次会议通过的《最高人民法院关于修改〈最高人民法院关于破产企业国有划拨土地使用权应否列入破产财产等问题的批复〉等二十九件商事类司法解释的决定》修正，下同）

**第三条**　董事任期届满前被股东会或者股东大会有效决议解除职务，其主张解除不发生法律效力的，人民法院不予支持。

董事职务被解除后，因补偿与公司发生纠纷提起诉讼的，人民法院应当依据法律、行政法规、公司章程的规定或者合同的约定，综合考虑解除的原因、剩余任期、董事薪酬等因素，确定是否补偿以及补偿的合理数额。

## 十五、第七十二条

### （一）原文

【2023 年版本、三次审议稿】

第七十二条　董事会会议由董事长召集和主持；董事长不能履行职务或者不履行职务的，由副董事长召集和主持；副董事长不能履行职务或者不履行职务的，由过半数的董事共同推举一名董事召集和主持。

【2018 年版本】

第四十七条　董事会会议由董事长召集和主持；董事长不能履行职务或者不履行职务的，由副董事长召集和主持；副董事长不能履行职务或者不履行职务的，由半数以上董事共同推举一名董事召集和主持。

### （二）条文释义

本条规定了董事会的召集和主持规则。

董事长是董事会必须设置的职位，因此，董事会会议由董事长召集和主持。如果董事长不能履行职务或者不履行职务且董事会设置了副董事长，则由副董事长召集和主持。这里所谓"不能履行职务"是指由于客观原因无法履行职务，如因疾病、被留置、被拘留、被非法拘禁、失踪等原因而不能履行职务，所谓"不履行职务"是指其主观上不愿意履行职务。无论出于什么原因，只要董事长无法履行职务，就应当由副董事长代替。

如果副董事长不能履行职务或者不履行职务，则由过半数的董事共同推举一名董事召集和主持。如果任何一位董事均无法取得过半数的董事同意，则董事会无法顺利召开会议，已经陷入僵局。股东会应当尽快召开临时会议解决董事会的僵局，可以通过更换董事的方式来解决。

## 十六、第七十三条

### （一）原文

【2023 年版本、三次审议稿】

第七十三条　董事会的议事方式和表决程序，除本法有规定的外，由公司章程规定。

《中华人民共和国公司法》释义

董事会会议应当有过半数的董事出席方可举行。董事会作出决议,应当经全体董事的过半数通过。

董事会决议的表决,应当一人一票。

董事会应当对所议事项的决定作成会议记录,出席会议的董事应当在会议记录上签名。

【2018 年版本】

**第四十八条** 董事会的议事方式和表决程序,除本法有规定的外,由公司章程规定。

董事会应当对所议事项的决定作成会议记录,出席会议的董事应当在会议记录上签名。

董事会决议的表决,实行一人一票。

## (二)条文释义

本条规定了董事会会议的议事方式和表决程序。

董事会的议事方式和表决程序,原则上属于公司自治的范围,因此,除《公司法》有规定的外,由公司章程规定。当然,公司章程也不能任意规定,否则很容易导致董事会陷入僵局而无法正常运作。公司章程仍应参照大多数公司行之有效的方式来规定,但可以在某些细节上创新。

董事会会议应当有过半数的董事出席方可举行。这里所谓"过半数"是指超过一半,如董事会成员为 5 人,则至少应当有 3 人出席才能举行会议,如果董事会成员为 6 人,则至少应当有 4 人出席方可举行会议。董事会作出决议,应当经全体董事的过半数通过。注意,无论出席董事会会议的董事为几人,最后作出决议都必须经"全体董事"的过半数通过。例如,董事会成员为 5 人,3 人出席董事会会议,出席会议的 3 人必须一致同意才能通过决议。再例如,董事会成员为 9 人,7 人出席董事会会议,出席会议的董事中如果有 4 人同意,不能通过决议,必须有 5 人同意才能通过决议。

董事会决议的表决,不同于股东会会议的表决,股东会会议的表决强调表决权的数量,董事不一定是股东,因此,不能用董事持有的表决权来判断,而应当实行董事一人一票。所有董事在表决时权利是相同的,都只有一票,董事长和副董事长也只有一票。内部董事、外部董事、职工代表董事和独立董事的表决权都是相同的,都是一人一票。未出席会议的董事没有表决权,但依公司章程规定由出席会议的董事代为投票的除外。

董事会应当对所议事项的决定作成会议记录,出席会议的董事应当在会议记录上签名。董事会会议记录实际上是对董事会召集、主持以及通过决议的详细记载,也是事后审查董事会会议的召集及决议程序是否合法的重要依据。董事会会议记录上应当记载董事会会议通知的时间、开会的时间和地点、到会董事和缺席董事人数和姓名、会议议程、会议主持人、计票人、会议表决的票数以及最终决议、列席会议的监事姓名等。

## 十七、第七十四条

### （一）原文

【2023年版本】

第七十四条　有限责任公司可以设经理，由董事会决定聘任或者解聘。

经理对董事会负责，根据公司章程的规定或者董事会的授权行使职权。经理列席董事会会议。

【三次审议稿】

第七十四条　有限责任公司设经理，由董事会决定聘任或者解聘。

经理对董事会负责，根据公司章程的规定或者董事会的授权行使职权。经理列席董事会会议。

【2018年版本】

第四十九条　有限责任公司可以设经理，由董事会决定聘任或者解聘。经理对董事会负责，行使下列职权：

（一）主持公司的生产经营管理工作，组织实施董事会决议；

（二）组织实施公司年度经营计划和投资方案；

（三）拟订公司内部管理机构设置方案；

（四）拟订公司的基本管理制度；

（五）制定公司的具体规章；

（六）提请聘任或者解聘公司副经理、财务负责人；

（七）决定聘任或者解聘除应由董事会决定聘任或者解聘以外的负责管理人员；

（八）董事会授予的其他职权。

公司章程对经理职权另有规定的，从其规定。

经理列席董事会会议。

### （二）条文释义

本条规定了经理的设置及其地位。

董事会毕竟是一个议事机构，不能担任公司日常行政管理的重任，因此，有限责任公司应当设经理，经理是隶属于董事会的公司最高行政管理岗位，因此，应当由董事会决定聘任或者解聘。经理只能有一人，在经理之下可以设置若干名副经理。副经理的聘任或者解聘根据公司章程的规定进行，既可以由董事会决议，也可以授权经理决定，也可以由经理提名由董事会决议。

经理是隶属于董事会的管理岗位,因此,经理应当对董事会负责,根据公司章程的规定或者董事会的授权行使职权。当然,经理也应当对股东会负责,但由于股东会并不直接领导经理,所以,经理应当对董事会负责,而不是对股东会负责。对股东会负责的是董事会,而非经理。经理列席董事会会议,但没有表决权。当然经理也可以由董事兼任,此时的经理由于具有了董事身份,可以参加董事会会议并享有表决权。由于经理的地位比较重要,实务中比较常见的做法是由董事长兼任经理,或者由副董事长兼任经理,这样可以将公司的行政管理权牢牢掌握在董事会的手中。

# 十八、第七十五条

## (一)原文

【2023年版本、三次审议稿】
第七十五条 规模较小或者股东人数较少的有限责任公司,可以不设董事会,设一名董事,行使本法规定的董事会的职权。该董事可以兼任公司经理。

【2018年版本】
第五十条 股东人数较少或者规模较小的有限责任公司,可以设一名执行董事,不设董事会。执行董事可以兼任公司经理。
执行董事的职权由公司章程规定。

## (二)条文释义

本条规定了执行董事制度。

规模较小或者股东人数较少的有限责任公司,具体标准由股东自行把握,法律并没有严格的界限,原则上属于微型企业、小型企业的有限责任公司属于规模较小的有限责任公司,股东人数在10人以下的属于股东人数较少的有限责任公司。该类有限责任公司可以不设董事会,仅设一名董事,一般被称为执行董事,该董事行使《公司法》规定的董事会的职权。当然,对于规模较大或者股东人数较多的有限责任公司,如果全体股东一致同意并在公司章程中明确规定,也可以不设董事会,仅设一名执行董事。

该董事可以兼任公司经理,也可以不兼任公司经理。为了保证执行董事对公司行政管理权的控制,建议执行董事兼任公司经理。

## 十九、第七十六条

### （一）原文

**【2023年版本】**

第七十六条　有限责任公司设监事会，本法第六十九条、第八十三条另有规定的除外。

监事会成员为三人以上。监事会成员应当包括股东代表和适当比例的公司职工代表，其中职工代表的比例不得低于三分之一，具体比例由公司章程规定。监事会中的职工代表由公司职工通过职工代表大会、职工大会或者其他形式民主选举产生。

监事会设主席一人，由全体监事过半数选举产生。监事会主席召集和主持监事会会议；监事会主席不能履行职务或者不履行职务的，由过半数的监事共同推举一名监事召集和主持监事会会议。

董事、高级管理人员不得兼任监事。

**【三次审议稿】**

第七十六条　有限责任公司设监事会，本法第六十九条、第八十三条另有规定的除外。

监事会成员为三人以上。监事会应当包括股东代表和适当比例的公司职工代表，其中职工代表的比例不得低于三分之一，具体比例由公司章程规定。监事会中的职工代表由公司职工通过职工代表大会、职工大会或者其他形式民主选举产生。

监事会设主席一人，由全体监事过半数选举产生。监事会主席召集和主持监事会会议；监事会主席不能履行职务或者不履行职务的，由过半数的监事共同推举一名监事召集和主持监事会会议。

董事、高级管理人员不得兼任监事。

**【2018年版本】**

第五十一条　有限责任公司设监事会，其成员不得少于三人。股东人数较少或者规模较小的有限责任公司，可以设一至二名监事，不设监事会。

监事会应当包括股东代表和适当比例的公司职工代表，其中职工代表的比例不得低于三分之一，具体比例由公司章程规定。监事会中的职工代表由公司职工通过职工代表大会、职工大会或者其他形式民主选举产生。

监事会设主席一人，由全体监事过半数选举产生。监事会主席召集和主持监事会会议；监事会主席不能履行职务或者不履行职务的，由半数以上监事共同推举一名监事召集和主持监事会会议。

董事、高级管理人员不得兼任监事。

## （二）条文释义

本条规定了有限责任公司的监事会。

为确保董事会正确履行职责，不损害包括小股东在内的股东利益，除《公司法》另有规定外，有限责任公司应当设监事会。监事会是隶属于股东会的监督机构，负责监督董事会、公司高级管理人员依法合规履行职责。

监事会成员为三人以上，最好是单数，但偶数也不违法，没有人数的上限。实务中，大多数有限责任公司的监事会成员为三人。监事会应当包括股东代表和适当比例的公司职工代表，其中职工代表的比例不得低于三分之一，具体比例由公司章程规定。如果监事会成员为三人，其中有一人是职工代表即可，其余两人可以为股东，也可以不是股东。监事会中的职工代表由公司职工通过职工代表大会、职工大会或者其他形式民主选举产生。监事会中职工代表的产生方式与董事会中职工代表的产生方式是相同的，二者可以在同一民主程序中共同产生。需要注意的是，董事会通常并不需要有职工代表，只有满足一定条件的公司董事会才需要有职工代表。但监事会不同，所有公司的监事会中都应当有职工代表，而且不少于三分之一。如果监事会成员为三人，应当至少有一人为职工代表，如果监事会成员为四人，应当至少有两人为职工代表，如果监事会成员为五人，应当至少有两人为职工代表。实务中，监事会成员为三人时，职工代表的比例可以达到最低，为三分之一，如果监事会成员为五人或者七人都无法做到职工代表的比例为三分之一，实际上职工代表的比例都会超过三分之一。

监事会设主席一人，由全体监事过半数选举产生。监事会主席产生的方式与董事长产生的方式不同，前者是法定的，只能由全体监事过半数选举产生，后者由公司章程规定的方式产生。需要注意的是，监事会设主席，董事会不设主席，只设董事长和副董事长，实务中，有些公司设置董事会主席或者董事局主席都是没有法律依据的不规范的做法。虽然并不违法，但在正式文件中，其身份仍然是董事长，而非什么董事会主席或者董事局主席。

监事会主席召集和主持监事会会议。通常情况下，监事会会议与董事会会议在同一天召开，全体监事先列席董事会会议，董事会会议结束后立即召开监事会会议。监事会主席不能履行职务或者不履行职务的，由过半数的监事共同推举一名监事召集和主持监事会会议。如果监事会成员为三人，剩下两名监事均要召集和主持监事会会议，此时监事会就无法正常召开会议，也就无法正常履职了。股东会应当及时介入，可以通过更换监事的方式来解决监事会的僵局。

董事、高级管理人员不得兼任监事。公司中不担任董事的党委书记、党委副书记、团委书记、团委副书记、工会主席、工会副主席等均可以担任监事。经理、副经理、财务负责人和董事会秘书属于高级管理人员，不得兼任监事。需要注意的是，监事也不能兼任董事和高级管理人员。如果现任监事被任命为公司高级管理人员，则其应当

## 第三章 有限责任公司的设立和组织机构

辞去监事职务。

### （三）相关法律规定

《**中华人民共和国红十字会法**》（1993年10月31日第八届全国人民代表大会常务委员会第四次会议通过，根据2009年8月27日第十一届全国人民代表大会常务委员会第十次会议《关于修改部分法律的决定》修正，2017年2月24日第十二届全国人民代表大会常务委员会第二十六次会议修订）

**第八条** 各级红十字会设立理事会、监事会。理事会、监事会由会员代表大会选举产生，向会员代表大会负责并报告工作，接受其监督。

理事会民主选举产生会长和副会长。理事会执行会员代表大会的决议。

执行委员会是理事会的常设执行机构，其人员组成由理事会决定，向理事会负责并报告工作。

监事会民主推选产生监事长和副监事长。理事会、执行委员会工作受监事会监督。

**第二十二条** 红十字会应当建立财务管理、内部控制、审计公开和监督检查制度。

红十字会的财产使用应当与其宗旨相一致。

红十字会对接受的境外捐赠款物，应当建立专项审查监督制度。

红十字会应当及时聘请依法设立的独立第三方机构，对捐赠款物的收入和使用情况进行审计，将审计结果向红十字会理事会和监事会报告，并向社会公布。

## 二十、第七十七条

### （一）原文

**【2023年版本、三次审议稿】**

**第七十七条** 监事的任期每届为三年。监事任期届满，连选可以连任。

监事任期届满未及时改选，或者监事在任期内辞任导致监事会成员低于法定人数的，在改选出的监事就任前，原监事仍应当依照法律、行政法规和公司章程的规定，履行监事职务。

**【2018年版本】**

**第五十二条** 监事的任期每届为三年。监事任期届满，连选可以连任。

监事任期届满未及时改选，或者监事在任期内辞职导致监事会成员低于法定人数的，在改选出的监事就任前，原监事仍应当依照法律、行政法规和公司章程的规定，履行监事职务。

## （二）条文释义

本条规定了监事的任期和履职。

监事的任期与董事的任期类似，每届为三年。二者不同的是，董事会的任期可以由公司章程在三年内具体规定，监事的任期只能是三年。为公司运行协调考虑，通常情况下，董事和监事的任期均设置为三年比较合适。监事任期届满，连选可以连任。监事没有连任的限制，可以一直连任下去。

监事任期届满应当及时改选，如果未及时改选，或者监事在任期内辞任导致监事会成员低于法定人数，为确保监事会能够正确履行职责，在改选出的监事就任前，原监事仍应当依照法律、行政法规和公司章程的规定，履行监事职务。如果因客观原因导致监事无法履行职责，股东会应及时改选，以免监事会无法履行职责。

# 二十一、第七十八条

## （一）原文

**【2023年版本、三次审议稿】**

第七十八条　监事会行使下列职权：

（一）检查公司财务；

（二）对董事、高级管理人员执行职务的行为进行监督，对违反法律、行政法规、公司章程或者股东会决议的董事、高级管理人员提出解任的建议；

（三）当董事、高级管理人员的行为损害公司的利益时，要求董事、高级管理人员予以纠正；

（四）提议召开临时股东会会议，在董事会不履行本法规定的召集和主持股东会会议职责时召集和主持股东会会议；

（五）向股东会会议提出提案；

（六）依照本法第一百八十九条的规定，对董事、高级管理人员提起诉讼；

（七）公司章程规定的其他职权。

**【2018年版本】**

第五十三条　监事会、不设监事会的公司的监事行使下列职权：

（一）检查公司财务；

（二）对董事、高级管理人员执行公司职务的行为进行监督，对违反法律、行政法规、公司章程或者股东会决议的董事、高级管理人员提出罢免的建议；

（三）当董事、高级管理人员的行为损害公司的利益时，要求董事、高级管理人员予以纠正；

（四）提议召开临时股东会会议，在董事会不履行本法规定的召集和主持股东会会议职责时召集和主持股东会会议；

（五）向股东会会议提出提案；

（六）依照本法第一百五十一条的规定，对董事、高级管理人员提起诉讼；

（七）公司章程规定的其他职权。

## （二）条文释义

本条规定了监事会的职权。

监事会的职责以监督董事、高级管理人员的行为为主，具体而言，监事会行使下列职权：

（1）检查公司财务。财务监督是监事会最重要的职权，通过财务监督可以发现公司经营中的部分重大问题，从而及时向股东会报告或者依法采取相关制止措施。

（2）对董事、高级管理人员执行职务的行为进行监督，对违反法律、行政法规、公司章程或者股东会决议的董事、高级管理人员提出解任的建议。公司董事、高级管理人员是监事会监督的重点对象，如果他们能够守法、守规，公司经营就不会出现大问题，股东的权益就能得到基本的保障。一旦发现公司董事、高级管理人员有不当行为，监事会就可以向股东会提出解任的建议。需要注意的是，只有监事会这个集体才能向股东会提出解任的建议，任何一位监事均无权单独向股东会提出解任的建议。

（3）当董事、高级管理人员的行为损害公司的利益时，监事会有权要求董事、高级管理人员予以纠正。如果董事、高级管理人员纠正了错误并补偿了公司的损失，监事会可以不向股东会提出解任的建议。如果董事、高级管理人员的行为比较严重，对公司利益的损害比较大，即使董事、高级管理人员纠正了错误、弥补了公司的损失，监事会仍应向股东会提出解任建议，是否解任，留给股东会决定。

（4）提议召开临时股东会会议，在董事会不履行《公司法》规定的召集和主持股东会会议职责时召集和主持股东会会议。监事会作为一个整体有权提议召开临时股东会会议，任何一位监事，包括监事会主席均无权单独提议召开临时股东会会议。

（5）向股东会会议提出提案。监事会作为股东会的下属机构，有权就其职权范围内的事项，如公司财务制度、高级管理人员的监督制度等向股东会提出提案。

（6）依照《公司法》的规定，对董事、高级管理人员提起诉讼。在特殊情况下，在董事会失灵的情况下，监事会有权代表公司对董事、高级管理人员提起诉讼，通过法律程序追究其法律责任，维护公司和股东利益。

（7）公司章程规定的其他职权。公司章程可以赋予监事会更多职权，但通常情况下应当属于监督的范畴，如公司财务制度、内部审计制度、董事与高级管理人员监督制度、内部控制制度的起草权等，法律规定的董事会职权原则上不宜授予监事会行使。

## （三）相关法律规定

**《民法典》**

第八十二条　营利法人设监事会或者监事等监督机构的，监督机构依法行使检查法人财务，监督执行机构成员、高级管理人员执行法人职务的行为，以及法人章程规定的其他职权。

第九十三条　设立捐助法人应当依法制定法人章程。

捐助法人应当设理事会、民主管理组织等决策机构，并设执行机构。理事长等负责人按照法人章程的规定担任法定代表人。

捐助法人应当设监事会等监督机构。

**《证券法》**

第八十二条　发行人的董事、高级管理人员应当对证券发行文件和定期报告签署书面确认意见。

发行人的监事会应当对董事会编制的证券发行文件和定期报告进行审核并提出书面审核意见。监事应当签署书面确认意见。

发行人的董事、监事和高级管理人员应当保证发行人及时、公平地披露信息，所披露的信息真实、准确、完整。

董事、监事和高级管理人员无法保证证券发行文件和定期报告内容的真实性、准确性、完整性或者有异议的，应当在书面确认意见中发表意见并陈述理由，发行人应当披露。发行人不予披露的，董事、监事和高级管理人员可以直接申请披露。

第一百零二条　实行会员制的证券交易所设理事会、监事会。

证券交易所设总经理一人，由国务院证券监督管理机构任免。

# 二十二、第七十九条

## （一）原文

**【2023年版本、三次审议稿】**

第七十九条　监事可以列席董事会会议，并对董事会决议事项提出质询或者建议。

监事会发现公司经营情况异常，可以进行调查；必要时，可以聘请会计师事务所等协助其工作，费用由公司承担。

### 【2018年版本】

第五十四条 监事可以列席董事会会议，并对董事会决议事项提出质询或者建议。

监事会、不设监事会的公司的监事发现公司经营情况异常，可以进行调查；必要时，可以聘请会计师事务所等协助其工作，费用由公司承担。

## （二）条文释义

本条规定了监事的列席权和调查权。

为了更好履行监督职责，监事可以列席董事会会议，并对董事会决议事项提出质询或者建议。监事列席董事会会议，在董事会会议表决时，监事没有表决权。通常情况下，董事会会议和监事会会议同一天召开，先开董事会会议，监事列席，再开监事会会议。监事是否列席董事会会议不是董事会会议召开的必要条件，只要将董事会开会的时间和地点通知了监事，监事是否列席均不影响董事会的正常召开与作出决议。

监事会发现公司经营情况异常，可以进行调查。该项调查需要以监事会的名义作出，具体调查工作可以由一位或者多位监事进行，也可以委托其他人员进行调查。必要时，监事会可以聘请会计师事务所等协助其工作，费用由公司承担。该项聘请权也应当以监事会的名义作出，单独一位或者两位监事没有权利聘请会计师事务所。

# 二十三、第八十条

## （一）原文

### 【2023年版本、三次审议稿】

第八十条 监事会可以要求董事、高级管理人员提交执行职务的报告。

董事、高级管理人员应当如实向监事会提供有关情况和资料，不得妨碍监事会或者监事行使职权。

## （二）条文释义

本条规定了监事会要求提交报告的权利。

为了更好地行使监督职责，更清晰地了解董事、高级管理人员的工作情况，监事会可以要求董事、高级管理人员提交执行职务的报告。该报告应当包括本人的职责与分工、本人执行的具体职务、本人职务范围内公司相关的业绩、本人执行职务所花费的成本费用、本人执行职务过程中给公司造成的损失（如果有）、本人积极执行职务

《中华人民共和国公司法》释义

的具体事例、监事会特别要求说明的情况等。

董事、高级管理人员应当如实向监事会提供有关情况和资料，原则上，只要董事和高级管理人员掌握的情况和资料，都应当如实提供给监事会，如其不掌握相关情况或者资料，应当告知监事会掌握相关情况和资料的人员以及获取方式。董事、高级管理人员不得利用其职权或者授意他人利用其职权妨碍监事会或者监事行使职权。

## 二十四、第八十一条

### （一）原文

**【2023 年版本、三次审议稿】**

第八十一条　监事会每年度至少召开一次会议，监事可以提议召开临时监事会会议。

监事会的议事方式和表决程序，除本法有规定的外，由公司章程规定。

监事会决议应当经全体监事的过半数通过。

监事会决议的表决，应当一人一票。

监事会应当对所议事项的决定作成会议记录，出席会议的监事应当在会议记录上签名。

**【2018 年版本】**

第五十五条　监事会每年度至少召开一次会议，监事可以提议召开临时监事会会议。

监事会的议事方式和表决程序，除本法有规定的外，由公司章程规定。

监事会决议应当经半数以上监事通过。

监事会应当对所议事项的决定作成会议记录，出席会议的监事应当在会议记录上签名。

### （二）条文释义

本条规定了监事会的会议与表决制度。

监事会每年度至少召开一次会议，为充分履行监督职责，监事会的开会次数通常要和董事会的开会次数相同，这样监事可以比较方便地列席每一次董事会会议。任何一位监事均可以提议召开临时监事会会议，只要提议，就必须召开，这样可以充分保障每一位监事的监督权。

监事会的议事方式和表决程序，除《公司法》有规定的外，由公司章程规定。监事会的议事方式和表决程序可以与董事会的议事方式和表决程序保持一致，也可以保持自己的特色。由于该事项属于公司自治的范围，原则上，法律不予以干预，由公司章程自由规定。

监事会决议应当经全体监事的过半数通过。无论有多少监事出席监事会会议，在表决时，都应当确保有全体监事过半数的同意票。例如，监事会成员共3人，其中2人出席监事会会议，此时如果通过一项决议，出席会议的2位监事必须一致同意。

监事会决议的表决，应当一人一票。监事有可能是股东，也可能不是股东，因此，无法按持股比例行使表决权，只能一人一票。监事会主席与其他监事在表决权上是相同的。

监事会应当对所议事项的决定作成会议记录，监事会会议记录应当记载以下信息：监事会会议通知的时间、召开的时间和地点、出席会议的监事姓名、会议的议程、每一项议程的表决情况等。出席会议的监事应当在会议记录上签名，如果会议记录有错误或者重大遗漏，监事在签名前可以要求改正或者补充。

## 二十五、第八十二条

### （一）原文

【2023年版本、三次审议稿】
第八十二条　监事会行使职权所必需的费用，由公司承担。

【2018年版本】
第五十六条　监事会、不设监事会的公司的监事行使职权所必需的费用，由公司承担。

### （二）条文释义

本条规定了监事会履职费用的负担。

监事会是公司的常设监督机构，因此，其行使职权所必需的费用，应当由公司承担。所谓"必需的费用"是指与监事会履行职责相关的、必需开支的、符合大多数监事会履职惯例的费用。如监事会履职必须定期召开会议，与监事会会议的召开直接相关的场地费、打印费、交通费、人员费等就是必需的费用，当然，如果公司可以直接提供相关资源，如场地、打印设备、打印纸、签字笔、交通工具以及必要的工作人员等，监事会则没有必要去市场上购买上述资源。如在疫情期间，需要线上召开监事会时，必要的线上会议设备也属于必需的费用。

# 二十六、第八十三条

## （一）原文

**【2023年版本、三次审议稿】**

第八十三条　规模较小或者股东人数较少的有限责任公司，可以不设监事会，设一名监事，行使本法规定的监事会的职权；经全体股东一致同意，也可以不设监事。

**【2018年版本】**

第五十一条　有限责任公司设监事会，其成员不得少于三人。股东人数较少或者规模较小的有限责任公司，可以设一至二名监事，不设监事会。

监事会应当包括股东代表和适当比例的公司职工代表，其中职工代表的比例不得低于三分之一，具体比例由公司章程规定。监事会中的职工代表由公司职工通过职工代表大会、职工大会或者其他形式民主选举产生。

监事会设主席一人，由全体监事过半数选举产生。监事会主席召集和主持监事会会议；监事会主席不能履行职务或者不履行职务的，由半数以上监事共同推举一名监事召集和主持监事会会议。

董事、高级管理人员不得兼任监事。

## （二）条文释义

本条规定了监事的设置。

鉴于实务中监事会发挥的作用并不大，规模较小的公司，其股东会可以直接监督董事会及高级管理人员，或者董事和高级管理人员主要都是由股东担任，对董事和高级管理人员的监督需求不大，规模较小或者股东人数较少的有限责任公司，可以不设监事会，仅设一名监事，行使《公司法》规定的监事会的职权。该名监事可以是股东，也可以不是股东；可以是职工代表，也可以不是职工代表；但不能由董事、高级管理人员兼任监事。

经全体股东一致同意，也可以不设监事。不设监事的公司，需要由全体股东一致同意。未来，如果有一位股东提出增设监事的提议，原则上就应当设立监事。因为不设监事的该项决定需要由全体股东一致同意，而且该项同意应当一直保持，只要有人反对，就应当增设监事。

# 第四章 有限责任公司的股权转让

## 一、第八十四条

### （一）原文

【2023 年版本、三次审议稿】

**第八十四条** 有限责任公司的股东之间可以相互转让其全部或者部分股权。

股东向股东以外的人转让股权的，应当将股权转让的数量、价格、支付方式和期限等事项书面通知其他股东，其他股东在同等条件下有优先购买权。股东自接到书面通知之日起三十日内未答复的，视为放弃优先购买权。两个以上股东行使优先购买权的，协商确定各自的购买比例；协商不成的，按照转让时各自的出资比例行使优先购买权。

公司章程对股权转让另有规定的，从其规定。

【2018 年版本】

**第七十一条** 有限责任公司的股东之间可以相互转让其全部或者部分股权。

股东向股东以外的人转让股权，应当经其他股东过半数同意。股东应就其股权转让事项书面通知其他股东征求同意，其他股东自接到书面通知之日起满三十日未答复的，视为同意转让。其他股东半数以上不同意转让的，不同意的股东应当购买该转让的股权；不购买的，视为同意转让。

经股东同意转让的股权，在同等条件下，其他股东有优先购买权。两个以上股东主张行使优先购买权的，协商确定各自的购买比例；协商不成的，按照转让时各自的出资比例行使优先购买权。

公司章程对股权转让另有规定的，从其规定。

### （二）条文释义

本条规定了有限责任公司股权的转让。

有限责任公司具有资合公司与人合公司的双重属性，重视股东之间的和谐关系。有限责任公司的股东本来就具有一种和谐关系，因此，他们之间可以相互转让其全部或者部分股权。该项股权转让既不需要经过其他股东同意，其他股东也不享有优先购买权。

股东向股东以外的人转让股权，由于新股东的加入，需要原股东对新股东有一个接受和熟悉的过程，因此，原股东享有优先购买权，拟转让股权的股东应当将股权转让的数量、价格、支付方式和期限等事项书面通知其他股东，其他股东在同等条件下有优先购买权。需要注意的是，新《公司法》删除了股权转让需要经过其他股东过半数同意的规定，大大提高了股权转让的便利性，提高了股权的流动性。优先购买权的行使以"同等条件"为前提，所谓同等条件，是指股权转让的数量、价格、支付方式和期限等重要条件均相同或者更加优厚。如果其他股东不接受同等条件，则不享有优先购买权。

股东自接到书面通知之日起30日内未答复的，视为放弃优先购买权。该项答复，可以采取书面形式，也可以采取网络形式或者口头形式等。在等待股东答复的期间，股权转让的条件不允许变更，如果确实有必要变更，应当重新将股权转让的数量、价格、支付方式和期限等事项书面通知其他股东，其他股东30日的答复期应当重新计算。如果有股东主张行使优先购买权，则该项股权只能转让给主张行使优先购买权的股东。

如果两个以上股东均要求行使优先购买权，应当通过协商的方式确定各自的购买比例；如果协商不成，应当按照转让时各自的出资比例行使优先购买权。需要注意的是，拟转让股权的股东无权自行决定将股权转让给哪位股东。

股权转让属于公司自治范围，因此，公司章程对股权转让的方式可以作出具体规定，如果该项规定与《公司法》的规定不同，优先适用公司章程的相关规定。公司章程可以对股权转让增加限制条件，如股东之间股权转让也需要经过其他股东半数以上同意，或者经过某位股东同意，或者经过董事会同意，但该项限制也不能超过必要限度，如公司章程不能规定股东之间不允许转让股权，或者股东不允许将股权转让给股东以外的人。这种规定剥夺了股东最基本的权利，应属无效。

## （三）相关司法解释规定

**《最高人民法院关于适用〈中华人民共和国公司法〉若干问题的规定（三）》**

**第十八条** 有限责任公司的股东未履行或者未全面履行出资义务即转让股权，受让人对此知道或者应当知道，公司请求该股东履行出资义务、受让人对此承担连带责任的，人民法院应予支持；公司债权人依照本规定第十三条第二款向该股东提起诉讼，同时请求前述受让人对此承担连带责任的，人民法院应予支持。

受让人根据前款规定承担责任后，向该未履行或者未全面履行出资义务的股东追偿的，人民法院应予支持。但是，当事人另有约定的除外。

**第二十七条** 股权转让后尚未向公司登记机关办理变更登记,原股东将仍登记于其名下的股权转让、质押或者以其他方式处分,受让股东以其对于股权享有实际权利为由,请求认定处分股权行为无效的,人民法院可以参照民法典第三百一十一条的规定处理。

原股东处分股权造成受让股东损失,受让股东请求原股东承担赔偿责任、对于未及时办理变更登记有过错的董事、高级管理人员或者实际控制人承担相应责任的,人民法院应予支持;受让股东对于未及时办理变更登记也有过错的,可以适当减轻上述董事、高级管理人员或者实际控制人的责任。

### 《最高人民法院关于适用〈中华人民共和国公司法〉若干问题的规定(四)》

**第十七条** 有限责任公司的股东向股东以外的人转让股权,应就其股权转让事项以书面或者其他能够确认收悉的合理方式通知其他股东征求同意。其他股东半数以上不同意转让,不同意的股东不购买的,人民法院应当认定视为同意转让。

经股东同意转让的股权,其他股东主张转让股东应当向其以书面或者其他能够确认收悉的合理方式通知转让股权的同等条件的,人民法院应当予以支持。

经股东同意转让的股权,在同等条件下,转让股东以外的其他股东主张优先购买的,人民法院应当予以支持,但转让股东依据本规定第二十条放弃转让的除外。

**第十八条** 人民法院在判断是否符合公司法第七十一条第三款及本规定所称的"同等条件"时,应当考虑转让股权的数量、价格、支付方式及期限等因素。

**第十九条** 有限责任公司的股东主张优先购买转让股权的,应当在收到通知后,在公司章程规定的行使期间内提出购买请求。公司章程没有规定行使期间或者规定不明确的,以通知确定的期间为准,通知确定的期间短于三十日或者未明确行使期间的,行使期间为三十日。

**第二十条** 有限责任公司的转让股东,在其他股东主张优先购买后又不同意转让股权的,对其他股东优先购买的主张,人民法院不予支持,但公司章程另有规定或者全体股东另有约定的除外。其他股东主张转让股东赔偿其损失合理的,人民法院应当予以支持。

**第二十一条** 有限责任公司的股东向股东以外的人转让股权,未就其股权转让事项征求其他股东意见,或者以欺诈、恶意串通等手段,损害其他股东优先购买权,其他股东主张按照同等条件购买该转让股权的,人民法院应当予以支持,但其他股东自知道或者应当知道行使优先购买权的同等条件之日起三十日内没有主张,或者自股权变更登记之日起超过一年的除外。

前款规定的其他股东仅提出确认股权转让合同及股权变动效力等请求,未同时主张按照同等条件购买转让股权的,人民法院不予支持,但其他股东非因自身原因导致无法行使优先购买权,请求损害赔偿的除外。

股东以外的股权受让人，因股东行使优先购买权而不能实现合同目的的，可以依法请求转让股东承担相应民事责任。

**第二十二条** 通过拍卖向股东以外的人转让有限责任公司股权的，适用公司法第七十一条第二款、第三款或者第七十二条规定的"书面通知""通知""同等条件"时，根据相关法律、司法解释确定。

在依法设立的产权交易场所转让有限责任公司国有股权的，适用公司法第七十一条第二款、第三款或者第七十二条规定的"书面通知""通知""同等条件"时，可以参照产权交易场所的交易规则。

## 二、第八十五条

### （一）原文

**【2023年版本、三次审议稿】**

第八十五条　人民法院依照法律规定的强制执行程序转让股东的股权时，应当通知公司及全体股东，其他股东在同等条件下有优先购买权。其他股东自人民法院通知之日起满二十日不行使优先购买权的，视为放弃优先购买权。

**【2018年版本】**

第七十二条　人民法院依照法律规定的强制执行程序转让股东的股权时，应当通知公司及全体股东，其他股东在同等条件下有优先购买权。其他股东自人民法院通知之日起满二十日不行使优先购买权的，视为放弃优先购买权。

### （二）条文释义

本条规定了人民法院强制执行股权的程序。

人民法院依照法律规定的强制执行程序转让股东的股权时，也应当保障其他股东的优先购买权和知情权，因此，应当通知公司及全体股东，其他股东在同等条件下有优先购买权。实务中，人民法院也应当事先征集其他人员，如债权人取得该项股权的报价，由此，其他股东才有"同等条件"可以参考。需要注意的是，非股东的每一次新的报价，人民法院都应当事先征求其他股东的意见，特别是降低条件的报价，更应当确保其他股东的优先购买权。

为了提高法院强制执行的效率，其他股东自人民法院通知之日起满20日不行使优先购买权的，视为放弃优先购买权。该项优先购买权的答复期限只有20日，比普通股权转让的答复期要短。如果变更了股权转让的条件，特别是降低了条件，法院应当重新通知其他股东，其他股东的20日答复期应当重新计算。

## 三、第八十六条

### （一）原文

【2023年版本】

第八十六条　股东转让股权的，应当书面通知公司，请求变更股东名册；需要办理变更登记的，并请求公司向公司登记机关办理变更登记。公司拒绝或者在合理期限内不予答复的，转让人、受让人可以依法向人民法院提起诉讼。

股权转让的，受让人自记载于股东名册时起可以向公司主张行使股东权利。

【三次审议稿】

第八十六条　股东转让其股权的，应当书面通知公司，请求变更股东名册，需要办理变更登记的并请求公司向公司登记机关办理变更登记。公司拒绝或者在合理期限内不予答复的，转让人、受让人可以依法向人民法院提起诉讼。

股权转让的，受让人自记载于股东名册时起向公司主张行使股东权利。

### （二）条文释义

本条规定了股权转让后的相关程序。

股东转让股权，公司并不一定知晓，因此，应当书面通知公司。股权转让之后，由于股东信息发生了变更，因此，转让人或者受让人应当请求公司变更股东名册，需要办理变更登记的应当请求公司向公司登记机关办理变更登记。公司应当予以配合并及时办理相关手续。公司无权拒绝股东依法转让股权的权利，也不能拒绝股东信息的变更。如果公司拒绝或者在合理期限内不予答复，转让人、受让人可以依法向人民法院提起诉讼。

股权转让，会出现新旧股东的更换，由于股东名册是股东对公司享有股东权利的基本依据，因此，受让人自记载于股东名册时起向公司主张行使股东权利。原则上，在股权转让期间不宜召开股东会，同样，如果已经确定了股东会的召开时间，原则上，此时也不宜进行股权转让。

《中华人民共和国公司法》释义

## 四、第八十七条

### （一）原文

**【2023年版本、三次审议稿】**

第八十七条 依照本法转让股权后，公司应当及时注销原股东的出资证明书，向新股东签发出资证明书，并相应修改公司章程和股东名册中有关股东及其出资额的记载。对公司章程的该项修改不需再由股东会表决。

**【2018年版本】**

第七十三条 依照本法第七十一条、第七十二条转让股权后，公司应当注销原股东的出资证明书，向新股东签发出资证明书，并相应修改公司章程和股东名册中有关股东及其出资额的记载。对公司章程的该项修改不需再由股东会表决。

### （二）条文释义

本条规定了股权转让后公司的相关义务。

依照《公司法》规定转让股权后，由于原股东已经全部或者部分退出了公司，其出资权利及义务也已经相应转移给新的股东，因此，公司应当及时注销原股东的出资证明书，如果原股东仅仅转让部分股权，仍然是公司的股东，此时公司应向其换发新的出资证明书。公司应当向新股东签发出资证明书，并相应修改公司章程和股东名册中有关股东及其出资额的记载。

一般情况下，修改公司章程需要经过股东会的特别多数表决权通过，但由于依法转让股权而导致公司章程相关内容的修改，由于已经依法办理了相关手续，因此，对公司章程的该项修改不需再由股东会表决。

### （三）相关司法解释规定

**《最高人民法院关于适用〈中华人民共和国公司法〉若干问题的规定（一）》**

第三条 原告以公司法第二十二条第二款、第七十四条第二款规定事由，向人民法院提起诉讼时，超过公司法规定期限的，人民法院不予受理。

## 五、第八十八条

### （一）原文

【2023 年版本】

第八十八条　股东转让已认缴出资但未届出资期限的股权的，由受让人承担缴纳该出资的义务；受让人未按期足额缴纳出资的，转让人对受让人未按期缴纳的出资承担补充责任。

未按照公司章程规定的出资日期缴纳出资或者作为出资的非货币财产的实际价额显著低于所认缴的出资额的股东转让股权的，转让人与受让人在出资不足的范围内承担连带责任；受让人不知道且不应当知道存在上述情形的，由转让人承担责任。

【三次审议稿】

第八十八条　股东转让已认缴出资但未届缴资期限的股权的，由受让人承担缴纳该出资的义务；受让人未按期足额缴纳出资的，转让人对受让人未按期缴纳的出资承担补充责任。

未按期足额缴纳出资或者作为出资的非货币财产的实际价额显著低于所认缴的出资额的股东转让股权的，受让人知道或者应当知道存在上述情形的，在出资不足的范围内与该股东承担连带责任。

### （二）条文释义

本条规定了股权转让后出资责任的承担。

未完成出资的股权也允许转让，但转让人和受让人应当承担相应责任。股东转让已认缴出资但未届缴资期限的股权，由于受让人在受让股权时已经了解受让股权所应承担的缴资义务，因此，应当由受让人承担缴纳该出资的义务。由于受让人是转让人选择的，转让人将其本来应当承担的缴资义务转让给受让人后，应当对受让人的缴资能力承担保证义务，以防止转让人通过股权转让来逃避其本来应当承担的缴资义务，因此，如果受让人未按期足额缴纳出资，转让人对受让人未按期缴纳的出资承担补充责任。所谓补充责任，就是指一旦受让人没有按期足额履行缴资义务，公司即可以要求转让人承担剩余部分的缴资义务。转让人在这种情况下并不享有先诉抗辩权，也就是说，公司没有必要先起诉受让人，可以直接要求转让人承担补充缴资责任。

如果股东未按期足额缴纳出资或者作为出资的非货币财产的实际价额显著低于所认缴的出资额，由于此时的股东已经违反出资义务，该股东应当承担缴资义务和违约责任。如果此时股东转让股权，且受让人知道或者应当知道存在上述情形，受让人在出资不足的范围内与该股东承担连带责任。如果受让人不知道或者不应当知道存在上述情形，可以不承担责任。通常情况下，受让人在受让股权的过程中应当对股权进行初步考察，而股东未按期足额缴纳出资的情形是比较容易发现的，股东作为出资的非货币财产的实际价额显著低于所认缴的出资额的情形不太容易发现，因此，通常情况下，受让人应当对股东未按期足额缴纳出资的情形负责，而很有可能对股东作为出资的非货币财产的实际价额显著低于所认缴的出资额的情形不负责任。

## 六、第八十九条

### （一）原文

**【2023年版本、三次审议稿】**

第八十九条 有下列情形之一的，对股东会该项决议投反对票的股东可以请求公司按照合理的价格收购其股权：

（一）公司连续五年不向股东分配利润，而公司该五年连续盈利，并且符合本法规定的分配利润条件；

（二）公司合并、分立、转让主要财产；

（三）公司章程规定的营业期限届满或者章程规定的其他解散事由出现，股东会通过决议修改章程使公司存续。

自股东会决议作出之日起六十日内，股东与公司不能达成股权收购协议的，股东可以自股东会决议作出之日起九十日内向人民法院提起诉讼。

公司的控股股东滥用股东权利，严重损害公司或者其他股东利益的，其他股东有权请求公司按照合理的价格收购其股权。

公司因本条第一款、第三款规定的情形收购的本公司股权，应当在六个月内依法转让或者注销。

**【2018年版本】**

第七十四条 有下列情形之一的，对股东会该项决议投反对票的股东可以请求公司按照合理的价格收购其股权：

（一）公司连续五年不向股东分配利润，而公司该五年连续盈利，并且符合本法规定的分配利润条件的；

（二）公司合并、分立、转让主要财产的；

（三）公司章程规定的营业期限届满或者章程规定的其他解散事由出现，股东会会议通过决议修改章程使公司存续的。

自股东会会议决议通过之日起六十日内，股东与公司不能达成股权收购协议的，股东可以自股东会会议决议通过之日起九十日内向人民法院提起诉讼。

## （二）条文释义

本条规定了请求公司收购股权制度。

在特定情形下，部分股东由于其反对无效，导致其利益无法得到充分保护，此时，法律赋予该部分股东退出公司的权利。有下列情形之一的，对股东会该项决议投反对票的股东可以请求公司按照合理的价格收购其股权：

（1）公司连续五年不向股东分配利润，而公司该五年连续盈利，并且符合《公司法》规定的分配利润条件。股东投资公司主要目的是取得股息，如果公司长期盈利且符合分配利润的条件却一直不分配利润，实际上就剥夺了股东取得股息的权利，不认同该公司经营理念的股东就有权退出公司。

（2）公司合并、分立、转让主要财产，通常需要公司三分之二以上表决权同意，投反对票的小股东利益有可能无法得到保障，此时，投反对票的股东有权退出公司。

（3）公司章程规定的营业期限届满或者章程规定的其他解散事由出现，股东会通过决议修改章程使公司存续，该项决议通常也需要公司三分之二以上表决权同意，投反对票的小股东利益有可能无法得到保障，此时，投反对票的股东有权退出公司。

需要注意的是，投赞成票和弃权票的股东以及未参与表决的股东均没有权利请求公司收购其股权。投赞成票的股东没有该项权利是因为正是因为其赞成票公司才做出了相应决定并导致部分投反对票的股东退出公司，投赞成票的股东没有退出公司的正当理由，不能搭便车。投弃权票和未参与投票的股东对公司的相关决定漠不关心，或者说公司无论作出什么决定均不影响其利益，在投反对票的股东通过自己的努力取得相关权利后，投弃权票和未参与投票的股东也不允许搭便车。

收购股权涉及收购价格的问题，因此，虽然股东有权要求公司收购股票，但具体收购价格仍然需要双方协商，自股东会决议作出之日起60日内，如果股东与公司不能达成股权收购协议，此时必须引入人民法院作出裁判，股东可以自股东会决议作出之日起90日内向人民法院提起诉讼。人民法院介入后，仍然应力推股东和公司协商确定价格，实在无法达成协议，人民法院可以参照公司的净资产、市场上类似股权的价格、近期该公司相关股权的交易价格或者资产评估机构评估的股权价格等来确定收购股权的价格。

除上述情形外，如果公司的控股股东滥用股东权利，严重损害公司或者其他股东利益，其他股东有权请求公司按照合理的价格收购其股权。由于"滥用股东权利""严重损害"都是比较抽象的概念，股东在行使该项权利时往往需要借助人民法院的介入。未来的司法解释也需要对上述概念进行详细界定。

公司依照上述规定的情形收购的本公司股权，应当在6个月内依法转让或者注销。公司可以将该股权转让给现有股东，也可以转让给现有股东以外的人，如果无法转让，就办理注销手续，相当于公司减资。

## 七、第九十条

### （一）原文

**【2023年版本、三次审议稿】**

第九十条 自然人股东死亡后，其合法继承人可以继承股东资格；但是，公司章程另有规定的除外。

**【2018年版本】**

第七十五条 自然人股东死亡后，其合法继承人可以继承股东资格；但是，公司章程另有规定的除外。

### （二）条文释义

本条规定了股东资格的继承。

股权是人身权与财产权相结合的权利，其中的人身权不适宜继承，财产权适宜继承，因此，自然人股东死亡后，其合法继承人可以继承股东资格。由于有限责任公司具有人合的性质，比较注重股东之间的和谐，因此，公司章程可以规定股东死亡后，其股权不能继承。如果公司章程作出类似规定，还应当继续规定该股权如何处理。可以转让给其他股东，也可以由公司收购。

### （三）相关司法解释规定

**《最高人民法院关于适用〈中华人民共和国公司法〉若干问题的规定（四）》**

第十六条 有限责任公司的自然人股东因继承发生变化时，其他股东主张依据公司法第七十一条第三款规定行使优先购买权的，人民法院不予支持，但公司章程另有规定或者全体股东另有约定的除外。

# 第五章 股份有限公司的设立和组织机构

## 第一节 设　　立

### 一、第九十一条

#### （一）原文

【2023年版本、三次审议稿】

**第九十一条** 设立股份有限公司，可以采取发起设立或者募集设立的方式。

发起设立，是指由发起人认购设立公司时应发行的全部股份而设立公司。

募集设立，是指由发起人认购设立公司时应发行股份的一部分，其余股份向特定对象募集或者向社会公开募集而设立公司。

【2018年版本】

**第七十七条** 股份有限公司的设立，可以采取发起设立或者募集设立的方式。

发起设立，是指由发起人认购公司应发行的全部股份而设立公司。

募集设立，是指由发起人认购公司应发行股份的一部分，其余股份向社会公开募集或者向特定对象募集而设立公司。

#### （二）条文释义

本条规定了股份有限公司的设立方式。

设立股份有限公司，有两种方式可以采取，即发起设立和募集设立。两种方式可以任选一个，但不能选择其他方式设立，如不能选择将两种方式结合起来的方式。

发起设立，是指由发起人认购设立公司时应发行的全部股份而设立公司的方式。该种方式的优点是设立速度快，股东人数可以控制且互相熟悉，通常不存在公司设立不成功的情形。其缺点是发起人的资金压力较大，股份有限公司的规模不容易做大，其股份将来上市交易的难度较大。

募集设立，是指由发起人认购设立公司时应发行股份的一部分，其余股份向特定对象募集或者向社会公开募集而设立公司的方式。该种方式的优缺点与发起设立的优缺点正好相反，优点是发起人的资金压力较小，可以把公司的规模做得很大，可以发行较多数量的股份。其缺点是股东人数较多且分散，互相不熟悉，且存在因无法募集到足够的资金从而导致公司无法成立的风险。如果是向社会公开募集股份，需要经过相关主管部门的注册，也存在无法通过注册从而无法公开募集股份的风险。募集设立股份有限公司的难度及风险均远大于发起设立股份有限公司。

## 二、第九十二条

### （一）原文

【2023 年版本、三次审议稿】

第九十二条 设立股份有限公司，应当有一人以上二百人以下为发起人，其中应当有半数以上的发起人在中华人民共和国境内有住所。

【2018 年版本】

第七十八条 设立股份有限公司，应当有二人以上二百人以下为发起人，其中须有半数以上的发起人在中国境内有住所。

### （二）条文释义

本条规定了股份有限公司的发起人。

设立股份有限公司，无论是采取发起设立方式还是采取募集设立方式，都应当有一定数量的发起人。发起人数量的要求是一人以上二百人以下，发起人住所的要求是其中应当有半数以上的发起人在中华人民共和国境内有住所。这里所谓住所是指经常和习惯的居住地，可以参照《中华人民共和国个人所得税法》和《企业所得税法》的相关规定来判断。发起人可以是自然人，也可以是法人或者非法人组织。如果发起人属于中国个人所得税的居民纳税人或者属于企业所得税的居民企业，一般情况下可以认定其住所位于中国境内。企业营业执照上的住所如果位于中国境内，一般可认为该企业位于中国境内。需要注意的是，这里所谓的"中华人民共和国境内"不包括香港、澳门和台湾地区。

## （三）相关法律规定

**《中华人民共和国个人所得税法》**（1980年9月10日第五届全国人民代表大会第三次会议通过，根据1993年10月31日第八届全国人民代表大会常务委员会第四次会议《关于修改〈中华人民共和国个人所得税法〉的决定》第一次修正，根据1999年8月30日第九届全国人民代表大会常务委员会第十一次会议《关于修改〈中华人民共和国个人所得税法〉的决定》第二次修正，根据2005年10月27日第十届全国人民代表大会常务委员会第十八次会议《关于修改〈中华人民共和国个人所得税法〉的决定》第三次修正，根据2007年6月29日第十届全国人民代表大会常务委员会第二十八次会议《关于修改〈中华人民共和国个人所得税法〉的决定》第四次修正，根据2007年12月29日第十届全国人民代表大会常务委员会第三十一次会议《关于修改〈中华人民共和国个人所得税法〉的决定》第五次修正，根据2011年6月30日第十一届全国人民代表大会常务委员会第二十一次会议《关于修改〈中华人民共和国个人所得税法〉的决定》第六次修正，根据2018年8月31日第十三届全国人民代表大会常务委员会第五次会议《关于修改〈中华人民共和国个人所得税法〉的决定》第七次修正）

**第一条** 在中国境内有住所，或者无住所而一个纳税年度内在中国境内居住累计满一百八十三天的个人，为居民个人。居民个人从中国境内和境外取得的所得，依照本法规定缴纳个人所得税。

在中国境内无住所又不居住，或者无住所而一个纳税年度内在中国境内居住累计不满一百八十三天的个人，为非居民个人。非居民个人从中国境内取得的所得，依照本法规定缴纳个人所得税。

纳税年度，自公历一月一日起至十二月三十一日止。

**《企业所得税法》**

**第二条** 企业分为居民企业和非居民企业。

本法所称居民企业，是指依法在中国境内成立，或者依照外国（地区）法律成立但实际管理机构在中国境内的企业。

本法所称非居民企业，是指依照外国（地区）法律成立且实际管理机构不在中国境内，但在中国境内设立机构、场所的，或者在中国境内未设立机构、场所，但有来源于中国境内所得的企业。

## （四）相关法规规定

《中华人民共和国个人所得税法实施条例》（1994年1月28日中华人民共和国国

务院令第142号发布，根据2005年12月19日《国务院关于修改〈中华人民共和国个人所得税法实施条例〉的决定》第一次修订，根据2008年2月18日《国务院关于修改〈中华人民共和国个人所得税法实施条例〉的决定》第二次修订，根据2011年7月19日《国务院关于修改〈中华人民共和国个人所得税法实施条例〉的决定》第三次修订，2018年12月18日中华人民共和国国务院令第707号第四次修订）

**第二条** 个人所得税法所称在中国境内有住所，是指因户籍、家庭、经济利益关系而在中国境内习惯性居住；所称从中国境内和境外取得的所得，分别是指来源于中国境内的所得和来源于中国境外的所得。

**《企业所得税法实施条例》**

**第三条** 企业所得税法第二条所称依法在中国境内成立的企业，包括依照中国法律、行政法规在中国境内成立的企业、事业单位、社会团体以及其他取得收入的组织。

企业所得税法第二条所称依照外国（地区）法律成立的企业，包括依照外国（地区）法律成立的企业和其他取得收入的组织。

**第四条** 企业所得税法第二条所称实际管理机构，是指对企业的生产经营、人员、账务、财产等实施实质性全面管理和控制的机构。

**第五条** 企业所得税法第二条第三款所称机构、场所，是指在中国境内从事生产经营活动的机构、场所，包括：

（一）管理机构、营业机构、办事机构；

（二）工厂、农场、开采自然资源的场所；

（三）提供劳务的场所；

（四）从事建筑、安装、装配、修理、勘探等工程作业的场所；

（五）其他从事生产经营活动的机构、场所。

非居民企业委托营业代理人在中国境内从事生产经营活动的，包括委托单位或者个人经常代其签订合同，或者储存、交付货物等，该营业代理人视为非居民企业在中国境内设立的机构、场所。

# 三、第九十三条

## （一）原文

**【2023年版本、三次审议稿】**

**第九十三条** 股份有限公司发起人承担公司筹办事务。

发起人应当签订发起人协议，明确各自在公司设立过程中的权利和义务。

**【2018年版本】**
**第七十九条** 股份有限公司发起人承担公司筹办事务。
发起人应当签订发起人协议,明确各自在公司设立过程中的权利和义务。

## (二)条文释义

本条规定了股份有限公司发起人的职责。

股份有限公司的设立需要有人具体筹办,承担公司筹办事务的主体是发起人。如果发起人是一人,则由发起人承担公司全部筹办事务;如果发起人是二人及以上,则由全体发起人分工承担公司筹办事务。

发起人应当签订发起人协议,明确各自在公司设立过程中的权利和义务。发起人协议主要规定的是发起人在公司设立过程中的权利和义务,由于公司设立中以筹办事务为主,因此,协议应当以规定义务为主。发起人协议可以规定各位发起人未来在公司中的权利或者职位,包括未来公司董事、高级管理人员的具体人选等。发起人协议对签字的发起人具有约束力,其中的部分内容也可以成为公司章程中的相关规定。

## (三)相关司法解释规定

**《最高人民法院关于适用〈中华人民共和国公司法〉若干问题的规定(三)》**

**第一条** 为设立公司而签署公司章程、向公司认购出资或者股份并履行公司设立职责的人,应当认定为公司的发起人,包括有限责任公司设立时的股东。

**第二条** 发起人为设立公司以自己名义对外签订合同,合同相对人请求该发起人承担合同责任的,人民法院应予支持;公司成立后合同相对人请求公司承担合同责任的,人民法院应予支持。

**第三条** 发起人以设立中公司名义对外签订合同,公司成立后合同相对人请求公司承担合同责任的,人民法院应予支持。

公司成立后有证据证明发起人利用设立中公司的名义为自己的利益与相对人签订合同,公司以此为由主张不承担合同责任的,人民法院应予支持,但相对人为善意的除外。

**第四条** 公司因故未成立,债权人请求全体或者部分发起人对设立公司行为所产生的费用和债务承担连带清偿责任的,人民法院应予支持。

部分发起人依照前款规定承担责任后,请求其他发起人分担的,人民法院应当判令其他发起人按照约定的责任承担比例分担责任;没有约定责任承担比例的,按照约定的出资比例分担责任;没有约定出资比例的,按照均等份额分担责任。

因部分发起人的过错导致公司未成立,其他发起人主张其承担设立行为所产生的费用和债务的,人民法院应当根据过错情况,确定过错一方的责任范围。

**第五条** 发起人因履行公司设立职责造成他人损害,公司成立后受害人请求公司

《中华人民共和国公司法》释义

承担侵权赔偿责任的，人民法院应予支持；公司未成立，受害人请求全体发起人承担连带赔偿责任的，人民法院应予支持。

公司或者无过错的发起人承担赔偿责任后，可以向有过错的发起人追偿。

## 四、第九十四条

### （一）原文

【2023年版本、三次审议稿】

第九十四条　设立股份有限公司，应当由发起人共同制订公司章程。

【2018年版本】

第七十六条　设立股份有限公司，应当具备下列条件：

（一）发起人符合法定人数；

（二）有符合公司章程规定的全体发起人认购的股本总额或者募集的实收股本总额；

（三）股份发行、筹办事项符合法律规定；

（四）发起人制订公司章程，采用募集方式设立的经创立大会通过；

（五）有公司名称，建立符合股份有限公司要求的组织机构；

（六）有公司住所。

### （二）条文释义

本条规定了公司章程的制订主体。

公司章程对全体发起人均有约束力，因此，设立股份有限公司，应当由发起人共同制订公司章程。所谓"共同制订"并非要求全体发起人一起起草公司章程，而是要求公司章程中的所有规定均应经过全体发起人的协商及同意。

## 五、第九十五条

### （一）原文

【2023年版本】

第九十五条　股份有限公司章程应当载明下列事项：

（一）公司名称和住所；

（二）公司经营范围；

（三）公司设立方式；

（四）公司注册资本、已发行的股份数和设立时发行的股份数，面额股的每股金额；

（五）发行类别股的，每一类别股的股份数及其权利和义务；

（六）发起人的姓名或者名称、认购的股份数、出资方式；

（七）董事会的组成、职权和议事规则；

（八）公司法定代表人的产生、变更办法；

（九）监事会的组成、职权和议事规则；

（十）公司利润分配办法；

（十一）公司的解散事由与清算办法；

（十二）公司的通知和公告办法；

（十三）股东会认为需要规定的其他事项。

**【三次审议稿】**

第九十五条　股份有限公司章程应当载明下列事项：

（一）公司名称和住所；

（二）公司经营范围；

（三）公司设立方式；

（四）公司股份总数，公司设立时发行的股份数，发行面额股的，每股的金额；

（五）发行类别股的，类别股股东的股份数及其权利和义务；

（六）发起人的姓名或者名称、认购的股份数、出资方式；

（七）董事会的组成、职权和议事规则；

（八）公司法定代表人的产生、变更办法；

（九）监事会的组成、职权和议事规则；

（十）公司利润分配办法；

（十一）公司的解散事由与清算办法；

（十二）公司的通知和公告办法；

（十三）股东会会议认为需要规定的其他事项。

**【2018年版本】**

第八十一条　股份有限公司章程应当载明下列事项：

（一）公司名称和住所；

（二）公司经营范围；

（三）公司设立方式；

（四）公司股份总数、每股金额和注册资本；

（五）发起人的姓名或者名称、认购的股份数、出资方式和出资时间；

（六）董事会的组成、职权和议事规则；

（七）公司法定代表人；

（八）监事会的组成、职权和议事规则；

（九）公司利润分配办法；

（十）公司的解散事由与清算办法；

（十一）公司的通知和公告办法；

（十二）股东大会会议认为需要规定的其他事项。

## （二）条文释义

本条规定了股份有限公司章程应当载明的事项。

股份有限公司章程是股份有限公司未来运营的基本依据，因此，应当载明一些重要的事项，具体而言，股份有限公司章程应当载明下列事项：

（1）公司名称和住所。公司名称和住所是区分不同公司的最基本标志，因此，应当在公司章程中详细记载。

（2）公司经营范围。公司经营范围是公司未来所从事的行业和具体经营活动，对公司的盈利能力具有重要影响，是其他股东选择投资公司时需要考虑的重要因素，应当在公司章程中明确规定。

（3）公司设立方式。股份有限公司有发起设立和募集设立两种方式，两种方式具有很大差别，对公司设立的影响以及未来的运作影响较大，应当在公司章程中明确规定。

（4）公司注册资本、已发行的股份数和设立时发行的股份数，面额股的每股金额。股份有限公司与有限责任公司最大的区别就是股份有限公司发行股份，公司已发行的股份数与公司的注册资本关系密切，也是股份有限公司最重要的信息之一，应当在公司章程中明确规定。公司设立时发行的股份数与公司未来的股份总数并不相同，公司设立后还可以增发股份。公司可以发行面额股，也可以发行无面额股，如果发行面额股，应当注明每股的金额。

（5）发行类别股的，每一类别股的股份数及其权利和义务。股份有限公司可以发行类别股，同一类别股的权利义务是相同的，但不同类别股的权利义务是不同的，也就是说，股份有限公司的股份并非同股同权，只有同一类别的股份才是同股同权，不同类别的股份同股不同权。股份有限公司也可以不发行类别股，如果发行，应当注明类别股股东的股份数及其权利和义务。

（6）发起人的姓名或者名称、认购的股份数、出资方式。发起人是股份有限公司设立时最重要的主体，其权利义务与其他股东的权利义务可以有所不同，因此，公司章程应当规定发起人的姓名或者名称、认购的股份数、出资方式。出资方式主要包括货币出资和非货币出资。股东以非货币出资的，应当注明出资的具体财产形式，如不动产、机器设备、股权、债权、专利权、商标权等。

（7）董事会的组成、职权和议事规则。董事会是股份有限公司必须设置的机构，也是公司运作的行政中枢，因此，应当在公司章程中明确规定其组成、职权和议事规则。与有限责任公司相比，股份有限公司的董事会显得更加重要，大股东如能控制董事会，可以考虑授予董事会更多职权，以减少股东会开会的次数。

（8）公司法定代表人的产生、变更办法。股份有限公司一定要有法定代表人，因此，公司章程应明确规定法定代表人的产生办法和变更办法，也可以规定法定代表人突然去世或者失踪等特殊情形下，临时法定代表人的人选。

（9）监事会的组成、职权和议事规则。监事会也是股份有限公司必须设置的机构，因此，公司章程应当明确规定监事会的组成、职权和议事规则。

（10）公司利润分配办法。取得股息是股东最重要的权利之一，应当在公司章程中明确规定公司利润的分配标准、分配比例和分配规则。如公司利润达到什么标准时必须分配利润，公司在提取法定盈余公积金之后是否提取任意公积金，提取比例是多少，公司利润分配是否按照持股比例，每种类别股获得利润的比例是否相同等。

（11）公司的解散事由与清算办法。公司在什么情况下需要解散是股东关心的重要问题，决定着公司的生死存亡，应当在公司章程中明确规定。公司的清算办法包括清算组的组成、清算组的职责、清算财产的分配规则等，均应在公司章程中明确规定。

（12）公司的通知和公告办法。公司股东会、董事会、监事会的召开都需要通知，公司的重要事项需要公告，通知与公告办法应当在公司章程中明确规定。通知办法包括信件通知、电子邮件通知、电话通知、微信通知以及公告通知等。

（13）股东会认为需要规定的其他事项。除上述法定事项以外，股东会认为需要记载的事项均可以在公司章程中记载，如公司的使命、公司的存续期限、公司对外大额担保的程序、公司为股东担保的程序、公司向股东出借资金的程序等事项。

# 六、第九十六条

## （一）原文

【2023年版本、三次审议稿】

第九十六条　股份有限公司的注册资本为在公司登记机关登记的已发行股份的股本总额。在发起人认购的股份缴足前，不得向他人募集股份。

法律、行政法规以及国务院决定对股份有限公司注册资本最低限额另有规定的，从其规定。

【2018年版本】

第八十条　股份有限公司采取发起设立方式设立的，注册资本为在公司登记机关登记的全体发起人认购的股本总额。在发起人认购的股份缴足前,不得向他人募集股份。

股份有限公司采取募集方式设立的,注册资本为在公司登记机关登记的实收股本总额。

法律、行政法规以及国务院决定对股份有限公司注册资本实缴、注册资本最低限额另有规定的,从其规定。

## (二)条文释义

本条规定了股份有限公司的注册资本。

股份有限公司的注册资本为在公司登记机关登记的已发行股份的股本总额。股份有限公司的注册资本是已经发行的股份所代表的股本总额,是实收资本,与有限责任公司的认缴资本不同。为确保股份有限公司的实缴资本实际缴付到位,在发起人认购的股份缴足前,不得向他人募集股份。也就是说,如果股份有限公司采取发起设立方式,发起人应当缴足全部股份,不得向他人募集股份,如果采取募集设立方式,发起人也要先缴足所认购的股份,之后才能向他人募集股份。

虽然股份有限公司采取实缴资本制,但对普通的股份有限公司的最低注册资本并没有要求,也就是说,法律允许1元注册成立股份有限公司。法律、行政法规以及国务院决定对股份有限公司注册资本最低限额另有规定的,从其规定。目前,我国对金融机构等特殊行业的股份有限公司的最低注册资本有强制性规定。

## (三)相关法律规定

### 《商业银行法》

**第十三条** 设立全国性商业银行的注册资本最低限额为十亿元人民币。设立城市商业银行的注册资本最低限额为一亿元人民币,设立农村商业银行的注册资本最低限额为五千万元人民币。注册资本应当是实缴资本。

国务院银行业监督管理机构根据审慎监管的要求可以调整注册资本最低限额,但不得少于前款规定的限额。

### 《保险法》

**第六十九条** 设立保险公司,其注册资本的最低限额为人民币二亿元。

国务院保险监督管理机构根据保险公司的业务范围、经营规模,可以调整其注册资本的最低限额,但不得低于本条第一款规定的限额。

保险公司的注册资本必须为实缴货币资本。

### 《证券法》

**第一百二十条** 经国务院证券监督管理机构核准,取得经营证券业务许可证,证券公司可以经营下列部分或者全部证券业务：

（一）证券经纪；

（二）证券投资咨询；

（三）与证券交易、证券投资活动有关的财务顾问；

（四）证券承销与保荐；

（五）证券融资融券；

（六）证券做市交易；

（七）证券自营；

（八）其他证券业务。

国务院证券监督管理机构应当自受理前款规定事项申请之日起三个月内，依照法定条件和程序进行审查，作出核准或者不予核准的决定，并通知申请人；不予核准的，应当说明理由。

证券公司经营证券资产管理业务的，应当符合《中华人民共和国证券投资基金法》等法律、行政法规的规定。

除证券公司外，任何单位和个人不得从事证券承销、证券保荐、证券经纪和证券融资融券业务。

证券公司从事证券融资融券业务，应当采取措施，严格防范和控制风险，不得违反规定向客户出借资金或者证券。

**第一百二十一条** 证券公司经营本法第一百二十条第一款第（一）项至第（三）项业务的，注册资本最低限额为人民币五千万元；经营第（四）项至第（八）项业务之一的，注册资本最低限额为人民币一亿元；经营第（四）项至第（八）项业务中两项以上的，注册资本最低限额为人民币五亿元。证券公司的注册资本应当是实缴资本。

国务院证券监督管理机构根据审慎监管原则和各项业务的风险程度，可以调整注册资本最低限额，但不得少于前款规定的限额。

# 七、第九十七条

## （一）原文

**【2023年版本、三次审议稿】**

**第九十七条** 以发起设立方式设立股份有限公司的，发起人应当认足公司章程规定的公司设立时应发行的股份。

以募集设立方式设立股份有限公司的，发起人认购的股份不得少于公司章程规定的公司设立时应发行股份总数的百分之三十五；但是，法律、行政法规另有规定的，从其规定。

**【2018年版本】**

**第八十三条** 以发起设立方式设立股份有限公司的，发起人应当书面认足公司章程规定其认购的股份，并按照公司章程规定缴纳出资。以非货币财产出资的，应当依法办理其财产权的转移手续。

发起人不依照前款规定缴纳出资的，应当按照发起人协议承担违约责任。

发起人认足公司章程规定的出资后，应当选举董事会和监事会，由董事会向公司登记机关报送公司章程以及法律、行政法规规定的其他文件，申请设立登记。

**第八十四条** 以募集设立方式设立股份有限公司的，发起人认购的股份不得少于公司股份总数的百分之三十五；但是，法律、行政法规另有规定的，从其规定。

## （二）条文释义

本条规定了发起人认购股份的比例。

股份有限公司的设立方式有发起设立和募集设立两种方式。如果当事人以发起设立方式设立股份有限公司，发起人应当认足公司章程规定的公司设立时应发行的股份。也就是说，股份有限公司设立时的资本应当是实缴资本，通常情况下，法律对最低金额并没有强制性要求。发起人为了减轻负担，可以先设定较低的注册资本，股份有限公司成立以后可以再扩股增资。

如果当事人以募集设立方式设立股份有限公司，发起人认购的股份不得少于公司章程规定的公司设立时应发行股份总数的35%，其余的部分可以通过募集的方式来筹集。为减少设立股份有限公司的风险和不确定性，发起人设定的股份有限公司的股份总额不宜过高，发起人认购的比例也可以适当提高，这样顺利募集到剩余股份的概率就会有所提高。如果法律、行政法规对于募集设立股份有限公司出资的方式另有规定，应当遵守该法律法规的规定。规章以及地方性法规不允许对募集设立股份有限公司出资的方式另有规定。

# 八、第九十八条

## （一）原文

**【2023年版本】**

**第九十八条** 发起人应当在公司成立前按照其认购的股份全额缴纳股款。

发起人的出资，适用本法第四十八条、第四十九条第二款关于有限责任公司股东出资的规定。

【三次审议稿】

第九十八条　发起人应当按照其认购的股份足额缴纳股款。

发起人的出资，适用本法第四十八条、第四十九条第二款关于有限责任公司股东出资的规定。

【2018年版本】

第八十二条　发起人的出资方式，适用本法第二十七条的规定。

## （二）条文释义

本条规定了发起人缴纳股款的责任。

股份有限公司实行实缴资本制，而发起人是否能够足额缴纳股款是落实股份有限公司实缴资本制的基础与第一步，因此，发起人应当在公司成立前按照其认购的股份足额缴纳股款。

发起人的出资，适用《公司法》关于有限责任公司股东出资的规定。在出资的具体方式上，股份有限公司的股东与有限责任公司的股东没有区别。

# 九、第九十九条

## （一）原文

【2023年版本】

第九十九条　发起人不按照其认购的股份缴纳股款，或者作为出资的非货币财产的实际价额显著低于所认购的股份的，其他发起人与该发起人在出资不足的范围内承担连带责任。

【三次审议稿】

第九十九条　发起人不按照其认购的股份缴纳股款或者作为出资的非货币财产的实际价额显著低于所认购的股份的，应当按照发起人协议对其他发起人承担违约责任。

【2018年版本】

第八十三条　以发起设立方式设立股份有限公司的，发起人应当书面认足公司章程规定其认购的股份，并按照公司章程规定缴纳出资。以非货币财产出资的，应当依法办理其财产权的转移手续。

发起人不依照前款规定缴纳出资的，应当按照发起人协议承担违约责任。

发起人认足公司章程规定的出资后，应当选举董事会和监事会，由董事会向公司登记机关报送公司章程以及法律、行政法规规定的其他文件，申请设立登记。

## （二）条文释义

本条规定了发起人出资违约责任。

股份有限公司实行实缴资本制，发起人有义务足额缴纳股款，如果发起人不按照其认购的股份缴纳股款，或者作为出资的非货币财产的实际价额显著低于所认购的股份，其他发起人与该发起人在出资不足的范围内承担连带责任。注意，仅仅是其他发起人对出资不足部分承担连带责任，股份有限公司设立以后新增加的股东对此不承担责任。另外，根据发起人协议，出资不足的发起人还有可能对其他发起人承担违约责任。

## （三）相关法律规定

**《民法典》**

**第一百七十六条** 民事主体依照法律规定或者按照当事人约定，履行民事义务，承担民事责任。

**第一百七十七条** 二人以上依法承担按份责任，能够确定责任大小的，各自承担相应的责任；难以确定责任大小的，平均承担责任。

**第一百七十八条** 二人以上依法承担连带责任的，权利人有权请求部分或者全部连带责任人承担责任。

连带责任人的责任份额根据各自责任大小确定；难以确定责任大小的，平均承担责任。实际承担责任超过自己责任份额的连带责任人，有权向其他连带责任人追偿。

连带责任，由法律规定或者当事人约定。

**第一百七十九条** 承担民事责任的方式主要有：

（一）停止侵害；

（二）排除妨碍；

（三）消除危险；

（四）返还财产；

（五）恢复原状；

（六）修理、重作、更换；

（七）继续履行；

（八）赔偿损失；

（九）支付违约金；

（十）消除影响、恢复名誉；

（十一）赔礼道歉。

法律规定惩罚性赔偿的，依照其规定。

本条规定的承担民事责任的方式,可以单独适用,也可以合并适用。

**第一百八十条** 因不可抗力不能履行民事义务的,不承担民事责任。法律另有规定的,依照其规定。

不可抗力是不能预见、不能避免且不能克服的客观情况。

**第一百八十一条** 因正当防卫造成损害的,不承担民事责任。

正当防卫超过必要的限度,造成不应有的损害的,正当防卫人应当承担适当的民事责任。

**第一百八十二条** 因紧急避险造成损害的,由引起险情发生的人承担民事责任。

危险由自然原因引起的,紧急避险人不承担民事责任,可以给予适当补偿。

紧急避险采取措施不当或者超过必要的限度,造成不应有的损害的,紧急避险人应当承担适当的民事责任。

**第一百八十三条** 因保护他人民事权益使自己受到损害的,由侵权人承担民事责任,受益人可以给予适当补偿。没有侵权人、侵权人逃逸或者无力承担民事责任,受害人请求补偿的,受益人应当给予适当补偿。

**第一百八十四条** 因自愿实施紧急救助行为造成受助人损害的,救助人不承担民事责任。

**第一百八十五条** 侵害英雄烈士等的姓名、肖像、名誉、荣誉,损害社会公共利益的,应当承担民事责任。

**第一百八十六条** 因当事人一方的违约行为,损害对方人身权益、财产权益的,受损害方有权选择请求其承担违约责任或者侵权责任。

**第一百八十七条** 民事主体因同一行为应当承担民事责任、行政责任和刑事责任的,承担行政责任或者刑事责任不影响承担民事责任;民事主体的财产不足以支付的,优先用于承担民事责任。

……

**第五百七十七条** 当事人一方不履行合同义务或者履行合同义务不符合约定的,应当承担继续履行、采取补救措施或者赔偿损失等违约责任。

**第五百七十八条** 当事人一方明确表示或者以自己的行为表明不履行合同义务的,对方可以在履行期限届满前请求其承担违约责任。

**第五百七十九条** 当事人一方未支付价款、报酬、租金、利息,或者不履行其他金钱债务的,对方可以请求其支付。

**第五百八十条** 当事人一方不履行非金钱债务或者履行非金钱债务不符合约定的,对方可以请求履行,但是有下列情形之一的除外:

(一)法律上或者事实上不能履行;

(二)债务的标的不适于强制履行或者履行费用过高;

(三)债权人在合理期限内未请求履行。

有前款规定的除外情形之一,致使不能实现合同目的的,人民法院或者仲裁机构可以根据当事人的请求终止合同权利义务关系，但是不影响违约责任的承担。

**第五百八十一条** 当事人一方不履行债务或者履行债务不符合约定，根据债务的性质不得强制履行的，对方可以请求其负担由第三人替代履行的费用。

**第五百八十二条** 履行不符合约定的，应当按照当事人的约定承担违约责任。对违约责任没有约定或者约定不明确，依据本法第五百一十条的规定仍不能确定的，受损害方根据标的的性质以及损失的大小，可以合理选择请求对方承担修理、重作、更换、退货、减少价款或者报酬等违约责任。

**第五百八十三条** 当事人一方不履行合同义务或者履行合同义务不符合约定的，在履行义务或者采取补救措施后，对方还有其他损失的，应当赔偿损失。

**第五百八十四条** 当事人一方不履行合同义务或者履行合同义务不符合约定，造成对方损失的，损失赔偿额应当相当于因违约所造成的损失，包括合同履行后可以获得的利益；但是，不得超过违约一方订立合同时预见到或者应当预见到的因违约可能造成的损失。

**第五百八十五条** 当事人可以约定一方违约时应当根据违约情况向对方支付一定数额的违约金，也可以约定因违约产生的损失赔偿额的计算方法。

约定的违约金低于造成的损失的，人民法院或者仲裁机构可以根据当事人的请求予以增加；约定的违约金过分高于造成的损失的，人民法院或者仲裁机构可以根据当事人的请求予以适当减少。

当事人就迟延履行约定违约金的，违约方支付违约金后，还应当履行债务。

**第五百八十六条** 当事人可以约定一方向对方给付定金作为债权的担保。定金合同自实际交付定金时成立。

定金的数额由当事人约定；但是，不得超过主合同标的额的百分之二十，超过部分不产生定金的效力。实际交付的定金数额多于或者少于约定数额的，视为变更约定的定金数额。

**第五百八十七条** 债务人履行债务的，定金应当抵作价款或者收回。给付定金的一方不履行债务或者履行债务不符合约定，致使不能实现合同目的的，无权请求返还定金；收受定金的一方不履行债务或者履行债务不符合约定，致使不能实现合同目的的，应当双倍返还定金。

**第五百八十八条** 当事人既约定违约金，又约定定金的，一方违约时，对方可以选择适用违约金或者定金条款。

定金不足以弥补一方违约造成的损失的，对方可以请求赔偿超过定金数额的损失。

**第五百八十九条** 债务人按照约定履行债务，债权人无正当理由拒绝受领的，债务人可以请求债权人赔偿增加的费用。

在债权人受领迟延期间，债务人无须支付利息。

**第五百九十条** 当事人一方因不可抗力不能履行合同的，根据不可抗力的影响，部分或者全部免除责任，但是法律另有规定的除外。因不可抗力不能履行合同的，应当及时通知对方,以减轻可能给对方造成的损失,并应当在合理期限内提供证明。

当事人迟延履行后发生不可抗力的,不免除其违约责任。

**第五百九十一条** 当事人一方违约后,对方应当采取适当措施防止损失的扩大;没有采取适当措施致使损失扩大的,不得就扩大的损失请求赔偿。

当事人因防止损失扩大而支出的合理费用,由违约方负担。

**第五百九十二条** 当事人都违反合同的,应当各自承担相应的责任。

当事人一方违约造成对方损失,对方对损失的发生有过错的,可以减少相应的损失赔偿额。

**第五百九十三条** 当事人一方因第三人的原因造成违约的,应当依法向对方承担违约责任。当事人一方和第三人之间的纠纷,依照法律规定或者按照约定处理。

**第五百九十四条** 因国际货物买卖合同和技术进出口合同争议提起诉讼或者申请仲裁的时效期间为四年。

# 十、第一百条

## (一)原文

【2023年版本、三次审议稿】

**第一百条** 发起人向社会公开募集股份,应当公告招股说明书,并制作认股书。认股书应当载明本法第一百五十四条第二款、第三款所列事项,由认股人填写认购的股份数、金额、住所,并签名或者盖章。认股人应当按照所认购股份足额缴纳股款。

【2018年版本】

**第八十五条** 发起人向社会公开募集股份,必须公告招股说明书,并制作认股书。认股书应当载明本法第八十六条所列事项,由认股人填写认购股数、金额、住所,并签名、盖章。认股人按照所认购股数缴纳股款。

**第八十六条** 招股说明书应当附有发起人制订的公司章程,并载明下列事项:

(一)发起人认购的股份数;

(二)每股的票面金额和发行价格;

(三)无记名股票的发行总数;

(四)募集资金的用途;

(五)认股人的权利、义务;

(六)本次募股的起止期限及逾期未募足时认股人可以撤回所认股份的说明。

## （二）条文释义

本条规定了发起人公开募集股份的程序。

募集设立股份有限公司的，可以分为非公开募集股份和公开募集股份。非公开募集股份因仅涉及少数主体的利益，当事人可以通过合同方式约定各自权利义务，从而保护各自的合法权益，不需要法律过多干预。公开募集股份因为涉及不特定多数人的利益，而且涉及公共利益，法律应当进行严格规范。

发起人向社会公开募集股份，应当公告招股说明书，并制作认股书。招股说明书是对拟设立的股份有限公司的全面介绍，中国证监会、上海证券交易所、深圳证券交易所和北京证券交易所对招股说明书的格式与内容都有严格的要求。认股书应当载明《公司法》第一百五十四条第二款、第三款所列事项，由认股人填写认购的股份数、金额、住所，并签名或者盖章。认股人应当按照所认购股数足额缴纳股款。从合同订立方式的角度来看，招股说明书属于要约邀请，认股书属于要约。

## （三）相关法律规定

**《民法典》**

**第四百六十九条** 当事人订立合同，可以采用书面形式、口头形式或者其他形式。

书面形式是合同书、信件、电报、电传、传真等可以有形地表现所载内容的形式。

以电子数据交换、电子邮件等方式能够有形地表现所载内容，并可以随时调取查用的数据电文，视为书面形式。

**第四百七十条** 合同的内容由当事人约定，一般包括下列条款：

（一）当事人的姓名或者名称和住所；

（二）标的；

（三）数量；

（四）质量；

（五）价款或者报酬；

（六）履行期限、地点和方式；

（七）违约责任；

（八）解决争议的方法。

当事人可以参照各类合同的示范文本订立合同。

**第四百七十一条** 当事人订立合同，可以采取要约、承诺方式或者其他方式。

**第四百七十二条** 要约是希望与他人订立合同的意思表示，该意思表示应当符合下列条件：

（一）内容具体确定；

（二）表明经受要约人承诺，要约人即受该意思表示约束。

**第四百七十三条** 要约邀请是希望他人向自己发出要约的表示。拍卖公告、招标公告、招股说明书、债券募集办法、基金招募说明书、商业广告和宣传、寄送的价目表等为要约邀请。

商业广告和宣传的内容符合要约条件的，构成要约。

**第四百七十四条** 要约生效的时间适用本法第一百三十七条的规定。

**第四百七十五条** 要约可以撤回。要约的撤回适用本法第一百四十一条的规定。

**第四百七十六条** 要约可以撤销，但是有下列情形之一的除外：

（一）要约人以确定承诺期限或者其他形式明示要约不可撤销；

（二）受要约人有理由认为要约是不可撤销的，并已经为履行合同做了合理准备工作。

**第四百七十七条** 撤销要约的意思表示以对话方式作出的，该意思表示的内容应当在受要约人作出承诺之前为受要约人所知道；撤销要约的意思表示以非对话方式作出的，应当在受要约人作出承诺之前到达受要约人。

**第四百七十八条** 有下列情形之一的，要约失效：

（一）要约被拒绝；

（二）要约被依法撤销；

（三）承诺期限届满，受要约人未作出承诺；

（四）受要约人对要约的内容作出实质性变更。

**第四百七十九条** 承诺是受要约人同意要约的意思表示。

**第四百八十条** 承诺应当以通知的方式作出；但是，根据交易习惯或者要约表明可以通过行为作出承诺的除外。

**第四百八十一条** 承诺应当在要约确定的期限内到达要约人。

要约没有确定承诺期限的，承诺应当依照下列规定到达：

（一）要约以对话方式作出的，应当即时作出承诺；

（二）要约以非对话方式作出的，承诺应当在合理期限内到达。

**第四百八十二条** 要约以信件或者电报作出的，承诺期限自信件载明的日期或者电报交发之日开始计算。信件未载明日期的，自投寄该信件的邮戳日期开始计算。要约以电话、传真、电子邮件等快速通讯方式作出的，承诺期限自要约到达受要约人时开始计算。

**第四百八十三条** 承诺生效时合同成立，但是法律另有规定或者当事人另有约定的除外。

**第四百八十四条** 以通知方式作出的承诺，生效的时间适用本法第一百三十七条的规定。

承诺不需要通知的，根据交易习惯或者要约的要求作出承诺的行为时生效。

**第四百八十五条** 承诺可以撤回。承诺的撤回适用本法第一百四十一条的规定。

**第四百八十六条** 受要约人超过承诺期限发出承诺，或者在承诺期限内发出承诺，按照通常情形不能及时到达要约人的，为新要约；但是，要约人及时通知受要约人该承诺有效的除外。

**第四百八十七条** 受要约人在承诺期限内发出承诺，按照通常情形能够及时到达要约人，但是因其他原因致使承诺到达要约人时超过承诺期限的，除要约人及时通知受要约人因承诺超过期限不接受该承诺外，该承诺有效。

**第四百八十八条** 承诺的内容应当与要约的内容一致。受要约人对要约的内容作出实质性变更的，为新要约。有关合同标的、数量、质量、价款或者报酬、履行期限、履行地点和方式、违约责任和解决争议方法等的变更，是对要约内容的实质性变更。

**第四百八十九条** 承诺对要约的内容作出非实质性变更的，除要约人及时表示反对或者要约表明承诺不得对要约的内容作出任何变更外，该承诺有效，合同的内容以承诺的内容为准。

**第四百九十条** 当事人采用合同书形式订立合同的，自当事人均签名、盖章或者按指印时合同成立。在签名、盖章或者按指印之前，当事人一方已经履行主要义务，对方接受时，该合同成立。

法律、行政法规规定或者当事人约定合同应当采用书面形式订立，当事人未采用书面形式但是一方已经履行主要义务，对方接受时，该合同成立。

**第四百九十一条** 当事人采用信件、数据电文等形式订立合同要求签订确认书的，签订确认书时合同成立。

当事人一方通过互联网等信息网络发布的商品或者服务信息符合要约条件的，对方选择该商品或者服务并提交订单成功时合同成立，但是当事人另有约定的除外。

**第四百九十二条** 承诺生效的地点为合同成立的地点。

采用数据电文形式订立合同的，收件人的主营业地为合同成立的地点；没有主营业地的，其住所地为合同成立的地点。当事人另有约定的，按照其约定。

**第四百九十三条** 当事人采用合同书形式订立合同的，最后签名、盖章或者按指印的地点为合同成立的地点，但是当事人另有约定的除外。

**第四百九十四条** 国家根据抢险救灾、疫情防控或者其他需要下达国家订货任务、指令性任务的，有关民事主体之间应当依照有关法律、行政法规规定的权利和义务订立合同。

依照法律、行政法规的规定负有发出要约义务的当事人，应当及时发出合理的要约。

依照法律、行政法规的规定负有作出承诺义务的当事人，不得拒绝对方合理的订立合同要求。

**第四百九十五条** 当事人约定在将来一定期限内订立合同的认购书、订购书、预订书等，构成预约合同。

当事人一方不履行预约合同约定的订立合同义务的，对方可以请求其承担预约合同的违约责任。

**第四百九十六条** 格式条款是当事人为了重复使用而预先拟定，并在订立合同时未与对方协商的条款。

采用格式条款订立合同的，提供格式条款的一方应当遵循公平原则确定当事人之间的权利和义务，并采取合理的方式提示对方注意免除或者减轻其责任等与对方有重大利害关系的条款，按照对方的要求，对该条款予以说明。提供格式条款的一方未履行提示或者说明义务，致使对方没有注意或者理解与其有重大利害关系的条款的，对方可以主张该条款不成为合同的内容。

**第四百九十七条** 有下列情形之一的，该格式条款无效：

（一）具有本法第一编第六章第三节和本法第五百零六条规定的无效情形；

（二）提供格式条款一方不合理地免除或者减轻其责任、加重对方责任、限制对方主要权利；

（三）提供格式条款一方排除对方主要权利。

**第四百九十八条** 对格式条款的理解发生争议的，应当按照通常理解予以解释。对格式条款有两种以上解释的，应当作出不利于提供格式条款一方的解释。格式条款和非格式条款不一致的，应当采用非格式条款。

**第四百九十九条** 悬赏人以公开方式声明对完成特定行为的人支付报酬的，完成该行为的人可以请求其支付。

**第五百条** 当事人在订立合同过程中有下列情形之一，造成对方损失的，应当承担赔偿责任：

（一）假借订立合同，恶意进行磋商；

（二）故意隐瞒与订立合同有关的重要事实或者提供虚假情况；

（三）有其他违背诚信原则的行为。

**第五百零一条** 当事人在订立合同过程中知悉的商业秘密或者其他应当保密的信息，无论合同是否成立，不得泄露或者不正当地使用；泄露、不正当地使用该商业秘密或者信息，造成对方损失的，应当承担赔偿责任。

## （四）相关规章规定

**《公开发行证券的公司信息披露内容与格式准则第 46 号——北京证券交易所公司招股说明书》**（中国证券监督管理委员会公告〔2023〕16 号）

### 第一章 总 则

**第一条** 为了规范北京证券交易所（以下简称北交所）向不特定合格投资者公开发行股票（以下简称公开发行）的信息披露行为，保护投资者的合法权益，根据《中华人民共和国证券法》（以下简称《证券法》）、《中华人民共和国公司法》（以下简称《公司法》）和《北京证券交易所向不特定合格投资者公开发行股票注册管理办法》

的规定，制定本准则。

**第二条** 申请公开发行并在北交所上市的公司（以下简称发行人）应当按本准则编制招股说明书，作为申请公开发行的必备法律文件，并按本准则规定进行披露。

**第三条** 本准则的规定是对招股说明书信息披露的最低要求。不论本准则是否有明确规定，凡对投资者作出价值判断和投资决策有重大影响的信息，均应当披露。国家有关部门对发行人信息披露另有规定的，发行人还应当遵守其规定并履行信息披露义务。

招股说明书涉及未公开重大信息的，发行人应当按有关规定及时履行信息披露义务。

**第四条** 发行人在招股说明书中披露预测性信息及其他涉及发行人未来经营和财务状况信息，应当谨慎、合理。

**第五条** 发行人作为信息披露第一责任人，应当以投资者投资需求为导向编制招股说明书，为投资者作出价值判断和投资决策提供充分且必要的信息，保证相关信息的内容真实、准确、完整。

**第六条** 发行人应当加强投资者权益保护，在招股说明书中充分披露投资者权益保护的情况，说明在保障投资者尤其是中小投资者依法享有获取公司信息、享有资产收益、参与重大决策和选择管理者等权利方面采取的措施。

**第七条** 本准则某些具体要求对发行人确实不适用的，发行人可根据实际情况，在不影响披露内容完整性的前提下作适当调整，但应当在申报时作书面说明。

**第八条** 发行人有充分依据证明本准则要求披露的信息涉及国家秘密、商业秘密及其他因披露可能导致其违反国家有关保密法律法规或严重损害公司利益的，发行人可申请豁免按本准则披露。

**第九条** 招股说明书的编制应当符合下列一般要求：

（一）信息披露内容应当简明易懂，语言应当浅白平实，便于投资者阅读、理解，应当使用事实描述性语言，尽量采用图表、图片或其他较为直观的方式披露公司及其产品、财务等情况；

（二）应当准确引用与本次发行有关的中介机构的专业意见或报告，引用第三方数据或结论的，应当注明资料来源，确保有权威、客观、独立的依据并符合时效性要求；

（三）引用的数字应当采用阿拉伯数字，有关金额的资料除特别说明之外，应当指人民币金额，并以元、千元、万元或亿元为单位；

（四）发行人可根据有关规定或其他需求，编制招股说明书外文译本，但应当保证中外文文本的一致性，在对中外文本的理解上发生歧义时，以中文文本为准。

**第十条** 在不影响信息披露的完整性并保证阅读方便的前提下，发行人可采用相互引征的方法，对各相关部分的内容进行适当的技术处理；对于曾在全国中小企业股份转让系统（以下简称全国股转系统）挂牌期间公开披露过的信息，如事实未发生变化，发行人可以采用索引的方式进行披露。

**第十一条** 信息披露事项涉及重要性水平判断的，发行人应当结合自身业务特点，披露重要性水平的确定标准和依据。

**第十二条** 发行人下属企业的资产、收入或利润规模对发行人有重大影响的，应当参照本准则的规定披露相关信息。

**第十三条** 发行人在报送申请文件后，发生应予披露事项的，应当按规定及时履行信息披露义务。

**第十四条** 发行人应当按照中国证券监督管理委员会（以下简称中国证监会）和北交所的规定披露招股说明书（申报稿）。

发行人应当在招股说明书（申报稿）显要位置作如下声明："本公司的发行申请尚未经中国证监会注册。本招股说明书申报稿不具有据以发行股票的法律效力，投资者应当以正式公告的招股说明书全文作为投资决定的依据。"

"本次股票发行后拟在北京证券交易所上市，该市场具有较高的投资风险。北京证券交易所主要服务创新型中小企业，上市公司具有经营风险高、业绩不稳定、退市风险高等特点，投资者面临较大的市场风险。投资者应当充分了解北京证券交易所市场的投资风险及本公司所披露的风险因素，并审慎作出投资决定。"

**第十五条** 发行人应当在符合《证券法》规定的信息披露平台披露招股说明书及其备查文件和中国证监会要求披露的其他文件，供投资者查阅。

发行人可以将招股说明书及其备查文件刊登于其他报刊、网站，但披露内容应当完全一致，且不得早于在符合《证券法》规定的信息披露平台的披露时间。

**第十六条** 招股意向书除发行数量、发行价格及筹资金额等内容可不确定外，其内容和格式应当与招股说明书一致。

招股意向书应当载明"本招股意向书的所有内容构成招股说明书不可撤销的组成部分，与招股说明书具有同等法律效力。"

## 第二章 招股说明书

### 第一节 封面、书脊、扉页、目录、释义

**第十七条** 招股说明书文本封面应当标有"×××公司招股说明书"字样，并载明发行人名称、证券简称、证券代码和住所，保荐人、主承销商的名称和住所。

**第十八条** 招股说明书纸质文本书脊应当标有"×××公司招股说明书"字样。

**第十九条** 招股说明书扉页应当载明下列内容：

（一）发行股票类型；

（二）发行股数；

（三）每股面值；

（四）定价方式；

（五）每股发行价格；

（六）预计发行日期；

（七）发行后总股本，发行境外上市外资股的公司还应当披露在境内上市流通的股份数量和在境外上市流通的股份数量；

（八）保荐人、主承销商；

（九）招股说明书签署日期。

第二十条　发行人应当在招股说明书扉页的显要位置载明：

"中国证监会和北京证券交易所对本次发行所作的任何决定或意见，均不表明其对注册申请文件及所披露信息的真实性、准确性、完整性作出保证，也不表明其对发行人的盈利能力、投资价值或者对投资者的收益作出实质性判断或者保证。任何与之相反的声明均属虚假不实陈述。

根据《证券法》的规定，股票依法发行后，发行人经营与收益的变化，由发行人自行负责；投资者自主判断发行人的投资价值，自主作出投资决策，自行承担股票依法发行后因发行人经营与收益变化或者股票价格变动引致的投资风险。"

第二十一条　发行人应当在招股说明书扉页作出如下声明：

"发行人及全体董事、监事、高级管理人员承诺招股说明书及其他信息披露资料不存在虚假记载、误导性陈述或者重大遗漏，并对其真实性、准确性、完整性承担相应的法律责任。

发行人控股股东、实际控制人承诺招股说明书不存在虚假记载、误导性陈述或者重大遗漏，并对其真实性、准确性、完整性承担相应的法律责任。

公司负责人和主管会计工作的负责人、会计机构负责人保证招股说明书中财务会计资料真实、准确、完整。

发行人及全体董事、监事、高级管理人员、发行人的控股股东、实际控制人以及保荐人、承销商承诺因发行人招股说明书及其他信息披露资料有虚假记载、误导性陈述或者重大遗漏，致使投资者在证券发行和交易中遭受损失的，将依法承担法律责任。

保荐人及证券服务机构承诺因其为发行人本次公开发行股票制作、出具的文件有虚假记载、误导性陈述或者重大遗漏，给投资者造成损失的，将依法承担法律责任。"

第二十二条　发行人应当根据本准则及相关规定，针对实际情况在招股说明书首页作"重大事项提示"，提醒投资者需特别关注的重要事项，并提醒投资者认真阅读招股说明书正文内容。

第二十三条　招股说明书的目录应当标明各章、节的标题及相应的页码，内容编排应当符合通行的惯例。

第二十四条　发行人应当对可能造成投资者理解障碍及有特定含义的术语作出释义。招股说明书的释义应当在目录次页列示。

## 第二节　概　　览

第二十五条　发行人应当声明："本概览仅对招股说明书作扼要提示。投资者作出投资决策前，应当认真阅读招股说明书全文。"

## 第五章 股份有限公司的设立和组织机构

**第二十六条** 发行人应当披露本次发行所履行的决策程序。本次发行依照法律法规的规定应当取得其他监管机关审批的，应当披露审批程序的办理情况。

**第二十七条** 发行人应当披露本次发行的基本情况，主要包括：

（一）发行股票类型；

（二）每股面值；

（三）发行股数、占发行后总股本的比例；

（四）定价方式；

（五）每股发行价格；

（六）发行市盈率、市净率；

（七）预测净利润及发行后每股收益（如有）；

（八）发行前和发行后的每股净资产、净资产收益率；

（九）本次发行股票上市流通情况，包括各类投资者持有期的限制或承诺；

（十）发行方式和发行对象；

（十一）战略配售情况（如有）；

（十二）预计募集资金总额和净额，发行费用概算（包括保荐费用、承销费用、律师费用、审计费用、评估费用、发行手续费用等）；

（十三）承销方式及承销期；

（十四）询价对象范围及其他报价条件（如有）；

（十五）优先配售对象及条件（如有）。

**第二十八条** 发行人应当披露下列机构的名称、法定代表人、住所、联系电话、传真，同时应当披露有关经办人员的姓名：

（一）保荐人、承销商；

（二）律师事务所；

（三）会计师事务所；

（四）资产评估机构（如有）；

（五）股票登记机构；

（六）收款银行；

（七）其他与本次发行有关的机构。

**第二十九条** 发行人应当披露其与本次发行有关的保荐人、承销商、证券服务机构及其负责人、高级管理人员、经办人员之间存在的直接或间接的股权关系或其他利害关系。

**第三十条** 发行人应当简要披露发行人及其控股股东、实际控制人的情况，概述发行人主营业务的情况。

发行人应当列表披露最近三年及一期的主要会计数据及财务指标，主要包括：资产总额、股东权益合计、归属于母公司所有者的股东权益、资产负债率（母公司）、营业收入、毛利率、净利润、归属于母公司所有者的净利润、归属于母公司所有者的扣除非经常性损益后的净利润、加权平均净资产收益率、扣除非经常性损益后净资产收益率、基本每股收益、稀释每股收益、经营活动产生的现金流量净额、研发投入占营业收入的比例。除特别指出外，上述财务指标应当以合并财务报表的数据为基础进行计算。相关指标的计算应当执行中国证监会的有关规定。

**第三十一条** 简要披露发行人自身的创新特征，包括但不限于技术创新、模式创新和科技成果转化等情况。

**第三十二条** 披露发行人选择的具体上市标准及对上市标准的分析说明。

**第三十三条** 发行人应当简要披露公司治理特殊安排等重要事项。

**第三十四条** 发行人应当简要披露募集资金用途。

## 第三节 风险因素

**第三十五条** 发行人应当遵循重要性原则披露可能直接或间接对发行人及本次发行产生重大不利影响的所有风险因素。

**第三十六条** 发行人应当针对自身实际情况描述相关风险因素，描述应当充分、准确、具体，并作定量分析，无法进行定量分析的，应当有针对性地作出定性描述，但不得采用普遍适用的模糊表述；有关风险因素对发行人生产经营状况和持续盈利能力有严重不利影响的，应当作"重大事项提示"；风险因素中不得包含风险对策、发行人竞争优势及任何可能减轻风险因素的类似表述。

**第三十七条** 发行人应当结合自身实际情况，披露由于技术、产品、政策、经营模式变化等可能导致的风险，包括但不限于：

（一）经营风险，包括市场或经营前景或行业政策变化，商业周期变化，经营模式失败，依赖单一客户、单一技术、单一原材料等风险；

（二）财务风险，包括现金流状况不佳，资产周转能力差，重大资产减值，重大担保或偿债风险等；

（三）技术风险，包括技术升级迭代、研发失败、技术专利许可或授权不具排他性、技术未能形成产品或实现产业化等风险；

（四）人力资源风险，公司董事、监事、高级管理人员或核心技术（业务）人员存在违反保密、竞业禁止等方面规定的情形，公司人力资源无法匹配公司发展需求，关键岗位人才流失，管理经验不足，公司业务依赖单一人员等；

（五）尚未盈利或存在累计未弥补亏损的风险，包括未来一定期间无法盈利或无法进行利润分配的风险，对发行人资金状况、业务拓展、人才引进、团队稳定、研发投入、市场拓展等方面产生不利影响的风险等；

（六）法律风险，包括重大技术、产品纠纷或诉讼风险，土地、资产权属瑕疵，股权纠纷，行政处罚等方面对发行人合法合规性及持续经营的影响；

（七）发行失败风险，包括发行认购不足等风险；

（八）特别表决权股份或类似公司治理特殊安排的风险；

（九）可能严重影响公司持续经营的其他因素。

## 第四节　发行人基本情况

**第三十八条**　发行人应当披露其基本信息，主要包括：

（一）注册中、英文名称；

（二）统一社会信用代码；

（三）注册资本；

（四）法定代表人；

（五）成立日期；

（六）住所和邮政编码；

（七）电话、传真号码；

（八）互联网网址；

（九）电子信箱；

（十）负责信息披露和投资者关系的部门、负责人和电话号码。

**第三十九条**　发行人应当披露在全国股转系统挂牌期间的基本情况，主要包括：

（一）证券简称、证券代码、挂牌日期和目前所属层级；

（二）主办券商及其变动情况；

（三）报告期内年报审计机构及其变动情况；

（四）股票交易方式及其变更情况；

（五）报告期内发行融资情况，包括但不限于发行方式、金额、资金用途等；

（六）报告期内重大资产重组情况，对发行人业务和管理、股权结构及经营业绩的影响；

（七）报告期内控制权变动情况；

（八）报告期内股利分配情况。

**第四十条**　发行人应当采用图表等形式全面披露持有发行人百分之五以上股份或表决权的主要股东、实际控制人，控股股东、实际控制人所控制的其他企业，发行人的分公司、控股子公司、参股公司以及其他有重要影响的关联方。

**第四十一条**　发行人应当披露持有发行人百分之五以上股份或表决权的主要股东及发行人实际控制人的基本情况，主要包括：

（一）持有发行人百分之五以上股份或表决权的主要股东及发行人实际控制人为法人的，应当披露成立时间、注册资本、实收资本、注册地和主要生产经营地、股东构成、主营业务及其与发行人主营业务的关系；为自然人的，应当披露其国籍及拥有境外居留权情况、身份证件类型及号码和其在发行人处担任的职务；作为合伙企业等非法人组织的，应当披露该合伙企业的合伙人构成、出资比例等。

发行人的控股股东及实际控制人为法人的，还应当披露其最近一年及一期末的总资产和净资产、最近一年及一期的净利润，并标明有关财务数据是否经过审计及审计

机构名称;

（二）控股股东和实际控制人及持有发行人百分之五以上股份或表决权的主要股东直接或间接持有发行人的股份是否存在涉诉、质押、冻结或其他有争议的情况;

（三）实际控制人应当披露至最终的国有控股主体、集体组织、自然人等;

（四）无控股股东、实际控制人的，应当参照本条对发行人控股股东及实际控制人的要求披露对发行人有重大影响的股东情况。

第四十二条　发行人应当披露有关股本的情况，主要包括：

（一）本次发行前的总股本、本次拟发行的股份及占发行后总股本的比例；

（二）本次发行前的前十名股东持股数量、股份性质及其限售情况。

第四十三条　发行人应当披露本次公开发行申报前已经制定或实施的股权激励及相关安排（如限制性股票、股票期权等），发行人控股股东、实际控制人与其他股东签署的特殊投资约定等可能导致股权结构变化的事项，并说明其对公司经营状况、财务状况、控制权变化等方面的影响。

第四十四条　发行人应当简要披露其控股子公司、有重大影响的参股公司的情况，主要包括成立时间、注册资本、实收资本、注册地和主要生产经营地、股东构成及控制情况、主营业务及其与发行人主营业务的关系、主要产品或服务、最近一年及一期末的总资产和净资产、最近一年及一期的净利润，并标明有关财务数据是否经过审计及审计机构名称。

发行人应当列表简要披露其他参股公司的情况，包括出资金额、持股比例、入股时间、控股方及主营业务情况等。

第四十五条　发行人应当披露董事、监事、高级管理人员的简要情况，主要包括：姓名，国籍及境外居留权，性别，出生年月，学历及专业背景，职称，职业经历（应当包含曾经担任的重要职务及任期、主要负责内容及重大工作成果），现任职务及任期，兼职情况及兼职单位与发行人的关联关系，与其他董事、监事、高级管理人员的亲属关系，薪酬情况（应当包含薪酬组成、确定依据、报告期内薪酬总额占各期发行人利润总额的比重等）。

第四十六条　发行人应当列表披露董事、监事、高级管理人员及其近亲属直接或间接持有发行人股份的情况、持有人姓名，所持股份的涉诉、质押或冻结情况，以及是否履行相关信息披露义务。

发行人应当披露董事、监事、高级管理人员与发行人业务相关的对外投资情况，包括投资金额、持股比例、有关承诺和协议，对于存在利益冲突情形的，应当披露解决情况。

第四十七条　发行人应当充分披露报告期内发行人、控股股东、实际控制人、持股百分之五以上股东以及发行人的董事、监事、高级管理人员等责任主体所作出的重要承诺及承诺的履行情况，以及其他与本次发行相关的承诺事项，如规范或避免同业竞争承诺、减持意向或价格承诺、稳定公司股价预案以及相关约束措施等。

## 第五节 业务和技术

**第四十八条** 发行人应当清晰、准确、客观地披露主营业务、主要产品或服务的情况，包括：

（一）主营业务、主要产品或服务的基本情况，主营业务收入的主要构成；

（二）主要经营模式，如盈利模式、采购模式、生产或服务模式、营销及管理模式等，分析采用目前经营模式的原因、影响经营模式的关键因素、经营模式及其影响因素在报告期内的变化情况及未来变化趋势。发行人的业务及其模式具有创新性的，还应当披露其独特性、创新内容及持续创新机制；

（三）设立以来主营业务、主要产品或服务、主要经营模式的演变情况；

（四）发行人应当结合内部组织结构（包括部门、生产车间、子公司、分公司等）披露主要生产或服务流程、方式；

（五）生产经营中涉及的主要环境污染物、主要处理设施及处理能力。

**第四十九条** 发行人应当结合所处行业基本情况披露其竞争状况，主要包括：

（一）所属行业及确定所属行业的依据；

（二）发行人所处行业的主管部门、监管体制、主要法律法规和政策及对发行人经营发展的影响等；

（三）行业技术水平及技术特点、主要技术门槛和技术壁垒，衡量核心竞争力的关键指标，行业技术的发展趋势，行业特有的经营模式、周期性、区域性或季节性特征等；

（四）发行人产品或服务的市场地位、行业内的主要企业、竞争优势与劣势、行业发展态势、面临的机遇与挑战，以及上述情况在报告期内的变化及未来可预见的变化趋势；

（五）发行人与同行业可比公司在经营情况、市场地位、技术实力、衡量核心竞争力的关键业务数据、指标等方面的比较情况。

**第五十条** 发行人应当根据重要性原则披露主营业务的具体情况，主要包括：

（一）销售情况和主要客户：报告期内各期主要产品或服务的规模（产能、产量、销量，或服务能力、服务量）、销售收入、产品或服务的主要客户群体、销售价格的总体变动情况；存在多种销售模式的，应当披露各销售模式的规模及占当期销售总额的比重。报告期内各期向前五名客户合计的销售额占各期销售总额的百分比，向单个客户的销售比例超过总额的百分之五十的、前五名客户中存在新增客户的或严重依赖于少数客户的，应当披露其名称或姓名、销售比例，该客户为发行人关联方的，应当披露产品最终实现销售的情况。受同一实际控制人控制的客户，应当合并计算销售额；

（二）采购情况和主要供应商：报告期内采购产品、原材料、能源或接受服务的情况，相关价格变动趋势；报告期内各期向前五名供应商合计的采购额占当期采购总额的百分比，向单个供应商的采购比例超过总额的百分之五十的、前五名供应商中存在新增供应商的或严重依赖于少数供应商的,应当披露其名称或姓名、采购比例。受同一实际控制人控制的供应商,应当合并计算采购额;

(三)董事、监事、高级管理人员、主要关联方在上述客户或供应商中所占的权益;若无,应当明确说明;

(四)报告期内对持续经营有重要影响的合同的基本情况,包括合同当事人、合同标的、合同价款或报酬、履行期限、实际履行情况等;与同一交易主体在一个会计年度内连续发生的相同内容或性质的合同应当累计计算。发行人还应当披露重大影响的判断标准。

**第五十一条** 发行人应当遵循重要性原则披露与其业务相关的关键资源要素,主要包括:

(一)产品或服务所使用的主要技术、技术来源及所处阶段(如处于基础研究、试生产、小批量生产或大批量生产阶段),说明技术属于原始创新、集成创新或引进消化吸收再创新的情况;披露核心技术与已取得的专利及非专利技术的对应关系,以及在主营业务及产品或服务中的应用,并披露核心技术产品收入占营业收入的比例。产品或服务所使用的主要技术为外购的,应当披露相关协议中的权利义务安排;

(二)取得的业务许可资格或资质情况,主要包括名称、内容、授予机构、有效期限;

(三)拥有的特许经营权的情况,主要包括特许经营权的取得、特许经营权的期限、费用标准,对发行人业务的影响;

(四)对主要业务有重大影响的主要固定资产、无形资产的构成,分析其与所提供产品或服务的内在联系,是否存在瑕疵、纠纷和潜在纠纷,是否对发行人持续经营存在重大不利影响。发行人允许他人使用自己所有的资产,或作为被许可方使用他人资产的,应当披露许可合同的主要内容,主要包括许可人、被许可人、许可使用的具体资产内容、许可方式、许可年限、许可使用费等;

(五)员工情况,包括人数、年龄分布、专业构成、学历结构等。核心技术(业务)人员的姓名、年龄、主要业务经历及职务、现任职务与任期、所取得的专业资质及重要科研成果、获得的奖项、持有发行人的股份情况、对外投资情况及兼职情况,核心技术(业务)人员是否存在侵犯第三方知识产权或商业秘密、违反与第三方的竞业限制约定或保密协议的情况,报告期内核心技术(业务)人员的主要变动情况及发行人的影响;

(六)正在从事的研发项目、所处阶段及进展情况、相应人员、经费投入、拟达到的目标;结合行业技术发展趋势,披露相关科研项目与行业技术水平的比较;披露报告期内研发投入的构成、占营业收入的比例。与其他单位合作研发的,还应当披露合作协议的主要内容,权利义务划分约定及采取的保密措施等。

**第五十二条** 发行人在境外进行生产经营的,应当对有关业务活动进行地域性分析。发行人拥有境外资产的,应当详细披露该项资产的规模、所在地、经营管理情况等。

## 第六节 公司治理

**第五十三条** 发行人应当披露股东大会、董事会、监事会、独立董事、董事会秘书制度的建立健全及运行情况，说明上述机构和人员履行职责的情况。

**第五十四条** 发行人存在特别表决权股份或类似安排的，应当披露相关安排的基本情况，包括设置特别表决权安排的股东大会决议、特别表决权安排运行期限、持有人资格、特别表决权股份拥有的表决权数量与普通股份拥有表决权数量的比例安排、持有人所持特别表决权股份能够参与表决的股东大会事项范围、特别表决权股份锁定安排及转让限制等，还应当披露特别表决权安排可能导致的相关风险、对公司治理的影响、相关投资者保护措施，以及保荐人和发行人律师针对上述事项是否合法合规发表的专业意见。

**第五十五条** 发行人应当结合内部控制的要素简要说明公司内部控制的基本情况，并披露公司管理层对内部控制完整性、合理性及有效性的自我评估意见以及注册会计师对公司内部控制的鉴证意见。注册会计师指出公司内部控制存在缺陷的，发行人应予披露并说明改进措施。

**第五十六条** 发行人应当披露报告期内存在的违法违规行为及受到的行政处罚情况，并说明对发行人的影响。

**第五十七条** 发行人应当披露报告期内是否存在资金被控股股东、实际控制人及其控制的其他企业以借款、代偿债务、代垫款项或者其他方式占用的情况，固定资产、无形资产等资产被控股股东、实际控制人及其控制的其他企业转移的情况，或者为控股股东、实际控制人及其控制的其他企业担保的情况。

**第五十八条** 发行人应当披露是否存在与控股股东、实际控制人及其控制的其他企业从事相同、相似业务的情况，如存在的，应当对不存在对发行人构成重大不利影响的同业竞争作出合理解释，并披露发行人防范利益输送、利益冲突及保持独立性的具体安排。

发行人控股股东、实际控制人作出规范或避免同业竞争承诺的，发行人应当披露承诺的履行情况。

**第五十九条** 发行人应当根据《公司法》、企业会计准则及中国证监会有关规定进行关联方认定，充分披露关联方、关联关系和关联交易。

发行人应当披露报告期内发生的关联交易是否已履行《公司法》、公司章程规定的决策程序，以及是否履行相关信息披露义务。

发行人应当根据交易的性质和频率，按照经常性和偶发性分类披露关联交易及关联交易对其财务状况和经营成果的影响。

购销商品、提供劳务等经常性关联交易，应当分别披露报告期内关联方名称、交易内容、交易价格的确定方法、交易金额、占当期营业收入或营业成本的比重、占当期同类型交易的比重以及关联交易增减变化的趋势，与交易相关应收应付款项的余额及增减变化的原因,以及上述关联交易是否仍将持续进行。

偶发性关联交易,应当披露关联方名称、交易时间、交易内容、交易金额、交易价格的确定方法、资金结算情况、交易产生的利润及对发行人当期经营成果的影响、交易对公司主营业务的影响。

发行人应当披露报告期内关联方的变化情况。由关联方变为非关联方的,发行人应当比照关联交易的要求持续披露与上述原关联方的后续交易情况,以及相关资产、人员的去向等。

发行人应当披露报告期内所发生的全部关联交易的简要汇总表。

## 第七节　财务会计信息

**第六十条**　发行人应当披露报告期内的资产负债表、利润表和现金流量表,以及会计师事务所的审计意见类型。发行人编制合并财务报表的,原则上只需披露合并财务报表,同时说明合并财务报表的编制基础、合并范围及变化情况。但合并财务报表与母公司财务报表存在显著差异的,应当披露母公司财务报表。

**第六十一条**　发行人应当结合业务活动实质、经营模式、关键审计事项等充分披露对公允反映公司财务状况和经营成果有重大影响的会计政策和会计估计。发行人重大会计政策或会计估计与可比公司存在较大差异的,应当分析重大会计政策或会计估计的差异产生的原因及对公司的影响。

**第六十二条**　发行人存在多个业务或地区分部的,应当披露分部信息。发行人分析公司财务会计信息时,应当利用分部信息。

**第六十三条**　发行人应当依据经注册会计师鉴证的非经常性损益明细表,以合并财务报表的数据为基础,披露报告期非经常性损益的具体内容、金额及对当期经营成果的影响,并计算报告期扣除非经常性损益后的净利润金额。

**第六十四条**　发行人应当列表披露最近三年及一期的主要会计数据及财务指标,主要包括:资产总额、股东权益合计、归属于母公司所有者的股东权益、每股净资产、归属于母公司所有者的每股净资产、资产负债率、营业收入、毛利率、净利润、归属于母公司所有者的净利润、扣除非经常性损益后的净利润、归属于母公司所有者的扣除非经常性损益后的净利润、息税折旧摊销前利润、加权平均净资产收益率、扣除非经常性损益后净资产收益率、基本每股收益、稀释每股收益、经营活动产生的现金流量净额、每股经营活动产生的现金流量净额、研发投入占营业收入的比例、应收账款周转率、存货周转率、流动比率、速动比率。除特别指出外,上述财务指标应当以合并财务报表的数据为基础进行计算。相关指标的计算应当执行中国证监会的有关规定。

**第六十五条**　发行人认为提供盈利预测报告将有助于投资者对发行人及投资于发行人的股票作出正确判断,且发行人确信能对最近的未来期间的盈利情况作出比较切合实际的预测的,发行人可以披露盈利预测报告。

## 第五章 股份有限公司的设立和组织机构

发行人披露盈利预测报告的,应当声明:"本公司盈利预测报告是管理层在最佳估计假设的基础上编制的,但所依据的各种假设具有不确定性,投资者进行投资决策时应当谨慎使用。"发行人应当提示投资者阅读盈利预测报告及审核报告全文。发行人应当在"重大事项提示"中提醒投资者关注已披露的盈利预测信息。

### 第八节 管理层讨论与分析

**第六十六条** 发行人应当主要依据最近三年及一期的合并财务报表分析发行人财务状况、盈利能力及现金流量等情况。分析时不应仅以引述方式重复财务报表的内容,应当选择使用逐年比较、与同行业对比分析等便于理解的形式。选择同行业公司对比分析时,发行人应当披露选择相关公司的原因,分析所选公司与发行人之间的可比性。分析影响因素时不应仅限于财务因素,还应当包括非财务因素,并将财务会计信息与业务经营信息对比印证。

**第六十七条** 发行人应当结合"业务和技术"中披露的自身业务特点等要素深入分析影响收入、成本、费用和利润的主要因素,以及对发行人具有核心意义或其变动对业绩变动具有较强预示作用的财务或非财务指标;分析报告期内上述因素和指标对财务状况和盈利能力的影响程度,及其对公司未来财务状况和盈利能力可能产生的影响。目前已经存在新的趋势或变化,可能对公司未来财务状况和盈利能力产生重大影响的,发行人应当分析具体的影响。

**第六十八条** 发行人财务状况分析应当结合最近三年及一期末资产、负债的主要构成,对资产、负债结构变动的主要原因、影响因素及程度进行充分说明,包括但不限于下列内容:

(一)最近三年及一期末应收款项的账面原值、坏账准备、账面价值,结合应收款项的构成、账龄、信用期、主要债务人等,分析说明报告期内应收款项的变动情况及原因、期后回款进度;坏账准备的计提比例是否与实际状况相符、是否与同行业可比公司存在显著差异;最近三年及一期末主要客户和新增主要客户的应收款项金额、占比情况;

(二)最近三年及一期末存货的类别、账面价值、存货跌价准备,结合业务模式、内控制度、存货构成等因素,分析说明报告期内存货余额的变动情况及原因,并对存货跌价准备计提的充分性进行分析;

(三)最近一期末持有金额较大的金融资产、借与他人款项、委托理财等财务性投资的,应当分析其投资目的、对发行人资金安排的影响、投资期限、发行人对投资的监管方案、投资的可回收性及减值准备计提的充足性;

(四)结合报告期内产能、业务量或生产经营情况等因素,说明固定资产结构与变动原因,重要固定资产折旧年限与同行业可比公司相比是否合理;报告期内大额在建工程的具体情况,包括项目名称、预算金额、实际金额及变动情况、利息资本化的情况、资金来源、预计未来转入固定资产的时间与条件、项目建设完成后相关产能情况等;固定资产与在建工程是否存在重大减值因素;

(五)最近三年及一期末无形资产的主要类别与变动原因,无形资产减值测试的方法与结果;报告期内存在研发支出资本化的,应当披露开发阶段资本化及开发支出结转无形资产的具体时点和条件,研发支出资本化对公司损益的影响以及发行人在研发支出资本化方面的内控制度等,并说明具体项目、依据、时间及金额;

(六)最近一期末商誉的形成原因、增减变动情况,商誉减值测试过程与方法;

(七)最近一期末的主要债项,包括银行借款、关联方借款、合同承诺债务、或有负债等主要债项的金额、期限、利率及利息费用等情况。有逾期未偿还债项的,应当说明其金额、利率、用途、未按期偿还的原因、预计还款期等。结合主要债项的构成、比例、用途等,分析说明报告期内债项的变动情况及原因,并说明借款费用资本化情况。发行人应当分析可预见的未来需偿还的负债金额及相应利息金额,并结合发行人的现金流量状况、在银行的资信状况、可利用的融资渠道及授信额度、表内负债、表外融资情况及或有负债等情况,分析发行人的偿债能力和流动性风险。

第六十九条 发行人盈利能力分析应当按照利润表项目对最近三年及一期经营成果变化的原因、影响因素、程度和风险趋势进行充分说明,包括但不限于下列内容:

(一)最近三年及一期营业收入构成情况,并分别按照产品或服务类别及业务、地区分布分类列示;分析营业收入增减变化的情况及原因;披露主要产品或服务的销售价格、销售量的变化情况及原因;营业收入存在季节性波动的,应当分析说明其原因及合理性;

(二)最近三年及一期营业成本的主要构成情况;结合主要原材料和能源的采购数量及采购价格等,披露营业成本增减变化情况及原因;

(三)最近三年及一期的综合毛利率、分产品或服务的毛利率及变动情况;报告期内毛利率发生重大变化的,以数据分析方式说明相关因素对毛利率变动的影响程度;

(四)最近三年及一期销售费用、管理费用、财务费用的构成及变动情况,说明上述费用占同期营业收入的比例,以及与主营业务的匹配情况,并解释异常波动的原因;与同行业可比公司相比如存在显著差异,应当结合业务特点和经营模式分析原因;

(五)最近三年及一期营业利润、利润总额和净利润金额,分析发行人净利润的主要来源及净利润增减变化情况及原因;

(六)最近三年及一期非经常性损益、合并财务报表范围以外的投资收益对公司经营成果有重大影响的,应当分析原因及对公司经营成果及盈利能力稳定性的影响;区分并分析与收益相关或与资产相关政府补助对发行人报告期与未来期间的影响。

第七十条 现金流量的分析一般应当包括下列内容:

(一)最近三年及一期经营活动产生的现金流量、投资活动产生的现金流量、筹资活动产生的现金流量的基本情况和变动原因;

（二）最近三年及一期经营活动产生的现金流量净额为负数或者与净利润存在较大差异的，应当分析披露原因。

第七十一条　资本性支出分析一般应当包括：

（一）最近三年及一期重大资本性支出的情况；如果资本性支出导致发行人固定资产大规模增加或进行跨行业投资的，应当分析资本性支出对发行人主要业务和经营成果的影响；

（二）截至报告期末的重大资本性支出决议以及未来可预见的重大资本性支出计划及资金需求量，如涉及跨行业投资的，应当说明其与发行人业务发展规划的关系。

第七十二条　发行人应当披露最近三年及一期执行的税收政策、缴纳的税种，并按税种分项说明执行的税率。存在税收减、免、返、退或其他税收优惠的，应当按税种分项说明相关法律法规或政策依据、批准或备案认定情况、具体幅度及有效期限。报告期内发行人税收政策存在重大变化或者税收优惠政策对发行人经营成果有重大影响的，发行人应当披露税收政策变化对经营成果的影响情况或者报告期内每期税收优惠占税前利润的比例，并对发行人是否对税收优惠存在严重依赖、未来税收优惠的可持续性等进行分析。

第七十三条　发行人最近三年及一期存在会计政策变更、会计估计变更的，应当披露变更的性质、内容、原因、变更影响数的处理方法及对发行人财务状况、经营成果的影响；发行人最近三年及一期存在会计差错更正的，应当披露前期差错的性质、影响。

第七十四条　发行人存在重大期后事项和其他或有事项的，应当说明其对发行人财务状况、盈利能力及持续经营的影响。

第七十五条　发行人应当披露本次发行完成前滚存利润的分配安排和已履行的决策程序。若发行前的滚存利润归发行前的股东享有，应当披露滚存利润的审计和实际派发情况，同时在招股说明书首页对滚存利润中由发行前股东单独享有的金额以及是否派发完毕作"重大事项提示"。

## 第九节　募集资金运用

第七十六条　发行人应当结合公司现有主营业务、生产经营规模、财务状况、技术条件、管理能力、发展目标合理确定本次发行募集资金用途和规模。发行人应当披露募集资金的具体用途和使用安排、募集资金管理制度、专户存储安排等情况。

第七十七条　发行人应当根据重要性原则披露募集资金运用情况：

（一）募集资金拟用于项目建设的，应当说明资金需求和资金投入安排，是否符合国家产业政策和法律、行政法规的规定；并披露所涉及审批或备案程序、土地、房产和环保事项等相关情况；

（二）募集资金拟用于购买资产的，应当对标的资产的情况进行说明，并列明收购后对发行人资产质量及持续经营能力的影响、是否构成重大资产重组,如构成,应当说明是否符合重大资产重组的有关规定并披露相关信息;募集资金拟用于向发行人控股股东、实际控制人或其关联方收购资产的,如对被收购资产有效益承诺,应当披露效益无法完成时的补偿责任;

(三)募集资金拟用于补充流动资金的,应当说明主要用途及合理性;

(四)募集资金拟用于偿还银行贷款的,应当列明拟偿还贷款的明细情况及贷款的使用情况;

(五)募集资金拟用于其他用途的,应当明确披露募集资金用途、资金需求的测算过程及募集资金的投入安排。

**第七十八条** 发行人应当披露报告期内募集资金运用的基本情况。如存在变更募集资金用途的,应当列表披露历次变更情况、披露募集资金的变更金额及占所募集资金净额的比例,并说明变更事项是否已经公司董事会、股东大会审议以及变更后的具体用途。

## 第十节 其他重要事项

**第七十九条** 发行人尚未盈利或存在累计未弥补亏损的,应当披露成因、影响及改善措施,包括但不限于:

(一)发行人应当结合行业特点分析该等情形的成因,充分披露尚未盈利或存在累计未弥补亏损对公司现金流、业务拓展、人才吸引、团队稳定性、研发投入、战略性投入、生产经营可持续性等方面的影响;

(二)发行人改善盈利状况的经营策略,未来是否可实现盈利的前瞻性信息及其依据、基础假设等。

披露前瞻性信息的,发行人应当声明:"本公司前瞻性信息是建立在推测性假设的数据基础上的预测,具有重大不确定性,投资者进行投资决策时应当谨慎使用。"

**第八十条** 发行人应当披露当前对外担保的情况,主要包括:

(一)被担保人的名称、注册资本、实收资本、住所、生产经营情况、与发行人的关系以及最近一年及一期末的总资产、净资产和最近一年及一期的净利润,并标明有关财务数据是否经过审计及审计机构名称;

(二)主债务的种类、金额和履行债务的期限;

(三)担保方式:采用保证方式还是抵押、质押方式;采用抵押、质押方式的,应当披露担保物的种类、数量、价值等相关情况;

(四)担保范围;

(五)担保期间;

(六)争议解决安排;

(七)其他对担保人有重大影响的条款;

（八）担保履行情况；
（九）如存在反担保的，应当简要披露相关情况；
（十）该等担保对发行人业务经营与财务状况的影响。

**第八十一条** 发行人应当披露对财务状况、经营成果、声誉、业务活动、未来前景等可能产生重大影响的诉讼或仲裁事项，以及控股股东或实际控制人、控股子公司，发行人董事、监事、高级管理人员和核心技术（业务）人员作为一方当事人可能对发行人产生影响的刑事诉讼、重大诉讼或仲裁事项，主要包括：

（一）案件受理情况和基本案情；
（二）诉讼或仲裁请求；
（三）判决、裁决结果及执行情况；
（四）诉讼、仲裁案件对发行人的影响。

**第八十二条** 发行人应当披露控股股东、实际控制人、董事、监事、高级管理人员报告期内是否存在重大违法行为。

## 第十一节 声明与承诺

**第八十三条** 发行人全体董事、监事、高级管理人员应当在招股说明书正文的尾页声明：

"本公司全体董事、监事、高级管理人员承诺本招股说明书不存在虚假记载、误导性陈述或者重大遗漏，并对其真实性、准确性、完整性承担相应的法律责任。"

声明应当由发行人全体董事、监事、高级管理人员签名，并由发行人加盖公章。

**第八十四条** 发行人控股股东、实际控制人应当在招股说明书正文后声明：

"本公司或本人承诺本招股说明书不存在虚假记载、误导性陈述或者重大遗漏，并对其真实性、准确性、完整性承担相应的法律责任。"

声明应当由控股股东、实际控制人签名，加盖公章。

**第八十五条** 保荐人（主承销商）应当在招股说明书正文后声明：

"本公司已对招股说明书进行了核查，确认不存在虚假记载、误导性陈述或者重大遗漏，并对其真实性、准确性、完整性承担相应的法律责任。"

声明应当由法定代表人、保荐代表人、项目协办人签名，并由保荐人（主承销商）加盖公章。

**第八十六条** 发行人律师应当在招股说明书正文后声明：

"本所及经办律师已阅读招股说明书，确认招股说明书与本所出具的法律意见书和律师工作报告无矛盾之处。本所及经办律师对发行人在招股说明书中引用的法律意见书和律师工作报告的内容无异议，确认招股说明书不致因上述内容而出现虚假记载、误导性陈述或者重大遗漏，并对其真实性、准确性、完整性承担相应的法律责任。"

声明应当由经办律师及所在律师事务所负责人签名，并由律师事务所加盖公章。

**第八十七条** 承担审计业务的会计师事务所应当在招股说明书正文后声明：

"本所及签字注册会计师已阅读招股说明书,确认招股说明书与本所出具的审计报告、盈利预测审核报告(如有)、内部控制鉴证报告、发行人前次募集资金使用情况的报告(如有)及经本所鉴证的非经常性损益明细表等无矛盾之处。本所及签字注册会计师对发行人在招股说明书中引用的审计报告、盈利预测审核报告(如有)、内部控制鉴证报告、发行人前次募集资金使用情况的报告(如有)及经本所鉴证的非经常性损益明细表内容无异议,确认招股说明书不致因上述内容而出现虚假记载、误导性陈述或者重大遗漏,并对其真实性、准确性、完整性承担相应的法律责任。"

声明应当由签字注册会计师及所在会计师事务所负责人签名,并由会计师事务所加盖公章。

第八十八条 承担评估业务的资产评估机构应当在招股说明书正文后声明:

"本机构及签字注册资产评估师已阅读招股说明书,确认招股说明书与本机构出具的资产评估报告无矛盾之处。本机构及签字注册资产评估师对发行人在招股说明书中引用的资产评估报告的内容无异议,确认招股说明书不致因上述内容而出现虚假记载、误导性陈述或者重大遗漏,并对其真实性、准确性、完整性承担相应的法律责任。"

声明应当由签字注册资产评估师及所在资产评估机构负责人签名,并由资产评估机构加盖公章。

第八十九条 本准则所要求的有关人员的签名下方应当以印刷体形式注明其姓名。

## 第十二节 备查文件

第九十条 招股说明书结尾应当列明备查文件,应当包括下列文件:
(一)发行保荐书;
(二)上市保荐书;
(三)法律意见书;
(四)财务报告及审计报告;
(五)资产评估报告(如有);
(六)公司章程(草案);
(七)发行人及其他责任主体作出的与发行人本次发行相关的承诺事项;
(八)盈利预测报告及审核报告(如有);
(九)内部控制鉴证报告;
(十)经注册会计师鉴证的发行人前次募集资金使用情况报告;
(十一)经注册会计师鉴证的非经常性损益明细表;
(十二)中国证监会同意本次公开发行注册的文件;
(十三)其他与本次发行有关的重要文件。

## 第三章 附 则

第九十一条 本准则自公布之日起施行。《公开发行证券的公司信息披露内容与格式准则第 46 号——北京证券交易所公司招股说明书》（证监会公告〔2021〕26 号）同时废止。

# 十一、第一百零一条

## （一）原文

【2023 年版本、三次审议稿】
第一百零一条　向社会公开募集股份的股款缴足后，应当经依法设立的验资机构验资并出具证明。

【2018 年版本】
第八十七条　发起人向社会公开募集股份，应当由依法设立的证券公司承销，签订承销协议。

第八十八条　发起人向社会公开募集股份，应当同银行签订代收股款协议。

代收股款的银行应当按照协议代收和保存股款，向缴纳股款的认股人出具收款单据，并负有向有关部门出具收款证明的义务。

第八十九条　发行股份的股款缴足后，必须经依法设立的验资机构验资并出具证明。发起人应当自股款缴足之日起三十日内主持召开公司创立大会。创立大会由发起人、认股人组成。

发行的股份超过招股说明书规定的截止期限尚未募足的，或者发行股份的股款缴足后，发起人在三十日内未召开创立大会的，认股人可以按照所缴股款并加算银行同期存款利息，要求发起人返还。

## （二）条文释义

本条规定了设立股份有限公司的验资程序。

股份有限公司实行实缴资本制，为确保发起人实际出资以及公开募集的股款足额缴纳，拟设立的股份有限公司向社会公开募集股份的股款缴足后，应当经依法设立的验资机构验资并出具证明。注册会计师承办验证企业资本，出具验资报告的业务。

## （三）相关法律规定

《中华人民共和国注册会计师法》（1993 年 10 月 31 日第八届全国人民代表大会常

务委员会第四次会议通过,根据 2014 年 8 月 31 日 第十二届全国人民代表大会常务委员会第十次会议《关于修改〈中华人民共和国保险法〉等五部法律的决定》修正,以下简称《注册会计师法》)

**第二条** 注册会计师是依法取得注册会计师证书并接受委托从事审计和会计咨询、会计服务业务的执业人员。

**第三条** 会计师事务所是依法设立并承办注册会计师业务的机构。

注册会计师执行业务,应当加入会计师事务所。

**第十四条** 注册会计师承办下列审计业务:

(一)审查企业会计报表,出具审计报告;

(二)验证企业资本,出具验资报告;

(三)办理企业合并、分立、清算事宜中的审计业务,出具有关的报告;

(四)法律、行政法规规定的其他审计业务。

注册会计师依法执行审计业务出具的报告,具有证明效力。

## (四)相关司法解释规定

**《最高人民法院关于金融机构为企业出具不实或者虚假验资报告资金证明如何承担民事责任问题的通知》**(法〔2002〕21 号)

各省、自治区、直辖市高级人民法院,新疆维吾尔自治区高级人民法院生产建设兵团分院:

近年来,我院陆续发布了一些关于验资单位承担民事责任的司法解释,对各级人民法院正确理解和适用民法通则、注册会计师法,及时审理关于验资单位因不实或者虚假验资承担民事责任的相关案件,起到了积极作用。但是,也有一些法院对有关司法解释的理解存在偏差。为正确执行我院的司法解释,规范金融机构不实或者虚假验资案件的审理和执行,现就有关问题通知如下:

一、出资人未出资或者未足额出资,但金融机构为企业提供不实、虚假的验资报告或者资金证明,相关当事人使用该报告或者证明,与该企业进行经济往来而受到损失的,应当由该企业承担民事责任。对于该企业财产不足以清偿债务的,由出资人在出资不实或者虚假资金额范围内承担责任。

二、对前项所述情况,企业、出资人的财产依法强制执行后仍不能清偿债务的,由金融机构在验资不实部分或者虚假资金证明金额范围内,根据过错大小承担责任,此种民事责任不属于担保责任。

三、未经审理,不得将金融机构追加为被执行人。

四、企业登记时出资人未足额出资但后来补足的,或者债权人索赔所依据的合同无效的，免除验资金融机构的赔偿责任。

五、注册会计师事务所不实或虚假验资民事责任案件的审理和执行中出现类似问题的，参照本通知办理。

**《最高人民法院关于适用〈中华人民共和国公司法〉若干问题的规定（三）》**

**第六条** 股份有限公司的认股人未按期缴纳所认股份的股款，经公司发起人催缴后在合理期间内仍未缴纳，公司发起人对该股份另行募集的，人民法院应当认定该募集行为有效。认股人延期缴纳股款给公司造成损失，公司请求该认股人承担赔偿责任的，人民法院应予支持。

## 十二、第一百零二条

### （一）原文

【2023年版本、三次审议稿】

**第一百零二条** 股份有限公司应当制作股东名册并置备于公司。股东名册应当记载下列事项：

（一）股东的姓名或者名称及住所；

（二）各股东所认购的股份种类及股份数；

（三）发行纸面形式的股票的，股票的编号；

（四）各股东取得股份的日期。

### （二）条文释义

本条规定了股份有限公司的股东名册。

股东名册是股东向公司行使股东权利的基本依据，因此，股份有限公司应当制作股东名册并置备于公司。股东名册应当记载下列事项：

（1）股东的姓名或者名称及住所。对于自然人股东，记载姓名和住所；对于非自然人股东，记载名称和住所。

（2）各股东所认购的股份种类及股份数。如果股份有限公司所有股份的种类都是相同的，可以不区分股份种类，即都是普通股。如果股份有限公司发行了两种以上不同种类的股份，如普通股和优先股，则需要分别记载各股东所认购的股份种类及股份数。同一股东可以同时持有两种不同种类的股份。

（3）发行纸面形式的股票的，股票的编号。如果未发行纸面形式的股票，不需要记载股票的编号。

（4）各股东取得股份的日期。如果同一股东前后两次或者多次取得了股份，则应当分别记载其每次取得股份的日期。

## 十三、第一百零三条

### （一）原文

【2023年版本】

**第一百零三条** 募集设立股份有限公司的发起人应当自公司设立时应发行股份的股款缴足之日起三十日内召开公司成立大会。发起人应当在成立大会召开十五日前将会议日期通知各认股人或者予以公告。成立大会应当有持有表决权过半数的认股人出席，方可举行。

以发起设立方式设立股份有限公司成立大会的召开和表决程序由公司章程或者发起人协议规定。

【三次审议稿】

**第一百零三条** 募集设立股份有限公司的发起人应当自公司设立时应发行股份的股款缴足之日起三十日内召开公司成立大会。发起人应当在成立大会召开十五日前将会议日期通知各股东或者予以公告。成立大会应当有持有表决权过半数的股东出席，方可举行。

以发起设立方式设立股份有限公司成立大会的召开和表决程序由公司章程或者发起人协议规定。

【2018年版本】

**第九十条** 发起人应当在创立大会召开十五日前将会议日期通知各认股人或者予以公告。创立大会应有代表股份总数过半数的发起人、认股人出席，方可举行。

创立大会行使下列职权：

（一）审议发起人关于公司筹办情况的报告；

（二）通过公司章程；

（三）选举董事会成员；

（四）选举监事会成员；

（五）对公司的设立费用进行审核；

（六）对发起人用于抵作股款的财产的作价进行审核；

（七）发生不可抗力或者经营条件发生重大变化直接影响公司设立的，可以作出不设立公司的决议。

创立大会对前款所列事项作出决议，必须经出席会议的认股人所持表决权过半数通过。

## （二）条文释义

本条规定了股份有限公司的成立大会。

股份有限公司的设立方式包括发起设立和募集设立。发起设立方式下，全体发起人就是全体创始股东，可以随时召开成立大会。但募集设立方式下，发起人并非全体创始股东，还有通过募集方式成为公司股东的人，因此，必须召开一个由全体创始股东参加的成立大会来通过公司章程以及选举成立公司董事会、监事会等组织机构。

召开公司成立大会的责任人是发起人，因此，募集设立股份有限公司的发起人应当自公司设立时应发行股份的股款缴足之日起30日内召开公司成立大会。为了方便创始股东安排时间参加成立大会，发起人应当在成立大会召开15日前将会议日期通知各股东或者予以公告。成立大会与以后召开的股东会一样，均不要求全体股东全部参加，但成立大会毕竟是最重要的一次会议，出席股东的表决权不宜过低，因此，成立大会应当有持有表决权过半数的股东出席，方可举行。

以发起设立方式设立股份有限公司成立大会的召开和表决程序，由于不涉及发起人以外的人，可以作为公司自治的事项，由公司章程或者发起人协议规定。

成立大会是拟成立的股份有限公司的第一次股东会，是股份有限公司成立必须经过的一个环节，因为成立大会也有权力决定不成立股份有限公司。

## 十四、第一百零四条

### （一）原文

【2023年版本】

**第一百零四条** 公司成立大会行使下列职权：

（一）审议发起人关于公司筹办情况的报告；

（二）通过公司章程；

（三）选举董事、监事；

（四）对公司的设立费用进行审核；

（五）对发起人非货币财产出资的作价进行审核；

（六）发生不可抗力或者经营条件发生重大变化直接影响公司设立的，可以作出不设立公司的决议。

成立大会对前款所列事项作出决议，应当经出席会议的认股人所持表决权过半数通过。

【三次审议稿】

**第一百零四条** 公司成立大会行使下列职权：

（一）审议发起人关于公司筹办情况的报告；

（二）通过公司章程；

（三）选举董事、监事；

（四）对公司的设立费用进行审核；

（五）对发起人用于抵作股款的财产的作价进行审核；

（六）发生不可抗力或者经营条件发生重大变化直接影响公司设立的，可以作出不设立公司的决议。

成立大会对前款所列事项作出决议，应当经出席会议的股东所持表决权过半数通过。

【2018年版本】

**第九十条** 发起人应当在创立大会召开十五日前将会议日期通知各认股人或者予以公告。创立大会应有代表股份总数过半数的发起人、认股人出席，方可举行。

创立大会行使下列职权：

（一）审议发起人关于公司筹办情况的报告；

（二）通过公司章程；

（三）选举董事会成员；

（四）选举监事会成员；

（五）对公司的设立费用进行审核；

（六）对发起人用于抵作股款的财产的作价进行审核；

（七）发生不可抗力或者经营条件发生重大变化直接影响公司设立的，可以作出不设立公司的决议。

创立大会对前款所列事项作出决议，必须经出席会议的认股人所持表决权过半数通过。

## （二）条文释义

本条规定了成立大会的职权。

股份有限公司的成立大会广义上属于股东会，但又不同于公司成立以后召开的股东会，其权力要比普通的股东会权力更大，类似于国家的制宪会议。具体而言，公司成立大会行使下列职权：

（1）审议发起人关于公司筹办情况的报告。发起人毕竟只是部分创始股东，发起人筹办公司的成本需要由未来的公司来承担，因此，发起人应当向成立大会作关于公司筹办情况的报告，该报告经成立大会通过后，发起人的筹办行为才能合法转化为未来公司的行为。

（2）通过公司章程。公司章程通过以后，公司才能成立。通过公司章程的权力在成立大会，以后召开的股东会可以修改公司章程。

（3）选举董事、监事。选举董事和监事的权力在股东会，成立大会也是股东会，而且往往是历次股东会里面出席人数最全的股东会，因此，首届董事会和监事会的成员由公司成立大会选举产生，但依法由职工代表出任的监事或者董事除外。

（4）对公司的设立费用进行审核。公司的设立费用应当由公司承担，也就是由全体股东间接承担，因此，对发起人负责的公司设立费用应当经成立大会审核通过后才能转化为公司的费用。

（5）对发起人非货币财产出资的作价进行审核。发起人可以用非货币财产出资，其他募集的股东不能用非货币财产出资。非货币财产出资有可能出现作价过高的问题，因此，对发起人非货币财产出资的作价必须经过成立大会的审核并通过才能作为合法有效的出资与作价。

（6）发生不可抗力或者经营条件发生重大变化直接影响公司设立的，可以作出不设立公司的决议。成立大会也可以作出不成立公司的决议，但根据立法的原意，只有发生不可抗力或者经营条件发生重大变化直接影响公司设立的，才可以作出不成立公司的决议。无正当理由，或者正当理由不属于"不可抗力""经营条件发生重大变化"的，成立大会不能作出不设立公司的决议。不可抗力是不能预见、不能避免且不能克服的客观情况。

成立大会对上述所列事项作出决议，应当经出席会议的认股人所持表决权过半数通过。由于成立大会的最低出席标准是全体认股人所持表决权的过半数，因此，成立大会通过上述事项，理论上的通过标准是全体认股人所持表决权的过四分之一。

## （三）相关法律规定

**《民法典》**

**第一百八十条** 因不可抗力不能履行民事义务的，不承担民事责任。法律另有规定的，依照其规定。

不可抗力是不能预见、不能避免且不能克服的客观情况。

《中华人民共和国公司法》释义

## 十五、第一百零五条

### （一）原文

【2023年版本】

**第一百零五条** 公司设立时应发行的股份未募足，或者发行股份的股款缴足后，发起人在三十日内未召开成立大会的，认股人可以按照所缴股款并加算银行同期存款利息，要求发起人返还。

发起人、认股人缴纳股款或者交付非货币财产出资后，除未按期募足股份、发起人未按期召开成立大会或者成立大会决议不设立公司的情形外，不得抽回其股本。

【三次审议稿】

**第一百零五条** 公司设立时应发行的股份未募足，或者发行股份的股款缴足后，发起人在三十日内未召开成立大会的，认股人可以按照所缴股款并加算银行同期存款利息，要求发起人返还。

发起人、认股人缴纳股款或者交付抵作股款的出资后，除未按期募足股份、发起人未按期召开成立大会或者成立大会决议不设立公司的情形外，不得抽回其股本。

【2018年版本】

**第九十一条** 发起人、认股人缴纳股款或者交付抵作股款的出资后，除未按期募足股份、发起人未按期召开创立大会或者创立大会决议不设立公司的情形外，不得抽回其股本。

### （二）条文释义

本条规定了公司未成立时发起人的责任。

公司设立存在不成功的风险，设立公司失败的原因主要包括：

（1）公司设立时应发行的股份未募足。

（2）发行股份的股款缴足后，发起人在30日内未召开成立大会。

无论是哪种情况导致公司设立失败，认股人都可以按照所缴股款并加算银行同期存款利息，要求发起人返还。注意，认股人要求返还的是银行同期存款利息，实际上就是认股人的股款存入银行之日到实际退还给认股人之日所产生的利息。发起人既不需要对该笔资金垫付利息，也无权占有该笔资金在银行账户中产生的利息。

为了保障股份有限公司实缴资本制的落实以及维护相关权利人的利益，发起人、认股人缴纳股款或者交付抵作股款的出资后，除未按期募足股份、发起人未按期召开成立大会或者成立大会决议不设立公司的情形外，不得抽回其股本。股份有限公司成

第五章　股份有限公司的设立和组织机构

立之后,发起人或者认股人可以通过转让股份的方式收回其投资,从而退出公司。

## 十六、第一百零六条

### (一)原文

【2023 年版本、三次审议稿】

**第一百零六条**　董事会应当授权代表,于公司成立大会结束后三十日内向公司登记机关申请设立登记。

【2018 年版本】

**第九十二条**　董事会应于创立大会结束后三十日内,向公司登记机关报送下列文件,申请设立登记:

(一)公司登记申请书;

(二)创立大会的会议记录;

(三)公司章程;

(四)验资证明;

(五)法定代表人、董事、监事的任职文件及其身份证明;

(六)发起人的法人资格证明或者自然人身份证明;

(七)公司住所证明。

以募集方式设立股份有限公司公开发行股票的,还应当向公司登记机关报送国务院证券监督管理机构的核准文件。

### (二)条文释义

本条规定了董事会办理设立登记的义务。

股份有限公司成立大会选举出董事以后,董事会就可以正常运作了,董事会就成了股东会闭会期间的常设机构,因此,董事会应当授权代表,于公司成立大会结束后 30 日内向公司登记机关申请设立登记。由于此时股份有限公司尚未成立,还没有法定代表人,只能由董事会代表公司。需要注意的是,这里是董事会授权代表,而非董事长授权代表。董事会作为一个会议机关,只能以董事会的名义作出决定,董事长无权对外代表公司或者董事会作出决定。

在现实生活和影视剧中,很多人都认为董事长比总经理大,但在实际代表公司方面,总经理可以代表公司签订合同或者作出决定,但董事长并不能代表公司签订合同或者作出决定。实务中,董事长往往是大股东,因此,并非董事长比总经理大,而是大股东比总经理大。如果董事长不是股东，其权力并不比总经理大。

## 十七、第一百零七条

### （一）原文

**【2023 年版本】**

**第一百零七条** 本法第四十四条、第四十九条第三款、第五十一条、第五十二条、第五十三条的规定，适用于股份有限公司。

**【三次审议稿】**

**第一百零七条** 本法第四十九条第三款、第五十条、第五十一条、第五十七条的规定，适用于股份有限公司。

**【2018 年版本】**

**第九十三条** 股份有限公司成立后，发起人未按照公司章程的规定缴足出资的，应当补缴；其他发起人承担连带责任。

股份有限公司成立后，发现作为设立公司出资的非货币财产的实际价额显著低于公司章程所定价额的，应当由交付该出资的发起人补足其差额；其他发起人承担连带责任。

**第九十四条** 股份有限公司的发起人应当承担下列责任：

（一）公司不能成立时，对设立行为所产生的债务和费用负连带责任；

（二）公司不能成立时，对认股人已缴纳的股款，负返还股款并加算银行同期存款利息的连带责任；

（三）在公司设立过程中，由于发起人的过失致使公司利益受到损害的，应当对公司承担赔偿责任。

### （二）条文释义

本条规定了股份有限公司与有限责任公司的共性规定。

有限责任公司与股份有限公司是公司的两种组织形式，二者虽有诸多区别，但本质上都是公司，二者也有很多共性的制度。由于有限责任公司是更加基础的公司组织形式，股份有限公司的共性规定可以适用有限责任公司的规定。二者的共性制度包括《公司法》以下规定：

（1）第四十四条：有限责任公司设立时的股东为设立公司从事的民事活动，其法律后果由公司承受。公司未成立的，其法律后果由公司设立时的股东承受；设立时的股东为二人以上的，享有连带债权，承担连带债务。设立时的股东为设立公司以自己的名义从事民事活动产生的民事责任，第三人有权选择请求公司或者公司设立时的股东承担。设立时的股东因履行公司设立职责造成他人损害的，公司或者无过错的股东承担赔偿责任后，可以向有过错的股东追偿。

（2）第四十九条第三款：股东未按期足额缴纳出资的，除应当向公司足额缴纳外，还应当对给公司造成的损失承担赔偿责任。

（3）第五十一条：有限责任公司成立后，董事会应当对股东的出资情况进行核查，发现股东未按期足额缴纳公司章程规定的出资的，应当由公司向该股东发出书面催缴书，催缴出资。未及时履行前款规定的义务，给公司造成损失的，负有责任的董事应当承担赔偿责任。

（4）第五十二条：股东未按照公司章程规定的出资日期缴纳出资，公司依照前条第一款规定发出书面催缴书催缴出资的，可以载明缴纳出资的宽限期；宽限期自公司发出催缴书之日起，不得少于60日。宽限期届满，股东仍未履行出资义务的，公司经董事会决议可以向该股东发出失权通知，通知应当以书面形式发出。自通知发出之日起，该股东丧失其未缴纳出资的股权。依照上述规定丧失的股权应当依法转让，或者相应减少注册资本并注销该股权；6个月内未转让或者注销的，由公司其他股东按照其出资比例足额缴纳相应出资。股东对失权有异议的，应当自接到失权通知之日起30日内，向人民法院提起诉讼。

（5）第五十三条：公司成立后，股东不得抽逃出资。违反上述规定的，股东应当返还抽逃的出资；给公司造成损失的，负有责任的董事、监事、高级管理人员应当与该股东承担连带赔偿责任。

# 十八、第一百零八条

## （一）原文

**【2023年版本】**

第一百零八条　有限责任公司变更为股份有限公司时，折合的实收股本总额不得高于公司净资产额。有限责任公司变更为股份有限公司，为增加注册资本公开发行股份时，应当依法办理。

**【三次审议稿】**

第一百零八条　有限责任公司变更为股份有限公司时，折合的实收股本总额不得高于公司净资产额。有限责任公司变更为股份有限公司，为增加资本公开发行股份时，应当依法办理。

**【2018 年版本】**

第九十五条 有限责任公司变更为股份有限公司时，折合的实收股本总额不得高于公司净资产额。有限责任公司变更为股份有限公司，为增加资本公开发行股份时，应当依法办理。

## （二）条文释义

本条规定了有限责任公司变更为股份有限公司时资本的处理。

股份有限公司的股份可以上市交易，有限责任公司没有股份，无法上市交易。为方便公司股份上市交易以及扩大公司规模，有限责任公司可以直接变更为股份有限公司。有限责任公司变更为股份有限公司时，可以将公司的实收资本、资本公积和盈余公积等折合为实收股本，但为防止公司虚假出资以及公司实收资本不实，折合的实收股本总额不得高于公司净资产额。公司的净资产额等于公司的所有者权益，也等于公司资产总额减去负债总额。有限责任公司变更为股份有限公司，为增加注册资本公开发行股份时，应当按照公开发行股份的相关规定办理。

# 十九、第一百零九条

## （一）原文

**【2023 年版本】**

第一百零九条 股份有限公司应当将公司章程、股东名册、股东会会议记录、董事会会议记录、监事会会议记录、财务会计报告、债券持有人名册置备于本公司。

**【三次审议稿】**

第一百零九条 股份有限公司应当将公司章程、股东名册、股东会会议记录、董事会会议记录、监事会会议记录、财务会计报告置备于本公司。

**【2018 年版本】**

第九十六条 股份有限公司应当将公司章程、股东名册、公司债券存根、股东大会会议记录、董事会会议记录、监事会会议记录、财务会计报告置备于本公司。

## （二）条文释义

本条规定了股份有限公司准备资料供股东查阅的义务。

由于股份有限公司的股东数量众多，为方便股东随时了解公司经营状况，股份有限公司应当将公司章程、股东名册、股东会会议记录、董事会会议记录、监事会会议记录、财务会计报告、债券持有人名册置备于本公司。股份有限公司自成立以来的所有上述资料，如历年历次董事会会议记录、历年财务会计报告，包括公司章程的每次变动文本都应当置备于公司。

# 二十、第一百一十条

## （一）原文

【2023年版本】

第一百一十条　股东有权查阅、复制公司章程、股东名册、股东会会议记录、董事会会议决议、监事会会议决议、财务会计报告，对公司的经营提出建议或者质询。

连续一百八十日以上单独或者合计持有公司百分之三以上股份的股东要求查阅公司的会计账簿、会计凭证的，适用本法第五十七条第二款、第三款、第四款的规定。公司章程对持股比例有较低规定的，从其规定。

股东要求查阅、复制公司全资子公司相关材料的，适用前两款的规定。

上市公司股东查阅、复制相关材料的，应当遵守《中华人民共和国证券法》等法律、行政法规的规定。

【三次审议稿】

第一百一十条　股东有权查阅、复制公司章程、股东名册、股东会会议记录、董事会会议决议、监事会会议决议、财务会计报告，对公司的经营提出建议或者质询。

连续一百八十日以上单独或者合计持有公司百分之三以上股份的股东查阅公司的会计账簿、会计凭证的，适用本法第五十六条第二款、第三款、第四款的规定。

公司章程对前款规定的持股比例有较低规定的，从其规定。

【2018年版本】

第九十七条　股东有权查阅公司章程、股东名册、公司债券存根、股东大会会议记录、董事会会议决议、监事会会议决议、财务会计报告，对公司的经营提出建议或者质询。

## （二）条文释义

本条规定了股份有限公司股东的查阅权、复制权、建议权和质询权。

股东是公司权益的最终所有者，因此，股东有权查阅、复制公司章程、股东名册、股东会会议记录、董事会会议决议、监事会会议决议、财务会计报告，对公司的经营提出建议或者质询。

为防止持股特别少的股东利用其查阅权和复制权获取公司的商业秘密,对于公司的会计账簿和会计凭证,只有具备一定条件的股东才能查阅。连续一百八十日以上单独或者合计持有公司 3% 以上股份的股东要求查阅公司的会计账簿、会计凭证的,适用《公司法》第五十七条第二款、第三款、第四款的规定。

(1) 第五十七条第二款规定,股东可以要求查阅公司会计账簿、会计凭证。股东要求查阅公司会计账簿、会计凭证的,应当向公司提出书面请求,说明目的。公司有合理根据认为股东查阅会计账簿、会计凭证有不正当目的,可能损害公司合法利益的,可以拒绝提供查阅,并应当自股东提出书面请求之日起 15 日内书面答复股东并说明理由。公司拒绝提供查阅的,股东可以向人民法院提起诉讼。

(2) 第五十七条第三款规定,股东查阅前款规定的材料,可以委托会计师事务所、律师事务所等中介机构进行。

(3) 第五十七条第四款规定,股东及其委托的会计师事务所、律师事务所等中介机构查阅、复制有关材料,应当遵守有关保护国家秘密、商业秘密、个人隐私、个人信息等法律、行政法规的规定。

公司章程可以对上述持股比例作出较低的规定,如持股 1% 以上的股东就有查阅公司的会计账簿、会计凭证的权利。公司章程不能作出更高比例的规定,例如不能规定持股 5% 以上的股东才有上述权利,或者规定连续持股 183 天以上的股东才有上述权利。

# 第二节 股东会

## 一、第一百一十一条

### （一）原文

【2023年版本、三次审议稿】

第一百一十一条 股份有限公司股东会由全体股东组成。股东会是公司的权力机构，依照本法行使职权。

【2018年版本】

第九十八条 股份有限公司股东大会由全体股东组成。股东大会是公司的权力机构，依照本法行使职权。

### （二）条文释义

本条规定了股份有限公司股东会的组成及地位。

股份有限公司股东会由全体股东组成。无论持股数量多少，所有股东均可以参加股东会。即使是仅仅持有1股的股东，也有权参加股东会。

股东会是公司的权力机构，也是公司中权力最大的机构，公司最重要的事项都应当由股东会决定或者由股东会授权其他机构决定。股东会依照《公司法》行使职权。

## 二、第一百一十二条

### （一）原文

【2023年版本、三次审议稿】

第一百一十二条 本法第五十九条第一款、第二款关于有限责任公司股东会职权的规定，适用于股份有限公司股东会。

本法第六十条关于只有一个股东的有限责任公司不设股东会的规定，适用于只有一个股东的股份有限公司。

**【2018年版本】**

第九十九条 本法第三十七条第一款关于有限责任公司股东会职权的规定，适用于股份有限公司股东大会。

## （二）条文释义

本条规定了股份有限公司股东会的职权。

《公司法》第五十九条第一款、第二款关于有限责任公司股东会职权的规定，适用于股份有限公司股东会，具体而言，股份有限公司的股东会行使下列职权：

（1）选举和更换董事、监事，决定有关董事、监事的报酬事项。

（2）审议批准董事会的报告。

（3）审议批准监事会的报告。

（4）审议批准公司的利润分配方案和弥补亏损方案。

（5）对公司增加或者减少注册资本作出决议。

（6）对发行公司债券作出决议。

（7）对公司合并、分立、解散、清算或者变更公司形式作出决议。

（8）修改公司章程。

（9）公司章程规定的其他职权。

股份有限公司的股东会可以授权董事会对发行公司债券作出决议。

《公司法》第六十条关于只有一个股东的有限责任公司不设股东会的规定，适用于只有一个股东的股份有限公司。具体而言，只有一个股东的股份责任公司不设股东会。股东作出上述所列事项的决定时，应当采用书面形式，并由股东签名或者盖章后置备于公司。

# 三、第一百一十三条

## （一）原文

**【2023年版本、三次审议稿】**

第一百一十三条 股东会应当每年召开一次年会。有下列情形之一的，应当在两个月内召开临时股东会会议：

（一）董事人数不足本法规定人数或者公司章程所定人数的三分之二时；

（二）公司未弥补的亏损达股本总额三分之一时；

（三）单独或者合计持有公司百分之十以上股份的股东请求时；

（四）董事会认为必要时；

（五）监事会提议召开时；

（六）公司章程规定的其他情形。

【2018年版本】

第一百条 股东大会应当每年召开一次年会。有下列情形之一的，应当在两个月内召开临时股东大会：

（一）董事人数不足本法规定人数或者公司章程所定人数的三分之二时；

（二）公司未弥补的亏损达实收股本总额三分之一时；

（三）单独或者合计持有公司百分之十以上股份的股东请求时；

（四）董事会认为必要时；

（五）监事会提议召开时；

（六）公司章程规定的其他情形。

## （二）条文释义

本条规定了股东会会议的召开次数。

为确保股东的权利得以实现，股东会应当每年召开一次年会。这样可以确保公司股东每年均有一次对公司的经营成果、财务状况、人事变动等进行审议和调整。有下列情形之一的，应当在两个月内召开临时股东会会议：

（1）董事人数不足《公司法》规定人数或者公司章程所定人数的三分之二时。股份有限公司董事会最低人数为5人，如果董事会只剩4人，则无法召开董事会，无法正常行使职权。如果公司章程规定董事人数为9人，目前董事只剩6人，达到了三分之二的要求，可以暂时不召开临时股东会会议，但如果只剩5人，虽然达到了《公司法》规定的最低人数，但已经不足公司章程所定人数的三分之二，仍应当召开临时股东会会议。

（2）公司未弥补的亏损达股本总额三分之一时。公司亏损可以用公司的盈利来弥补，如果公司没有盈利或者盈利已经弥补完，此时未弥补的亏损已经等于或者大于股本总额的三分之一，就应当召开临时股东会会议。

（3）单独或者合计持有公司10%以上股份的股东请求时。持股10%以上的单一或者多数股东如果有重要提案需要股东会会议讨论和决议，可以随时请求召开临时股东会会议。需要注意的是，这里的持股10%并不要求持股的时间，也就是说，刚刚取得公司10%股份的股东就有权召开临时股东会会议并有可能在该会议上更换董事、监事。

（4）董事会认为必要时。董事会是股东会会议闭会期间的常设领导机构，如其认为有重要提案需要经过股东会会议决议，可以随时召开临时股东会会议。由于股东会会议就是董事会召集的，因此，董事会不需要请求其他主体召开临时股东会会议，它自己认为有必要召开时就可以召开。

（5）监事会提议召开时。监事会是公司的常设监督机构，如其认为有重要提案需要经过股东会会议决议，可以随时提议召开临时股东会会议。

（6）公司章程规定的其他情形。例如，公司章程可以规定公司为股东提供大额担保时、公司发行大额债券时、公司股票上市时、公司章程需要修改时等重要事项应当召开临时股东会会议。公司章程也可以规定公司党委、工会等主体可以提议召开临时股东会会议。

## 四、第一百一十四条

### （一）原文

**【2023年版本】**

第一百一十四条　股东会会议由董事会召集，董事长主持；董事长不能履行职务或者不履行职务的，由副董事长主持；副董事长不能履行职务或者不履行职务的，由过半数的董事共同推举一名董事主持。

董事会不能履行或者不履行召集股东会会议职责的，监事会应当及时召集和主持；监事会不召集和主持的，连续九十日以上单独或者合计持有公司百分之十以上股份的股东可以自行召集和主持。

单独或者合计持有公司百分之十以上股份的股东请求召开临时股东会会议的，董事会、监事会应当在收到请求之日起十日内作出是否召开临时股东会会议的决定，并书面答复股东。

**【三次审议稿】**

第一百一十四条　股东会会议由董事会召集，董事长主持；董事长不能履行职务或者不履行职务的，由副董事长主持；副董事长不能履行职务或者不履行职务的，由过半数的董事共同推举一名董事主持。

董事会不能履行或者不履行召集股东会会议职责的，监事会应当及时召集和主持；监事会不召集和主持的，连续九十日以上单独或者合计持有公司百分之十以上股份的股东可以自行召集和主持。

**【2018年版本】**

第一百零一条　股东大会会议由董事会召集，董事长主持；董事长不能履行职务或者不履行职务的，由副董事长主持；副董事长不能履行职务或者不履行职务的，由半数以上董事共同推举一名董事主持。

董事会不能履行或者不履行召集股东大会会议职责的，监事会应当及时召集和主持；监事会不召集和主持的，连续九十日以上单独或者合计持有公司百分之十以上股份的股东可以自行召集和主持。

## （二）条文释义

本条规定了股份有限公司股东会会议的召集与主持。

股份有限公司股东会的召集和主持与有限责任公司股东会的召集和主持是相同的。股份有限公司股东会会议由董事会召集，由董事长主持。如果董事长不能履行职务或者不履行职务，则由副董事长主持。如果未设置副董事长、副董事长不能履行职务或者不履行职务，则由过半数的董事共同推举一名董事主持。如果任何一名董事均无法获得半数以上董事的支持就会导致董事会无法召集和主持股东会会议的僵局，此时需要启动监事会。

如果董事会不能履行或者不履行召集股东会会议职责，监事会应当及时召集，监事会主席负责主持股东会会议。如果监事会不召集和主持股东会会议，连续90日以上单独或者合计持有公司10%以上（含10%）股份的股东可以自行召集和主持。持股10%以上的股东行使该项权利需要董事会和监事会均失灵，否则，其无权自行召集和主持股东会会议，另外还需要其连续90日以上持有10%以上的股份。如果多位股东联合满足上述条件，该多位股东应当推举一位股东主持股东会会议。

单独或者合计持有公司10%以上股份的股东请求召开临时股东会会议的，董事会、监事会应当在收到请求之日起10日内进行判断是否符合法定条件并作出是否召开临时股东会会议的决定，并书面答复股东。股东如果不服，可以依法向人民法院提起诉讼。

## 五、第一百一十五条

### （一）原文

【2023年版本】

第一百一十五条 召开股东会会议，应当将会议召开的时间、地点和审议的事项于会议召开二十日前通知各股东；临时股东会会议应当于会议召开十五日前通知各股东。

单独或者合计持有公司百分之一以上股份的股东，可以在股东会会议召开十日前提出临时提案并书面提交董事会。临时提案应当有明确议题和具体决议事项。董事会应当在收到提案后二日内通知其他股东，并将该临时提案提交股东会审议；但临时提案违反法律、行政法规或者公司章程的规定,或者不属于股东会职权范围的除外。公司不得提高提出临时提案股东的持股比例。

公开发行股份的公司,应当以公告方式作出前两款规定的通知。

股东会不得对通知中未列明的事项作出决议。

**【三次审议稿】**

第一百一十五条 召开股东会会议,应当将会议召开的时间、地点和审议的事项于会议召开二十日前通知各股东;临时股东会会议应当于会议召开十五日前通知各股东。

单独或者合计持有公司百分之一以上股份的股东,可以在股东会召开十日前提出临时提案并书面提交董事会。临时提案应当有明确议题和具体决议事项。董事会应当在收到提案后二日内通知其他股东,并将该临时提案提交股东会审议;但临时提案违反法律、行政法规或者公司章程的规定,或者不属于股东会职权范围的除外。选举、解任董事、监事以及本法第一百一十六条第三款规定的事项,不得以临时提案提出。公司不得提高提出临时提案股东的持股比例。

公开发行股份的公司,应当以公告方式作出前两款规定的通知。

股东会不得对通知中未列明的事项作出决议。

**【2018年版本】**

第一百零二条 召开股东大会会议,应当将会议召开的时间、地点和审议的事项于会议召开二十日前通知各股东;临时股东大会应当于会议召开十五日前通知各股东;发行无记名股票的,应当于会议召开三十日前公告会议召开的时间、地点和审议事项。

单独或者合计持有公司百分之三以上股份的股东,可以在股东大会召开十日前提出临时提案并书面提交董事会;董事会应当在收到提案后二日内通知其他股东,并将该临时提案提交股东大会审议。临时提案的内容应当属于股东大会职权范围,并有明确议题和具体决议事项。

股东大会不得对前两款通知中未列明的事项作出决议。

无记名股票持有人出席股东大会会议的,应当于会议召开五日前至股东大会闭会时将股票交存于公司。

## (二)条文释义

本条规定了股东会会议召开的程序及议事规则。

为了方便股东准备参加股东会会议的时间安排以及提前调研相关情况,召开股东会会议,应当将会议召开的时间、地点和审议的事项于会议召开20日前通知各股东;临时股东会会议应当于会议召开15日前通知各股东。上述通知时间的要求是法律的强制性规定,公司不能通过公司章程或者股东会会议决议予以缩短,但可以延长。

为了给股东留出足够思考及调研的时间,股东会会议的提案均要提前一段时间提出，不允许搞突然袭击。单独或者合计持有公司 1% 以上（含 1%）股份的股东，可以在股东会会议召开 10 日前提出临时提案并书面提交董事会。临时提案可以是一项，也可以是多项。但每一项提案上面均应有股东签名，签名股东持有的股份要达到公司全部股份的 1% 以上。

临时提案应当有明确议题和具体决议事项。董事会应当在收到提案后 2 日内通知其他股东，并将该临时提案提交股东会审议；但临时提案违反法律、行政法规或者公司章程的规定，或者不属于股东会职权范围的除外。董事会有权对临时提案进行审查，如其认为违反法律、行政法规或者公司章程的规定，或者不属于股东会职权范围，可以不将临时提案提交股东会审议。提出临时提案的股东如对董事会的判断有异议，可以向人民法院提起诉讼。

为确保股东提出临时提案的权利，公司不得以公司章程或者股东会会议决议的方式提高提出临时提案股东的持股比例，但允许适当降低提出临时提案的持股比例。

公开发行股份的公司，由于股东人数众多而且随时处于变动之中，因此，应当以公告方式于股东会会议召开 20 日前或者临时股东会会议召开 15 日前通知各股东。为防止提案刺客，避免少数股东搞突然袭击，股东会不得对通知中未列明的事项作出决议。

## 六、第一百一十六条

### （一）原文

【2023 年版本、三次审议稿】

第一百一十六条　股东出席股东会会议，所持每一股份有一表决权，类别股股东除外。公司持有的本公司股份没有表决权。

股东会作出决议，应当经出席会议的股东所持表决权过半数通过。

股东会作出修改公司章程、增加或者减少注册资本的决议，以及公司合并、分立、解散或者变更公司形式的决议，应当经出席会议的股东所持表决权的三分之二以上通过。

【2018 年版本】

第一百零三条　股东出席股东大会会议，所持每一股份有一表决权。但是，公司持有的本公司股份没有表决权。

股东大会作出决议，必须经出席会议的股东所持表决权过半数通过。但是，股东大会作出修改公司章程、增加或者减少注册资本的决议，以及公司合并、分立、解散或者变更公司形式的决议，必须经出席会议的股东所持表决权的三分之二以上通过。

**第一百零四条** 本法和公司章程规定公司转让、受让重大资产或者对外提供担保等事项必须经股东大会作出决议的，董事会应当及时召集股东大会会议，由股东大会就上述事项进行表决。

## （二）条文释义

本条规定了股东会会议的表决规则。

股东持有股份有限公司的股份，因此，可以按照股东所持股份数来计算表决权。股东出席股东会会议，所持每一股份有一表决权，类别股股东除外。类别股股东不属于普通股股东，其表决权有可能作出特别规定。如公司章程可以规定优先股股东对普通事项没有表决权，对特别事项拥有表决权，其表决权也可能只有普通股表决权的二分之一。公司章程也可以规定某种类别股的表决权为普通股表决权的十分之一。

在特定情况下，公司也可能持有本公司的股份，但公司持有的本公司股份没有表决权。因为在这种情况下，无法确定持有股份的最终股东是谁。公司持有的本公司股份不计入股东会会议出席股东所持的表决权，在计算表决比例时，也不计入出席会议全部表决权的基数。

股东会作出决议，应当经出席会议的股东所持表决权过半数通过。股东会会议表决是否通过，仅仅看投赞成票的表决权是否超过出席会议股东所持表决权的半数，与公司全部表决权无关。只要公司依法通知了全体股东，无论有多少股东出席股东会会议，该股东会会议的召开均是合法的。如果出席会议的股东所持表决权仅为公司全部表决权的10%，则在该次会议上，投赞成票的表决权只需要超过全部表决权的5%即可以获得通过。

对于重要的事项，通过的比例需要达到三分之二。股东会作出修改公司章程、增加或者减少注册资本的决议，以及公司合并、分立、解散或者变更公司形式的决议，应当经出席会议的股东所持表决权的三分之二以上通过。需要注意的是，过半数通过时，需要超过50%，即大于50%，如达到50.01%，三分之二以上通过时，等于三分之二即可。这是因为赞成票和反对票可能都等于50%，此时不能认为通过决议。而赞成票和反对票的比例不可能都等于三分之二。因此，50%时需要超过，而三分之二时可以等于。公司章程或者股东会决议可以对作出修改公司章程、增加或者减少注册资本的决议，以及公司合并、分立、解散或者变更公司形式的决议规定更高比例的通过标准，如四分之三以上通过，但不能规定更低的通过标准。

## 七、第一百一十七条

### （一）原文

**【2023 年版本、三次审议稿】**

**第一百一十七条** 股东会选举董事、监事，可以按照公司章程的规定或者股东会的决议，实行累积投票制。

本法所称累积投票制，是指股东会选举董事或者监事时，每一股份拥有与应选董事或者监事人数相同的表决权，股东拥有的表决权可以集中使用。

**【2018 年版本】**

**第一百零五条** 股东大会选举董事、监事，可以依照公司章程的规定或者股东大会的决议，实行累积投票制。

本法所称累积投票制，是指股东大会选举董事或者监事时，每一股份拥有与应选董事或者监事人数相同的表决权，股东拥有的表决权可以集中使用。

### （二）条文释义

本条规定了累积投票制。

为了使得小股东在董事会、监事会中有自己的代言人，股东会选举董事、监事，可以按照公司章程的规定或者股东会的决议，实行累积投票制。需要注意的是，只有股东会选举董事和监事可以采取累积投票制，其他事项不允许实行累积投票制。不是所有的股份有限公司都可以采取累积投票制，只有公司章程有规定或者股东会就此作出了决议才能实行累积投票制。

所谓累积投票制，是指股东会选举董事或者监事时，每一股份拥有与应选董事或者监事人数相同的表决权，股东拥有的表决权可以集中使用。例如，甲股份有限公司只有张三和李四两位股东，张三持有 70% 的股份，李四持有 30% 的股份，甲公司董事会设置五位董事。如果五位董事一个一个地选举，则毫无疑问，五位董事都是张三的代言人。如果实行累积投票制，可以简化认为张三持有 7 股，李四持有 3 股。由于董事选举需要选出 5 位董事，张三表决权总数为 35 票，李四表决权总数为 15 票。如果采取无记名投票，张三为了获得最多的董事席位，其最佳策略是对每位董事候选人均投 7 票，李四只需要在其中一位董事候选人身上投 8 票及以上就能确保该候选人当选董事，从而在董事会中至少能争取一个董事席位。这就是累积投票制带给李四的惊喜。

又如，乙股份有限公司召开股东会会议，补选 3 位董事，王五持有乙公司 100 万股股份，则在该次董事选举中，王五共有 300 万股表决权，其投票策略可以有以下几种：

(1) 300万票、0票、0票;(2) 100万票、100万票、100万票;(3) 200万票、60万票、40万票;(4) 其他任何形式的组合,只要总数不超过300万票即可。

## (三)相关法规规定

**《国务院办公厅关于上市公司独立董事制度改革的意见》**(国办发〔2023〕9号)

(四)改善独立董事选任制度。优化提名机制,支持上市公司董事会、监事会、符合条件的股东提名独立董事,鼓励投资者保护机构等主体依法通过公开征集股东权利的方式提名独立董事。建立提名回避机制,上市公司提名人不得提名与其存在利害关系的人员或者有其他可能影响独立履职情形的关系密切人员作为独立董事候选人。董事会提名委员会应当对候选人的任职资格进行审查,上市公司在股东大会选举前应当公开提名人、被提名人和候选人资格审查情况。上市公司股东大会选举独立董事推行累积投票制,鼓励通过差额选举方式实施累积投票制,推动中小投资者积极行使股东权利。建立独立董事独立性定期测试机制,通过独立董事自查、上市公司评估、信息公开披露等方式,确保独立董事持续独立履职,不受上市公司及其主要股东、实际控制人影响。对不符合独立性要求的独立董事,上市公司应当立即停止其履行职责,按照法定程序解聘。

**《国务院办公厅关于进一步加强资本市场中小投资者合法权益保护工作的意见》**(国办发〔2013〕110号)

四、健全中小投资者投票机制

完善中小投资者投票等机制。引导上市公司股东大会全面采用网络投票方式。积极推行累积投票制选举董事、监事。上市公司不得对征集投票权提出最低持股比例限制。完善上市公司股东大会投票表决第三方见证制度。研究完善中小投资者提出罢免公司董事提案的制度。自律组织应当健全独立董事备案和履职评价制度。

**《国务院批转证监会关于提高上市公司质量意见的通知》**(国发〔2005〕34号)

(十八)强化上市公司监管。有关部门要完善相关法律法规体系,抓紧制订上市公司监管条例,积极推进相关法律的修改,为广大投资者维护自身权益和上市公司规范运作提供法律保障。要进一步加强上市公司监管制度建设,建立累积投票制度和征集投票权制度,完善股东大会网络投票制度、独立董事制度及信息披露相关规则,规范上市公司运作。要落实和完善监管责任制,不断改进监管方式和监管手段,完善上市公司风险监控体系。进一步健全证券监督管理机构与公安、司法部门的协作机制,及时将涉嫌犯罪人员移送公安、司法机关,严肃查处违法犯罪行为,增强上市公司监管的威慑力,提高监管的有效性和权威性,切实维护市场和社会稳定。

## （四）相关规章规定

**《上市公司独立董事管理办法》（中国证券监督管理委员会令2023年第220号）**

**第十二条** 上市公司股东大会选举两名以上独立董事的，应当实行累积投票制。鼓励上市公司实行差额选举，具体实施细则由公司章程规定。

中小股东表决情况应当单独计票并披露。

## （五）其他规范性文件的规定

**《上海证券交易所上市公司自律监管指引第1号——规范运作（2023年8月修订）》**
（上证发〔2023〕129号）

2.1.14 董事、监事的选举应当充分反映中小股东的意见。股东大会在董事、监事的选举中应当积极推行累积投票制度。

涉及下列情形的，股东大会在董事、监事的选举中应当采用累积投票制：

（一）上市公司选举2名以上独立董事的；

（二）上市公司单一股东及其一致行动人拥有权益的股份比例在30%以上。

股东大会以累积投票方式选举董事的，独立董事和非独立董事的表决应当分别进行，并根据应选董事、监事人数，按照获得的选举票数由多到少的顺序确定当选董事、监事。

不采取累积投票方式选举董事、监事的，每位董事、监事候选人应当以单项提案提出。

采用累积投票制的公司应当在公司章程里规定实施细则，本所鼓励上市公司通过差额选举的方式选举独立董事。

2.1.15 出席股东大会的股东，对于采用累积投票制的议案，每持有一股即拥有与每个议案组下应选董事或者监事人数相同的选举票数。股东拥有的选举票数，可以集中投给一名候选人，也可以投给数名候选人。

股东应当以每个议案组的选举票数为限进行投票。股东所投选举票数超过其拥有的选举票数的，或者在差额选举中投票超过应选人数的，其对该项议案所投的选举票视为无效投票。

持有多个股东账户的股东，可以通过其任一股东账户参加网络投票，其所拥有的选举票数，按照其全部股东账户下的相同类别股份总数为基准计算。

2.1.16 除采用累积投票制以外，股东大会对所有提案应当逐项表决。股东或者其代理人在股东大会上不得对互斥提案同时投同意票。

公司股东或者其委托代理人在股东大会上投票的，应当对提交表决的议案明确发表同意、反对或者弃权意见。股票名义持有人根据相关规则规定，应当按照所征集的实际持有人对同一议案的不同投票意见行使表决权的除外。

同一表决权通过现场、本所网络投票平台或者其他方式重复进行表决的，以第一次投票结果为准。

# 八、第一百一十八条

## （一）原文

**【2023年版本】**

**第一百一十八条** 股东委托代理人出席股东会会议的，应当明确代理人代理的事项、权限和期限；代理人应当向公司提交股东授权委托书，并在授权范围内行使表决权。

**【三次审议稿】**

**第一百一十八条** 股东可以委托代理人出席股东会会议，代理人应当向公司提交股东授权委托书，委托书应当明确代理人代理的事项、权限和期限，并在授权范围内行使表决权。

**【2018年版本】**

**第一百零六条** 股东可以委托代理人出席股东大会会议，代理人应当向公司提交股东授权委托书，并在授权范围内行使表决权。

## （二）条文释义

本条规定了股东委托代理人出席股东会会议的制度。

股东权利不属于必须本人亲自行使、不允许代理的权利，因此，股东可以委托代理人出席股东会会议，股东委托时应当明确代理人代理的事项、权限和期限，代理人应当向公司提交股东授权委托书，并在授权范围内行使表决权。代理人可以是具有完全民事行为能力的任何人，既可以是公司股东，也可以不是公司股东。由于股东会会议是董事会召集的，通常情况下，授权委托书应当提交给董事会秘书。

## （三）相关法律规定

**《民法典》**

**第一百六十五条** 委托代理授权采用书面形式的，授权委托书应当载明代理人的姓名或者名称、代理事项、权限和期限，并由被代理人签名或者盖章。

## 第五章　股份有限公司的设立和组织机构

**第一百六十六条**　数人为同一代理事项的代理人的，应当共同行使代理权，但是当事人另有约定的除外。

**第一百六十七条**　代理人知道或者应当知道代理事项违法仍然实施代理行为，或者被代理人知道或者应当知道代理人的代理行为违法未作反对表示的，被代理人和代理人应当承担连带责任。

**第一百六十八条**　代理人不得以被代理人的名义与自己实施民事法律行为，但是被代理人同意或者追认的除外。

代理人不得以被代理人的名义与自己同时代理的其他人实施民事法律行为，但是被代理的双方同意或者追认的除外。

**第一百六十九条**　代理人需要转委托第三人代理的，应当取得被代理人的同意或者追认。

转委托代理经被代理人同意或者追认的，被代理人可以就代理事务直接指示转委托的第三人，代理人仅就第三人的选任以及对第三人的指示承担责任。

转委托代理未经被代理人同意或者追认的，代理人应当对转委托的第三人的行为承担责任；但是，在紧急情况下代理人为了维护被代理人的利益需要转委托第三人代理的除外。

**第一百七十条**　执行法人或者非法人组织工作任务的人员，就其职权范围内的事项，以法人或者非法人组织的名义实施的民事法律行为，对法人或者非法人组织发生效力。

法人或者非法人组织对执行其工作任务的人员职权范围的限制，不得对抗善意相对人。

**第一百七十一条**　行为人没有代理权、超越代理权或者代理权终止后，仍然实施代理行为，未经被代理人追认的，对被代理人不发生效力。

相对人可以催告被代理人自收到通知之日起三十日内予以追认。被代理人未作表示的，视为拒绝追认。行为人实施的行为被追认前，善意相对人有撤销的权利。撤销应当以通知的方式作出。

行为人实施的行为未被追认的，善意相对人有权请求行为人履行债务或者就其受到的损害请求行为人赔偿。但是，赔偿的范围不得超过被代理人追认时相对人所能获得的利益。

相对人知道或者应当知道行为人无权代理的，相对人和行为人按照各自的过错承担责任。

**第一百七十二条**　行为人没有代理权、超越代理权或者代理权终止后，仍然实施代理行为，相对人有理由相信行为人有代理权的，代理行为有效。

**第一百七十三条**　有下列情形之一的，委托代理终止：

（一）代理期限届满或者代理事务完成；

（二）被代理人取消委托或者代理人辞去委托；

（三）代理人丧失民事行为能力；
（四）代理人或者被代理人死亡；
（五）作为代理人或者被代理人的法人、非法人组织终止。

第一百七十四条　被代理人死亡后，有下列情形之一的，委托代理人实施的代理行为有效：
（一）代理人不知道且不应当知道被代理人死亡；
（二）被代理人的继承人予以承认；
（三）授权中明确代理权在代理事务完成时终止；
（四）被代理人死亡前已经实施，为了被代理人的继承人的利益继续代理。
作为被代理人的法人、非法人组织终止的，参照适用前款规定。

# 九、第一百一十九条

## （一）原文

**【2023年版本、三次审议稿】**

第一百一十九条　股东会应当对所议事项的决定作成会议记录，主持人、出席会议的董事应当在会议记录上签名。会议记录应当与出席股东的签名册及代理出席的委托书一并保存。

**【2018年版本】**

第一百零七条　股东大会应当对所议事项的决定作成会议记录，主持人、出席会议的董事应当在会议记录上签名。会议记录应当与出席股东的签名册及代理出席的委托书一并保存。

## （二）条文释义

本条规定了股东会会议记录。

为了事后对股东会召集及决议程序是否合法进行监督，股东会应当对所议事项的决定作成会议记录，股东会会议记录应当详细记载会议通知的时间、方式，会议召开的时间、地点、主持人、计票人，出席会议的股东人数及其持股比例，代理股东出席的人员情况，列席会议的董事、监事、高级管理人员，会议议程，每项议程的表决情况等。主持人、出席会议的董事应当在会议记录上签名。会议记录应当与出席股东的签名册及代理出席的委托书一并保存。

# 第三节　董事会、经理

## 一、第一百二十条

### （一）原文

【2023年版本】

第一百二十条　股份有限公司设董事会，本法第一百二十八条另有规定的除外。

本法第六十七条、第六十八条第一款、第七十条、第七十一条的规定，适用于股份有限公司。

【三次审议稿】

第一百二十条　股份有限公司设董事会，本法第一百二十六条另有规定的除外。

本法第六十七条、第六十八条第一款、第七十条、第七十一条的规定，适用于股份有限公司。

【2018年版本】

第一百零八条　股份有限公司设董事会，其成员为五人至十九人。

董事会成员中可以有公司职工代表。董事会中的职工代表由公司职工通过职工代表大会、职工大会或者其他形式民主选举产生。

本法第四十五条关于有限责任公司董事任期的规定，适用于股份有限公司董事。

本法第四十六条关于有限责任公司董事会职权的规定，适用于股份有限公司董事会。

### （二）条文释义

本条规定了股份有限公司董事会的设置。

除规模较小或者股东人数较少的股份有限公司外，股份有限公司必须设置董事会，作为股东会下设的常设执行机构，与公司经理一起负责公司日常行政管理事项。

股份有限公司董事会的职权与有限责任公司董事会的职权相同，具体而言，股份有限公司董事会行使下列职权：

（1）召集股东会会议，并向股东会报告工作。

（2）执行股东会的决议。

（3）制订公司的利润分配方案和弥补亏损方案。

（4）制订公司增加或者减少注册资本以及发行公司债券的方案。

（5）制订公司合并、分立、解散或者变更公司形式的方案。

（6）决定公司内部管理机构的设置。

（7）决定聘任或者解聘公司经理及其报酬事项，并根据经理的提名决定聘任或者解聘公司副经理、财务负责人及其报酬事项。

（8）制定公司的基本管理制度。

（9）公司章程规定或者股东会授予的其他职权。公司章程对董事会权力的限制不得对抗善意相对人。

股份有限公司董事会成员为三人以上，其成员中可以有公司职工代表。职工人数三百人以上的股份有限公司，除依法设监事会并有公司职工代表的外，其董事会成员中应当有公司职工代表。董事会中的职工代表由公司职工通过职工代表大会、职工大会或者其他形式民主选举产生。

股份有限公司董事任期由公司章程规定，但每届任期不得超过三年。董事任期届满，连选可以连任。董事任期届满未及时改选，或者董事在任期内辞任导致董事会成员低于法定人数的，在改选出的董事就任前，原董事仍应当依照法律、行政法规和公司章程的规定，履行董事职务。董事辞任的，应当以书面形式通知公司，公司收到通知之日辞任生效，但存在上述规定情形的，董事应当继续履行职务。担任法定代表人的董事辞任的，视为同时辞去法定代表人。法定代表人辞任的，公司应当在法定代表人辞任之日起30日内确定新的法定代表人。

股份有限公司股东会可以决议解任董事，决议作出之日解任生效。无正当理由，在任期届满前解任董事的，该董事可以要求公司予以赔偿。

# 二、第一百二十一条

## （一）原文

【2023年版本】

第一百二十一条　股份有限公司可以按照公司章程的规定在董事会中设置由董事组成的审计委员会，行使本法规定的监事会的职权，不设监事会或者监事。

审计委员会成员为三名以上，过半数成员不得在公司担任除董事以外的其他职务，且不得与公司存在任何可能影响其独立客观判断的关系。公司董事会成员中的职工代表可以成为审计委员会成员。

审计委员会作出决议,应当经审计委员会成员的过半数通过。

审计委员会决议的表决,应当一人一票。

审计委员会的议事方式和表决程序,除本法有规定的外,由公司章程规定。

公司可以按照公司章程的规定在董事会中设置其他委员会。

**【三次审议稿】**

第一百二十一条 股份有限公司可以按照公司章程的规定在董事会中设置由董事组成的审计委员会,行使本法规定的监事会的职权,不设监事会或者监事。

审计委员会成员为三名以上,过半数成员不得在公司担任除董事以外的其他职务,且不得与公司存在任何可能影响其独立客观判断的关系。

公司可以按照公司章程的规定在董事会中设置其他委员会。

## (二)条文释义

本条规定了审计委员会代替监事会的制度。

由于实务中监事会的监督作用并不明显,因此,股份有限公司可以按照公司章程的规定在董事会中设置由董事组成的审计委员会,行使《公司法》规定的监事会的职权,不设监事会或者监事。需要注意的是,如果公司用董事会审计委员会取代监事会,则应当由公司章程对此作出明确规定。董事会审计委员会应全部由董事组成,其他人员不允许参加。审计委员会中的董事可以是内部董事,也可以是外部董事,还可以是独立董事或者由职工代表出任的董事。因此,公司董事会成员中的职工代表可以成为审计委员会成员。

审计委员会成员为三名以上,可以为三名,也可以是五名。过半数成员不得在公司担任除董事以外的其他职务,且不得与公司存在任何可能影响其独立客观判断的关系。实务中,一般设置三名审计委员会成员,其中两名由独立董事担任。独立董事就满足"不得在公司担任除董事以外的其他职务,且不得与公司存在任何可能影响其独立客观判断的关系"。

审计委员会作出决议,应当经审计委员会成员的过半数通过。需要注意的是,无论出席会议的审计委员会成员是几人,最终的同意票数应当达到全体成员的过半数,而不能仅仅达到出席会议的成员的过半数。审计委员会决议的表决,应当一人一票。所有审计委员会的成员,其表决权是相同的。审计委员会的其他议事方式和表决程序,由公司章程规定。

公司可以按照公司章程的规定在董事会中设置其他委员会。实务中,股份有限公司董事会通常还设置提名委员会、薪酬委员会、考核委员会、战略发展委员会等。

# 三、第一百二十二条

## （一）原文

**【2023年版本】**

第一百二十二条　董事会设董事长一人，可以设副董事长。董事长和副董事长由董事会以全体董事的过半数选举产生。

董事长召集和主持董事会会议，检查董事会决议的实施情况。副董事长协助董事长工作，董事长不能履行职务或者不履行职务的，由副董事长履行职务；副董事长不能履行职务或者不履行职务的，由过半数的董事共同推举一名董事履行职务。

**【三次审议稿】**

第一百二十二条　董事会设董事长一人，可以设副董事长。

董事长和副董事长由董事会以全体董事的过半数选举产生。

董事长召集和主持董事会会议，检查董事会决议的实施情况。副董事长协助董事长工作，董事长不能履行职务或者不履行职务的，由副董事长履行职务；副董事长不能履行职务或者不履行职务的，由过半数的董事共同推举一名董事履行职务。

**【2018年版本】**

第一百零九条　董事会设董事长一人，可以设副董事长。董事长和副董事长由董事会以全体董事的过半数选举产生。

董事长召集和主持董事会会议，检查董事会决议的实施情况。副董事长协助董事长工作，董事长不能履行职务或者不履行职务的，由副董事长履行职务；副董事长不能履行职务或者不履行职务的，由半数以上董事共同推举一名董事履行职务。

## （二）条文释义

本条规定了董事会内部的设置及其会议召集和主持程序。

董事会设董事长一人，可以设副董事长，也可以不设副董事长。实务中，为防止意外事件的发生，通常情况下都设置副董事长。如果由董事担任经理，通常情况下，副董事长由经理担任，也可以说由副董事长兼任经理。

董事长和副董事长由董事会以全体董事的过半数选举产生。董事长和副董事长应当分别表决，选举时，每位董事拥有一票表决权。董事长和副董事长候选人也拥有一票表决权，可以选举自己。董事长和副董事长的选举可以没有候选人直接海选，也可以先酝酿和推举候选人，再对董事长候选人和副董事长候选人分别投票表决。实务中，如果董事中有股东，则推选持股比例最大的董事担任董事长，以方便董事会的工作能够得到股东会的支持。

董事长召集和主持董事会会议，检查董事会决议的实施情况。董事长通常情况下与其他董事的权利义务是相同的，但在股份有限公司董事会中，董事长还具有检查董事会决议实施情况的职权和职责。副董事长协助董事长工作，董事长不能履行职务或者不履行职务的，由副董事长履行职务。这里所谓"不能履行职务"是指因客观原因导致其无法履行职务，如身体健康原因、不可抗力、意外死亡、失踪等。所谓"不履行职务"是指主观原因导致其不愿意履行职务或者怠于履行职务。无论出于什么原因，只要董事长无法履行职务，均由副董事长履行董事长职务。如果副董事长也不能履行职务或者不履行职务，则由过半数的董事共同推举一名董事履行职务。

## 四、第一百二十三条

### （一）原文

**【2023年版本、三次审议稿】**

第一百二十三条　董事会每年度至少召开两次会议，每次会议应当于会议召开十日前通知全体董事和监事。

代表十分之一以上表决权的股东、三分之一以上董事或者监事会，可以提议召开临时董事会会议。董事长应当自接到提议后十日内，召集和主持董事会会议。

董事会召开临时会议，可以另定召集董事会的通知方式和通知时限。

**【2018年版本】**

第一百一十条　董事会每年度至少召开两次会议，每次会议应当于会议召开十日前通知全体董事和监事。

代表十分之一以上表决权的股东、三分之一以上董事或者监事会，可以提议召开董事会临时会议。董事长应当自接到提议后十日内，召集和主持董事会会议。

董事会召开临时会议，可以另定召集董事会的通知方式和通知时限。

### （二）条文释义

本条规定了董事会召开的次数及临时会议的召开。

为了保证董事会能够正常履行职责，董事会每年度至少召开两次会议，每次会议应当于会议召开10日前通知全体董事和监事。由于监事有权列席董事会会议，因此，每次董事会会议均应同时通知全体监事。实务中，董事会通常每个季度都召开一次会议，便于董事和监事掌握公司每个季度的经营动态并依法准备股东会会议的议程。

为了对一些重要紧急事项作出回应，部分主体有权提议召开临时股东会会议，这些主体包括：

（1）代表十分之一以上表决权的股东。

（2）三分之一以上董事。

（3）监事会或者不设监事会的监事。

召开临时股东会会议的提议应当向董事会秘书或者董事长提出。该提议应当有具体提案供临时董事会会议审议和表决。董事长应当自接到提议后10日内，召集和主持董事会会议。董事长接到提议后应当立即通知全体董事和监事10日后召开临时董事会会议。

董事会召开临时会议，可以另定召集董事会的通知方式和通知时限。如可以提前5日通知全体董事和监事召开临时董事会会议。通知方式可以采取电子邮件、电话、短信、微信等。

## 五、第一百二十四条

### （一）原文

**【2023年版本、三次审议稿】**

第一百二十四条　董事会会议应当有过半数的董事出席方可举行。董事会作出决议，应当经全体董事的过半数通过。

董事会决议的表决，应当一人一票。

董事会应当对所议事项的决定作成会议记录，出席会议的董事应当在会议记录上签名。

**【2018年版本】**

第一百一十一条　董事会会议应有过半数的董事出席方可举行。董事会作出决议，必须经全体董事的过半数通过。

董事会决议的表决，实行一人一票。

### （二）条文释义

本条规定了董事会会议的议事规则。

董事会会议应当有过半数的董事出席方可举行。这里所谓出席包括现场出席，也包括线上出席，即通过电话、电视或者网络会议等形式出席会议；既包括亲自出席，也包括委托其他董事代为出席。如果董事会成员为9人，应当有5人出席才能举行董事会会议。董事会作出决议，无论出席会议的董事人数是多少，均应当经全体董事的过半数通过。如果董事会成员为9人，只有5人出席董事会会议，可以举行董事会会议，

第五章 股份有限公司的设立和组织机构

但相关决议必须 5 人一致同意才能达到全体董事的过半数，才能在董事会会议上通过该项决议。

董事会决议的表决，应当一人一票。该项表决规则不能通过董事会会议、股东会会议或者公司章程予以修改。董事长和副董事长与其他董事在表决时拥有的表决票是相同的。

董事会应当对所议事项的决定作成会议记录，出席会议的董事应当在会议记录上签名。董事会会议记录应当详细记载董事会通知的日期、召开的日期和地点、出席董事的姓名及出席方式、列席会议的监事姓名、会议主持人和计票人、会议议程、各位董事的发言内容、各项议程的表决情况和董事会会议的决议。

## 六、第一百二十五条

### （一）原文

【2023 年版本、三次审议稿】

第一百二十五条　董事会会议，应当由董事本人出席；董事因故不能出席，可以书面委托其他董事代为出席，委托书应当载明授权范围。

董事应当对董事会的决议承担责任。董事会的决议违反法律、行政法规或者公司章程、股东会决议，给公司造成严重损失的，参与决议的董事对公司负赔偿责任；经证明在表决时曾表明异议并记载于会议记录的，该董事可以免除责任。

【2018 年版本】

第一百一十二条　董事会会议，应由董事本人出席；董事因故不能出席，可以书面委托其他董事代为出席，委托书中应载明授权范围。

董事会应当对会议所议事项的决定作成会议记录，出席会议的董事应当在会议记录上签名。

董事应当对董事会的决议承担责任。董事会的决议违反法律、行政法规或者公司章程、股东大会决议，致使公司遭受严重损失的，参与决议的董事对公司负赔偿责任。但经证明在表决时曾表明异议并记载于会议记录的，该董事可以免除责任。

### （二）条文释义

本条规定了董事出席会议及责任承担的规则。

出席董事会会议是董事履行职责最主要的方式，因此，董事会会议，应当由董事本人出席；董事因故不能出席，可以书面委托其他董事代为出席，委托书应当载明授权范围。需要注意的是，委托其他董事代为出席董事会会议，必须采取书面形式，该

《中华人民共和国公司法》释义

书面委托书应当交付董事会秘书保管。董事只能委托其他出席会议的董事代为出席会议，不能委托董事以外的其他人代为出席，例如，不能委托列席会议的监事代为出席董事会会议。同一位董事可以接受一位或者多位董事的委托，代为出席董事会会议。委托出席董事会会议的也计入出席人数之中。例如，董事会共 9 名董事，3 名董事现场出席，2 名董事委托出席会议的董事代为出席，应当视为 5 名董事出席会议，超过了全体董事人数的一半，可以举行董事会会议。如果某位董事多次拒绝出席董事会会议，也就是拒绝履行董事职责，股东会可以考虑更换董事。

董事会的决议实际上就是每一位董事的决定，因此，董事应当对董事会的决议承担责任。董事会的决议如果最终被认定违反法律、行政法规或者公司章程、股东会决议，并且给公司造成严重损失，参与决议的董事应当对公司负赔偿责任。考虑到有的董事可能投反对票，因此，如果经证明在表决时曾表明异议并记载于会议记录，该董事可以免除责任。因此，在董事会会议记录上，对于投反对票的董事或者发言时提出异议的董事要作出明确记载。投反对票的董事或者发言时提出异议的董事在董事会会议记录上签名时，也应特别注意其反对票或者异议发言是否记载于董事会会议记录纸上，如果没有，应当要求董事会秘书补充后再签名。

## 七、第一百二十六条

### （一）原文

【2023 年版本】

第一百二十六条　股份有限公司设经理，由董事会决定聘任或者解聘。

经理对董事会负责，根据公司章程的规定或者董事会的授权行使职权。经理列席董事会会议。

【三次审议稿】

第一百二十七条　股份有限公司设经理，由董事会决定聘任或者解聘。

经理对董事会负责，根据公司章程的规定或者董事会的授权行使职权。经理列席董事会会议。

【2018 年版本】

第一百一十三条　股份有限公司设经理，由董事会决定聘任或者解聘。

本法第四十九条关于有限责任公司经理职权的规定，适用于股份有限公司经理。

### （二）条文释义

本条规定了股份有限公司经理的设置。

董事会虽然是股东会的执行机构，具有执行权力，但其毕竟是一个会议机构，并非个人，在行使行政管理权限方面效率较低。因此，股份有限公司应当设经理，在董事会领导下行使日常行政管理事项的决策权，经理由董事会决定聘任或者解聘。

经理对董事会负责，受董事会领导，根据公司章程的规定或者董事会的授权行使职权。经理职权的来源有两个：公司章程的规定以及董事会的授权。也就是说，凡是公司章程上规定的经理职权以及董事会书面授予的职权，经理都可以行使。经理列席董事会会议，方便其了解董事会决议的背景以及随时接受董事的询问。如果经理不同时担任董事，其在董事会会议上没有表决权，如果其同时担任董事，则在董事会会议上拥有表决权。

## 八、第一百二十七条

### （一）原文

【2023 年版本】
第一百二十七条　公司董事会可以决定由董事会成员兼任经理。
【三次审议稿】
第一百二十八条　公司董事会可以决定由董事会成员兼任经理。
【2018 年版本】
第一百一十四条　公司董事会可以决定由董事会成员兼任经理。

### （二）条文释义

本条规定了董事可以兼任经理的制度。

为了加强董事会对经理的领导，公司董事会可以决定由董事会成员兼任经理。实务中常见的兼职方式包括由董事长兼任公司经理，或者由副董事长兼任公司经理。当然，理论上也允许由普通董事兼任公司经理。

## 九、第一百二十八条

### （一）原文

【2023 年版本】
第一百二十八条　规模较小或者股东人数较少的股份有限公司，可以不设董事会，

设一名董事，行使本法规定的董事会的职权。该董事可以兼任公司经理。

【三次审议稿】

第一百二十六条　规模较小或者股东人数较少的股份有限公司，可以不设董事会，设一名董事，行使本法规定的董事会的职权。

## （二）条文释义

本条规定了执行董事的设置。

股份有限公司规模有大有小，为减轻小规模股份有限公司组织架构的运作成本，规模较小或者股东人数较少的股份有限公司，可以不设董事会，设一名董事，行使《公司法》规定的董事会的职权。当然，所有股份有限公司均可以设置董事会，无论规模大小，也不考虑股东人数多少，即使是一个股东的股份有限公司也可以设置董事会。股份有限公司是否设置董事会，原则上属于公司自治范围，由公司全体股东自主决定。如果不设置董事会，此时，担任执行董事的往往是公司的大股东。该董事可以兼任公司经理，这样，执行董事可以拥有更大的行政管理权。

# 十、第一百二十九条

## （一）原文

【2023年版本、三次审议稿】

第一百二十九条　公司应当定期向股东披露董事、监事、高级管理人员从公司获得报酬的情况。

【2018年版本】

第一百一十六条　公司应当定期向股东披露董事、监事、高级管理人员从公司获得报酬的情况。

## （二）条文释义

本条规定了公司定期披露薪酬的义务。

为了方便股东监督公司董事、监事和高级管理人员的薪酬情况，公司应当定期向股东披露董事、监事、高级管理人员从公司获得报酬的情况。实务中，公司每年应当向股东披露一次该年度董事、监事、高级管理人员从公司获得报酬的情况。这里的报酬包括薪酬，也包括补贴、津贴等其他货币或者非货币财产。

# 第四节 监事会

## 一、第一百三十条

### （一）原文

【2023年版本】

第一百三十条　股份有限公司设监事会，本法第一百二十一条第一款、第一百三十三条另有规定的除外。

监事会成员为三人以上。监事会成员应当包括股东代表和适当比例的公司职工代表，其中职工代表的比例不得低于三分之一，具体比例由公司章程规定。监事会中的职工代表由公司职工通过职工代表大会、职工大会或者其他形式民主选举产生。

监事会设主席一人，可以设副主席。监事会主席和副主席由全体监事过半数选举产生。监事会主席召集和主持监事会会议；监事会主席不能履行职务或者不履行职务的，由监事会副主席召集和主持监事会会议；监事会副主席不能履行职务或者不履行职务的，由过半数的监事共同推举一名监事召集和主持监事会会议。

董事、高级管理人员不得兼任监事。

本法第七十七条关于有限责任公司监事任期的规定，适用于股份有限公司监事。

【三次审议稿】

第一百三十条　股份有限公司设监事会，本法第一百二十一条、第一百三十三条另有规定的除外。

监事会成员为三人以上。监事会成员应当包括股东代表和适当比例的公司职工代表，其中职工代表的比例不得低于三分之一，具体比例由公司章程规定。监事会中的职工代表由公司职工通过职工代表大会、职工大会或者其他形式民主选举产生。

监事会设主席一人，可以设副主席。监事会主席和副主席由全体监事过半数选举产生。监事会主席召集和主持监事会会议；监事会主席不能履行职务或者不履行职务的，由监事会副主席召集和主持监事会会议；监事会副主席不能履行职务或者不履行职务的，由过半数的监事共同推举一名监事召集和主持监事会会议。

董事、高级管理人员不得兼任监事。

本法第七十七条关于有限责任公司监事任期的规定,适用于股份有限公司监事。

【2018年版本】

第一百一十七条　股份有限公司设监事会,其成员不得少于三人。

监事会应当包括股东代表和适当比例的公司职工代表,其中职工代表的比例不得低于三分之一,具体比例由公司章程规定。监事会中的职工代表由公司职工通过职工代表大会、职工大会或者其他形式民主选举产生。

监事会设主席一人,可以设副主席。监事会主席和副主席由全体监事过半数选举产生。监事会主席召集和主持监事会会议;监事会主席不能履行职务或者不履行职务的,由监事会副主席召集和主持监事会会议;监事会副主席不能履行职务或者不履行职务的,由半数以上监事共同推举一名监事召集和主持监事会会议。

董事、高级管理人员不得兼任监事。

本法第五十二条关于有限责任公司监事任期的规定,适用于股份有限公司监事。

## (二)条文释义

本条规定了股份有限公司监事会的设置。

除法律另有规定外,即用一名监事代替监事会或者用董事会审计委员会代替监事会以外,股份有限公司应当设监事会,作为股东会下设的监督机构。

监事会成员为3人以上,通常设置为奇数,如3人、5人等。监事会成员应当包括股东代表和适当比例的公司职工代表,其中职工代表的比例不得低于三分之一,具体比例由公司章程规定。公司章程规定的比例通常为三分之一。为了使得职工代表的人数和所占比例最低,实务中,监事会一般为3人,其中1人为职工代表。监事会中的职工代表由公司职工通过职工代表大会、职工大会或者其他形式民主选举产生。其他形式的民主选举包括由工会代表选举、由党委组织选举等。

监事会设主席一人,可以设副主席,也可以不设副主席。由3人组成的监事会一般不设副主席。监事会主席和副主席由全体监事过半数选举产生。监事会主席召集和主持监事会会议。如果监事会主席不能履行职务或者不履行职务,由监事会副主席召集和主持监事会会议。如果未设监事会副主席、监事会副主席不能履行职务或者不履行职务,由过半数的监事共同推举一名监事召集和主持监事会会议。

董事、高级管理人员不得兼任监事。工会主席、党委书记、党委副书记、团委书记等可以担任监事。

监事的任期每届为三年。监事任期届满,连选可以连任。监事任期届满未及时改选,或者监事在任期内辞任导致监事会成员低于法定人数的,在改选出的监事就任前,原监事仍应当依照法律、行政法规和公司章程的规定,履行监事职务。

## 第五章 股份有限公司的设立和组织机构

## 二、第一百三十一条

### （一）原文

【2023年版本、三次审议稿】

第一百三十一条 本法第七十八条至第八十条的规定，适用于股份有限公司监事会。

监事会行使职权所必需的费用，由公司承担。

【2018年版本】

第一百一十八条 本法第五十三条、第五十四条关于有限责任公司监事会职权的规定，适用于股份有限公司监事会。

监事会行使职权所必需的费用，由公司承担。

### （二）条文释义

本条规定了股份有限公司监事会与有限责任公司监事会的相同制度。

股份有限公司监事会行使下列职权：

（1）检查公司财务。

（2）对董事、高级管理人员执行职务的行为进行监督，对违反法律、行政法规、公司章程或者股东会决议的董事、高级管理人员提出解任的建议。

（3）当董事、高级管理人员的行为损害公司的利益时，要求董事、高级管理人员予以纠正。

（4）提议召开临时股东会会议，在董事会不履行《公司法》规定的召集和主持股东会会议职责时召集和主持股东会会议。

（5）向股东会会议提出提案。

（6）依照《公司法》的规定，对董事、高级管理人员提起诉讼。

（7）公司章程规定的其他职权。

监事可以列席董事会会议，并对董事会决议事项提出质询或者建议。监事会发现公司经营情况异常，可以进行调查；必要时，可以聘请会计师事务所等协助其工作，费用由公司承担。

监事会可以要求董事、高级管理人员提交执行职务的报告。董事、高级管理人员应当如实向监事会提供有关情况和资料，不得妨碍监事会或者监事行使职权。

监事会行使职权所必需的费用，由公司承担。监事会行使职权主要靠开会，因此，会议费是必需的费用。监事会有时还需要进行调查，相关调查费也是必需的费用。

## 三、第一百三十二条

### （一）原文

【2023年版本、三次审议稿】

第一百三十二条　监事会每六个月至少召开一次会议。监事可以提议召开临时监事会会议。

监事会的议事方式和表决程序，除本法有规定的外，由公司章程规定。

监事会决议应当经全体监事的过半数通过。

监事会决议的表决，应当一人一票。

监事会应当对所议事项的决定作成会议记录，出席会议的监事应当在会议记录上签名。

【2018年版本】

第一百一十九条　监事会每六个月至少召开一次会议。监事可以提议召开临时监事会会议。

监事会的议事方式和表决程序，除本法有规定的外，由公司章程规定。

监事会决议应当经半数以上监事通过。

监事会应当对所议事项的决定作成会议记录，出席会议的监事应当在会议记录上签名。

### （二）条文释义

本条规定了监事会会议的召开次数及其议事规则。

监事会开会的次数通常与董事会一致，为防止监事会怠于履行职责，法律要求监事会每六个月至少召开一次会议。这一要求比董事会的每年召开两次会议的要求还要严格，因为监事会不仅每年要召开两次会议，而且要上半年一次，下半年一次，不能将两次会议集中在上半年或者下半年。任何一位监事均可以提议召开临时监事会会议。

监事会的议事方式和表决程序，属于公司自治范围内的事情，除《公司法》有规定的外，由公司章程规定。通常情况下，监事会会议也应当由半数以上的监事出席才能举行。

监事会决议应当经全体监事的过半数通过。如果监事会有3人，则至少要2人同意才能通过决议。监事会决议的表决，应当一人一票。监事会主席与其他监事的表决权是相同的。

监事会应当对所议事项的决定作成会议记录，出席会议的监事应当在会议记录上签名。监事会会议记录应当记载会议通知的时间、会议召开的时间和地点、出席会议的监事姓名及其出席方式、会议议程、每项议程的表决情况及监事的发言、会议决议等。

## 四、第一百三十三条

### （一）原文

【2023年版本、三次审议稿】

第一百三十三条　规模较小或者股东人数较少的股份有限公司，可以不设监事会，设一名监事，行使本法规定的监事会的职权。

### （二）条文释义

本条规定了监事的设立。

为减轻小规模企业的机构设置及运转的成本，规模较小或者股东人数较少的股份有限公司，可以不设监事会，设一名监事，行使《公司法》规定的监事会的职权。实务中，该名监事一般由股东出任。关于"规模较小或者股东人数较少"的标准，并无明确强制性规定，原则上，非上市的股份有限公司，只要全体股东同意，在公司章程中明确规定，均可以仅仅设置一名监事，不设监事会。

# 第五节　上市公司组织机构的特别规定

## 一、第一百三十四条

### （一）原文

【2023年版本、三次审议稿】

第一百三十四条　本法所称上市公司，是指其股票在证券交易所上市交易的股份有限公司。

【2018年版本】

第一百二十条　本法所称上市公司，是指其股票在证券交易所上市交易的股份有限公司。

### （二）条文释义

本条规定了上市公司的定义。

《公司法》所称上市公司，是指其股票在证券交易所上市交易的股份有限公司。目前我国共有三个证券交易所：上海证券交易所、深圳证券交易所和北京证券交易所。

上海证券交易所（Shanghai Stock Exchange，简称"上交所"）成立于1990年11月26日，同年12月19日开业，受中国证监会监督和管理，是为证券集中交易提供场所和设施、组织和监督证券交易、实行自律管理的会员制法人。截至2020年年末，沪市上市公司家数达1 800家，总市值45.5万亿元；2020年全年股票累计成交金额84.0万亿元，日均成交3 456亿元，股票市场筹资总额9 152亿元；债券市场挂牌20 378只，托管量13.2万亿元，现货成交11.5万亿元；基金市场上市只数达373只，累计成交10.8万亿元；衍生品市场全年累计成交7 167亿元。沪市投资者开户数量已达27 550万户。2018年12月，经中国证监会批准，新修订的《上海证券交易所公司债券上市规则》及《上海证券交易所非公开发行公司债券挂牌转让规则》正式发布实施。2022年10月21日，经中国证监会批准，上交所主板标的股票数量由现有的800只扩大到1 000只。

深圳证券交易所（Shenzhen Stock Exchange，缩写 SZSE，简称"深交所"）成立于 1990 年 12 月 1 日，是经国务院批准设立的全国性证券交易场所，是为证券集中交易提供场所和设施，组织和监督证券交易，实行自律管理的法人，由中国证券监督管理委员会监督管理。深交所履行市场组织、市场监管和市场服务等职责。截至 2021 年 8 月 31 日，深交所共有上市公司 2 492 家，总市值约 37 万亿元；挂牌债券（含资产支持证券）9 067 只，挂牌面值 2.8 万亿元；挂牌基金 502 只，资产规模 2 844 亿元；沪深 300ETF 期权累计成交 1.3 亿张，成交面值 6.3 万亿元。2020 年，深市股票成交金额 122.8 万亿元，股票融资额 5 638 亿元，固收产品融资额 1.9 万亿元。据世界证券交易所联合会（WFE）2020 年 12 月 31 日统计，深市成交金额、融资金额、股票市价总值分别位列世界第三、第四和第七位。2022 年 10 月 24 日起，经中国证监会批准，深交所进一步扩大融资融券标的股票范围。

北京证券交易所（简称"北交所"），于 2021 年 9 月 3 日注册成立，是经国务院批准设立的中国第一家公司制证券交易所，受中国证监会监督管理。经营范围为依法为证券集中交易提供场所和设施、组织和监督证券交易以及证券市场管理服务等业务。2021 年 9 月 10 日，北京证券交易所官方网站上线试运行。11 月 15 日，北京证券交易所在北京市西城区金融街金阳大厦正式开市；11 月 19 日，发售的 8 只北交所主题基金全部售罄，完成了"开市首秀"。2022 年 11 月 21 日，北交所首个指数——北证 50 成份指数正式发布实时行情。2023 年 2 月 13 日，北京证券交易所融资融券交易业务正式上线。2023 年 2 月 20 日，北京证券交易所正式启动股票做市交易业务。自 12 月 1 日起，北交所正式启动公司债券（含企业债券）发行备案、簿记建档等发行承销业务。

在香港证券交易所以及其他海外证券交易所上市交易的股份有限公司也是上市公司，但并不是中国上市公司，因此，不属于《公司法》所称的上市公司。有些股份有限公司，既在境内上市，也在境外上市，该股份有限公司属于《公司法》所称的上市公司，但仅仅其境内上市业务及其运作受我国《公司法》约束，境外上市业务及其运作受境外相关法律约束。

# 二、第一百三十五条

## （一）原文

**【2023 年版本、三次审议稿】**

**第一百三十五条** 上市公司在一年内购买、出售重大资产或者向他人提供担保的金额超过公司资产总额百分之三十的，应当由股东会作出决议，并经出席会议的股东所持表决权的三分之二以上通过。

【2018 年版本】

第一百二十一条　上市公司在一年内购买、出售重大资产或者担保金额超过公司资产总额百分之三十的，应当由股东大会作出决议，并经出席会议的股东所持表决权的三分之二以上通过。

## （二）条文释义

本条规定了上市公司重大资产交易的决议程序。

上市公司的重大资产交易由于涉及股东的切身利益，相关交易应当由股东会亲自决议，具体而言，上市公司在一年内购买、出售重大资产或者向他人提供担保的金额超过公司资产总额 30% 的，应当由股东会作出决议，并经出席会议的股东所持表决权的三分之二以上通过。上述交易是指一年内的多次交易的合计金额，如果一次购买重大资产就超过公司资产总额的 30%，应当由股东会作出决议。如果第一次购买重大资产为公司资产总额的 10%，第二次购买重大资产也为公司资产总额的 10%，这两次购买均不需要经过股东会的特别决议，但第三次再购买重大资产如果超过公司资产总额的 10%，就应当经过股东会的特别决议。

公司章程或者股东会会议可以对需要经过股东会会议特别决议的重大资产交易的标准进行降低，但不能提高标准。例如，可以规定相关交易超过公司资产总额 20% 的就应当经过股东会会议特别决议，但不能规定相关交易超过公司资产总额 35% 的才需要经过股东会会议特别决议。

# 三、第一百三十六条

## （一）原文

【2023 年版本】

第一百三十六条　上市公司设独立董事，具体管理办法由国务院证券监督管理机构规定。

上市公司的公司章程除载明本法第九十五条规定的事项外，还应当依照法律、行政法规的规定载明董事会专门委员会的组成、职权以及董事、监事、高级管理人员薪酬考核机制等事项。

【三次审议稿】

第一百三十六条　上市公司设独立董事，具体管理办法由国务院证券监督管理机构规定。

【2018年版本】
第一百二十二条　上市公司设独立董事，具体办法由国务院规定。

## （二）条文释义

本条规定了上市公司独立董事制度。

独立董事是指不在上市公司担任除董事外的其他职务，并与其所受聘的上市公司及其主要股东、实际控制人不存在直接或者间接利害关系，或者其他可能影响其进行独立客观判断关系的董事。上市公司独立董事制度是中国特色现代企业制度的重要组成部分，是资本市场基础制度的重要内容。独立董事制度作为上市公司治理结构的重要一环，在促进公司规范运作、保护中小投资者合法权益、推动资本市场健康稳定发展等方面发挥了积极作用。

为确保上市公司独立董事制度落实到位，上市公司的公司章程应当依照法律、行政法规的规定载明董事会专门委员会的组成、职权以及董事、监事、高级管理人员薪酬考核机制等事项。上市公司的公司章程的规定应当与法律、行政法规的规定保持一致，允许其自由规定的事项可以自由规定。

## （三）相关法规规定

**《国务院办公厅关于上市公司独立董事制度改革的意见》**（国办发〔2023〕9号）

上市公司独立董事制度是中国特色现代企业制度的重要组成部分，是资本市场基础制度的重要内容。独立董事制度作为上市公司治理结构的重要一环，在促进公司规范运作、保护中小投资者合法权益、推动资本市场健康稳定发展等方面发挥了积极作用。但随着全面深化资本市场改革向纵深推进，独立董事定位不清晰、责权利不对等、监督手段不够、履职保障不足等制度性问题亟待解决，已不能满足资本市场高质量发展的内在要求。为进一步优化上市公司独立董事制度，提升独立董事履职能力，充分发挥独立董事作用，经党中央、国务院同意，现提出以下意见。

一、总体要求

（一）指导思想。坚持以习近平新时代中国特色社会主义思想为指导，深入贯彻党的二十大精神，坚持以人民为中心的发展思想，完整、准确、全面贯彻新发展理念，加强资本市场基础制度建设，系统完善符合中国特色现代企业制度要求的上市公司独立董事制度，大力提高上市公司质量，为加快建设规范、透明、开放、有活力、有韧性的资本市场提供有力支撑。

（二）基本原则。坚持基本定位，将独立董事制度作为上市公司治理重要制度安排，更加有效发挥独立董事的决策、监督、咨询作用。坚持立足国情，体现中国特色和资本市场发展阶段特征，构建符合我国国情的上市公司独立董事制度体系。坚持系统观念，平衡好企业各治理主体的关系，把握好制度供给和市场培育的协同，做好立法、执法、司法各环节衔接，增强改革的系统性、整体性、协同性。坚持问题导向，着力补短板强弱项，从独立董事的地位、作用、选择、管理、监督等方面作出制度性规范，切实解决制约独立董事发挥作用的突出问题，强化独立董事监督效能，确保独立董事发挥应有作用。

（三）主要目标。通过改革，加快形成更加科学的上市公司独立董事制度体系，推动独立董事权责更加匹配、职能更加优化、监督更加有力、选任管理更加科学，更好发挥上市公司独立董事制度在完善中国特色现代企业制度、健全企业监督体系、推动资本市场健康稳定发展方面的重要作用。

二、主要任务

（一）明确独立董事职责定位。完善制度供给，明确独立董事在上市公司治理中的法定地位和职责界限。独立董事作为上市公司董事会成员，对上市公司及全体股东负有忠实义务、勤勉义务，在董事会中发挥参与决策、监督制衡、专业咨询作用，推动更好实现董事会定战略、作决策、防风险的功能。更加充分发挥独立董事的监督作用，根据独立董事独立性、专业性特点，明确独立董事应当特别关注公司与其控股股东、实际控制人、董事、高级管理人员之间的潜在重大利益冲突事项，重点对关联交易、财务会计报告、董事及高级管理人员任免、薪酬等关键领域进行监督，促使董事会决策符合公司整体利益，尤其是保护中小股东合法权益。压实独立董事监督职责，对独立董事审议潜在重大利益冲突事项设置严格的履职要求。推动修改公司法，完善独立董事相关规定。

（二）优化独立董事履职方式。鼓励上市公司优化董事会组成结构，上市公司董事会中独立董事应当占三分之一以上，国有控股上市公司董事会中外部董事（含独立董事）应当占多数。加大监督力度，搭建独立董事有效履职平台，前移监督关口。上市公司董事会应当设立审计委员会，成员全部由非执行董事组成，其中独立董事占多数。审计委员会承担审核公司财务信息及其披露、监督及评估内外部审计工作和公司内部控制等职责。财务会计报告及其披露等重大事项应当由审计委员会事前认可后，再提交董事会审议。在上市公司董事会中逐步推行建立独立董事占多数的提名委员会、薪酬与考核委员会，负责审核董事及高级管理人员的任免、薪酬等事项并向董事会提出建议。建立全部由独立董事参加的专门会议机制，关联交易等潜在重大利益冲突事项在提交董事会审议前，应当由独立董事专门会议进行事前认可。完善独立董事参与董事会专门委员会和专门会议的信息披露要求，提升独立董事履职的透明度。完善独立董事特别职权，推动独立董事合理行使独立聘请中介机构、征集股东权利等职权，更好履行监督职责。健全独立董事与中小投资者之间的沟通交流机制。

（三）强化独立董事任职管理。独立董事应当具备履行职责所必需的专业知识、工作经验和良好的个人品德，符合独立性要求，与上市公司及其主要股东、实际控制人存在亲属、持股、任职、重大业务往来等利害关系（以下简称利害关系）的人员不得担任独立董事。建立独立董事资格认定制度,明确独立董事资格的申请、审查、公开等要求,审慎判断上市公司拟聘任的独立董事是否符合要求,证券监督管理机构要加强对资格认定工作的组织和监督。国有资产监督管理机构要加强对国有控股上市公司独立董事选聘管理的监督。拓展优秀独立董事来源,适应市场化发展需要,探索建立独立董事信息库,鼓励具有丰富的行业经验、企业经营管理经验和财务会计、金融、法律等业务专长,在所从事的领域内有较高声誉的人士担任独立董事。制定独立董事职业道德规范,倡导独立董事塑造正直诚信、公正独立、积极履职的良好职业形象。提升独立董事培训针对性,明确最低时间要求,增强独立董事合规意识。

(四)改善独立董事选任制度。优化提名机制,支持上市公司董事会、监事会、符合条件的股东提名独立董事,鼓励投资者保护机构等主体依法通过公开征集股东权利的方式提名独立董事。建立提名回避机制,上市公司提名人不得提名与其存在利害关系的人员或者有其他可能影响独立履职情形的关系密切人员作为独立董事候选人。董事会提名委员会应当对候选人的任职资格进行审查,上市公司在股东大会选举前应当公开提名人、被提名人和候选人资格审查情况。上市公司股东大会选举独立董事推行累积投票制,鼓励通过差额选举方式实施累积投票制,推动中小投资者积极行使股东权利。建立独立董事独立性定期测试机制,通过独立董事自查、上市公司评估、信息公开披露等方式,确保独立董事持续独立履职,不受上市公司及其主要股东、实际控制人影响。对不符合独立性要求的独立董事,上市公司应当立即停止其履行职责,按照法定程序解聘。

(五)加强独立董事履职保障。健全上市公司独立董事履职保障机制,上市公司应当从组织、人员、资源、信息、经费等方面为独立董事履职提供必要条件,确保独立董事依法充分履职。鼓励上市公司推动独立董事提前参与重大复杂项目研究论证等环节,推动独立董事履职与公司内部决策流程有效融合。落实上市公司及相关主体的独立董事履职保障责任,丰富证券监督管理机构监管手段,强化对上市公司及相关主体不配合、阻挠独立董事履职的监督管理。畅通独立董事与证券监督管理机构、证券交易所的沟通渠道,健全独立董事履职受限救济机制。鼓励上市公司为独立董事投保董事责任保险,支持保险公司开展符合上市公司需求的相关责任保险业务,降低独立董事正常履职的风险。

(六)严格独立董事履职情况监督管理。压紧压实独立董事履职责任,进一步规范独立董事日常履职行为,明确最低工作时间,提出制作工作记录、定期述职等要求,确定独立董事合理兼职的上市公司家数,强化独立董事履职投入。证券监督管理机构、证券交易所通过现场检查、非现场监管、自律管理等方式,加大对独立董事履职的监管力度,督促独立董事勤勉尽责。发挥自律组织作用,持续优化自我管理和服务,加强独立董事职业规范和履职支撑。完善独立董事履职评价制度,研究建立覆盖科学决策、监督问效、建言献策等方面的评价标准,国有资产监督管理机构加强对国有控股上市公司独立董事履职情况的跟踪指导。建立独立董事声誉激励约束机制,将履职情况纳入资本市场诚信档案，推动实现正向激励与反面警示并重，增强独立董事职业认同感和荣誉感。

（七）健全独立董事责任约束机制。坚持"零容忍"打击证券违法违规行为，加大对独立董事不履职不尽责的责任追究力度，独立董事不勤勉履行法定职责、损害公司或者股东合法权益的，依法严肃追责。按照责权利匹配的原则，兼顾独立董事的董事地位和外部身份特点，明确独立董事与非独立董事承担共同而有区别的法律责任，在董事对公司董事会决议、信息披露负有法定责任的基础上，推动针对性设置独立董事的行政责任、民事责任认定标准，体现过罚相当、精准追责。结合独立董事的主观过错、在决策过程中所起的作用、了解信息的途径、为核验信息采取的措施等情况综合判断，合理认定独立董事承担民事赔偿责任的形式、比例和金额，实现法律效果和社会效果的有机统一。推动修改相关法律法规，构建完善的独立董事责任体系。

（八）完善协同高效的内外部监督体系。建立健全与独立董事监督相协调的内部监督体系，形成各类监督全面覆盖、各有侧重、有机互动的上市公司内部监督机制，全面提升公司治理水平。推动加快建立健全依法从严打击证券违法犯罪活动的执法司法体制机制，有效发挥证券服务机构、社会舆论等监督作用，形成对上市公司及其控股股东、实际控制人等主体的强大监督合力。健全具有中国特色的国有企业监督机制，推动加强纪检察监督、巡视监督、国有资产监管、审计监督、财会监督、社会监督等统筹衔接，进一步提高国有控股上市公司监督整体效能。

三、组织实施

（一）加强党的领导。坚持党对上市公司独立董事制度改革工作的全面领导，确保正确政治方向。各相关地区、部门和单位要切实把思想和行动统一到党中央、国务院决策部署上来，高度重视和支持上市公司独立董事制度改革工作，明确职责分工和落实措施，确保各项任务落到实处。各相关地区、部门和单位要加强统筹协调衔接，形成工作合力，提升改革整体效果。国有控股上市公司要落实"两个一以贯之"要求，充分发挥党委（党组）把方向、管大局、保落实的领导作用，支持董事会和独立董事依法行使职权。

（二）完善制度供给。各相关地区、部门和单位要根据自身职责，完善上市公司独立董事制度体系，推动修改公司法等法律，明确独立董事的设置、责任等基础性法律规定。制定上市公司监督管理条例，落实独立董事的职责定位、选任管理、履职方式、履职保障、行政监管等制度措施。完善证券监督管理机构、证券交易所等配套规则，细化上市公司独立董事制度各环节具体要求，构建科学合理、互相衔接的规则体系，充分发挥法治的引领、规范、保障作用。国有资产监督管理机构加强对国有控股上市公司的监督管理，指导国有控股股东依法履行好职责，推动上市公司独立董事更好发挥作用。财政部门和金融监督管理部门统筹完善金融机构独立董事相关规则。国有文化企业国资监管部门统筹落实坚持正确导向相关要求，推动国有文化企业坚持把社会效益放在首位、实现社会效益和经济效益相统一，加强对国有文化上市公司独立董事的履职管理。各相关地区、部门和单位要加强协作，做好上市公司独立董事制度与国有控股上市公司、金融类上市公司等主体公司治理相关规定的衔接。

（三）加大宣传力度。各相关地区、部门和单位要做好宣传工作，多渠道、多平台加强对上市公司独立董事制度改革重要意义的宣传，增进认知认同、凝聚各方共识，营造良好的改革环境和崇法守信的市场环境。

## （四）相关规章规定

**《上市公司独立董事管理办法》**（中国证券监督管理委员会令2023年第220号）

### 第一章 总 则

**第一条** 为规范独立董事行为，充分发挥独立董事在上市公司治理中的作用，促进提高上市公司质量，依据《中华人民共和国公司法》《中华人民共和国证券法》《国务院办公厅关于上市公司独立董事制度改革的意见》等规定，制定本办法。

**第二条** 独立董事是指不在上市公司担任除董事外的其他职务，并与其所受聘的上市公司及其主要股东、实际控制人不存在直接或者间接利害关系，或者其他可能影响其进行独立客观判断关系的董事。

独立董事应当独立履行职责，不受上市公司及其主要股东、实际控制人等单位或者个人的影响。

**第三条** 独立董事对上市公司及全体股东负有忠实与勤勉义务，应当按照法律、行政法规、中国证券监督管理委员会（以下简称中国证监会）规定、证券交易所业务规则和公司章程的规定，认真履行职责，在董事会中发挥参与决策、监督制衡、专业咨询作用，维护上市公司整体利益，保护中小股东合法权益。

**第四条** 上市公司应当建立独立董事制度。独立董事制度应当符合法律、行政法规、中国证监会规定和证券交易所业务规则的规定，有利于上市公司的持续规范发展，不得损害上市公司利益。上市公司应当为独立董事依法履职提供必要保障。

**第五条** 上市公司独立董事占董事会成员的比例不得低于三分之一，且至少包括一名会计专业人士。

上市公司应当在董事会中设置审计委员会。审计委员会成员应当为不在上市公司担任高级管理人员的董事，其中独立董事应当过半数，并由独立董事中会计专业人士担任召集人。

上市公司可以根据需要在董事会中设置提名、薪酬与考核、战略等专门委员会。提名委员会、薪酬与考核委员会中独立董事应当过半数并担任召集人。

### 第二章 任职资格与任免

**第六条** 独立董事必须保持独立性。下列人员不得担任独立董事：

（一）在上市公司或者其附属企业任职的人员及其配偶、父母、子女、主要社会关系；

（二）直接或者间接持有上市公司已发行股份百分之一以上或者是上市公司前十名股东中的自然人股东及其配偶、父母、子女；

（三）在直接或者间接持有上市公司已发行股份百分之五以上的股东或者在上市公司前五名股东任职的人员及其配偶、父母、子女；

（四）在上市公司控股股东、实际控制人的附属企业任职的人员及其配偶、父母、子女；

（五）与上市公司及其控股股东、实际控制人或者其各自的附属企业有重大业务往来的人员，或者在有重大业务往来的单位及其控股股东、实际控制人任职的人员；

（六）为上市公司及其控股股东、实际控制人或者其各自附属企业提供财务、法律、咨询、保荐等服务的人员，包括但不限于提供服务的中介机构的项目组全体人员、各级复核人员、在报告上签字的人员、合伙人、董事、高级管理人员及主要负责人；

（七）最近十二个月内曾经具有第一项至第六项所列举情形的人员；

（八）法律、行政法规、中国证监会规定、证券交易所业务规则和公司章程规定的不具备独立性的其他人员。

前款第四项至第六项中的上市公司控股股东、实际控制人的附属企业，不包括与上市公司受同一国有资产管理机构控制且按照相关规定未与上市公司构成关联关系的企业。

独立董事应当每年对独立性情况进行自查，并将自查情况提交董事会。董事会应当每年对在任独立董事独立性情况进行评估并出具专项意见，与年度报告同时披露。

**第七条** 担任独立董事应当符合下列条件：

（一）根据法律、行政法规和其他有关规定，具备担任上市公司董事的资格；

（二）符合本办法第六条规定的独立性要求；

（三）具备上市公司运作的基本知识，熟悉相关法律法规和规则；

（四）具有五年以上履行独立董事职责所必需的法律、会计或者经济等工作经验；

（五）具有良好的个人品德，不存在重大失信等不良记录；

（六）法律、行政法规、中国证监会规定、证券交易所业务规则和公司章程规定的其他条件。

**第八条** 独立董事原则上最多在三家境内上市公司担任独立董事，并应当确保有足够的时间和精力有效地履行独立董事的职责。

**第九条** 上市公司董事会、监事会、单独或者合计持有上市公司已发行股份百分之一以上的股东可以提出独立董事候选人，并经股东大会选举决定。

依法设立的投资者保护机构可以公开请求股东委托其代为行使提名独立董事的权利。

第一款规定的提名人不得提名与其存在利害关系的人员或者有其他可能影响独立履职情形的关系密切人员作为独立董事候选人。

**第十条** 独立董事的提名人在提名前应当征得被提名人的同意。提名人应当充分了解被提名人职业、学历、职称、详细的工作经历、全部兼职、有无重大失信等不良记录等情况，并对其符合独立性和担任独立董事的其他条件发表意见。被提名人应当就其符合独立性和担任独立董事的其他条件作出公开声明。

**第十一条** 上市公司在董事会中设置提名委员会的，提名委员会应当对被提名人任职资格进行审查，并形成明确的审查意见。

上市公司应当在选举独立董事的股东大会召开前，按照本办法第十条以及前款的规定披露相关内容，并将所有独立董事候选人的有关材料报送证券交易所，相关报送材料应当真实、准确、完整。

证券交易所依照规定对独立董事候选人的有关材料进行审查，审慎判断独立董事候选人是否符合任职资格并有权提出异议。证券交易所提出异议的，上市公司不得提交股东大会选举。

**第十二条** 上市公司股东大会选举两名以上独立董事的，应当实行累积投票制。鼓励上市公司实行差额选举，具体实施细则由公司章程规定。

中小股东表决情况应当单独计票并披露。

**第十三条** 独立董事每届任期与上市公司其他董事任期相同，任期届满，可以连选连任，但是连续任职不得超过六年。

**第十四条** 独立董事任期届满前，上市公司可以依照法定程序解除其职务。提前解除独立董事职务的，上市公司应当及时披露具体理由和依据。独立董事有异议的，上市公司应当及时予以披露。

独立董事不符合本办法第七条第一项或者第二项规定的，应当立即停止履职并辞去职务。未提出辞职的，董事会知悉或者应当知悉该事实发生后应当立即按规定解除其职务。

独立董事因触及前款规定情形提出辞职或者被解除职务导致董事会或者其专门委员会中独立董事所占的比例不符合本办法或者公司章程的规定，或者独立董事中欠缺会计专业人士的，上市公司应当自前述事实发生之日起六十日内完成补选。

**第十五条** 独立董事在任期届满前可以提出辞职。独立董事辞职应当向董事会提交书面辞职报告，对任何与其辞职有关或者其认为有必要引起上市公司股东和债权人注意的情况进行说明。上市公司应当对独立董事辞职的原因及关注事项予以披露。

独立董事辞职将导致董事会或者其专门委员会中独立董事所占的比例不符合本办法或者公司章程的规定，或者独立董事中欠缺会计专业人士的，拟辞职的独立董事应当继续履行职责至新任独立董事产生之日。上市公司应当自独立董事提出辞职之日起六十日内完成补选。

**第十六条** 中国上市公司协会负责上市公司独立董事信息库建设和管理工作。上市公司可以从独立董事信息库选聘独立董事。

## 第三章 职责与履职方式

**第十七条** 独立董事履行下列职责：

（一）参与董事会决策并对所议事项发表明确意见；

（二）对本办法第二十三条、第二十六条、第二十七条和第二十八条所列上市公司与其控股股东、实际控制人、董事、高级管理人员之间的潜在重大利益冲突事项进行监督，促使董事会决策符合上市公司整体利益，保护中小股东合法权益；

（三）对上市公司经营发展提供专业、客观的建议，促进提升董事会决策水平；

（四）法律、行政法规、中国证监会规定和公司章程规定的其他职责。

**第十八条** 独立董事行使下列特别职权：

（一）独立聘请中介机构，对上市公司具体事项进行审计、咨询或者核查；

（二）向董事会提议召开临时股东大会；

（三）提议召开董事会会议；

（四）依法公开向股东征集股东权利；

（五）对可能损害上市公司或者中小股东权益的事项发表独立意见；

（六）法律、行政法规、中国证监会规定和公司章程规定的其他职权。

独立董事行使前款第一项至第三项所列职权的，应当经全体独立董事过半数同意。

独立董事行使第一款所列职权的，上市公司应当及时披露。上述职权不能正常行使的，上市公司应当披露具体情况和理由。

**第十九条** 董事会会议召开前，独立董事可以与董事会秘书进行沟通，就拟审议事项进行询问、要求补充材料、提出意见建议等。董事会及相关人员应当对独立董事提出的问题、要求和意见认真研究，及时向独立董事反馈议案修改等落实情况。

**第二十条** 独立董事应当亲自出席董事会会议。因故不能亲自出席会议的，独立董事应当事先审阅会议材料，形成明确的意见，并书面委托其他独立董事代为出席。

独立董事连续两次未能亲自出席董事会会议，也不委托其他独立董事代为出席的，董事会应当在该事实发生之日起三十日内提议召开股东大会解除该独立董事职务。

**第二十一条** 独立董事对董事会议案投反对票或者弃权票的，应当说明具体理由及依据、议案所涉事项的合法合规性、可能存在的风险以及对上市公司和中小股东权益的影响等。上市公司在披露董事会决议时，应当同时披露独立董事的异议意见，并在董事会决议和会议记录中载明。

**第二十二条** 独立董事应当持续关注本办法第二十三条、第二十六条、第二十七条和第二十八条所列事项相关的董事会决议执行情况，发现存在违反法律、行政法规、中国证监会规定、证券交易所业务规则和公司章程规定，或者违反股东大会和董事会决议等情形的，应当及时向董事会报告，并可以要求上市公司作出书面说明。涉及披露事项的，上市公司应当及时披露。

上市公司未按前款规定作出说明或者及时披露的，独立董事可以向中国证监会和证券交易所报告。

**第二十三条** 下列事项应当经上市公司全体独立董事过半数同意后，提交董事会审议：

（一）应当披露的关联交易；

（二）上市公司及相关方变更或者豁免承诺的方案；

（三）被收购上市公司董事会针对收购所作出的决策及采取的措施；

（四）法律、行政法规、中国证监会规定和公司章程规定的其他事项。

**第二十四条** 上市公司应当定期或者不定期召开全部由独立董事参加的会议（以下简称独立董事专门会议）。本办法第十八条第一款第一项至第三项、第二十三条所列事项，应当经独立董事专门会议审议。

独立董事专门会议可以根据需要研究讨论上市公司其他事项。

独立董事专门会议应当由过半数独立董事共同推举一名独立董事召集和主持；召集人不履职或者不能履职时，两名及以上独立董事可以自行召集并推举一名代表主持。

上市公司应当为独立董事专门会议的召开提供便利和支持。

**第二十五条** 独立董事在上市公司董事会专门委员会中应当依照法律、行政法规、中国证监会规定、证券交易所业务规则和公司章程履行职责。独立董事应当亲自出席专门委员会会议，因故不能亲自出席会议的，应当事先审阅会议材料，形成明确的意见，并书面委托其他独立董事代为出席。独立董事履职中关注到专门委员会职责范围内的上市公司重大事项，可以依照程序及时提请专门委员会进行讨论和审议。

上市公司应当按照本办法规定在公司章程中对专门委员会的组成、职责等作出规定，并制定专门委员会工作规程，明确专门委员会的人员构成、任期、职责范围、议事规则、档案保存等相关事项。国务院有关主管部门对专门委员会的召集人另有规定的，从其规定。

**第二十六条** 上市公司董事会审计委员会负责审核公司财务信息及其披露、监督及评估内外部审计工作和内部控制，下列事项应当经审计委员会全体成员过半数同意后，提交董事会审议：

（一）披露财务会计报告及定期报告中的财务信息、内部控制评价报告；

（二）聘用或者解聘承办上市公司审计业务的会计师事务所；

（三）聘任或者解聘上市公司财务负责人；

（四）因会计准则变更以外的原因作出会计政策、会计估计变更或者重大会计差错更正；

（五）法律、行政法规、中国证监会规定和公司章程规定的其他事项。

审计委员会每季度至少召开一次会议，两名及以上成员提议，或者召集人认为有必要时，可以召开临时会议。审计委员会会议须有三分之二以上成员出席方可举行。

**第二十七条** 上市公司董事会提名委员会负责拟定董事、高级管理人员的选择标准和程序，对董事、高级管理人员人选及其任职资格进行遴选、审核，并就下列事项向董事会提出建议：

（一）提名或者任免董事；

（二）聘任或者解聘高级管理人员；

（三）法律、行政法规、中国证监会规定和公司章程规定的其他事项。

董事会对提名委员会的建议未采纳或者未完全采纳的，应当在董事会决议中记载提名委员会的意见及未采纳的具体理由，并进行披露。

**第二十八条** 上市公司董事会薪酬与考核委员会负责制定董事、高级管理人员的考核标准并进行考核，制定、审查董事、高级管理人员的薪酬政策与方案，并就下列事项向董事会提出建议：

（一）董事、高级管理人员的薪酬；

（二）制定或者变更股权激励计划、员工持股计划，激励对象获授权益、行使权益条件成就；

（三）董事、高级管理人员在拟分拆所属子公司安排持股计划；

（四）法律、行政法规、中国证监会规定和公司章程规定的其他事项。

董事会对薪酬与考核委员会的建议未采纳或者未完全采纳的，应当在董事会决议中记载薪酬与考核委员会的意见及未采纳的具体理由，并进行披露。

**第二十九条** 上市公司未在董事会中设置提名委员会、薪酬与考核委员会的，由独立董事专门会议按照本办法第十一条对被提名人任职资格进行审查，并就本办法第二十七条第一款、第二十八条第一款所列事项向董事会提出建议。

**第三十条** 独立董事每年在上市公司的现场工作时间应当不少于十五日。

除按规定出席股东大会、董事会及其专门委员会、独立董事专门会议外，独立董事可以通过定期获取上市公司运营情况等资料、听取管理层汇报、与内部审计机构负责人和承办上市公司审计业务的会计师事务所等中介机构沟通、实地考察、与中小股东沟通等多种方式履行职责。

**第三十一条** 上市公司董事会及其专门委员会、独立董事专门会议应当按规定制作会议记录，独立董事的意见应当在会议记录中载明。独立董事应当对会议记录签字确认。

独立董事应当制作工作记录，详细记录履行职责的情况。独立董事履行职责过程中获取的资料、相关会议记录、与上市公司及中介机构工作人员的通讯记录等，构成工作记录的组成部分。对于工作记录中的重要内容，独立董事可以要求董事会秘书等相关人员签字确认，上市公司及相关人员应当予以配合。

独立董事工作记录及上市公司向独立董事提供的资料，应当至少保存十年。

**第三十二条** 上市公司应当健全独立董事与中小股东的沟通机制，独立董事可以就投资者提出的问题及时向上市公司核实。

**第三十三条** 独立董事应当向上市公司年度股东大会提交年度述职报告，对其履行职责的情况进行说明。年度述职报告应当包括下列内容：

（一）出席董事会次数、方式及投票情况，出席股东大会次数；

（二）参与董事会专门委员会、独立董事专门会议工作情况；

（三）对本办法第二十三条、第二十六条、第二十七条、第二十八条所列事项进行审议和行使本办法第十八条第一款所列独立董事特别职权的情况；

（四）与内部审计机构及承办上市公司审计业务的会计师事务所就公司财务、业务状况进行沟通的重大事项、方式及结果等情况；

（五）与中小股东的沟通交流情况；

（六）在上市公司现场工作的时间、内容等情况；

（七）履行职责的其他情况。

独立董事年度述职报告最迟应当在上市公司发出年度股东大会通知时披露。

**第三十四条** 独立董事应当持续加强证券法律法规及规则的学习，不断提高履职能力。中国证监会、证券交易所、中国上市公司协会可以提供相关培训服务。

## 第四章　履职保障

**第三十五条** 上市公司应当为独立董事履行职责提供必要的工作条件和人员支持，指定董事会办公室、董事会秘书等专门部门和专门人员协助独立董事履行职责。

董事会秘书应当确保独立董事与其他董事、高级管理人员及其他相关人员之间的信息畅通，确保独立董事履行职责时能够获得足够的资源和必要的专业意见。

**第三十六条** 上市公司应当保障独立董事享有与其他董事同等的知情权。为保证独立董事有效行使职权，上市公司应当向独立董事定期通报公司运营情况，提供资料，组织或者配合独立董事开展实地考察等工作。

上市公司可以在董事会审议重大复杂事项前，组织独立董事参与研究论证等环节，充分听取独立董事意见，并及时向独立董事反馈意见采纳情况。

**第三十七条** 上市公司应当及时向独立董事发出董事会会议通知，不迟于法律、行政法规、中国证监会规定或者公司章程规定的董事会会议通知期限提供相关会议资料，并为独立董事提供有效沟通渠道；董事会专门委员会召开会议的，上市公司原则上应当不迟于专门委员会会议召开前三日提供相关资料和信息。上市公司应当保存上述会议资料至少十年。

两名及以上独立董事认为会议材料不完整、论证不充分或者提供不及时的，可以书面向董事会提出延期召开会议或者延期审议该事项，董事会应当予以采纳。

董事会及专门委员会会议以现场召开为原则。在保证全体参会董事能够充分沟通并表达意见的前提下，必要时可以依照程序采用视频、电话或者其他方式召开。

**第三十八条** 独立董事行使职权的，上市公司董事、高级管理人员等相关人员应当予以配合，不得拒绝、阻碍或者隐瞒相关信息，不得干预其独立行使职权。

独立董事依法行使职权遭遇阻碍的，可以向董事会说明情况，要求董事、高级管理人员等相关人员予以配合，并将受到阻碍的具体情形和解决状况记入工作记录；仍不能消除阻碍的，可以向中国证监会和证券交易所报告。

独立董事履职事项涉及应披露信息的，上市公司应当及时办理披露事宜；上市公司不予披露的，独立董事可以直接申请披露，或者向中国证监会和证券交易所报告。

中国证监会和证券交易所应当畅通独立董事沟通渠道。

**第三十九条** 上市公司应当承担独立董事聘请专业机构及行使其他职权时所需的费用。

**第四十条** 上市公司可以建立独立董事责任保险制度，降低独立董事正常履行职责可能引致的风险。

**第四十一条** 上市公司应当给予独立董事与其承担的职责相适应的津贴。津贴的标准应当由董事会制订方案，股东大会审议通过，并在上市公司年度报告中进行披露。

除上述津贴外，独立董事不得从上市公司及其主要股东、实际控制人或者有利害关系的单位和人员取得其他利益。

## 第五章 监督管理与法律责任

**第四十二条** 中国证监会依法对上市公司独立董事及相关主体在证券市场的活动进行监督管理。

证券交易所、中国上市公司协会依照法律、行政法规和本办法制定相关自律规则，对上市公司独立董事进行自律管理。

有关自律组织可以对上市公司独立董事履职情况进行评估，促进其不断提高履职效果。

**第四十三条** 中国证监会、证券交易所可以要求上市公司、独立董事及其他相关主体对独立董事有关事项作出解释、说明或者提供相关资料。上市公司、独立董事及相关主体应当及时回复，并配合中国证监会的检查、调查。

**第四十四条** 上市公司、独立董事及相关主体违反本办法规定的，中国证监会可以采取责令改正、监管谈话、出具警示函、责令公开说明、责令定期报告等监管措施。依法应当给予行政处罚的，中国证监会依照有关规定进行处罚。

**第四十五条** 对独立董事在上市公司中的履职尽责情况及其行政责任，可以结合独立董事履行职责与相关违法违规行为之间的关联程度，兼顾其董事地位和外部身份特点，综合下列方面进行认定：

（一）在信息形成和相关决策过程中所起的作用；

（二）相关事项信息来源和内容、了解信息的途径；

（三）知情程度及知情后的态度；

（四）对相关异常情况的注意程度，为核验信息采取的措施；

（五）参加相关董事会及其专门委员会、独立董事专门会议的情况；

（六）专业背景或者行业背景；

（七）其他与相关违法违规行为关联的方面。

**第四十六条** 独立董事能够证明其已履行基本职责，且存在下列情形之一的，可以认定其没有主观过错，依照《中华人民共和国行政处罚法》不予行政处罚：

（一）在审议或者签署信息披露文件前，对不属于自身专业领域的相关具体问题，借助会计、法律等专门职业的帮助仍然未能发现问题的；

（二）对违法违规事项提出具体异议，明确记载于董事会、董事会专门委员会或者独立董事专门会议的会议记录中，并在董事会会议中投反对票或者弃权票的；

（三）上市公司或者相关方有意隐瞒，且没有迹象表明独立董事知悉或者能够发现违法违规线索的；

（四）因上市公司拒绝、阻碍独立董事履行职责，导致其无法对相关信息披露文件是否真实、准确、完整作出判断，并及时向中国证监会和证券交易所书面报告的；

（五）能够证明勤勉尽责的其他情形。

在违法违规行为揭露日或者更正日之前，独立董事发现违法违规行为后及时向上市公司提出异议并监督整改，且向中国证监会和证券交易所书面报告的，可以不予行政处罚。

独立董事提供证据证明其在履职期间能够按照法律、行政法规、部门规章、规范性文件以及公司章程的规定履行职责的，或者在违法违规行为被揭露后及时督促上市公司整改且效果较为明显的，中国证监会可以结合违法违规行为事实和性质、独立董事日常履职情况等综合判断其行政责任。

## 第六章 附 则

**第四十七条** 本办法下列用语的含义：

（一）主要股东，是指持有上市公司百分之五以上股份，或者持有股份不足百分之五但对上市公司有重大影响的股东；

（二）中小股东，是指单独或者合计持有上市公司股份未达到百分之五，且不担任上市公司董事、监事和高级管理人员的股东；

（三）附属企业，是指受相关主体直接或者间接控制的企业；

（四）主要社会关系，是指兄弟姐妹、兄弟姐妹的配偶、配偶的父母、配偶的兄弟姐妹、子女的配偶、子女配偶的父母等；

（五）违法违规行为揭露日，是指违法违规行为在具有全国性影响的报刊、电台、电视台或者监管部门网站、交易场所网站、主要门户网站、行业知名的自媒体等媒体上，首次被公开揭露并为证券市场知悉之日；

（六）违法违规行为更正日，是指信息披露义务人在证券交易场所网站或者符合中国证监会规定条件的媒体上自行更正之日。

**第四十八条** 本办法自2023年9月4日起施行。2022年1月5日发布的《上市公司独立董事规则》（证监会公告〔2022〕14号）同时废止。

自本办法施行之日起的一年为过渡期。过渡期内，上市公司董事会及专门委员会

《中华人民共和国公司法》释义

的设置、独立董事专门会议机制、独立董事的独立性、任职条件、任职期限及兼职家数等事项与本办法不一致的，应当逐步调整至符合本办法规定。

《上市公司股权激励管理办法》《上市公司收购管理办法》《上市公司重大资产重组管理办法》等本办法施行前中国证监会发布的规章与本办法的规定不一致的，适用本办法。

## 四、第一百三十七条

### （一）原文

**【2023年版本】**

第一百三十七条　上市公司在董事会中设置审计委员会的，董事会对下列事项作出决议前应当经审计委员会全体成员过半数通过：

（一）聘用、解聘承办公司审计业务的会计师事务所；

（二）聘任、解聘财务负责人；

（三）披露财务会计报告；

（四）国务院证券监督管理机构规定的其他事项。

**【三次审议稿】**

第一百三十七条　上市公司在董事会中设置审计委员会的，董事会对下列事项作出决议前应当经审计委员会全体成员过半数通过：

（一）聘用、解聘承办公司审计业务的会计师事务所；

（二）任免财务负责人；

（三）披露财务会计报告；

（四）国务院证券监督管理机构规定的其他事项。

### （二）条文释义

本条规定了董事会审计委员会的职权。

董事会审计委员会作为专业委员会应当对公司财务、审计等相关事项进行事先审查，因此，上市公司在董事会中设置审计委员会的，董事会对下列事项作出决议前应当经审计委员会全体成员过半数通过：

（1）聘用、解聘承办公司审计业务的会计师事务所。会计师事务所的选任对确保公司财务信息的真实、准确和完整具有重要意义，聘用、解聘承办公司审计业务的会计师事务所是上市公司的重大事项，应当发挥审计委员会的作用。

（2）任免财务负责人。财务负责人是确保公司财务信息真实、准确和完整的重要岗位，也是董事会审计委员会直接领导下的负责人，因此，任免财务负责人应当首先经过审计委员会的同意。

（3）披露财务会计报告。上市公司需要定期披露财务会计报告，包括年报、半年报和季报。公司的董事、高级管理人员应当对财务会计报告的真实性、准确性和完整性负责，因此，在披露财务会计报告之前，应当经过审计委员会的审议。

（4）国务院证券监督管理机构规定的其他事项。国务院证券监督管理机构以及公司章程、股东会会议均可以在以上事项的基础上增加需要经过审计委员会预先审议通过的事项，如公司的年度预算、公司年度审计计划、公司年度审计报告等。

## 五、第一百三十八条

### （一）原文

**【2023年版本、三次审议稿】**

第一百三十八条　上市公司设董事会秘书，负责公司股东会和董事会会议的筹备、文件保管以及公司股东资料的管理，办理信息披露事务等事宜。

**【2018年版本】**

第一百二十三条　上市公司设董事会秘书，负责公司股东大会和董事会会议的筹备、文件保管以及公司股东资料的管理，办理信息披露事务等事宜。

### （二）条文释义

本条规定了董事会秘书的设置。

上市公司董事会的事务较多，而且需要了解董事会运作的基本规则，必须有专人负责，上市公司应当设董事会秘书，负责公司股东会和董事会会议的筹备、文件保管以及公司股东资料的管理，办理信息披露事务等事宜。董事会秘书属于公司高级管理人员，为便于其开展工作，一般由董事会中的非独立董事担任董事会秘书。

### （三）相关法规规定

**《证券公司监督管理条例》**

第二十一条　证券公司设董事会秘书，负责股东会和董事会会议的筹备、文件的保管以及股东资料的管理，按照规定或者根据国务院证券监督管理机构、股东等有关单位或者个人的要求，依法提供有关资料，办理信息报送或者信息披露事项。董事会秘书为证券公司高级管理人员。

**《国务院办公厅关于进一步加强资本市场中小投资者合法权益保护工作的意见》**
（国办发〔2013〕110号）

### 三、保障中小投资者知情权

增强信息披露的针对性。有关主体应当真实、准确、完整、及时地披露对投资决策有重大影响的信息，披露内容做到简明易懂，充分揭示风险，方便中小投资者查阅。健全内部信息披露制度和流程，强化董事会秘书等相关人员职责。制定自愿性和简明化的信息披露规则。

# 六、第一百三十九条

## （一）原文

【2023年版本】

第一百三十九条　上市公司董事与董事会会议决议事项所涉及的企业或者个人有关联关系的，该董事应当及时向董事会书面报告。有关联关系的董事不得对该项决议行使表决权，也不得代理其他董事行使表决权。该董事会会议由过半数的无关联关系董事出席即可举行，董事会会议所作决议须经无关联关系董事过半数通过。出席董事会会议的无关联关系董事人数不足三人的，应当将该事项提交上市公司股东会审议。

【三次审议稿】

第一百三十九条　上市公司董事与董事会会议决议事项所涉及的企业或者个人有关联关系的，该董事应当及时向董事会书面报告。有关联关系的董事不得对该项决议行使表决权，也不得代理其他董事行使表决权。该董事会会议由过半数的无关联关系董事出席即可举行，董事会会议所作决议须经无关联关系董事过半数通过。出席董事会的无关联关系董事人数不足三人的，应当将该事项提交上市公司股东会审议。

【2018年版本】

第一百二十四条　上市公司董事与董事会会议决议事项所涉及的企业有关联关系的，不得对该项决议行使表决权，也不得代理其他董事行使表决权。该董事会会议由过半数的无关联关系董事出席即可举行，董事会会议所作决议须经无关联关系董事过半数通过。出席董事会的无关联关系董事人数不足三人的，应将该事项提交上市公司股东大会审议。

## （二）条文释义

本条规定了关联董事的回避义务。

如果董事与上市公司拟决议的事项有关联关系，为提高董事会决策的中立性，该董事应当回避。因此，上市公司董事与董事会会议决议事项所涉及的企业或者个人有关联关系的，该董事应当及时向董事会书面报告。相关报告可以提交给董事会秘书或者董事长。报告中应详细说明本人与相关企业或者个人之间具有什么关联关系，例如近亲属关系、投资关系、合作关系、债权债务关系、诉讼纠纷等。

有关联关系的董事不得对该项决议行使表决权，也不得代理其他董事行使表决权。有关联关系的董事原则上也不得出席该次董事会会议。该董事会会议由过半数的无关联关系董事出席即可举行，董事会会议所作决议须经无关联关系董事过半数通过。例如，董事会成员为9人，其中2人与董事会会议决议事项有关联关系，该名董事不出席会议，无关联关系董事为7人。该次董事会会议应当至少有4人出席才可以举行，最终同意该事项的票数至少为4票，该事项才能通过。

出席董事会会议的无关联关系董事人数不足3人的，应当将该事项提交上市公司股东会审议。如果出席董事会会议的无关联关系董事人数正好为3人（例如董事会成员为5人，其中2人有关联关系），董事会会议可以正常决议相关事项，无需提交上市公司股东会审议。

# 七、第一百四十条

## （一）原文

【2023年版本】

第一百四十条　上市公司应当依法披露股东、实际控制人的信息，相关信息应当真实、准确、完整。

禁止违反法律、行政法规的规定代持上市公司股票。

【三次审议稿】

第一百四十条　上市公司应当依法披露股东、实际控制人的信息，相关信息应当真实、准确、完整。

禁止违反法律、行政法规的规定，代持上市公司股票。

## （二）条文释义

本条规定了上市公司披露股东和实际控制人信息的义务。

为防止上市公司的实际控制人和大股东操纵上市公司损害小股东利益，上市公司应当依法披露股东、实际控制人的信息，相关信息应当真实、准确、完整。所谓"实际控制人"是指对上市公司的决策拥有最终控制权的人，其可能并非名义上的股东，其可能是一个人，也可能是多个人的联合，可能是一个自然人，也可能是一家公司。实际控制人操控上市公司的表现：一是控制了多个大股东，在股东会会议的表决上拥有绝对控制权，二是控制了董事会中的多数席位，在董事会表决时拥有绝对控制权。

禁止违反法律、行政法规的规定，代持上市公司股票。目前，我国法律对上市公司股票代持并未一概禁止，只有当法律、行政法规禁止隐名股东持有上市公司股票，隐名股东找名义股东代持上市公司股票才是违法无效的。如果法律、行政法规并未禁止隐名股东持有上市公司股票，隐名股东找名义股东代持上市公司股票本身并不违法。

## 八、第一百四十一条

### （一）原文

【2023年版本、三次审议稿】

第一百四十一条　上市公司控股子公司不得取得该上市公司的股份。

上市公司控股子公司因公司合并、质权行使等原因持有上市公司股份的，不得行使所持股份对应的表决权，并应当及时处分相关上市公司股份。

### （二）条文释义

本条规定了子公司不得取得母公司的股份。

为防止子公司与母公司混合控股，导致上市公司股权不清以及避免上市公司自己间接持有自己的股份，上市公司控股子公司不得取得该上市公司的股份。上市公司之间互相持股并不违法，只要不是上市公司的控股子公司，均可以持有上市公司的股份。例如，甲上市公司持有乙公司10%的股份，并未达到控股的程度，此时，乙公司可以取得甲上市公司的股份。甲上市公司持有丙公司60%的股份，已经达到控股的程度，此时，丙公司不得取得甲上市公司的股份。

如果上市公司控股子公司因公司合并、质权行使等原因持有上市公司股份，该子公司不得行使所持股份对应的表决权，并应当及时处分相关上市公司股份。通常情况下，应当在3个月内处分相关上市公司的股份，处分的方式主要是对外转让。

# 第六章 股份有限公司的股份发行和转让

## 第一节 股份发行

### 一、第一百四十二条

#### （一）原文

【2023年版本、三次审议稿】

第一百四十二条 公司的资本划分为股份。公司的全部股份，根据公司章程的规定择一采用面额股或者无面额股。采用面额股的，每一股的金额相等。

公司可以根据公司章程的规定将已发行的面额股全部转换为无面额股或者将无面额股全部转换为面额股。

采用无面额股的，应当将发行股份所得股款的二分之一以上计入注册资本。

【2018年版本】

第一百二十五条 股份有限公司的资本划分为股份，每一股的金额相等。

公司的股份采取股票的形式。股票是公司签发的证明股东所持股份的凭证。

第一百二十七条 股票发行价格可以按票面金额，也可以超过票面金额，但不得低于票面金额。

#### （二）条文释义

本条规定了股份有限公司的资本与股份。

股份有限公司的最重要特征就是将公司的资本划分为股份。公司的全部股份，根

《中华人民共和国公司法》释义

据公司章程的规定择一采用面额股或者无面额股。面额股就是在股票上标明每一股的面值，通常就是该股份所对应的净资产额。通常情况下，每股面额为人民币1元。当然，法律也不禁止发行面额非1元的股票，如每股2元或者10元。采用面额股的，每一股的金额相等。也就是说，不允许发行有的面额为1元，有的面额为2元的面额股，所有股票的金额必须相等，如果是1元，所有股票都是1元，如果是2元，所有股票都是2元。无面额股就是不标明每股的面值，只是将公司的全部资本划分为若干股份，这种划分实际上也就代表了每股的面额，只是未在股票上标明其面额而已。股份是否标明面额本身并没有实际意义，因此，建议股份有限公司发行无面额股。

公司可以根据公司章程的规定将已发行的面额股全部转换为无面额股或者将无面额股全部转换为面额股。由于股份的面额并没有实际意义，因此，股份有限公司可以将两种类型的股票随意转换。建议股份有限公司将之前发行的面额股全部转换为无面额股。

采用无面额股的，应当将发行股份所得股款的二分之一以上计入注册资本和实收资本，剩余部分计入资本公积。这部分资本公积可以随时转换为注册资本和实收资本，公司股东不必为此缴纳所得税。如果采用面额股，一般情况下是将面额股对应金额计入注册资本和实收资本，超过面额的部分计入资本公积。

## 二、第一百四十三条

### （一）原文

**【2023年版本、三次审议稿】**

第一百四十三条　股份的发行，实行公平、公正的原则，同类别的每一股份应当具有同等权利。

同次发行的同类别股份，每股的发行条件和价格应当相同；认购人所认购的股份，每股应当支付相同价额。

**【2018年版本】**

第一百二十六条　股份的发行，实行公平、公正的原则，同种类的每一股份应当具有同等权利。

同次发行的同种类股票，每股的发行条件和价格应当相同；任何单位或者个人所认购的股份，每股应当支付相同价额。

### （二）条文释义

本条规定了股份发行的原则。

股份的发行，实行公平、公正的原则，同类别的每一股份应当具有同等权利。也就是说，不同类别的股份其权利不必同等，股份有限公司可以发行不同类别的股份。同股同权，不同股不同权符合公平、公正的原则。

同股同权也要求同次发行的同类别股份，每股的发行条件和价格应当相同；认购人所认购的股份，每股应当支付相同价额。股份有限公司可以同时发行不同类别的股份，不同类别的股份其发行条件和价格可以不相同，认股人根据其所认购的股份，分别支付其对应的价额。

## 三、第一百四十四条

### （一）原文

【2023年版本、三次审议稿】

**第一百四十四条** 公司可以按照公司章程的规定发行下列与普通股权利不同的类别股：

（一）优先或者劣后分配利润或者剩余财产的股份；

（二）每一股的表决权数多于或者少于普通股的股份；

（三）转让须经公司同意等转让受限的股份；

（四）国务院规定的其他类别股。

公开发行股份的公司不得发行前款第二项、第三项规定的类别股；公开发行前已发行的除外。

公司发行本条第一款第二项规定的类别股的，对于监事或者审计委员会成员的选举和更换，类别股与普通股每一股的表决权数相同。

【2018年版本】

**第一百三十一条** 国务院可以对公司发行本法规定以外的其他种类的股份，另行作出规定。

### （二）条文释义

本条规定了股份有限公司可以发行的类别股。

股份有限公司可以发行普通股，也可以发行与普通股不同的其他股份，该股份被称为类别股。具体而言，公司可以按照公司章程的规定发行下列与普通股权利不同的类别股：

（1）优先或者劣后分配利润或者剩余财产的股份。优先分配利润或者剩余财产的股份就是通常所称的优先股，优先股通常在表决权方面受到限制。劣后分配利润或者剩余财产的股份通常要在表决权方面有优势。

（2）每一股的表决权数多于或者少于普通股的股份。公司通过这种方式可以确保创始股东在股东会上享有控制权。

（3）转让须经公司同意等转让受限的股份。该类股份既可以设定为转让须经公司同意，也可以设定为转让须经股东会会议三分之二以上同意，或者须经董事会同意。

（4）国务院规定的其他类别股。在国务院未有明确规定的情况下，股份有限公司只能发行上述三类类别股。

通常情况下，上述三种类别股也已经足够股份有限公司选用了。上述三种类别股可以综合在一起设计其特点，例如，甲类别股的特点是优先分配利润或者剩余财产，但其表决权少于普通股且其转让须经公司同意；乙类别股的特点是劣后分配利润或者剩余财产，但其表决权多于普通股，其转让须经公司董事会同意。

考虑目前证券交易所的交易规则，公开发行股份的公司不得发行前述第二项、第三项规定的类别股；公开发行前已发行的除外。公开发行股份的公司只能发行优先或者劣后分配利润或者剩余财产的股份。

为防止表决权数多于或者少于普通股的类别股利用其表决权来控制公司的监督机构，公司发行上述第二项规定的类别股的，对于监事或者审计委员会成员的选举和更换，类别股与普通股每一股的表决权数相同。

## 四、第一百四十五条

### （一）原文

【2023年版本】

第一百四十五条　发行类别股的公司，应当在公司章程中载明以下事项：

（一）类别股分配利润或者剩余财产的顺序；

（二）类别股的表决权数；

（三）类别股的转让限制；

（四）保护中小股东权益的措施；

（五）股东会认为需要规定的其他事项。

【三次审议稿】

第一百四十五条　发行类别股的公司，应当在公司章程中载明以下事项：

（一）类别股分配利润或者剩余财产的顺序；

（二）类别股的表决权数；

（三）类别股的转让限制；
（四）保护中小股东权益的措施；
（五）股东会会议认为需要规定的其他事项。

## （二）条文释义

本条规定了发行类别股时公司章程的记载事项。

由于类别股在利润分配、表决权行使、股份转让等方面具有不同于普通股的特点，应当提醒全体股东特别注意，因此，发行类别股的公司，应当在公司章程中载明以下事项：

（1）类别股分配利润或者剩余财产的顺序。类别股可以在分配利润或者剩余财产方面优先于普通股，也可以劣后于普通股，还可以等同于普通股。该类别的类别股也可以与其他类别股相比较，如某股份有限公司利润分配的顺序为甲类别股优先于普通股，普通股优先于乙类别股，乙类别股优先于丙类别股。

（2）类别股的表决权数。类别股的表决权数可以多于普通股，也可以少于普通股，还可以等于普通股。不同类别股的表决权也可以互不相同。例如某股份有限公司1普通股拥有1表决权，1甲类别股拥有0.1表决权，1乙类别股拥有1表决权，1丙类别股拥有5表决权。

（3）类别股的转让限制。类别股的转让可以有限制，也可以没有限制。限制的主要方式是经过公司、董事会同意，或者持股满一定期限。

（4）保护中小股东权益的措施。这里既包括保护持有普通股的中小股东权益，也包括保护持有类别股的中小股东权益，还包括保护同时持有普通股和类别股的中小股东权益。

（5）股东会会议认为需要规定的其他事项。例如类别股在特定事项上是否拥有表决权或者特别表决权。

# 五、第一百四十六条

## （一）原文

【2023年版本】

第一百四十六条　发行类别股的公司，有本法第一百一十六条第三款规定的事项等可能影响类别股股东权利的，除应当依照第一百一十六条第三款的规定经股东会决议外，还应当经出席类别股股东会议的股东所持表决权的三分之二以上通过。

公司章程可以对需经类别股股东会议决议的其他事项作出规定。

**【三次审议稿】**

**第一百四十六条** 发行类别股的公司，有本法第一百一十六条第三款规定的事项等可能损害类别股股东权利的，除应当依照第一百一十六条第三款的规定经股东会决议外，还应当经出席类别股股东会的股东所持表决权的三分之二以上通过。

公司章程可以对需经类别股股东会决议的其他事项作出规定。

## （二）条文释义

本条规定了对类别股股东权益的特别保护。

《公司法》第一百一十六条第三款规定：股东会作出修改公司章程、增加或者减少注册资本的决议，以及公司合并、分立、解散或者变更公司形式的决议，应当经出席会议的股东所持表决权的三分之二以上通过。

发行类别股的公司，由于类别股的表决权可能受到限制，因此，类别股股东在股东会作出修改公司章程、增加或者减少注册资本的决议，以及公司合并、分立、解散或者变更公司形式的决议时，其权利有可能受到损害，此时，除应当经出席会议的股东所持表决权的三分之二以上通过外，还应当经出席类别股股东会的股东所持表决权的三分之二以上通过。如果无法经过两个三分之二以上通过，股东大会不能通过该项提案。

公司章程可以对需经类别股股东会决议的其他事项作出规定，例如，增发某种类别股可以要求经过该类别股股东会特别决议。

# 六、第一百四十七条

## （一）原文

**【2023年版本、三次审议稿】**

**第一百四十七条** 公司的股份采取股票的形式。股票是公司签发的证明股东所持股份的凭证。

公司发行的股票，应当为记名股票。

**【2018年版本】**

**第一百二十九条** 公司发行的股票，可以为记名股票，也可以为无记名股票。

公司向发起人、法人发行的股票，应当为记名股票，并应当记载该发起人、法人的名称或者姓名，不得另立户名或者以代表人姓名记名。

第六章 股份有限公司的股份发行和转让

**第一百三十条** 公司发行记名股票的,应当置备股东名册,记载下列事项:
(一)股东的姓名或者名称及住所;
(二)各股东所持股份数;
(三)各股东所持股票的编号;
(四)各股东取得股份的日期。
发行无记名股票的,公司应当记载其股票数量、编号及发行日期。

## (二)条文释义

本条规定了股票。

股份和股票的关系一直是很多人困惑的问题,公司的股份采取股票的形式。股票是公司签发的证明股东所持股份的凭证。由此可见,股份是内容,股票是形式。股票代表的是股份,股份的表现形式是股票。二者是一个事物的两个方面。

公司发行的股票,应当为记名股票。所谓记名股票,就是在股票上要记载股东的姓名或者名称。不记名股票无法挂失,安全性较差,因此,公司不允许发行不记名股票。

# 七、第一百四十八条

## (一)原文

【2023年版本、三次审议稿】

**第一百四十八条** 面额股股票的发行价格可以按票面金额,也可以超过票面金额,但不得低于票面金额。

【2018年版本】

**第一百三十五条** 公司发行新股,可以根据公司经营情况和财务状况,确定其作价方案。

## (二)条文释义

本条规定了面额股股票的发行价格。

股票可以是面额股,也可以是无面额股。如果是面额股,该股票的发行价格可以按票面金额,也可以超过票面金额,但不得低于票面金额。这一规定是为了保证公司的资本是实收资本,而非名义资本。需要注意的是,股票的发行价格并不等于股票上市以后的交易价格,后者受市场供求关系影响,可以低于票面金额。

《中华人民共和国公司法》释义

## 八、第一百四十九条

### （一）原文

【2023年版本、三次审议稿】

第一百四十九条　股票采用纸面形式或者国务院证券监督管理机构规定的其他形式。股票采用纸面形式的，应当载明下列主要事项：

（一）公司名称；

（二）公司成立日期或者股票发行的时间；

（三）股票种类、票面金额及代表的股份数，发行无面额股的，股票代表的股份数。

股票采用纸面形式的，还应当载明股票的编号，由法定代表人签名，公司盖章。

发起人股票采用纸面形式的，应当标明发起人股票字样。

【2018年版本】

第一百二十八条　股票采用纸面形式或者国务院证券监督管理机构规定的其他形式。

股票应当载明下列主要事项：

（一）公司名称；

（二）公司成立日期；

（三）股票种类、票面金额及代表的股份数；

（四）股票的编号。

股票由法定代表人签名，公司盖章。

发起人的股票，应当标明发起人股票字样。

### （二）条文释义

本条规定了股票的形式及其记载事项。

股票采用纸面形式或者国务院证券监督管理机构规定的其他形式，如电子数据形式。

如果股票采取电子数据形式，无需记载相关事项，按国务院证券监督管理机构的规定采取相关技术手段来记载和识别。如果股票采用纸面形式，应当载明下列主要事项：

（1）公司名称。应当使用公司的标准全称，不允许使用简称。

（2）公司成立日期或者股票发行的时间。如果公司成立之日就发行了股票，可以只记载公司成立日期，如果公司成立之后间隔一段时间才发行股票，应记载股票发行的时间。

（3）股票种类、票面金额及代表的股份数，发行无面额股的，股票代表的股份数。股票种类主要取决于其代表的股份的种类，如普通股、甲类别股、乙类别股等。一只股票可以代表一股份，也可以代表多股份。

为防止股票被伪造，股票采用纸面形式的，还应当载明股票的编号，由法定代表人签名，公司盖章。如果发起人股票采用纸面形式，应当标明发起人股票字样，由此将发起人股票与其他人的股票相区分。

## 九、第一百五十条

### （一）原文

【2023年版本、三次审议稿】

第一百五十条　股份有限公司成立后，即向股东正式交付股票。公司成立前不得向股东交付股票。

【2018年版本】

第一百三十二条　股份有限公司成立后，即向股东正式交付股票。公司成立前不得向股东交付股票。

### （二）条文释义

本条规定了股票的交付。

股票是股东所持股份的证明，因此，股份有限公司成立后，即向股东正式交付股票。公司成立前不得向股东交付股票。公司成立前有可能因各种原因导致公司无法成立，而且在公司成立前，即使股东拥有了股票，也无法行使股东权利，因此，不允许提前交付股票。

## 十、第一百五十一条

### （一）原文

【2023年版本、三次审议稿】

第一百五十一条　公司发行新股，股东会应当对下列事项作出决议：

（一）新股种类及数额；

（二）新股发行价格；

（三）新股发行的起止日期；

（四）向原有股东发行新股的种类及数额；

（五）发行无面额股的，新股发行所得股款计入注册资本的金额。

公司发行新股，可以根据公司经营情况和财务状况，确定其作价方案。

【2018年版本】

第一百三十三条　公司发行新股，股东大会应当对下列事项作出决议：

（一）新股种类及数额；

（二）新股发行价格；

（三）新股发行的起止日期；

（四）向原有股东发行新股的种类及数额。

## （二）条文释义

本条规定了股东会有关新股发行的决议事项。

公司发行新股，涉及股东的基本利益，因此，股东会应当对下列事项作出决议：

（1）新股种类及数额。新股可以是普通股，也可以是类别股。新股数额根据公司需要拟定，没有数额的限制。

（2）新股发行价格。新股发行价格原则上根据市场供求关系来确定，如果是面额股，发行价格不能低于股票上的面额。

（3）新股发行的起止日期。新股发行的期间不宜过短，也不宜过长，原则上不跨年，通常为8至14个自然日。

（4）向原有股东发行新股的种类及数额。公司发行新股，既可以面向新股东，也可以面向原有股东，还可以同时面向新股东和原有股东。专门针对原有股东发行的新股，应当由股东会就种类及数额作出决议。

（5）发行无面额股的，新股发行所得股款计入注册资本的金额。如果是面额股，通常将面额对应的股款计入注册资本，但对于无面额股，则应当由股东会决议具体多少比例的股款计入注册资本，剩余股款应计入资本公积。

公司发行新股，可以根据公司经营情况和财务状况，确定其作价方案。新股的作价方案是一个比较复杂的问题，如果是上市公司，可以根据公司现有股票的价格来拟定新股的作价方案。如果是非上市公司，可以根据公司现有股票所对应的净资产额以及公司未来的盈利能力来拟定新股的作价方案。

## 十一、第一百五十二条

### （一）原文

【2023年版本】

第一百五十二条　公司章程或者股东会可以授权董事会在三年内决定发行不超过已发行股份百分之五十的股份。但以非货币财产作价出资的应当经股东会决议。

董事会依照前款规定决定发行股份导致公司注册资本、已发行股份数发生变化的，对公司章程该项记载事项的修改不需再由股东会表决。

【三次审议稿】

第一百五十二条　公司章程或者股东会可以授权董事会在三年内决定发行不超过已发行股份百分之五十的股份。但以非现金支付方式支付股款的应当经股东会决议。

### （二）条文释义

本条规定了授权董事会发行股份的制度。

有些公司发行股份是经常性事项，如果均由股东会决议，会大大增加召开股东会的次数，为此，公司章程或者股东会可以授权董事会在三年内决定发行不超过已发行股份50%的股份。不仅股东会可以通过决议的方式授权董事会，公司章程也可以直接授权董事会。授权期限最长为三年，董事会决定发行的股份不能超过公司已发行股份的50%。如果公司发行的股份有普通股和类别股，董事会决定发行的普通股不能超过公司已发行普通股的50%，董事会决定发行的类别股也不能超过公司已发行类别股的50%。

董事会决定发行的股份必须以现金支付方式支付股款，如果以非现金支付方式支付股款，由于涉及非货币财产的价值评估，这种股份发行应当经股东会决议。

董事会依照上述规定决定发行股份，通常会导致公司注册资本、已发行股份数发生变化，由于这是股东会授权董事会的必然后果，因此，对公司章程该项记载事项的修改不需再由股东会表决。

## 十二、第一百五十三条

### （一）原文

【2023年版本、三次审议稿】

第一百五十三条　公司章程或者股东会授权董事会决定发行新股的，董事会决议

《中华人民共和国公司法》释义

应当经全体董事三分之二以上通过。

### （二）条文释义

本条规定了董事会发行股份决议的通过标准。

如果公司章程或者股东会授权董事会决定发行新股，由于发行股份是比较重要的事项，该项董事会决议应当经全体董事三分之二以上通过。普通事项只需要经过全体董事过半数即可以通过。

## 十三、第一百五十四条

### （一）原文

【2023年版本、三次审议稿】

第一百五十四条　公司向社会公开募集股份，应当经国务院证券监督管理机构注册，公告招股说明书。

招股说明书应当附有公司章程，并载明下列事项：

（一）发行的股份总数；

（二）面额股的票面金额和发行价格或者无面额股的发行价格；

（三）募集资金的用途；

（四）认股人的权利和义务；

（五）股份种类及其权利和义务；

（六）本次募股的起止日期及逾期未募足时认股人可以撤回所认股份的说明。

公司设立时发行股份的，还应当载明发起人认购的股份数。

【2018年版本】

第一百三十四条　公司经国务院证券监督管理机构核准公开发行新股时，必须公告新股招股说明书和财务会计报告，并制作认股书。

本法第八十七条、第八十八条的规定适用于公司公开发行新股。

### （二）条文释义

本条规定了公告招股说明书记载的事项。

我国实行股票发行注册制，因此，公司向社会公开募集股份，应当经国务院证券监督管理机构注册，公告招股说明书。

从合同签订方式的角度来看，招股说明书相当于要约邀请，因此，招股说明书应当附有公司章程，并载明下列事项：

（1）发行的股份总数。发行的股份总数涉及该次发行的规模，也会影响发行结束后，公司的股份总数，对投资者判断当前发行价格以及公司未来股价的走势都有重要影响。

（2）面额股的票面金额和发行价格或者无面额股的发行价格。股份有限公司公开募集的股份可以是面额股，也可以是无面额股。如果是面额股，应当说明票面金额，通常为1元，还应当说明发行价格。如果是无面额股，只需要说明发行价格。

（3）募集资金的用途。募集资金的用途直接决定了该笔资金是否能盈利，公司的股份是否能增值，属于应当告知投资者的重要事项。

（4）认股人的权利和义务。认股人在认股期间享有一定的权利，如认购权，认购不成功时请求退还股款及其银行利息的权利，也承担一定义务，如预先缴纳股款。认股人一旦认购成功就成为公司股东，享有公司股东的权利和义务。

（5）股份种类及其权利和义务。由于公司可以发行不同种类的股份，招股说明书必须清楚说明本次发行的是什么种类的股份，拥有该股份享有哪些权利、承担哪些义务。

（6）本次募股的起止日期及逾期未募足时认股人可以撤回所认股份的说明。募股的起止日期意味着投资者可以认购的期间，应当明确说明。公开募集股份有可能无法募足并导致本次公开募集股份失败，认股人可以撤回所认股份。如果公开募足了相应股份，认股人不允许撤回所认股份。

公司设立时发行股份的，还应当载明发起人认购的股份数。发起人认购的股份数直接表明了发起人对公司发展前景的判断，对于投资者具有参考价值。

## （三）相关规范性文件的规定

**《国务院关于股票发行注册制改革有关工作情况的报告——2020年10月15日在第十三届全国人民代表大会常务委员会第二十二次会议上》**

受国务院委托，现将股票发行注册制改革有关工作情况报告如下，请审议。

以习近平同志为核心的党中央高度重视资本市场改革发展。党的十八届三中全会明确提出，推进股票发行注册制改革。全国人大常委会及时解决注册制改革的法律授权问题，修订证券法，为注册制改革提供了法律保障。国务院对注册制改革作出具体部署，明确实施注册制的范围和步骤。证监会会同有关方面，以习近平新时代中国特色社会主义思想为指导，认真贯彻习近平总书记关于资本市场的一系列重要批示指示精神，按照党中央、国务院决策部署，坚持稳中求进工作总基调，坚持"建制度、不干预、零容忍"的方针，坚持"敬畏市场、敬畏法治、敬畏专业、敬畏风险，形成合力"的监管理念，全力以赴推进注册制改革试点。总的看，注册制改革已经取得突破性进展,主要制度安排经受了市场的初步检验,市场运行总体平稳,开局良好。

一、注册制改革试点情况和主要成效

2018年11月5日,习近平总书记在首届中国国际进口博览会开幕式上宣布设立科创板并试点注册制的重大决策,标志着注册制改革进入启动实施的阶段,在我国资本市场发展史上具有里程碑意义。经过8个多月的努力,2019年7月22日首批科创板公司上市交易。此后,党中央、国务院决定推进创业板改革并试点注册制,2020年8月24日正式落地。两年来,证监会坚持市场化、法治化的改革方向,把握好尊重注册制基本内涵、借鉴国际最佳实践、体现中国特色和发展阶段3个原则,推动形成了从科创板到创业板、再到全市场的"三步走"注册制改革布局,一揽子推进板块改革、基础制度改革和证监会自身改革,开启了全面深化资本市场改革的新局面。

(一)探索形成符合我国国情的注册制框架。注册制是比核准制更加市场化的股票发行制度。从国际上看,成熟市场普遍实行注册制,但没有统一的模式。基本内涵是处理好政府与市场的关系,真正把选择权交给市场,最大限度减少不必要的行政干预。证监会从实际出发,初步建立了"一个核心、两个环节、三项市场化安排"的注册制架构。

"一个核心"就是以信息披露为核心,要求发行人充分披露投资者作出价值判断和投资决策所必需的信息,确保信息披露真实、准确、完整。将核准制下发行条件中可以由投资者判断的事项转化为信息披露要求,完善以招股说明书内容与格式准则为主体的信息披露规则体系,提高信息披露的针对性、有效性和可读性。推动市场各参与主体归位尽责,明确发行人是信息披露第一责任人,中介机构对发行人的信息披露资料承担核查验证和专业把关责任,投资者根据披露的信息审慎作出投资决策,自主判断投资价值。

"两个环节"就是将审核注册分为交易所审核和证监会注册两个环节,各有侧重,相互衔接。交易所审核主要通过向发行人提出问题、发行人回答问题的方式来进行,督促发行人"讲清楚"、中介机构"核清楚",使投资者"看清楚",就企业是否符合发行上市条件和信息披露要求向证监会报送审核意见。证监会在注册环节对交易所审核质量及发行条件、信息披露的重要方面进行把关并监督。同时,综合运用多要素校验、现场督导、现场检查、监管执法等多种方式,落实信息披露责任,提高信息披露质量。目前,已开展现场督导32次、现场检查5次,对22家信息披露违规的发行人及中介机构、46名相关责任人员采取了监管措施。对信息披露存在严重问题的3家企业,或不予注册,或由发行人主动撤回注册申请。

"三项市场化安排":一是设立多元包容的发行上市条件。综合考虑预计市值、收入、净利润、研发投入、现金流等因素设置多套上市标准,不要求企业在上市前必须盈利,允许特殊股权结构企业、红筹企业上市。目前,已有14家未盈利企业、1家特殊股权结构企业、2家红筹企业在科创板上市。二是建立市场化的新股发行承销机制。对新股发行价格、规模等不设任何行政性限制,以机构投资者为主体进行询价、定价、配售，真正实现由市场供求决定价格。科创板发行市盈率中位数为48倍，创业板注册制首批企业发行市盈率中位数为38倍，基本符合市场预期。三是构建公开透明可预期的审核注册机制。在交易所成立上市委，实行合议制。审核注册全程在线，电子化留痕，标准、程序、内容、过程、结果公开，各环节都有明确的时限要求，审核注册效率明显提高，企业从受理申请到完成注册平均用时5个多月。

证监会党委高度重视防范审核注册过程中的廉政风险。驻证监会纪检监察组向交易所派出工作组开展驻点监督，突出重点，加大监督力度。压实交易所党委主体责任，交易所纪委向上市审核中心派驻现场监督小组进行嵌入式监督，切实加强对重点环节、关键人员的监督，严防利益输送等违法违纪行为。

（二）打造支持科技创新的特色板块。创新能力不足仍是我国经济的软肋。党中央审时度势，决定设立科创板并试点注册制，在增量板块探索建立支持关键核心技术创新的制度安排，促进科技与资本深度融合，引领经济发展向创新驱动转型。在定位上，科创板突出"硬科技"特色，主要服务符合国家战略、突破关键核心技术、市场认可度高的科技创新企业，重点支持新一代信息技术、高端装备、新材料、新能源、节能环保以及生物医药等高新技术产业和战略性新兴产业。根据这个定位，结合科创企业的特点，设立了"50万元资产＋2年投资经验"的投资者门槛，制定了科创属性评价指引，明确符合科创板定位和科创属性要求的企业在科创板上市。从已上市公司情况看，科创板公司研发投入与营业收入之比、研发人员占公司人员总数之比、平均发明专利数量等均高于其他市场板块。一批处于"卡脖子"技术攻关领域的"硬科技"企业、具有关键核心技术的标杆企业在科创板上市或已进入审核阶段，产业聚集和品牌效应逐步显现。

创业板改革后，适应发展更多依靠创新、创造、创意的大趋势，定位于主要服务成长型创新创业企业，支持传统产业与新技术、新产业、新业态、新模式深度融合。创业板作为存量板块，充分借鉴了科创板的经验，并在一些制度上做了差异化设计和过渡安排。在投资者适当性要求方面，对新开户投资者设立"10万元资产＋2年投资经验"的门槛，已开户投资者签署新的风险揭示书后，可以继续交易创业板股票。为突出板块特色，对申报企业实行负面清单管理。从创业板改革后新申报企业看，多数企业在细分行业处于领先地位，具备较好成长预期。

科创板、创业板总体上处于同一市场层次。我们在两个板块的制度设计上保持总体平衡，坚持错位发展，突出各自特色，推动形成各有侧重、相互补充的适度竞争格局。两个板块改革落地以来，上市资源充足，流动性明显超过其他板块，资本市场服务科技创新和实体经济的能力大幅提升。截至9月15日，科创板上市公司已达173家，IPO合计融资2 607亿元，占同期A股IPO融资金额的51%，总市值达到2.8万亿元；创业板通过注册制发行上市公司已有24家，IPO合计融资224亿元。

（三）改革完善基础制度。证监会以注册制改革为龙头，统筹推进交易、退市、再融资和并购重组等关键制度创新，改进各领域各环节的监管，着力提升上市公司质量，夯实市场平稳健康发展的基础。在交易制度方面，科创板、创业板新股上市前5个交易日不设涨跌幅限制，此后日涨跌幅限制为20%。新股上市首日即可纳入融资融券标的，改进转融通机制，促进多空平衡。引入盘中临时停牌、有效价格申报范围等机制，发挥平滑市场波动的作用。从实际运行情况看，前5个交易日价格博弈比较充分，二级市场定价效率显著提升。

在退市制度方面，针对长期以来存在的退市难、退市慢等问题，科创板、创业板优化了退市标准，以组合财务类指标取代单一连续亏损退市指标，增加市值持续低于规定标准的交易类退市指标。简化退市程序，取消暂停上市、恢复上市环节，触及退市条件的直接终止上市，提高了退市效率。

在上市公司持续监管方面，科创板、创业板再融资实施注册制，建立小额快速融资制度。并购重组由交易所审核，涉及发行股票的，实行注册制，放开创业板重组上市限制。允许上市公司分拆子公司在科创板、创业板上市。针对创新创业企业的特点，实行更加灵活的股权激励机制，大幅放宽激励对象、规模和价格的限制。

在压实中介机构责任方面，细化中介机构执业要求，建立执业质量评价机制，将保荐人资格与新股发行信息披露质量挂钩管理，适当延长保荐机构持续督导期。试行保荐机构"跟投"制度，加强保荐业务内部控制机制建设，强化廉洁从业要求。丰富监管措施类型，扩大人员问责范围，加大处罚力度。

（四）加快证监会职能转变。实施注册制，客观上要求政府"退一步"，减少管制，还权于市场，同时又要"进一步"，加强监管，维护市场秩序。证监会按照"放管服"改革要求，坚持刀刃向内、简政放权，只要是市场约束比较有效的领域就坚决放权。去年以来，取消和调整14项行政许可，取消26%的备案事项，全面清理"口袋政策"和"隐形门槛"。本着简明易懂、方便使用的原则，分两批废止18件规范性文件，"打包"修改13件规章、29件规范性文件，上市公司监管问答从44项减少至18项。聚焦市场反映集中的问题，开展为期3个月的作风问题专项整治活动。

证监会坚持以"零容忍"的态度严厉打击财务造假、欺诈发行等证券违法活动。2019年以来，启动财务造假、欺诈发行等信息披露违法案件调查176件，作出行政处罚决定99件、市场禁入决定15件，向公安机关移送涉嫌犯罪案件及线索33起，从严从重查处了一批大要案。坚持一案双查，严肃追究中介机构违法责任，累计启动调查中介机构违法案件29件。完善监管架构，理顺监管权责，组建科技监管局，促进科技与业务深度融合，从体制机制上加强事中事后监管。坚持管少才能管好，聚焦重点业务、重点机构、重要风险点，实施分类监管，提升监管效能。

（五）完善法治保障。资本市场的市场属性极强，规范要求极高，实施注册制必须加强法治。在全国人大及有关方面的大力支持下，资本市场法治建设取得重大突破，实现了立法决策与改革决策相衔接、相统一。2015年12月，十二届全国人大常委会第十八次会议通过了授权国务院在实施股票发行注册制改革中调整适用证券法有关规定的决定，为在证券法完成修订之前推进注册制改革提供了法律依据。2018年2月，十二届全国人大常委会第三十三次会议决定将上述授权延期两年。在设立科创板并试点注册制落地后，全国人大常委会加快证券法修订进程，于2019年12月完成修订，2020年3月1日起施行，与授权决定无缝衔接。新证券法确立证券发行注册制度，引入证券集体诉讼制度，大幅提高违法违规成本，为全面实施注册制提供了坚实保障。同时，刑法修订也在加快，对欺诈发行、信息披露造假、中介机构提供虚假证明文件等3类犯罪的刑罚力度将大幅提高。最高人民法院围绕科创板、创业板改革分别出台专门的司法保障意见，对相关案件实施集中管辖；发布证券纠纷代表人诉讼司法解释，解决了具有中国特色的证券集体诉讼司法实践操作问题。最高人民检察院、公安部、司法部在法治建设方面也给予了大力支持。

在试点注册制过程中，各有关方面密切沟通，加强协同，形成了改革合力。人民银行、银保监会、外汇局在保持流动性合理充裕、推动中长期资金入市、便利跨境投融资等方面给予了大力支持，营造了良好的货币金融环境。发展改革委、科技部、工业和信息化部、财政部、商务部、税务总局等部委积极推动解决失信联合惩戒、科创属性评价、红筹企业政策、税收等方面的问题。中宣部、中央网信办在新闻宣传和舆论引导方面做了大量工作，为试点注册制营造了良好的舆论环境。上海、广东及深圳等地方党委、政府也从多方面提供了支持和帮助。

经过两年来的努力，试点注册制从增量市场向存量市场不断深入，各领域各环节改革有序展开，我国资本市场正在发生深刻的结构性变化。一是推动了要素资源向科技创新领域集聚，畅通了科技、资本和实体经济的高水平循环，促进了经济高质量发展。以集成电路行业为例，科创板推出后，已有24家相关企业上市，IPO融资850亿元，累计完成研发投入122亿元。2020年上半年，相关企业在遭遇新冠肺炎疫情冲击的情况下逆势快速发展，营业收入同比增长21%，比上市前3年平均增速提高8.2个百分点。二是压实了发行人、中介机构的责任，信息披露质量初步得到市场验证。试点注册制以来，上市后发现信息披露违规的公司明显减少。三是促进了上市公司优胜劣汰，市场生态明显改善。2019年以来，强制退市公司合计达24家，是之前6年总和的两倍。价值投资、长期投资理念日渐深入人心，投资行为渐趋理性，资本市场的顽疾逐步得到解决。四是凝聚了改革共识，提升了市场参与各方的获得感。证监会加强顶层设计，制定《全面深化资本市场改革总体方案》，明确了12个方面的改革任务，正在有序实施。五是激发了市场活力，促进了市场平稳健康发展。2019年以来，面临多重不利因素影响，A股市场保持了总体稳定，韧性增强。重点领域风险趋于收敛。

二、注册制改革面临的挑战

我们清醒地认识到，目前注册制改革只是有了好的开端，制度安排尚未经历完整市场周期和监管闭环的检验，有些制度还需要不断磨合和优化，各种新情况新问题可能逐步显现。还要看到，解决资本市场长期积累的深层次矛盾需要综合施策，久久为功，不可能一蹴而就。

主要挑战：一是形成有效的市场约束需要一个渐进的过程。我国资本市场发展仍不充分,"卖方市场"特征明显,再加上长期投资者发育不足,中介机构的定价和风控能力还比较薄弱。一系列更加市场化的制度安排需要各市场参与者逐步调适,短期内市场主体之间的充分博弈和相互制衡很难到位。二是有效保护投资者合法权益仍面临不少难题。目前,对欺诈发行、信息披露造假、中介机构提供虚假证明文件等违法犯罪刑罚力度偏轻,上市公司控股股东、实际控制人"掏空"上市公司、损害中小股东权益的行为在公司法层面缺乏有效制约。新证券法规定的证券民事赔偿制度真正落地还有许多工作要做。三是市场环境面临较大不确定性。当前,新冠肺炎疫情仍在全球蔓延,世界经济持续低迷,地缘政治和贸易冲突加剧,产业链供应链面临重构,国际金融市场脆弱性上升,国内经济金融形势仍然复杂严峻,给我国资本市场稳定带来压力。

因此,在我国这样一个新兴市场实施注册制,不能过于理想化,也不能急于求成。我们将保持改革定力,坚持底线思维,充分估计并有效防范改革可能面临的各种风险,积极稳妥地把注册制改革落实到位。

三、下一步改革考虑和建议

注册制改革关乎资本市场发展全局,意义重大。经过科创板、创业板两个板块的试点,全市场推行注册制的条件逐步具备。证监会将认真贯彻党中央、国务院决策部署,在国务院金融委的统一指挥协调下,深入总结试点经验,及时研究新情况、解决新问题,选择适当时机全面推进注册制改革,着力提升资本市场功能,努力打造一个规范、透明、开放、有活力、有韧性的资本市场。

(一)不断完善科创板、创业板注册制试点安排。重点是完善信息披露制度,促进信息披露更加简明清晰、通俗易懂,进一步压实发行人和中介机构责任,增强审核问询的专业性。优化发行审核与注册的衔接机制。促进科创板、创业板协调发展。

(二)稳步推进主板(中小板)、新三板注册制改革。充分考虑主板(中小板)特点,设计好注册制实施方案。按照注册制的要求,改进新三板公开发行及转让制度。开展新三板精选层挂牌公司向科创板、创业板转板上市试点。

(三)系统推进基础制度改革。总的考虑是,坚持整体设计、突出重点、问题导向,补齐制度短板,推进关键制度创新,增强制度的稳定性、平衡性、协同性,加快建立更加成熟更加定型的资本市场基础制度体系。

(四)加强上市公司持续监管。证监会将切实把好市场入口和出口两道关,优化增量,调整存量,促进上市公司优胜劣汰。完善公司治理规则体系,盯住控股股东、实际控制人等"关键少数",督促上市公司规范运作。聚焦问题公司、高风险公司,加快市场出清。动员各方面力量,推动提高上市公司质量。

(五)加快证监会自身改革。注册制改革是涉及监管理念、监管体制、监管方式的一场深刻变革。证监会将摒弃行政审批思维,切实减少对各类市场主体的微观管理,加强对重大问题的前瞻性研究和政策设计,加强对交易所和派出机构的指导、协调和监督，加大监管资源整合力度，提高整体监管效能。同时，深化"放管服"改革，推行权责清单制度，加强科技监管能力建设，培养"忠、专、实"的监管队伍。

（六）建立健全严厉打击资本市场违法犯罪的制度机制。推动成立跨部委协调小组，加强行政执法、民事追偿和刑事惩戒之间的衔接和协同，形成打击合力。启动证券集体诉讼，抓好个案，发挥示范威慑作用。完善证券投资者赔偿机制。加强对典型案件的宣传，以案说法，向市场传递"零容忍"的信号，取信于市场。

委员长、各位副委员长、秘书长、各位委员，衷心感谢全国人大常委会长期以来对资本市场改革发展的关心支持。证监会将更加紧密地团结在以习近平同志为核心的党中央周围，在全国人大及全国人大常委会的监督支持下，认真落实这次会议的审议意见，提高政治站位，主动担当作为，扎实推进注册制改革各项工作，不断巩固资本市场总体向好的发展态势，为新时代中国经济高质量发展大局贡献力量。

# 十四、第一百五十五条

## （一）原文

【2023年版本、三次审议稿】

第一百五十五条　公司向社会公开募集股份，应当由依法设立的证券公司承销，签订承销协议。

【2018年版本】

第八十七条　发起人向社会公开募集股份，应当由依法设立的证券公司承销，签订承销协议。

## （二）条文释义

本条规定了公开募集股份的承销。

考虑到公开募集股份的专业性比较强，为提高公司公开募集股份的成功率，公司向社会公开募集股份，应当由依法设立的证券公司承销，签订承销协议。证券公司具有承销证券的业务范围，也具有相关的专业知识和能力。

证券承销业务可以采取代销或者包销两种方式。证券代销是指证券公司代发行人发售证券，在承销期结束时，将未售出的证券全部退还给发行人的承销方式。证券包销是指证券公司将发行人的证券按照协议全部购入或者在承销期结束时将售后剩余证券全部自行购入的承销方式。

## （三）相关法律规定

**《证券法》**

**第二十六条** 发行人向不特定对象发行的证券，法律、行政法规规定应当由证券公司承销的，发行人应当同证券公司签订承销协议。证券承销业务采取代销或者包销方式。

证券代销是指证券公司代发行人发售证券，在承销期结束时，将未售出的证券全部退还给发行人的承销方式。

证券包销是指证券公司将发行人的证券按照协议全部购入或者在承销期结束时将售后剩余证券全部自行购入的承销方式。

**第二十七条** 公开发行证券的发行人有权依法自主选择承销的证券公司。

**第二十八条** 证券公司承销证券，应当同发行人签订代销或者包销协议，载明下列事项：

（一）当事人的名称、住所及法定代表人姓名；

（二）代销、包销证券的种类、数量、金额及发行价格；

（三）代销、包销的期限及起止日期；

（四）代销、包销的付款方式及日期；

（五）代销、包销的费用和结算办法；

（六）违约责任；

（七）国务院证券监督管理机构规定的其他事项。

**第二十九条** 证券公司承销证券，应当对公开发行募集文件的真实性、准确性、完整性进行核查。发现有虚假记载、误导性陈述或者重大遗漏的，不得进行销售活动；已经销售的，必须立即停止销售活动，并采取纠正措施。

证券公司承销证券，不得有下列行为：

（一）进行虚假的或者误导投资者的广告宣传或者其他宣传推介活动；

（二）以不正当竞争手段招揽承销业务；

（三）其他违反证券承销业务规定的行为。

证券公司有前款所列行为，给其他证券承销机构或者投资者造成损失的，应当依法承担赔偿责任。

**第三十条** 向不特定对象发行证券聘请承销团承销的，承销团应当由主承销和参与承销的证券公司组成。

**第三十一条** 证券的代销、包销期限最长不得超过九十日。

证券公司在代销、包销期内，对所代销、包销的证券应当保证先行出售给认购人，证券公司不得为本公司预留所代销的证券和预先购入并留存所包销的证券。

**第三十二条** 股票发行采取溢价发行的，其发行价格由发行人与承销的证券公司协商确定。

**第三十三条** 股票发行采用代销方式，代销期限届满，向投资者出售的股票数量未达到拟公开发行股票数量百分之七十的，为发行失败。发行人应当按照发行价并加算银行同期存款利息返还股票认购人。

**第三十四条** 公开发行股票，代销、包销期限届满，发行人应当在规定的期限内将股票发行情况报国务院证券监督管理机构备案。

## （四）相关法规规定

**《证券公司监督管理条例》**

**第二条** 证券公司应当遵守法律、行政法规和国务院证券监督管理机构的规定，审慎经营，履行对客户的诚信义务。

**第三条** 证券公司的股东和实际控制人不得滥用权利，占用证券公司或者客户的资产，损害证券公司或者客户的合法权益。

**第四条** 国家鼓励证券公司在有效控制风险的前提下，依法开展经营方式创新、业务或者产品创新、组织创新和激励约束机制创新。

国务院证券监督管理机构、国务院有关部门应当采取有效措施，促进证券公司的创新活动规范、有序进行。

**第五条** 证券公司按照国家规定，可以发行、交易、销售证券类金融产品。

**第二十九条** 证券公司从事证券资产管理业务、融资融券业务，销售证券类金融产品，应当按照规定程序，了解客户的身份、财产与收入状况、证券投资经验和风险偏好，并以书面和电子方式予以记载、保存。证券公司应当根据所了解的客户情况推荐适当的产品或者服务。具体规则由中国证券业协会制定。

# 十五、第一百五十六条

## （一）原文

**【2023年版本、三次审议稿】**

**第一百五十六条** 公司向社会公开募集股份，应当同银行签订代收股款协议。

代收股款的银行应当按照协议代收和保存股款，向缴纳股款的认股人出具收款单据，并负有向有关部门出具收款证明的义务。

公司发行股份募足股款后，应予公告。

《中华人民共和国公司法》释义

**【2018年版本】**

**第八十八条** 发起人向社会公开募集股份,应当同银行签订代收股款协议。

代收股款的银行应当按照协议代收和保存股款,向缴纳股款的认股人出具收款单据,并负有向有关部门出具收款证明的义务。

**第一百三十六条** 公司发行新股募足股款后,必须向公司登记机关办理变更登记,并公告。

## (二)条文释义

本条规定了公开募集股份中银行代收股款的制度。

公司向社会公开募集股份,涉及股款的代收和保存问题,只有银行具有代收股款和保存股款的资格,因此,公司应当同银行签订代收股款协议。

代收股款的银行应当按照协议代收和保存股款,其对外主要履行两项义务:第一,向缴纳股款的认股人出具收款单据;第二,向有关部门出具收款证明。

公司发行股份募足股款后,应予公告。该项告知义务一方面是让全体认股人知晓公司募集股份的最终结果,另一方面也是让公司原有股东了解公司募集股份的进展。

# 第二节 股份转让

## 一、第一百五十七条

### （一）原文

【2023年版本】

第一百五十七条 股份有限公司的股东持有的股份可以向其他股东转让，也可以向股东以外的人转让；公司章程对股份转让有限制的，其转让按照公司章程的规定进行。

【三次审议稿】

第一百五十七条 股份有限公司的股东持有的股份可以向其他股东转让，也可以向股东以外的人转让；公司章程规定转让受限的股份，其转让按照公司章程的规定。

【2018年版本】

第一百三十七条 股东持有的股份可以依法转让。

### （二）条文释义

本条规定了股份转让的原则

股份有限公司的股份原则上可以自由转让，其他股东也不享有优先购买权。股份有限公司的股东持有的股份可以向其他股东转让，也可以向股东以外的人转让；公司章程规定转让受限的股份，其转让按照公司章程的规定。原则上，公司章程不对普通股的转让设置限制条件，但可以对类别股的转让设置限制条件。

## 二、第一百五十八条

### （一）原文

【2023年版本、三次审议稿】

第一百五十八条 股东转让其股份，应当在依法设立的证券交易场所进行或者按照国务院规定的其他方式进行。

**【2018年版本】**

第一百三十八条　股东转让其股份，应当在依法设立的证券交易场所进行或者按照国务院规定的其他方式进行。

### （二）条文释义

本条规定了股份转让的方式。

股份有限公司的股东转让其股份，应当在依法设立的证券交易场所进行或者按照国务院规定的其他方式进行。目前，上市公司的股份转让必须在依法设立的三家证券交易所进行，非上市公司的股份转让可以在全国中小企业股份转让系统（新三板）进行，也可以由转让人和受让人私下协商转让。

## 三、第一百五十九条

### （一）原文

**【2023年版本】**

第一百五十九条　股票的转让，由股东以背书方式或者法律、行政法规规定的其他方式进行；转让后由公司将受让人的姓名或者名称及住所记载于股东名册。

股东会会议召开前二十日内或者公司决定分配股利的基准日前五日内，不得变更股东名册。法律、行政法规或者国务院证券监督管理机构对上市公司股东名册变更另有规定的，从其规定。

**【三次审议稿】**

第一百五十九条　股票的转让，由股东以背书方式或者法律、行政法规规定的其他方式进行；转让后由公司将受让人的姓名或者名称及住所记载于股东名册。

股东会召开前二十日内或者公司决定分配股利的基准日前五日内，不得变更股东名册。法律、行政法规或者国务院证券监督管理机构对上市公司股东名册变更另有规定的，从其规定。

**【2018年版本】**

第一百三十九条　记名股票，由股东以背书方式或者法律、行政法规规定的其他方式转让；转让后由公司将受让人的姓名或者名称及住所记载于股东名册。

第六章　股份有限公司的股份发行和转让

股东大会召开前二十日内或者公司决定分配股利的基准日前五日内，不得进行前款规定的股东名册的变更登记。但是，法律对上市公司股东名册变更登记另有规定的，从其规定。

第一百四十条　无记名股票的转让，由股东将该股票交付给受让人后即发生转让的效力。

## （二）条文释义

本条规定了股票转让的方式。

股票属于有价证券，背书是基本的转让方式，当然也可以按照法律、行政法规规定的其他方式进行。所谓背书就是由股票持有人在股票背面写上受让人的姓名或者名称，并签名或者盖章，之后将股票交付受让人。股票转让后由公司将受让人的姓名或者名称及住所记载于股东名册。

为保持股东会召开期间以及利润分配期间股东的稳定，股东会会议召开前20日内或者公司决定分配股利的基准日前5日内，不得变更股东名册。如果此期间转让股票，由于无法变更股东名册，新股东无法行使股东权利。因此，不建议股东在该期间转让股票和受让股票。如果法律、行政法规或者国务院证券监督管理机构对上市公司股东名册变更另有规定，可以例外。

# 四、第一百六十条

## （一）原文

【2023年版本、三次审议稿】

第一百六十条　公司公开发行股份前已发行的股份，自公司股票在证券交易所上市交易之日起一年内不得转让。法律、行政法规或者国务院证券监督管理机构对上市公司的股东、实际控制人转让其所持有的本公司股份另有规定的，从其规定。

公司董事、监事、高级管理人员应当向公司申报所持有的本公司的股份及其变动情况，在就任时确定的任职期间每年转让的股份不得超过其所持有本公司股份总数的百分之二十五；所持本公司股份自公司股票上市交易之日起一年内不得转让。上述人员离职后半年内，不得转让其所持有的本公司股份。公司章程可以对公司董事、监事、高级管理人员转让其所持有的本公司股份作出其他限制性规定。

股份在法律、行政法规规定的限制转让期限内出质的，质权人不得在限制转让期限内行使质权。

【2018年版本】

第一百四十一条　发起人持有的本公司股份，自公司成立之日起一年内不得转让。公司公开发行股份前已发行的股份，自公司股票在证券交易所上市交易之日起一年内不得转让。

公司董事、监事、高级管理人员应当向公司申报所持有的本公司的股份及其变动情况，在任职期间每年转让的股份不得超过其所持有本公司股份总数的百分之二十五；所持本公司股份自公司股票上市交易之日起一年内不得转让。上述人员离职后半年内，不得转让其所持有的本公司股份。公司章程可以对公司董事、监事、高级管理人员转让其所持有的本公司股份作出其他限制性规定。

## （二）条文释义

本条规定了上市公司股份限制转让的制度。

为维持股价的稳定，防止股东董事、监事、高级管理人员利用信息优势谋取不当利益，法律对上市公司股份转让进行了限制。公司公开发行股份前已发行的股份，自公司股票在证券交易所上市交易之日起1年内不得转让。法律、行政法规或者国务院证券监督管理机构对上市公司的股东、实际控制人转让其所持有的本公司股份另有规定的，从其规定。这一规定主要是为了公司股价的稳定，防止公司一上市，股价就有巨大的波动。同时也为了实现新旧股东在信息上的公平。公司上市之后，新股东可以自由交易股份，原股东在1年内不得交易股份，这样就可以给新股东更多的时间了解公司，增加新股东对公司的信心。

公司董事、监事、高级管理人员应当向公司申报所持有的本公司的股份及其变动情况，每次变动都应当申报，拒绝申报或者申报不实都是违法行为，都有可能受到证券交易所或者中国证监会的处罚。实务中，公司董事、监事、高级管理人员通常向董事会秘书进行申报。

公司董事、监事、高级管理人员在就任时确定的任职期间每年转让的股份不得超过其所持有本公司股份总数的25%；所持本公司股份自公司股票上市交易之日起1年内不得转让。这里需要注意的是，上述人员在"就任时确定的任职期间"都应遵守上述规定，如果上述人员在"就任时确定的任职期间"未届满时就辞职了或者被解聘了，仍应当在"就任时确定的任职期间"遵守上述规定，否则仍然是违法行为。

公司董事、监事、高级管理人员离职后半年内，不得转让其所持有的本公司股份。上述人员无论是届满正常离职，还是主动辞职或者被解聘，离职后半年内均不得转让其所持有的本公司股份。上述人员离职半年以后可以转让股份，但如果其是提前离职，仍有可能要遵守在"就任时确定的任职期间"每年转让的股份不得超过其所持有本公司股份总数的 25% 的限制。

公司章程可以对公司董事、监事、高级管理人员转让其所持有的本公司股份作出其他限制性规定。该项限定只能提高对上述人员股份转让的限制，不能降低法律规定的转让限制。例如，公司章程可以规定上述人员离职 1 年内不得转让其所持有的本公司股份。

股票在法律、行政法规规定的限制转让期限内可以出质，但质权人也应当遵守该项禁止转让的规定，因此，质权人不得在限制转让期限内行使质权。建议质权人在接受限售股质押时应考虑到法律、行政法规以及公司章程对该股份转让的限制性规定。

## 五、第一百六十一条

### （一）原文

【2023 年版本】

**第一百六十一条** 有下列情形之一的，对股东会该项决议投反对票的股东可以请求公司按照合理的价格收购其股份，公开发行股份的公司除外：

（一）公司连续五年不向股东分配利润，而公司该五年连续盈利，并且符合本法规定的分配利润条件；

（二）公司转让主要财产；

（三）公司章程规定的营业期限届满或者章程规定的其他解散事由出现，股东会通过决议修改章程使公司存续。

自股东会决议作出之日起六十日内，股东与公司不能达成股份收购协议的，股东可以自股东会决议作出之日起九十日内向人民法院提起诉讼。

公司因本条第一款规定的情形收购的本公司股份，应当在六个月内依法转让或者注销。

【三次审议稿】

**第一百六十一条** 有下列情形之一的，对股东会该项决议投反对票的股东可以请求公司按照合理的价格收购其股份，公开发行股份的公司除外：

（一）公司连续五年不向股东分配利润，而公司该五年连续盈利，并且符合本法规定的分配利润条件；

（二）公司转让主要财产；

（三）公司章程规定的营业期限届满或者章程规定的其他解散事由出现，股东会通过决议修改章程使公司存续。

自股东会决议作出之日起六十日内，股东与公司不能达成股份收购协议的，股东可以自股东会决议作出之日起九十日内向人民法院提起诉讼。

公司依照本条第一款规定收购的本公司股份，应当在六个月内依法转让或者注销。

## （二）条文释义

本条规定了股东请求公司收购股份的制度。

股份有限公司也是股东的联合体，当股东不认同公司的经营理念且该理念已经损害了股东个人利益时，法律应当允许该股东离开公司。对于公开发行股份的公司而言，股东可以通过公开市场转让股份，用脚投票，从而离开公司，但非公开发行股份的公司，其股份很难对外转让，此时，法律允许相关股东请求公司收购其股份。具体而言，有下列情形之一的，对股东会该项决议投反对票的股东可以请求公司按照合理的价格收购其股份，公开发行股份的公司除外：

（1）公司连续五年不向股东分配利润，而公司该五年连续盈利，并且符合《公司法》规定的分配利润条件。该项条件与有限责任公司类似，公司股东以取得股息为最终目的，一旦公司在分配利润方面与股东意见不合，且无法通过股份转让的方式退出，股东就有权请求公司收购股份，从而退出公司。

（2）公司转让主要财产。公司财产是公司经营与盈利的基础，一旦公司转让主要财产就意味着公司经营方向可能发生变化，公司利润可能出现波动，与公司意见不合的股东有权请求公司收购股份，从而退出公司。

（3）公司章程规定的营业期限届满或者章程规定的其他解散事由出现，股东会通过决议修改章程使公司存续。公司营业期限届满或者解散事由出现，公司理应解散，这是原股东达成的一致协议，如果要更改这一协议，原则上应当经全体股东同意，不同意的股东有权请求公司收购股份，从而退出公司。

股份收购的价格需要由公司与相关股东自行协商，如果自股东会决议作出之日起60日内，股东与公司不能达成股份收购协议，股东可以自股东会决议作出之日起90日内向人民法院提起诉讼。

由于公司不允许长期持有本公司的股份，因此，公司依照上述规定收购的本公司股份，应当在6个月内依法转让或者注销。

## 六、第一百六十二条

### （一）原文

【2023年版本】

**第一百六十二条** 公司不得收购本公司股份。但是，有下列情形之一的除外：

（一）减少公司注册资本；

（二）与持有本公司股份的其他公司合并；

（三）将股份用于员工持股计划或者股权激励；

（四）股东因对股东会作出的公司合并、分立决议持异议，要求公司收购其股份；

（五）将股份用于转换公司发行的可转换为股票的公司债券；

（六）上市公司为维护公司价值及股东权益所必需。

公司因前款第一项、第二项规定的情形收购本公司股份的，应当经股东会决议；公司因前款第三项、第五项、第六项规定的情形收购本公司股份的，可以按照公司章程或者股东会的授权，经三分之二以上董事出席的董事会会议决议。

公司依照本条第一款规定收购本公司股份后，属于第一项情形的，应当自收购之日起十日内注销；属于第二项、第四项情形的，应当在六个月内转让或者注销；属于第三项、第五项、第六项情形的，公司合计持有的本公司股份数不得超过本公司已发行股份总数的百分之十，并应当在三年内转让或者注销。

上市公司收购本公司股份的，应当依照《中华人民共和国证券法》的规定履行信息披露义务。上市公司因本条第一款第三项、第五项、第六项规定的情形收购本公司股份的，应当通过公开的集中交易方式进行。

公司不得接受本公司的股份作为质权的标的。

【三次审议稿】

**第一百六十二条** 公司不得收购本公司股份。但是，有下列情形之一的除外：

（一）减少公司注册资本；

（二）与持有本公司股份的其他公司合并；

（三）将股份用于员工持股计划或者股权激励；

（四）股东因对股东会作出的公司合并、分立决议持异议，要求公司收购其股份；

（五）将股份用于转换上市公司发行的可转换为股票的公司债券；

（六）上市公司为维护公司价值及股东权益所必需。

公司因前款第一项、第二项规定的情形收购本公司股份的，应当经股东会决议；公司因前款第三项、第五项、第六项规定的情形收购本公司股份的，可以按照公司章程或者股东会的授权，经三分之二以上董事出席的董事会会议决议。

《中华人民共和国公司法》释义

公司依照本条第一款规定收购本公司股份后，属于第一项情形的，应当自收购之日起十日内注销；属于第二项、第四项情形的，应当在六个月内转让或者注销；属于第三项、第五项、第六项情形的，公司合计持有的本公司股份数不得超过本公司已发行股份总数的百分之十，并应当在三年内转让或者注销。

上市公司收购本公司股份的，应当依照《中华人民共和国证券法》的规定履行信息披露义务。上市公司因本条第一款第三项、第五项、第六项规定的情形收购本公司股份的，应当通过公开的集中交易方式进行。

公司不得接受本公司的股票作为质权的标的。

**【2018年版本】**

**第一百四十二条** 公司不得收购本公司股份。但是，有下列情形之一的除外：

（一）减少公司注册资本；

（二）与持有本公司股份的其他公司合并；

（三）将股份用于员工持股计划或者股权激励；

（四）股东因对股东大会作出的公司合并、分立决议持异议，要求公司收购其股份；

（五）将股份用于转换上市公司发行的可转换为股票的公司债券；

（六）上市公司为维护公司价值及股东权益所必需。

公司因前款第（一）项、第（二）项规定的情形收购本公司股份的，应当经股东大会决议；公司因前款第（三）项、第（五）项、第（六）项规定的情形收购本公司股份的，可以依照公司章程的规定或者股东大会的授权，经三分之二以上董事出席的董事会会议决议。

公司依照本条第一款规定收购本公司股份后，属于第（一）项情形的，应当自收购之日起十日内注销；属于第（二）项、第（四）项情形的，应当在六个月内转让或者注销；属于第（三）项、第（五）项、第（六）项情形的，公司合计持有的本公司股份数不得超过本公司已发行股份总额的百分之十，并应当在三年内转让或者注销。

上市公司收购本公司股份的，应当依照《中华人民共和国证券法》的规定履行信息披露义务。上市公司因本条第一款第（三）项、第（五）项、第（六）项规定的情形收购本公司股份的，应当通过公开的集中交易方式进行。

公司不得接受本公司的股票作为质押权的标的。

## （二）条文释义

本条规定了公司收购本公司股份的制度。

公司原则上不得收购本公司股份，因为自己持有自己的股份实际上夸大了公司股份的总数，容易误导社会公众，在行使表决权时也会遇到困难。但在特定情形下，法律允许公司在一定期间短暂收购并持有本公司的股份。具体而言，有下列情形之一的，公司可以收购本公司股份：

（1）减少公司注册资本。由于公司注册资本与股份数是对应的，减少公司注册资本必然要注销部分股份，但股份都在股东手里，为了确定谁愿意将自己的股份注销，公司可以在公开市场上收购自己公司的股份，然后将收购的股份注销，并相应减少该部分股份所对应的注册资本。

（2）与持有本公司股份的其他公司合并。上市公司以及非上市公司之间允许互相持股，如果公司与持有本公司股份的其他公司合并，合并之后，公司必然就持有了本公司的股份，该股份可以在短期内持有。

（3）将股份用于员工持股计划或者股权激励。公司如果实行员工持股计划或者股权激励，就必须持有一部分股份，该股份可以通过增发股份的方式来获得，也可以通过到公开市场上收购本公司的部分股份来获得。

（4）股东因对股东会作出的公司合并、分立决议持异议，要求公司收购其股份。公司在特定情形下有义务收购异议股东的股份，此时公司也需要收购本公司的股份。

（5）将股份用于转换上市公司发行的可转换为股票的公司债券。上市公司可以发行可转换为股票的公司债券，该类债券在满足一定条件时可以转换为公司股票，此时就需要一定的股份来转换。公司既可以通过增发股份的方式来获取用于转换的股份，也可以通过收购本公司股份的方式来获取用于转换的股份。

（6）上市公司为维护公司价值及股东权益所必需。上市公司股票的价格事关公司价值及股东权益，有时为了防止公司股票价格异常波动，上市公司也可以收购本公司部分股份，减少市场上流通股份的数量，维持市场供求关系的平衡。

公司因减少公司注册资本以及与持有本公司股份的其他公司合并而收购本公司股份的，由于是重大事项，应当经股东会决议，不允许授权董事会决定。公司因将股份用于员工持股计划或者股权激励、将股份用于转换上市公司发行的可转换为股票的公司债券、上市公司为维护公司价值及股东权益所必需而收购本公司股份的，可以按照公司章程或者股东会的授权，经三分之二以上董事出席的董事会会议决议。注意，这里强调的是董事出席的比例为三分之二，不是董事会作出决议的比例，董事会作出决议的比例仍然是过半数，如果公司章程或者股东会未对董事会会议的表决比例作出特别规定的话。

公司依照上述规定收购本公司股份后，属于"减少公司注册资本"情形的，应当自收购之日起10日内注销。该种情形需要尽快完成注销手续，尽快办理工商变更登记，10日的期限足够完成上述程序。该种情形收购的股票，只能注销，不允许转让给他人。

属于"与持有本公司股份的其他公司合并""股东因对股东会作出的公司合并、分立决议持异议，要求公司收购其股份"情形的，应当在6个月内转让或者注销。该种情形取得的股票，可以注销，也可以转让。如果注销，需要办理工商变更登记，减少注册资本。如果转让则不需要办理该手续。6个月的期限足够可以完成公司合并的程序以及收购异议股东股份的程序。

属于"将股份用于员工持股计划或者股权激励""将股份用于转换上市公司发行的可转换为股票的公司债券""上市公司为维护公司价值及股东权益所必需"情形的，公司合计持有的本公司股份数不得超过本公司已发行股份总数的10%，并应当在3年内转让或者注销。上述三种情形比较复杂，所需要花费的时间比较长，常见的完成时间也需要1年以上，为此，法律要求总数不能超过本公司已发行股份总数的10%，持有时间不能超过3年，满3年必须转让或者注销。

上市公司收购本公司股份的，应当依照《证券法》的规定履行信息披露义务。上市公司因"将股份用于员工持股计划或者股权激励""将股份用于转换上市公司发行的可转换为股票的公司债券""上市公司为维护公司价值及股东权益所必需"情形收购本公司股份的，应当通过公开的集中交易方式进行。

公司不得接受本公司的股票作为质权的标的。一方面是因为公司原则上不得持有本公司股票，一旦公司接受本公司的股票作为质权的标的，将来如果行权就有可能要持有本公司股票，违反法律规定的原则。另一方面是因为公司股票的价值是靠公司经营状况担保的，如果公司接受本公司的股票作为质权的标的，相当于自己给自己担保，违反了担保的基本原则。

## （三）相关法律规定

### 《证券法》

**第七十八条** 发行人及法律、行政法规和国务院证券监督管理机构规定的其他信息披露义务人，应当及时依法履行信息披露义务。

信息披露义务人披露的信息，应当真实、准确、完整，简明清晰，通俗易懂，不得有虚假记载、误导性陈述或者重大遗漏。

证券同时在境内境外公开发行、交易的，其信息披露义务人在境外披露的信息，应当在境内同时披露。

**第七十九条** 上市公司、公司债券上市交易的公司、股票在国务院批准的其他全国性证券交易场所交易的公司，应当按照国务院证券监督管理机构和证券交易场所规定的内容和格式编制定期报告，并按照以下规定报送和公告：

（一）在每一会计年度结束之日起四个月内，报送并公告年度报告，其中的年度财务会计报告应当经符合本法规定的会计师事务所审计；

（二）在每一会计年度的上半年结束之日起二个月内，报送并公告中期报告。

**第八十条** 发生可能对上市公司、股票在国务院批准的其他全国性证券交易场所交易的公司的股票交易价格产生较大影响的重大事件，投资者尚未得知时，公司应当立即将有关该重大事件的情况向国务院证券监督管理机构和证券交易场所报送临时报告，并予公告，说明事件的起因、目前的状态和可能产生的法律后果。

前款所称重大事件包括：

（一）公司的经营方针和经营范围的重大变化；

（二）公司的重大投资行为，公司在一年内购买、出售重大资产超过公司资产总额百分之三十，或者公司营业用主要资产的抵押、质押、出售或者报废一次超过该资产的百分之三十；

（三）公司订立重要合同、提供重大担保或者从事关联交易，可能对公司的资产、负债、权益和经营成果产生重要影响；

（四）公司发生重大债务和未能清偿到期重大债务的违约情况；

（五）公司发生重大亏损或者重大损失；

（六）公司生产经营的外部条件发生的重大变化；

（七）公司的董事、三分之一以上监事或者经理发生变动，董事长或者经理无法履行职责；

（八）持有公司百分之五以上股份的股东或者实际控制人持有股份或者控制公司的情况发生较大变化，公司的实际控制人及其控制的其他企业从事与公司相同或者相似业务的情况发生较大变化；

（九）公司分配股利、增资的计划，公司股权结构的重要变化，公司减资、合并、分立、解散及申请破产的决定，或者依法进入破产程序、被责令关闭；

（十）涉及公司的重大诉讼、仲裁，股东大会、董事会决议被依法撤销或者宣告无效；

（十一）公司涉嫌犯罪被依法立案调查，公司的控股股东、实际控制人、董事、监事、高级管理人员涉嫌犯罪被依法采取强制措施；

（十二）国务院证券监督管理机构规定的其他事项。

公司的控股股东或者实际控制人对重大事件的发生、进展产生较大影响的，应当及时将其知悉的有关情况书面告知公司，并配合公司履行信息披露义务。

**第八十一条** 发生可能对上市交易公司债券的交易价格产生较大影响的重大事件，投资者尚未得知时，公司应当立即将有关该重大事件的情况向国务院证券监督管理机构和证券交易场所报送临时报告，并予公告，说明事件的起因、目前的状态和可能产生的法律后果。

前款所称重大事件包括：

（一）公司股权结构或者生产经营状况发生重大变化；

（二）公司债券信用评级发生变化；

（三）公司重大资产抵押、质押、出售、转让、报废；

（四）公司发生未能清偿到期债务的情况；

（六）公司放弃债权或者财产超过上年末净资产的百分之十；

（七）公司发生超过上年末净资产百分之十的重大损失；

（八）公司分配股利，作出减资、合并、分立、解散及申请破产的决定，或者依法进入破产程序、被责令关闭；

（九）涉及公司的重大诉讼、仲裁；

（十）公司涉嫌犯罪被依法立案调查，公司的控股股东、实际控制人、董事、监事、高级管理人员涉嫌犯罪被依法采取强制措施；

（十一）国务院证券监督管理机构规定的其他事项。

**第八十二条** 发行人的董事、高级管理人员应当对证券发行文件和定期报告签署书面确认意见。

发行人的监事会应当对董事会编制的证券发行文件和定期报告进行审核并提出书面审核意见。监事应当签署书面确认意见。

发行人的董事、监事和高级管理人员应当保证发行人及时、公平地披露信息，所披露的信息真实、准确、完整。

董事、监事和高级管理人员无法保证证券发行文件和定期报告内容的真实性、准确性、完整性或者有异议的，应当在书面确认意见中发表意见并陈述理由，发行人应当披露。发行人不予披露的，董事、监事和高级管理人员可以直接申请披露。

**第八十三条** 信息披露义务人披露的信息应当同时向所有投资者披露，不得提前向任何单位和个人泄露。但是，法律、行政法规另有规定的除外。

任何单位和个人不得非法要求信息披露义务人提供依法需要披露但尚未披露的信息。任何单位和个人提前获知的前述信息，在依法披露前应当保密。

**第八十四条** 除依法需要披露的信息之外，信息披露义务人可以自愿披露与投资者作出价值判断和投资决策有关的信息，但不得与依法披露的信息相冲突，不得误导投资者。

发行人及其控股股东、实际控制人、董事、监事、高级管理人员等作出公开承诺的，应当披露。不履行承诺给投资者造成损失的，应当依法承担赔偿责任。

**第八十五条** 信息披露义务人未按照规定披露信息，或者公告的证券发行文件、定期报告、临时报告及其他信息披露资料存在虚假记载、误导性陈述或者重大遗漏，致使投资者在证券交易中遭受损失的，信息披露义务人应当承担赔偿责任；发行人的控股股东、实际控制人、董事、监事、高级管理人员和其他直接责任人员以及保荐人、承销的证券公司及其直接责任人员，应当与发行人承担连带赔偿责任，但是能够证明自己没有过错的除外。

**第八十六条** 依法披露的信息，应当在证券交易场所的网站和符合国务院证券监督管理机构规定条件的媒体发布，同时将其置备于公司住所、证券交易场所，供社会公众查阅。

**第八十七条** 国务院证券监督管理机构对信息披露义务人的信息披露行为进行监督管理。

证券交易场所应当对其组织交易的证券的信息披露义务人的信息披露行为进行监督，督促其依法及时、准确地披露信息。

## 七、第一百六十三条

### （一）原文

【2023年版本】

第一百六十三条 公司不得为他人取得本公司或者其母公司的股份提供赠与、借款、担保以及其他财务资助，公司实施员工持股计划的除外。

为公司利益，经股东会决议，或者董事会按照公司章程或者股东会的授权作出决议，公司可以为他人取得本公司或者其母公司的股份提供财务资助，但财务资助的累计总额不得超过已发行股本总额的百分之十。董事会作出决议应当经全体董事的三分之二以上通过。

违反前两款规定，给公司造成损失的，负有责任的董事、监事、高级管理人员应当承担赔偿责任。

【三次审议稿】

第一百六十三条 公司及其子公司不得为他人取得本公司的股份提供赠与、借款、担保以及其他财务资助，公司实施员工持股计划的除外。

为公司利益，经股东会决议，或者董事会按照公司章程或者股东会的授权作出决议，公司可以为他人取得本公司或者其母公司的股份提供财务资助，但财务资助的累计总额不得超过已发行股本总额的百分之十。董事会作出决议应当经全体董事的三分之二以上通过。

违反前两款规定为他人取得本公司股份提供财务资助，给公司造成损失的，负有责任的董事、监事、高级管理人员应当承担赔偿责任。

### （二）条文释义

本条规定了公司为他人取得股份提供财务资助。

为防止利益输送以及防止公司以他人名义间接持有本公司股份，原则上，公司不得为他人取得本公司或者其母公司的股份提供赠与、借款、担保以及其他财务资助，公司实施员工持股计划的除外。需要注意的是，这里禁止的是公司本身及其母公司，并未禁止公司的其他关联公司，如公司的子公司。例如，甲公司持有乙公司70%的股份，乙公司持有丙公司70%的股份，丁公司准备购买乙公司的股份，对此，乙公司和丙公司均不能提供相关财务资助，但甲公司可以提供相关财务资助。

既然公司为自身利益可以收购本公司的股份，当然可以为他人取得本公司股份提供财务资助。为公司利益，经股东会决议，或者董事会按照公司章程或者股东会的授权作出决议，公司可以为他人取得本公司或者其母公司的股份提供财务资助，但财务资助的累计总额不得超过已发行股本总额的 10%。董事会作出决议应当经全体董事的三分之二以上通过。实务中，原则上只要经过股东会决议，或者经董事会按照公司章程或者股东会的授权作出决议，即可认为是为公司利益。

违反上述规定为他人取得本公司股份提供财务资助，给公司造成损失的，负有责任的董事、监事、高级管理人员应当承担赔偿责任。所谓给公司造成损失主要是指公司向其提供的财务资助无法足额收回。负有责任的董事、监事、高级管理人员主要包括在董事会决议中投反对票的董事，列席董事会但未提出异议的监事，具体执行财务资助的高级管理人员。

## 八、第一百六十四条

### （一）原文

【2023 年版本、三次审议稿】

第一百六十四条　股票被盗、遗失或者灭失，股东可以依照《民事诉讼法》规定的公示催告程序，请求人民法院宣告该股票失效。人民法院宣告该股票失效后，股东可以向公司申请补发股票。

【2018 年版本】

第一百四十三条　记名股票被盗、遗失或者灭失，股东可以依照《中华人民共和国民事诉讼法》规定的公示催告程序，请求人民法院宣告该股票失效。人民法院宣告该股票失效后，股东可以向公司申请补发股票。

### （二）条文释义

本条规定了股票被盗、遗失或者灭失后的补救手段。

股票属于有价证券，丢失后可以按照公示催告程序进行补救。股票被盗、遗失或者灭失，股东可以依照《民事诉讼法》规定的公示催告程序，请求人民法院宣告该股票失效。人民法院宣告该股票失效后，股东可以向公司申请补发股票。

由于股东行使股东权利的依据是股东名册，因此，股票丢失后并不影响股东行使其股东权利，但如果转让股份，需要背书转让股票，此时，股东没有股票则没有办法转让股份。对于电子数据形式的股票而言，其本身不存在被盗、遗失或者灭失的问题，因此也不需要通过公示催告程序来补救。

## （三）相关法律规定

《**民事诉讼法**》（1991年4月9日第七届全国人民代表大会第四次会议通过，根据2007年10月28日第十届全国人民代表大会常务委员会第三十次会议《关于修改〈中华人民共和国民事诉讼法〉的决定》第一次修正，根据2012年8月31日第十一届全国人民代表大会常务委员会第二十八次会议《关于修改〈中华人民共和国民事诉讼法〉的决定》第二次修正，根据2017年6月27日第十二届全国人民代表大会常务委员会第二十八次会议《关于修改〈中华人民共和国民事诉讼法〉和〈中华人民共和国行政诉讼法〉的决定》第三次修正，根据2021年12月24日第十三届全国人民代表大会常务委员会第三十二次会议《关于修改〈中华人民共和国民事诉讼法〉的决定》第四次修正，根据2023年9月1日第十四届全国人民代表大会常务委员会第五次会议《关于修改〈中华人民共和国民事诉讼法〉的决定》第五次修正）

**第二百二十九条** 按照规定可以背书转让的票据持有人，因票据被盗、遗失或者灭失，可以向票据支付地的基层人民法院申请公示催告。依照法律规定可以申请公示催告的其他事项，适用本章规定。

申请人应当向人民法院递交申请书，写明票面金额、发票人、持票人、背书人等票据主要内容和申请的理由、事实。

**第二百三十条** 人民法院决定受理申请，应当同时通知支付人停止支付，并在三日内发出公告，催促利害关系人申报权利。公示催告的期间，由人民法院根据情况决定，但不得少于六十日。

**第二百三十一条** 支付人收到人民法院停止支付的通知，应当停止支付，至公示催告程序终结。

公示催告期间，转让票据权利的行为无效。

**第二百三十二条** 利害关系人应当在公示催告期间向人民法院申报。

人民法院收到利害关系人的申报后，应当裁定终结公示催告程序，并通知申请人和支付人。

申请人或者申报人可以向人民法院起诉。

**第二百三十三条** 没有人申报的，人民法院应当根据申请人的申请，作出判决，宣告票据无效。判决应当公告，并通知支付人。自判决公告之日起，申请人有权向支付人请求支付。

**第二百三十四条** 利害关系人因正当理由不能在判决前向人民法院申报的，自知道或者应当知道判决公告之日起一年内，可以向作出判决的人民法院起诉。

## 九、第一百六十五条

### （一）原文

【2023年版本、三次审议稿】

第一百六十五条　上市公司的股票，依照有关法律、行政法规及证券交易所交易规则上市交易。

【2018年版本】

第一百四十四条　上市公司的股票，依照有关法律、行政法规及证券交易所交易规则上市交易。

### （二）条文释义

本条规定了上市公司股票上市交易的规则。

上市公司的股票，依照有关法律、行政法规及证券交易所交易规则上市交易。其中主要的法律是《证券法》。

### （三）相关法律规定

**《证券法》**

第三十五条　证券交易当事人依法买卖的证券，必须是依法发行并交付的证券。

非依法发行的证券，不得买卖。

第三十六条　依法发行的证券，《中华人民共和国公司法》和其他法律对其转让期限有限制性规定的，在限定的期限内不得转让。

上市公司持有百分之五以上股份的股东、实际控制人、董事、监事、高级管理人员，以及其他持有发行人首次公开发行前发行的股份或者上市公司向特定对象发行的股份的股东，转让其持有的本公司股份的，不得违反法律、行政法规和国务院证券监督管理机构关于持有期限、卖出时间、卖出数量、卖出方式、信息披露等规定，并应当遵守证券交易所的业务规则。

第三十七条　公开发行的证券，应当在依法设立的证券交易所上市交易或者在国务院批准的其他全国性证券交易场所交易。

非公开发行的证券，可以在证券交易所、国务院批准的其他全国性证券交易场所、按照国务院规定设立的区域性股权市场转让。

第三十八条　证券在证券交易所上市交易，应当采用公开的集中交易方式或者国

## 第六章 股份有限公司的股份发行和转让

务院证券监督管理机构批准的其他方式。

**第三十九条** 证券交易当事人买卖的证券可以采用纸面形式或者国务院证券监督管理机构规定的其他形式。

**第四十条** 证券交易场所、证券公司和证券登记结算机构的从业人员，证券监督管理机构的工作人员以及法律、行政法规规定禁止参与股票交易的其他人员，在任期或者法定限期内，不得直接或者以化名、借他人名义持有、买卖股票或者其他具有股权性质的证券，也不得收受他人赠送的股票或者其他具有股权性质的证券。

任何人在成为前款所列人员时，其原已持有的股票或者其他具有股权性质的证券，必须依法转让。

实施股权激励计划或者员工持股计划的证券公司的从业人员，可以按照国务院证券监督管理机构的规定持有、卖出本公司股票或者其他具有股权性质的证券。

**第四十一条** 证券交易场所、证券公司、证券登记结算机构、证券服务机构及其工作人员应当依法为投资者的信息保密，不得非法买卖、提供或者公开投资者的信息。

证券交易场所、证券公司、证券登记结算机构、证券服务机构及其工作人员不得泄露所知悉的商业秘密。

**第四十二条** 为证券发行出具审计报告或者法律意见书等文件的证券服务机构和人员，在该证券承销期内和期满后六个月内，不得买卖该证券。

除前款规定外，为发行人及其控股股东、实际控制人，或者收购人、重大资产交易方出具审计报告或者法律意见书等文件的证券服务机构和人员，自接受委托之日起至上述文件公开后五日内，不得买卖该证券。实际开展上述有关工作之日早于接受委托之日的，自实际开展上述有关工作之日起至上述文件公开后五日内，不得买卖该证券。

**第四十三条** 证券交易的收费必须合理，并公开收费项目、收费标准和管理办法。

**第四十四条** 上市公司、股票在国务院批准的其他全国性证券交易场所交易的公司持有百分之五以上股份的股东、董事、监事、高级管理人员，将其持有的该公司的股票或者其他具有股权性质的证券在买入后六个月内卖出，或者在卖出后六个月内又买入，由此所得收益归该公司所有，公司董事会应当收回其所得收益。但是，证券公司因购入包销售后剩余股票而持有百分之五以上股份，以及有国务院证券监督管理机构规定的其他情形的除外。

前款所称董事、监事、高级管理人员、自然人股东持有的股票或者其他具有股权性质的证券，包括其配偶、父母、子女持有的及利用他人账户持有的股票或者其他具有股权性质的证券。

公司董事会不按照第一款规定执行的，股东有权要求董事会在三十日内执行。公司董事会未在上述期限内执行的，股东有权为了公司的利益以自己的名义直接向人民法院提起诉讼。

公司董事会不按照第一款的规定执行的，负有责任的董事依法承担连带责任。

**第四十五条** 通过计算机程序自动生成或者下达交易指令进行程序化交易的，应当符合国务院证券监督管理机构的规定,并向证券交易所报告,不得影响证券交易所系统安全或者正常交易秩序。

# 十、第一百六十六条

## (一)原文

【2023年版本、三次审议稿】
第一百六十六条　上市公司应当依照法律、行政法规的规定披露相关信息。

【2018年版本】
第一百四十五条　上市公司必须依照法律、行政法规的规定,公开其财务状况、经营情况及重大诉讼,在每会计年度内半年公布一次财务会计报告。

## (二)条文释义

本条规定了上市公司信息披露的义务。

上市公司应当依照法律、行政法规的规定披露相关信息。其中最主要的法律是《证券法》。

## (三)相关法律规定

《证券法》

第七十八条　发行人及法律、行政法规和国务院证券监督管理机构规定的其他信息披露义务人,应当及时依法履行信息披露义务。

信息披露义务人披露的信息,应当真实、准确、完整,简明清晰,通俗易懂,不得有虚假记载、误导性陈述或者重大遗漏。

证券同时在境内境外公开发行、交易的,其信息披露义务人在境外披露的信息,应当在境内同时披露。

第七十九条　上市公司、公司债券上市交易的公司、股票在国务院批准的其他全国性证券交易场所交易的公司,应当按照国务院证券监督管理机构和证券交易场所规定的内容和格式编制定期报告,并按照以下规定报送和公告:

(一)在每一会计年度结束之日起四个月内,报送并公告年度报告,其中的年度财务会计报告应当经符合本法规定的会计师事务所审计;

(二)在每一会计年度的上半年结束之日起二个月内,报送并公告中期报告。

## 第六章　股份有限公司的股份发行和转让

**第八十条**　发生可能对上市公司、股票在国务院批准的其他全国性证券交易场所交易的公司的股票交易价格产生较大影响的重大事件，投资者尚未得知时，公司应当立即将有关该重大事件的情况向国务院证券监督管理机构和证券交易场所报送临时报告，并予公告，说明事件的起因、目前的状态和可能产生的法律后果。

前款所称重大事件包括：

（一）公司的经营方针和经营范围的重大变化；

（二）公司的重大投资行为，公司在一年内购买、出售重大资产超过公司资产总额百分之三十，或者公司营业用主要资产的抵押、质押、出售或者报废一次超过该资产的百分之三十；

（三）公司订立重要合同、提供重大担保或者从事关联交易，可能对公司的资产、负债、权益和经营成果产生重要影响；

（四）公司发生重大债务和未能清偿到期重大债务的违约情况；

（五）公司发生重大亏损或者重大损失；

（六）公司生产经营的外部条件发生的重大变化；

（七）公司的董事、三分之一以上监事或者经理发生变动，董事长或者经理无法履行职责；

（八）持有公司百分之五以上股份的股东或者实际控制人持有股份或者控制公司的情况发生较大变化，公司的实际控制人及其控制的其他企业从事与公司相同或者相似业务的情况发生较大变化；

（九）公司分配股利、增资的计划，公司股权结构的重要变化，公司减资、合并、分立、解散及申请破产的决定，或者依法进入破产程序、被责令关闭；

（十）涉及公司的重大诉讼、仲裁，股东大会、董事会决议被依法撤销或者宣告无效；

（十一）公司涉嫌犯罪被依法立案调查，公司的控股股东、实际控制人、董事、监事、高级管理人员涉嫌犯罪被依法采取强制措施；

（十二）国务院证券监督管理机构规定的其他事项。

公司的控股股东或者实际控制人对重大事件的发生、进展产生较大影响的，应当及时将其知悉的有关情况书面告知公司，并配合公司履行信息披露义务。

**第八十一条**　发生可能对上市交易公司债券的交易价格产生较大影响的重大事件，投资者尚未得知时，公司应当立即将有关该重大事件的情况向国务院证券监督管理机构和证券交易场所报送临时报告，并予公告，说明事件的起因、目前的状态和可能产生的法律后果。

前款所称重大事件包括：

（一）公司股权结构或者生产经营状况发生重大变化；

（二）公司债券信用评级发生变化；

（三）公司重大资产抵押、质押、出售、转让、报废；

（四）公司发生未能清偿到期债务的情况；

（五）公司新增借款或者对外提供担保超过上年末净资产的百分之二十；

（六）公司放弃债权或者财产超过上年末净资产的百分之十；

（七）公司发生超过上年末净资产百分之十的重大损失；

（八）公司分配股利，作出减资、合并、分立、解散及申请破产的决定，或者依法进入破产程序、被责令关闭；

（九）涉及公司的重大诉讼、仲裁；

（十）公司涉嫌犯罪被依法立案调查，公司的控股股东、实际控制人、董事、监事、高级管理人员涉嫌犯罪被依法采取强制措施；

（十一）国务院证券监督管理机构规定的其他事项。

**第八十二条** 发行人的董事、高级管理人员应当对证券发行文件和定期报告签署书面确认意见。

发行人的监事会应当对董事会编制的证券发行文件和定期报告进行审核并提出书面审核意见。监事应当签署书面确认意见。

发行人的董事、监事和高级管理人员应当保证发行人及时、公平地披露信息，所披露的信息真实、准确、完整。

董事、监事和高级管理人员无法保证证券发行文件和定期报告内容的真实性、准确性、完整性或者有异议的，应当在书面确认意见中发表意见并陈述理由，发行人应当披露。发行人不予披露的，董事、监事和高级管理人员可以直接申请披露。

**第八十三条** 信息披露义务人披露的信息应当同时向所有投资者披露，不得提前向任何单位和个人泄露。但是，法律、行政法规另有规定的除外。

任何单位和个人不得非法要求信息披露义务人提供依法需要披露但尚未披露的信息。任何单位和个人提前获知的前述信息，在依法披露前应当保密。

**第八十四条** 除依法需要披露的信息之外，信息披露义务人可以自愿披露与投资者作出价值判断和投资决策有关的信息，但不得与依法披露的信息相冲突，不得误导投资者。

发行人及其控股股东、实际控制人、董事、监事、高级管理人员等作出公开承诺的，应当披露。不履行承诺给投资者造成损失的，应当依法承担赔偿责任。

**第八十五条** 信息披露义务人未按照规定披露信息，或者公告的证券发行文件、定期报告、临时报告及其他信息披露资料存在虚假记载、误导性陈述或者重大遗漏，致使投资者在证券交易中遭受损失的，信息披露义务人应当承担赔偿责任；发行人的控股股东、实际控制人、董事、监事、高级管理人员和其他直接责任人员以及保荐人、承销的证券公司及其直接责任人员，应当与发行人承担连带赔偿责任，但是能够证明自己没有过错的除外。

**第八十六条** 依法披露的信息，应当在证券交易场所的网站和符合国务院证券监督管理机构规定条件的媒体发布，同时将其置备于公司住所、证券交易场所，供社会公众查阅。

**第八十七条** 国务院证券监督管理机构对信息披露义务人的信息披露行为进行监督管理。

证券交易场所应当对其组织交易的证券的信息披露义务人的信息披露行为进行监督，督促其依法及时、准确地披露信息。

## 十一、第一百六十七条

### （一）原文

【2023年版本、三次审议稿】

第一百六十七条　自然人股东死亡后，其合法继承人可以继承股东资格；但是，股份转让受限的股份有限公司的章程另有规定的除外。

### （二）条文释义

本条规定了股东资格的继承。

通常情况下，自然人股东死亡后，其合法继承人可以继承股东资格；但是，股份转让受限的股份有限公司的章程另有规定的除外。如果公司章程对股东资格的继承另有规定，则应当按照公司章程的规定处理。当然，合法继承人的基本财产权应当得到保障。如果公司章程不允许其合法继承人继承股东资格，应当将该股份所对应的财产利益交付合法继承人。如公司章程可以规定，特定股份经董事会同意后才能由其合法继承人继承股东资格，如果董事会不同意，则由公司以合理价格收购该股份，之后转让或者注销。

# 第七章　国家出资公司组织机构的特别规定

## 一、第一百六十八条

### （一）原文

【2023年版本、三次审议稿】

第一百六十八条　国家出资公司的组织机构，适用本章规定；本章没有规定的，适用本法其他规定。

本法所称国家出资公司，是指国家出资的国有独资公司、国有资本控股公司，包括国家出资的有限责任公司、股份有限公司。

【2018年版本】

第六十四条　国有独资公司的设立和组织机构，适用本节规定；本节没有规定的，适用本章第一节、第二节的规定。

本法所称国有独资公司，是指国家单独出资、由国务院或者地方人民政府授权本级人民政府国有资产监督管理机构履行出资人职责的有限责任公司。

### （二）条文释义

本条规定了国家出资公司的法律适用。

国家出资公司，是指国家出资的国有独资公司、国有资本控股公司，包括国家出资的有限责任公司、股份有限公司。国家出资企业的组织机构与其他公司的组织机构在大多数情况下是类似的，因此，原则上适用《公司法》的一般规定，如果《公司法》有特别规定，应当适用该特别规定。

需要注意的是，国家出资企业还需要遵守《企业国有资产法》的相关规定。

## （三）相关法律规定

**《企业国有资产法》**

**第一条** 为了维护国家基本经济制度，巩固和发展国有经济，加强对国有资产的保护，发挥国有经济在国民经济中的主导作用，促进社会主义市场经济发展，制定本法。

**第二条** 本法所称企业国有资产（以下称国有资产），是指国家对企业各种形式的出资所形成的权益。

**第三条** 国有资产属于国家所有即全民所有。国务院代表国家行使国有资产所有权。

**第四条** 国务院和地方人民政府依照法律、行政法规的规定，分别代表国家对国家出资企业履行出资人职责，享有出资人权益。

国务院确定的关系国民经济命脉和国家安全的大型国家出资企业，重要基础设施和重要自然资源等领域的国家出资企业，由国务院代表国家履行出资人职责。其他的国家出资企业，由地方人民政府代表国家履行出资人职责。

**第五条** 本法所称国家出资企业，是指国家出资的国有独资企业、国有独资公司，以及国有资本控股公司、国有资本参股公司。

**第六条** 国务院和地方人民政府应当按照政企分开、社会公共管理职能与国有资产出资人职能分开、不干预企业依法自主经营的原则，依法履行出资人职责。

**第七条** 国家采取措施，推动国有资本向关系国民经济命脉和国家安全的重要行业和关键领域集中，优化国有经济布局和结构，推进国有企业的改革和发展，提高国有经济的整体素质，增强国有经济的控制力、影响力。

**第八条** 国家建立健全与社会主义市场经济发展要求相适应的国有资产管理与监督体制，建立健全国有资产保值增值考核和责任追究制度，落实国有资产保值增值责任。

**第九条** 国家建立健全国有资产基础管理制度。具体办法按照国务院的规定制定。

**第十条** 国有资产受法律保护，任何单位和个人不得侵害。

# 二、第一百六十九条

## （一）原文

**【2023年版本、三次审议稿】**

**第一百六十九条** 国家出资公司，由国务院或者地方人民政府分别代表国家依法履行出资人职责，享有出资人权益。国务院或者地方人民政府可以授权国有资产监督管理机构或者其他部门、机构代表本级人民政府对国家出资公司履行出资人职责。

代表本级人民政府履行出资人职责的机构、部门，以下统称为履行出资人职责的机构。

## （二）条文释义

本条规定了国家出资企业履行出资人职责的主体。

国家出资公司，理应由国家担任股东，但国家是一个集合体，只能由国务院或者地方人民政府分别代表国家依法履行出资人职责，享有出资人权益。国务院或者地方人民政府可以授权国有资产监督管理机构或者其他部门、机构代表本级人民政府对国家出资公司履行出资人职责。代表本级人民政府履行出资人职责的机构、部门，以下统称为履行出资人职责的机构。

目前，县级以上各级人民政府均依法成立了国有资产监督管理机构，依法代表本级人民政府对国家出资公司履行出资人职责。国务院或者地方人民政府也可以授权其他部门、机构，如财政部门等对国家出资公司履行出资人职责。

例如，经国务院批准，中国邮政集团公司于2019年12月正式改制为中国邮政集团有限公司。中国邮政集团有限公司是依照《公司法》组建的国有独资公司，公司不设股东会，由财政部依据国家法律、行政法规等规定代表国务院履行出资人职责，公司设立党组、董事会、经理层。公司依法经营各项邮政业务，承担邮政普遍服务义务，受政府委托提供邮政特殊服务，对竞争性邮政业务实行商业化运营。

又如，中国国家铁路集团有限公司是经国务院批准、依据《公司法》设立、由中央管理的国有独资公司。经国务院批准，公司为国家授权投资机构和国家控股公司。公司注册资本为17 395亿元，由财政部代表国务院履行出资人职责。

## （三）相关法律规定

**《企业国有资产法》**

**第十一条** 国务院国有资产监督管理机构和地方人民政府按照国务院的规定设立的国有资产监督管理机构，根据本级人民政府的授权，代表本级人民政府对国家出资企业履行出资人职责。

国务院和地方人民政府根据需要，可以授权其他部门、机构代表本级人民政府对国家出资企业履行出资人职责。

代表本级人民政府履行出资人职责的机构、部门，以下统称履行出资人职责的机构。

**第十三条** 履行出资人职责的机构委派的股东代表参加国有资本控股公司、国有资本参股公司召开的股东会会议、股东大会会议，应当按照委派机构的指示提出提案、发表意见、行使表决权，并将其履行职责的情况和结果及时报告委派机构。

**第十四条** 履行出资人职责的机构应当依照法律、行政法规以及企业章程履行出资人职责，保障出资人权益，防止国有资产损失。

履行出资人职责的机构应当维护企业作为市场主体依法享有的权利，除依法履行出资人职责外，不得干预企业经营活动。

**第十五条** 履行出资人职责的机构对本级人民政府负责，向本级人民政府报告履行出资人职责的情况，接受本级人民政府的监督和考核，对国有资产的保值增值负责。

履行出资人职责的机构应当按照国家有关规定，定期向本级人民政府报告有关国有资产总量、结构、变动、收益等汇总分析的情况。

## 三、第一百七十条

### （一）原文

**【2023年版本、三次审议稿】**

第一百七十条 国家出资公司中中国共产党的组织，按照中国共产党章程的规定发挥领导作用，研究讨论公司重大经营管理事项，支持公司的组织机构依法行使职权。

### （二）条文释义

本条规定了国家出资公司中中国共产党组织的定位。

国家出资公司中中国共产党的组织，按照中国共产党章程的规定发挥领导作用，研究讨论公司重大经营管理事项，支持公司的组织机构依法行使职权。需要注意的是，国家出资公司中的党组织不能取代股东会、董事会等机构的决策，应当在相关机构依法决策、依法行使职权时发挥领导作用。

### （三）相关规范性文件的规定

**《中国共产党章程》**

第三十条 企业、农村、机关、学校、医院、科研院所、街道社区、社会组织、人民解放军连队和其他基层单位，凡是有正式党员三人以上的，都应当成立党的基层组织。

党的基层组织，根据工作需要和党员人数，经上级党组织批准，分别设立党的基层委员会、总支部委员会、支部委员会。基层委员会由党员大会或代表大会选举产生，总支部委员会和支部委员会由党员大会选举产生，提出委员候选人要广泛征求党员和群众的意见。

《中华人民共和国公司法》释义

**第三十一条** 党的基层委员会、总支部委员会、支部委员会每届任期三年至五年。基层委员会、总支部委员会、支部委员会的书记、副书记选举产生后，应报上级党组织批准。

**第三十二条** 党的基层组织是党在社会基层组织中的战斗堡垒，是党的全部工作和战斗力的基础。它的基本任务是：

（一）宣传和执行党的路线、方针、政策，宣传和执行党中央、上级组织和本组织的决议，充分发挥党员的先锋模范作用，积极创先争优，团结、组织党内外的干部和群众，努力完成本单位所担负的任务。

（二）组织党员认真学习马克思列宁主义、毛泽东思想、邓小平理论、"三个代表"重要思想、科学发展观、习近平新时代中国特色社会主义思想，推进"两学一做"学习教育、党史学习教育常态化制度化，学习党的路线、方针、政策和决议，学习党的基本知识，学习科学、文化、法律和业务知识。

（三）对党员进行教育、管理、监督和服务，提高党员素质，坚定理想信念，增强党性，严格党的组织生活，开展批评和自我批评，维护和执行党的纪律，监督党员切实履行义务，保障党员的权利不受侵犯。加强和改进流动党员管理。

（四）密切联系群众，经常了解群众对党员、党的工作的批评和意见，维护群众的正当权利和利益，做好群众的思想政治工作。

（五）充分发挥党员和群众的积极性创造性，发现、培养和推荐他们中间的优秀人才，鼓励和支持他们在改革开放和社会主义现代化建设中贡献自己的聪明才智。

（六）对要求入党的积极分子进行教育和培养，做好经常性的发展党员工作，重视在生产、工作第一线和青年中发展党员。

（七）监督党员干部和其他任何工作人员严格遵守国家法律法规，严格遵守国家的财政经济法规和人事制度，不得侵占国家、集体和群众的利益。

（八）教育党员和群众自觉抵制不良倾向，坚决同各种违纪违法行为作斗争。

**第三十三条** 街道、乡、镇党的基层委员会和村、社区党组织，统一领导本地区基层各类组织和各项工作，加强基层社会治理，支持和保证行政组织、经济组织和群众性自治组织充分行使职权。

国有企业党委（党组）发挥领导作用，把方向、管大局、保落实，依照规定讨论和决定企业重大事项。国有企业和集体企业中党的基层组织，围绕企业生产经营开展工作。保证监督党和国家的方针、政策在本企业的贯彻执行；支持股东会、董事会、监事会和经理（厂长）依法行使职权；全心全意依靠职工群众，支持职工代表大会开展工作；参与企业重大问题的决策；加强党组织的自身建设，领导思想政治工作、精神文明建设、统一战线工作和工会、共青团、妇女组织等群团组织。

非公有制经济组织中党的基层组织，贯彻党的方针政策，引导和监督企业遵守国家的法律法规，领导工会、共青团等群团组织，团结凝聚职工群众，维护各方的合法权益，促进企业健康发展。

社会组织中党的基层组织，宣传和执行党的路线、方针、政策，领导工会、共青团等群团组织，教育管理党员，引领服务群众，推动事业发展。

实行行政领导人负责制的事业单位中党的基层组织，发挥战斗堡垒作用。实行党委领导下的行政领导人负责制的事业单位中党的基层组织，对重大问题进行讨论和作出决定，同时保证行政领导人充分行使自己的职权。

各级党和国家机关中党的基层组织，协助行政负责人完成任务，改进工作，对包括行政负责人在内的每个党员进行教育、管理、监督，不领导本单位的业务工作。

第三十四条　党支部是党的基础组织，担负直接教育党员、管理党员、监督党员和组织群众、宣传群众、凝聚群众、服务群众的职责。

# 四、第一百七十一条

## （一）原文

【2023年版本、三次审议稿】
第一百七十一条　国有独资公司章程由履行出资人职责的机构制定。
【2018年版本】
第六十五条　国有独资公司章程由国有资产监督管理机构制定，或者由董事会制订报国有资产监督管理机构批准。

## （二）条文释义

本条规定了国有独资公司章程的制定主体。

公司章程应当由股东制定，国有独资公司的股东权利由履行出资人职责的机构代行，因此，国有独资公司的章程由履行出资人职责的机构制定。

## （三）相关法律规定

**《企业国有资产法》**

第十二条　履行出资人职责的机构代表本级人民政府对国家出资企业依法享有资产收益、参与重大决策和选择管理者等出资人权利。

履行出资人职责的机构依照法律、行政法规的规定，制定或者参与制定国家出资企业的章程。

履行出资人职责的机构对法律、行政法规和本级人民政府规定须经本级人民政府

《中华人民共和国公司法》释义

批准的履行出资人职责的重大事项，应当报请本级人民政府批准。

# 五、第一百七十二条

## （一）原文

**【2023年版本】**

第一百七十二条 国有独资公司不设股东会，由履行出资人职责的机构行使股东会职权。履行出资人职责的机构可以授权公司董事会行使股东会的部分职权，但公司章程的制定和修改，公司的合并、分立、解散、申请破产，增加或者减少注册资本，分配利润，应当由履行出资人职责的机构决定。

**【三次审议稿】**

第一百七十二条 国有独资公司不设股东会，由履行出资人职责的机构行使股东会职权。履行出资人职责的机构可以授权公司董事会行使股东会的部分职权，决定公司的重大事项，但公司章程的制定和修改，公司的合并、分立、解散、申请破产，增加或者减少注册资本，分配利润，应当由履行出资人职责的机构决定。

**【2018年版本】**

第六十六条 国有独资公司不设股东会，由国有资产监督管理机构行使股东会职权。国有资产监督管理机构可以授权公司董事会行使股东会的部分职权，决定公司的重大事项，但公司的合并、分立、解散、增加或者减少注册资本和发行公司债券，必须由国有资产监督管理机构决定；其中，重要的国有独资公司合并、分立、解散、申请破产的，应当由国有资产监督管理机构审核后，报本级人民政府批准。

前款所称重要的国有独资公司，按照国务院的规定确定。

## （二）条文释义

本条规定了国有独资公司股东会职权的行使。

国有独资公司只有一个股东，就是国家，因此，国有独资公司与一人有限责任公司一样，不设股东会，由履行出资人职责的机构行使股东会职权。

考虑到履行出资人职责的机构管理的国有独资公司数量较多，难以行使股东会的所有职权，因此，履行出资人职责的机构可以授权公司董事会行使股东会的部分职权，但一些重要事项，不允许授权公司董事会行使，必须由履行出资人职责的机构亲自决定，这些事项包括：公司章程的制定和修改，公司的合并、分立、解散、申请破产，增加

## 第七章 国家出资公司组织机构的特别规定

或者减少注册资本，分配利润。当然，这些事项的具体实施方案和建议应当由公司董事会草拟并向股东会提出。

## （三）相关法律规定

**《企业国有资产法》**

第三十条　国家出资企业合并、分立、改制、上市，增加或者减少注册资本，发行债券，进行重大投资，为他人提供大额担保，转让重大财产，进行大额捐赠，分配利润，以及解散、申请破产等重大事项，应当遵守法律、行政法规以及企业章程的规定，不得损害出资人和债权人的权益。

第三十一条　国有独资企业、国有独资公司合并、分立，增加或者减少注册资本，发行债券，分配利润，以及解散、申请破产，由履行出资人职责的机构决定。

第三十二条　国有独资企业、国有独资公司有本法第三十条所列事项的，除依照本法第三十一条和有关法律、行政法规以及企业章程的规定，由履行出资人职责的机构决定的以外，国有独资企业由企业负责人集体讨论决定，国有独资公司由董事会决定。

第三十三条　国有资本控股公司、国有资本参股公司有本法第三十条所列事项的，依照法律、行政法规以及公司章程的规定，由公司股东会、股东大会或者董事会决定。由股东会、股东大会决定的，履行出资人职责的机构委派的股东代表应当依照本法第十三条的规定行使权利。

第三十四条　重要的国有独资企业、国有独资公司、国有资本控股公司的合并、分立、解散、申请破产以及法律、行政法规和本级人民政府规定应当由履行出资人职责的机构报经本级人民政府批准的重大事项，履行出资人职责的机构在作出决定或者向其委派参加国有资本控股公司股东会会议、股东大会会议的股东代表作出指示前，应当报请本级人民政府批准。

本法所称的重要的国有独资企业、国有独资公司和国有资本控股公司，按照国务院的规定确定。

第三十五条　国家出资企业发行债券、投资等事项，有关法律、行政法规规定应当报经人民政府或者人民政府有关部门、机构批准、核准或者备案的，依照其规定。

第三十六条　国家出资企业投资应当符合国家产业政策，并按照国家规定进行可行性研究；与他人交易应当公平、有偿，取得合理对价。

第三十七条　国家出资企业的合并、分立、改制、解散、申请破产等重大事项，应当听取企业工会的意见，并通过职工代表大会或者其他形式听取职工的意见和建议。

《中华人民共和国公司法》释义

## 六、第一百七十三条

### （一）原文

**【2023 年版本、三次审议稿】**

**第一百七十三条** 国有独资公司的董事会依照本法规定行使职权。

国有独资公司的董事会成员中，应当过半数为外部董事，并应当有公司职工代表。

董事会成员由履行出资人职责的机构委派；但是，董事会成员中的职工代表由公司职工代表大会选举产生。

董事会设董事长一人，可以设副董事长。董事长、副董事长由履行出资人职责的机构从董事会成员中指定。

**【2018 年版本】**

**第六十七条** 国有独资公司设董事会，依照本法第四十六条、第六十六条的规定行使职权。董事每届任期不得超过三年。董事会成员中应当有公司职工代表。

董事会成员由国有资产监督管理机构委派；但是，董事会成员中的职工代表由公司职工代表大会选举产生。

董事会设董事长一人，可以设副董事长。董事长、副董事长由国有资产监督管理机构从董事会成员中指定。

### （二）条文释义

本条规定了国有独资公司董事会的组成。

国有独资公司的董事会在职权上与其他公司的董事会并无区别，因此，国有独资公司的董事会也是依照《公司法》规定行使职权。实务中，履行出资人职责的机构往往赋予国有独资公司的董事会行使股东会的大部分职权，因此，国有独资公司的董事会实际行使的职权往往要大于其他公司，特别是上市公司的董事会。

为加强对国有独资公司的治理，防止内部人控制，损害国家利益，国有独资公司的董事会成员中，应当过半数为外部董事，并应当有公司职工代表。根据董事是否在国有独资公司任职，可以分为内部董事和外部董事。除担任董事外，还在国有独资公司担任高级管理人员的是内部董事，仅仅担任董事，不在国有独资公司任职的是外部董事。国有独资公司的董事会成员中，过半数为外部董事就可以防止内部人控制董事会，进而防止内部董事损害公司利益。国有独资公司的董事会成员中必须有职工代表，以体现国有独资公司的民主管理特色。职工董事属于内部董事，在计算外部董事所占比例时，职工董事计入董事总数，但不计入外部董事数量。

国有独资公司因为不设股东会，也没有除履行出资人职责的机构以外的其他股东，因此，董事会成员由履行出资人职责的机构委派；但是，董事会成员中的职工代表由公司职工代表大会选举产生。董事会成员中的职工代表只有一种产生方式，即由公司职工代表大会选举产生，不允许通过其他民主方式产生。只要不是公司高级管理人员，均可以视为公司职工。

董事会设董事长一人，可以设副董事长。董事长、副董事长由履行出资人职责的机构从董事会成员中指定。董事长、副董事长的产生方式并非由董事会选举，而是由履行出资人职责的机构直接指定。

## （三）相关法律规定

**《企业国有资产法》**

**第二十二条** 履行出资人职责的机构依照法律、行政法规以及企业章程的规定，任免或者建议任免国家出资企业的下列人员：

（一）任免国有独资企业的经理、副经理、财务负责人和其他高级管理人员；

（二）任免国有独资公司的董事长、副董事长、董事、监事会主席和监事；

（三）向国有资本控股公司、国有资本参股公司的股东会、股东大会提出董事、监事人选。

国家出资企业中应当由职工代表出任的董事、监事，依照有关法律、行政法规的规定由职工民主选举产生。

**第二十三条** 履行出资人职责的机构任命或者建议任命的董事、监事、高级管理人员，应当具备下列条件：

（一）有良好的品行；

（二）有符合职位要求的专业知识和工作能力；

（三）有能够正常履行职责的身体条件；

（四）法律、行政法规规定的其他条件。

董事、监事、高级管理人员在任职期间出现不符合前款规定情形或者出现《中华人民共和国公司法》规定的不得担任公司董事、监事、高级管理人员情形的，履行出资人职责的机构应当依法予以免职或者提出免职建议。

**第二十四条** 履行出资人职责的机构对拟任命或者建议任命的董事、监事、高级管理人员的人选，应当按照规定的条件和程序进行考察。考察合格的，按照规定的权限和程序任命或者建议任命。

**第二十七条** 国家建立国家出资企业管理者经营业绩考核制度。履行出资人职责的机构应当对其任命的企业管理者进行年度和任期考核，并依据考核结果决定对企业管理者的奖惩。

履行出资人职责的机构应当按照国家有关规定，确定其任命的国家出资企业管理者的薪酬标准。

**第二十八条** 国有独资企业、国有独资公司和国有资本控股公司的主要负责人，应当接受依法进行的任期经济责任审计。

**第二十九条** 本法第二十二条第一款第一项、第二项规定的企业管理者，国务院和地方人民政府规定由本级人民政府任免的，依照其规定。履行出资人职责的机构依照本章规定对上述企业管理者进行考核、奖惩并确定其薪酬标准。

## 七、第一百七十四条

### （一）原文

【2023年版本、三次审议稿】
第一百七十四条 国有独资公司的经理由董事会聘任或者解聘。
经履行出资人职责的机构同意，董事会成员可以兼任经理。

【2018年版本】
第六十八条 国有独资公司设经理，由董事会聘任或者解聘。经理依照本法第四十九条规定行使职权。
经国有资产监督管理机构同意，董事会成员可以兼任经理。

### （二）条文释义

本条规定了国有独资公司的经理。

国有独资公司的经理由董事会聘任或者解聘。这一点与其他公司经理的设置方式是相同的。

为防止权力过分集中，董事会成员如要兼任经理，须经履行出资人职责的机构同意。其他公司的董事如果要兼任经理，只需经董事会同意即可，不需要经股东会同意。

职工代表董事原则上不能兼任经理，因为其一旦担任经理的职务，就很难再属于职工代表出任的董事了。外部董事一般也不宜兼任经理，否则，其身份要变更为内部董事。

### （三）相关法律规定

《企业国有资产法》

第二十五条 未经履行出资人职责的机构同意，国有独资企业、国有独资公司的

第七章　国家出资公司组织机构的特别规定

董事、高级管理人员不得在其他企业兼职。未经股东会、股东大会同意，国有资本控股公司、国有资本参股公司的董事、高级管理人员不得在经营同类业务的其他企业兼职。

未经履行出资人职责的机构同意，国有独资公司的董事长不得兼任经理。未经股东会、股东大会同意，国有资本控股公司的董事长不得兼任经理。

董事、高级管理人员不得兼任监事。

# 八、第一百七十五条

## （一）原文

**【2023年版本、三次审议稿】**

第一百七十五条　国有独资公司的董事、高级管理人员，未经履行出资人职责的机构同意，不得在其他有限责任公司、股份有限公司或者其他经济组织兼职。

**【2018年版本】**

第六十九条　国有独资公司的董事长、副董事长、董事、高级管理人员，未经国有资产监督管理机构同意，不得在其他有限责任公司、股份有限公司或者其他经济组织兼职。

## （二）条文释义

本条规定了国有独资公司的董事、高级管理人员在外兼职的限制。

为保证董事、高级管理人员一心一意为国有独资公司服务，避免其向外转移公司资产或者利益，国有独资公司的董事、高级管理人员，原则上不得在其他有限责任公司、股份有限公司或者其他经济组织兼职，如果因为工作需要必须在其他有限责任公司、股份有限公司或者其他经济组织兼职，应当经履行出资人职责的机构同意。

## （三）相关法律规定

**《企业国有资产法》**

第二十五条　未经履行出资人职责的机构同意，国有独资企业、国有独资公司的董事、高级管理人员不得在其他企业兼职。未经股东会、股东大会同意，国有资本控股公司、国有资本参股公司的董事、高级管理人员不得在经营同类业务的其他企业兼职。

未经履行出资人职责的机构同意，国有独资公司的董事长不得兼任经理。未经股东会、股东大会同意，国有资本控股公司的董事长不得兼任经理。

董事、高级管理人员不得兼任监事。

第二十六条 国家出资企业的董事、监事、高级管理人员，应当遵守法律、行政法规以及企业章程，对企业负有忠实义务和勤勉义务，不得利用职权收受贿赂或者取得其他非法收入和不当利益，不得侵占、挪用企业资产，不得超越职权或者违反程序决定企业重大事项，不得有其他侵害国有资产出资人权益的行为。

## 九、第一百七十六条

### （一）原文

【2023 年版本、三次审议稿】

第一百七十六条 国有独资公司在董事会中设置由董事组成的审计委员会行使本法规定的监事会职权的，不设监事会或者监事。

【2018 年版本】

第七十条 国有独资公司监事会成员不得少于五人，其中职工代表的比例不得低于三分之一，具体比例由公司章程规定。

监事会成员由国有资产监督管理机构委派；但是，监事会成员中的职工代表由公司职工代表大会选举产生。监事会主席由国有资产监督管理机构从监事会成员中指定。

监事会行使本法第五十三条第（一）项至第（三）项规定的职权和国务院规定的其他职权。

### （二）条文释义

本条规定了国有独资公司可以用审计委员会代替监事会。

国有独资公司与其他公司一样，可以在董事会中设置由董事组成的审计委员会行使《公司法》规定的监事会职权，如果设置了该审计委员会，则可以不设监事会或者监事。

国有独资公司在用董事会审计委员会代替监事会或者监事时，应当在公司章程中对此有明确规定，或者经过履行出资人职责的机构同意。

## 十、第一百七十七条

### （一）原文

【2023 年版本、三次审议稿】

第一百七十七条 国家出资公司应当依法建立健全内部监督管理和风险控制制度，

加强内部合规管理。

## （二）条文释义

本条规定了国家出资公司的合规管理。

国家出资公司由于肩负着国有资产保值增值的重任，应当依法建立健全内部监督管理和风险控制制度，加强内部合规管理。合规管理，是指企业以有效防控合规风险为目的，以提升依法合规经营管理水平为导向，以企业经营管理行为和员工履职行为为对象，开展的包括建立合规制度、完善运行机制、培育合规文化、强化监督问责等有组织、有计划的管理活动。

目前，国务院国有资产监督管理委员会已经出台了《中央企业合规管理办法》，所有国家出资公司均可以按照该办法的规定加强公司合规管理。

## （三）相关规章规定

**《中央企业合规管理办法》**（国务院国有资产监督管理委员会令2022年第42号）

### 第一章 总 则

**第一条** 为深入贯彻习近平法治思想，落实全面依法治国战略部署，深化法治央企建设，推动中央企业加强合规管理，切实防控风险，有力保障深化改革与高质量发展，根据《中华人民共和国公司法》《中华人民共和国企业国有资产法》等有关法律法规，制定本办法。

**第二条** 本办法适用于国务院国有资产监督管理委员会（以下简称国资委）根据国务院授权履行出资人职责的中央企业。

**第三条** 本办法所称合规，是指企业经营管理行为和员工履职行为符合国家法律法规、监管规定、行业准则和国际条约、规则，以及公司章程、相关规章制度等要求。

本办法所称合规风险，是指企业及其员工在经营管理过程中因违规行为引发法律责任、造成经济或者声誉损失以及其他负面影响的可能性。

本办法所称合规管理，是指企业以有效防控合规风险为目的，以提升依法合规经营管理水平为导向，以企业经营管理行为和员工履职行为为对象，开展的包括建立合规制度、完善运行机制、培育合规文化、强化监督问责等有组织、有计划的管理活动。

**第四条** 国资委负责指导、监督中央企业合规管理工作，对合规管理体系建设情况及其有效性进行考核评价，依据相关规定对违规行为开展责任追究。

**第五条** 中央企业合规管理工作应当遵循以下原则：

（一）坚持党的领导。充分发挥企业党委（党组）领导作用，落实全面依法治国战略部署有关要求，把党的领导贯穿合规管理全过程。

（二）坚持全面覆盖。将合规要求嵌入经营管理各领域各环节，贯穿决策、执行、监督全过程，落实到各部门、各单位和全体员工，实现多方联动、上下贯通。

（三）坚持权责清晰。按照"管业务必须管合规"要求，明确业务及职能部门、合规管理部门和监督部门职责，严格落实员工合规责任，对违规行为严肃问责。

（四）坚持务实高效。建立健全符合企业实际的合规管理体系，突出对重点领域、关键环节和重要人员的管理，充分利用大数据等信息化手段，切实提高管理效能。

**第六条** 中央企业应当在机构、人员、经费、技术等方面为合规管理工作提供必要条件，保障相关工作有序开展。

## 第二章 组织和职责

**第七条** 中央企业党委（党组）发挥把方向、管大局、促落实的领导作用，推动合规要求在本企业得到严格遵循和落实，不断提升依法合规经营管理水平。

中央企业应当严格遵守党内法规制度，企业党建工作机构在党委（党组）领导下，按照有关规定履行相应职责，推动相关党内法规制度有效贯彻落实。

**第八条** 中央企业董事会发挥定战略、作决策、防风险作用，主要履行以下职责：

（一）审议批准合规管理基本制度、体系建设方案和年度报告等。

（二）研究决定合规管理重大事项。

（三）推动完善合规管理体系并对其有效性进行评价。

（四）决定合规管理部门设置及职责。

**第九条** 中央企业经理层发挥谋经营、抓落实、强管理作用，主要履行以下职责：

（一）拟订合规管理体系建设方案，经董事会批准后组织实施。

（二）拟订合规管理基本制度，批准年度计划等，组织制定合规管理具体制度。

（三）组织应对重大合规风险事件。

（四）指导监督各部门和所属单位合规管理工作。

**第十条** 中央企业主要负责人作为推进法治建设第一责任人，应当切实履行依法合规经营管理重要组织者、推动者和实践者的职责，积极推进合规管理各项工作。

**第十一条** 中央企业设立合规委员会，可以与法治建设领导机构等合署办公，统筹协调合规管理工作，定期召开会议，研究解决重点难点问题。

**第十二条** 中央企业应当结合实际设立首席合规官，不新增领导岗位和职数，由总法律顾问兼任，对企业主要负责人负责，领导合规管理部门组织开展相关工作，指导所属单位加强合规管理。

**第十三条** 中央企业业务及职能部门承担合规管理主体责任，主要履行以下职责：

（一）建立健全本部门业务合规管理制度和流程，开展合规风险识别评估，编制风险清单和应对预案。

（二）定期梳理重点岗位合规风险，将合规要求纳入岗位职责。

（三）负责本部门经营管理行为的合规审查。

（四）及时报告合规风险，组织或者配合开展应对处置。

（五）组织或者配合开展违规问题调查和整改。

中央企业应当在业务及职能部门设置合规管理员，由业务骨干担任，接受合规管理部门业务指导和培训。

**第十四条** 中央企业合规管理部门牵头负责本企业合规管理工作，主要履行以下职责：

（一）组织起草合规管理基本制度、具体制度、年度计划和工作报告等。

（二）负责规章制度、经济合同、重大决策合规审查。

（三）组织开展合规风险识别、预警和应对处置，根据董事会授权开展合规管理体系有效性评价。

（四）受理职责范围内的违规举报，提出分类处置意见，组织或者参与对违规行为的调查。

（五）组织或者协助业务及职能部门开展合规培训，受理合规咨询，推进合规管理信息化建设。

中央企业应当配备与经营规模、业务范围、风险水平相适应的专职合规管理人员，加强业务培训，提升专业化水平。

**第十五条** 中央企业纪检监察机构和审计、巡视巡察、监督追责等部门依据有关规定，在职权范围内对合规要求落实情况进行监督，对违规行为进行调查，按照规定开展责任追究。

## 第三章　制　度　建　设

**第十六条** 中央企业应当建立健全合规管理制度，根据适用范围、效力层级等，构建分级分类的合规管理制度体系。

**第十七条** 中央企业应当制定合规管理基本制度，明确总体目标、机构职责、运行机制、考核评价、监督问责等内容。

**第十八条** 中央企业应当针对反垄断、反商业贿赂、生态环保、安全生产、劳动用工、税务管理、数据保护等重点领域，以及合规风险较高的业务，制定合规管理具体制度或者专项指南。

中央企业应当针对涉外业务重要领域，根据所在国家（地区）法律法规等，结合实际制定专项合规管理制度。

**第十九条** 中央企业应当根据法律法规、监管政策等变化情况，及时对规章制度进行修订完善，对执行落实情况进行检查。

## 第四章　运　行　机　制

**第二十条** 中央企业应当建立合规风险识别评估预警机制，全面梳理经营管理活动中的合规风险，建立并定期更新合规风险数据库，对风险发生的可能性、影响程度、潜在后果等进行分析，对典型性、普遍性或者可能产生严重后果的风险及时预警。

**第二十一条** 中央企业应当将合规审查作为必经程序嵌入经营管理流程，重大决策事项的合规审查意见应当由首席合规官签字，对决策事项的合规性提出明确意见。业务及职能部门、合规管理部门依据职责权限完善审查标准、流程、重点等，定期对审查情况开展后评估。

**第二十二条** 中央企业发生合规风险，相关业务及职能部门应当及时采取应对措施，并按照规定向合规管理部门报告。

中央企业因违规行为引发重大法律纠纷案件、重大行政处罚、刑事案件，或者被国际组织制裁等重大合规风险事件，造成或者可能造成企业重大资产损失或者严重不良影响的，应当由首席合规官牵头，合规管理部门统筹协调，相关部门协同配合，及时采取措施妥善应对。

中央企业发生重大合规风险事件，应当按照相关规定及时向国资委报告。

**第二十三条** 中央企业应当建立违规问题整改机制，通过健全规章制度、优化业务流程等，堵塞管理漏洞，提升依法合规经营管理水平。

**第二十四条** 中央企业应当设立违规举报平台，公布举报电话、邮箱或者信箱，相关部门按照职责权限受理违规举报，并就举报问题进行调查和处理，对造成资产损失或者严重不良后果的，移交责任追究部门；对涉嫌违纪违法的，按照规定移交纪检监察等相关部门或者机构。

中央企业应当对举报人的身份和举报事项严格保密，对举报属实的举报人可以给予适当奖励。任何单位和个人不得以任何形式对举报人进行打击报复。

**第二十五条** 中央企业应当完善违规行为追责问责机制，明确责任范围，细化问责标准，针对问题和线索及时开展调查，按照有关规定严肃追究违规人员责任。

中央企业应当建立所属单位经营管理和员工履职违规行为记录制度，将违规行为性质、发生次数、危害程度等作为考核评价、职级评定等工作的重要依据。

**第二十六条** 中央企业应当结合实际建立健全合规管理与法务管理、内部控制、风险管理等协同运作机制，加强统筹协调，避免交叉重复，提高管理效能。

**第二十七条** 中央企业应当定期开展合规管理体系有效性评价，针对重点业务合规管理情况适时开展专项评价，强化评价结果运用。

**第二十八条** 中央企业应当将合规管理作为法治建设重要内容，纳入对所属单位的考核评价。

## 第五章 合 规 文 化

**第二十九条** 中央企业应当将合规管理纳入党委（党组）法治专题学习，推动企业领导人员强化合规意识，带头依法依规开展经营管理活动。

**第三十条** 中央企业应当建立常态化合规培训机制，制定年度培训计划，将合规管理作为管理人员、重点岗位人员和新入职人员培训必修内容。

第三十一条　中央企业应当加强合规宣传教育，及时发布合规手册，组织签订合规承诺，强化全员守法诚信、合规经营意识。

第三十二条　中央企业应当引导全体员工自觉践行合规理念，遵守合规要求，接受合规培训，对自身行为合规性负责，培育具有企业特色的合规文化。

## 第六章　信息化建设

第三十三条　中央企业应当加强合规管理信息化建设，结合实际将合规制度、典型案例、合规培训、违规行为记录等纳入信息系统。

第三十四条　中央企业应当定期梳理业务流程，查找合规风险点，运用信息化手段将合规要求和防控措施嵌入流程，针对关键节点加强合规审查，强化过程管控。

第三十五条　中央企业应当加强合规管理信息系统与财务、投资、采购等其他信息系统的互联互通，实现数据共用共享。

第三十六条　中央企业应当利用大数据等技术，加强对重点领域、关键节点的实时动态监测，实现合规风险即时预警、快速处置。

## 第七章　监督问责

第三十七条　中央企业违反本办法规定，因合规管理不到位引发违规行为的，国资委可以约谈相关企业并责成整改；造成损失或者不良影响的，国资委根据相关规定开展责任追究。

第三十八条　中央企业应当对在履职过程中因故意或者重大过失应当发现而未发现违规问题，或者发现违规问题存在失职渎职行为，给企业造成损失或者不良影响的单位和人员开展责任追究。

## 第八章　附　则

第三十九条　中央企业应当根据本办法，结合实际制定完善合规管理制度，推动所属单位建立健全合规管理体系。

第四十条　地方国有资产监督管理机构参照本办法，指导所出资企业加强合规管理工作。

第四十一条　本办法由国资委负责解释。

第四十二条　本办法自2022年10月1日起施行。

# 第八章 公司董事、监事、高级管理人员的资格和义务

## 一、第一百七十八条

### （一）原文

**【2023 年版本、三次审议稿】**

第一百七十八条 有下列情形之一的，不得担任公司的董事、监事、高级管理人员：

（一）无民事行为能力或者限制民事行为能力；

（二）因贪污、贿赂、侵占财产、挪用财产或者破坏社会主义市场经济秩序，被判处刑罚，或者因犯罪被剥夺政治权利，执行期满未逾五年，被宣告缓刑的，自缓刑考验期满之日起未逾二年；

（三）担任破产清算的公司、企业的董事或者厂长、经理，对该公司、企业的破产负有个人责任的，自该公司、企业破产清算完结之日起未逾三年；

（四）担任因违法被吊销营业执照、责令关闭的公司、企业的法定代表人，并负有个人责任的，自该公司、企业被吊销营业执照、责令关闭之日起未逾三年；

（五）个人因所负数额较大债务到期未清偿被人民法院列为失信被执行人。

违反前款规定选举、委派董事、监事或者聘任高级管理人员的，该选举、委派或者聘任无效。

董事、监事、高级管理人员在任职期间出现本条第一款所列情形的，公司应当解除其职务。

**【2018 年版本】**

第一百四十六条 有下列情形之一的，不得担任公司的董事、监事、高级管理人员：

（一）无民事行为能力或者限制民事行为能力；

（二）因贪污、贿赂、侵占财产、挪用财产或者破坏社会主义市场经济秩序，被判处刑罚，执行期满未逾五年，或者因犯罪被剥夺政治权利，执行期满未逾五年；

（三）担任破产清算的公司、企业的董事或者厂长、经理，对该公司、企业的破产负有个人责任的，自该公司、企业破产清算完结之日起未逾三年；

（四）担任因违法被吊销营业执照、责令关闭的公司、企业的法定代表人，并负有个人责任的，自该公司、企业被吊销营业执照之日起未逾三年；

（五）个人所负数额较大的债务到期未清偿。

公司违反前款规定选举、委派董事、监事或者聘任高级管理人员的，该选举、委派或者聘任无效。

董事、监事、高级管理人员在任职期间出现本条第一款所列情形的，公司应当解除其职务。

## （二）条文释义

本条规定了禁止担任公司的董事、监事、高级管理人员的情形。

公司的董事、监事和高级管理人员决定着公司的发展方向，决定着公司能否依法经营，能否为社会创造价值，因此，有特殊"前科"的人员不应当担任公司的董事、监事和高级管理人员。具体而言，有下列情形之一的，不得担任公司的董事、监事、高级管理人员：

（1）无民事行为能力或者限制民事行为能力。公司的董事、监事和高级管理人员需要积极作为才能履行其基本职责，公司管理事务属于比较复杂的事务，无民事行为能力或者限制民事行为能力人显然不适合担任公司的董事、监事和高级管理人员。当然，无民事行为能力或者限制民事行为能力人并不影响其担任股东。

（2）因贪污、贿赂、侵占财产、挪用财产或者破坏社会主义市场经济秩序，被判处刑罚，或者因犯罪被剥夺政治权利，执行期满未逾五年，被宣告缓刑的，自缓刑考验期满之日起未逾2年。这里需要注意的是，因贪污、贿赂、侵占财产、挪用财产或者破坏社会主义市场经济秩序犯罪，被判处刑罚，执行期满未逾五年的禁止担任公司的董事、监事和高级管理人员。因其他犯罪被判处刑罚的，没有该项任职禁止。如因酒驾被判处刑罚，仍可以继续担任公司的董事、监事和高级管理人员。因犯罪被剥夺政治权利，执行期满未逾五年的，禁止担任公司的董事、监事和高级管理人员。这里没有犯罪种类的限制，无论什么类型的犯罪，只要被剥夺政治权利，均受该项任职限制。上述犯罪如果被宣告缓刑，说明情节比较轻，主观恶性比较小，自缓刑考验期满之日起超过2年就可以担任公司的董事、监事和高级管理人员。

（3）担任破产清算的公司、企业的董事或者厂长、经理，对该公司、企业的破产负有个人责任的，自该公司、企业破产清算完结之日起未逾3年。这里要注意两个条件：

一是担任破产清算的公司、企业的董事或者厂长、经理，担任监事以及其他职务的不受该项任职限制，如担任副厂长、副经理、财务负责人等；二是要对公司、企业的破产负有个人责任，如何判断一个人对公司、企业的破产负有个人责任，目前还没有明确的规定。

（4）担任因违法被吊销营业执照、责令关闭的公司、企业的法定代表人，并负有个人责任的，自该公司、企业被吊销营业执照、责令关闭之日起未逾3年。这里要注意两个条件：一是担任因违法被吊销营业执照、责令关闭的公司、企业的法定代表人，担任其他职务的不受该项任职限制，如不担任法定代表人的董事、监事、高级管理人员等；二是对该公司、企业因违法被吊销营业执照、责令关闭负有个人责任。

（5）个人因所负数额较大债务到期未清偿被人民法院列为失信被执行人。当事人一旦清偿了相关债务即可以担任公司的董事、监事和高级管理人员。

违反上述规定选举、委派董事、监事或者聘任高级管理人员的，该选举、委派或者聘任无效。相关主体应当另行选举、委派董事、监事或者聘任高级管理人员。

董事、监事、高级管理人员在任职期间出现上述所列情形的，公司应当解除其职务，必要时，应当及时选举新的人员担任被解除的职务。

其他法律、行政法规对特殊公司的董事、监事和高级管理人员的任职资格有其他特殊规定的，应当遵守其相应的规定。

## （三）相关法律规定

**《商业银行法》**

**第二十七条** 有下列情形之一的，不得担任商业银行的董事、高级管理人员：

（一）因犯有贪污、贿赂、侵占财产、挪用财产罪或者破坏社会经济秩序罪，被判处刑罚，或者因犯罪被剥夺政治权利的；

（二）担任因经营不善破产清算的公司、企业的董事或者厂长、经理，并对该公司、企业的破产负有个人责任的；

（三）担任因违法被吊销营业执照的公司、企业的法定代表人，并负有个人责任的；

（四）个人所负数额较大的债务到期未清偿的。

**《保险法》**

**第八十二条** 有《中华人民共和国公司法》第一百四十六条规定的情形或者下列情形之一的，不得担任保险公司的董事、监事、高级管理人员：

（一）因违法行为或者违纪行为被金融监督管理机构取消任职资格的金融机构的董事、监事、高级管理人员，自被取消任职资格之日起未逾五年的；

（二）因违法行为或者违纪行为被吊销执业资格的律师、注册会计师或者资产评估机构、验证机构等机构的专业人员，自被吊销执业资格之日起未逾五年的。

## 第八章　公司董事、监事、高级管理人员的资格和义务

**《证券法》**

**第一百二十四条**　证券公司的董事、监事、高级管理人员，应当正直诚实、品行良好，熟悉证券法律、行政法规，具有履行职责所需的经营管理能力。证券公司任免董事、监事、高级管理人员，应当报国务院证券监督管理机构备案。

有《中华人民共和国公司法》第一百四十六条规定的情形或者下列情形之一的，不得担任证券公司的董事、监事、高级管理人员：

（一）因违法行为或者违纪行为被解除职务的证券交易场所、证券登记结算机构的负责人或者证券公司的董事、监事、高级管理人员，自被解除职务之日起未逾五年；

（二）因违法行为或者违纪行为被吊销执业证书或者被取消资格的律师、注册会计师或者其他证券服务机构的专业人员，自被吊销执业证书或者被取消资格之日起未逾五年。

# 二、第一百七十九条

## （一）原文

**【2023年版本、三次审议稿】**

第一百七十九条　董事、监事、高级管理人员应当遵守法律、行政法规和公司章程。

**【2018年版本】**

第一百四十七条　董事、监事、高级管理人员应当遵守法律、行政法规和公司章程，对公司负有忠实义务和勤勉义务。

董事、监事、高级管理人员不得利用职权收受贿赂或者其他非法收入，不得侵占公司的财产。

## （二）条文释义

本条规定了董事、监事、高级管理人员守法合规的义务。

法律、行政法规对其适用范围内的任何主体都具有约束力，因此，董事、监事、高级管理人员也应当遵守法律、行政法规。公司章程是公司内部管理的重要规范性文件，对公司全体人员具有约束力，因此，董事、监事、高级管理人员也应当遵守。

公司经营是否合法合规，主要取决于公司的董事、监事、高级管理人员是否守法合规，因此，这里专门强调公司的监事、高级管理人员应当遵守法律、行政法规和

公司章程具有特殊的意义。

## 三、第一百八十条

### （一）原文

【2023年版本】

第一百八十条　董事、监事、高级管理人员对公司负有忠实义务，应当采取措施避免自身利益与公司利益冲突，不得利用职权牟取不正当利益。

董事、监事、高级管理人员对公司负有勤勉义务，执行职务应当为公司的最大利益尽到管理者通常应有的合理注意。

公司的控股股东、实际控制人不担任公司董事但实际执行公司事务的，适用前两款规定。

【三次审议稿】

第一百八十条　董事、监事、高级管理人员对公司负有忠实义务，应当采取措施避免自身利益与公司利益冲突，不得利用职权谋取不正当利益。

董事、监事、高级管理人员对公司负有勤勉义务，执行职务应当为公司的最大利益尽到管理者通常应有的合理注意。

公司的控股股东、实际控制人不担任公司董事但实际执行公司事务的，适用前两款规定。

【2018年版本】

第一百四十七条　董事、监事、高级管理人员应当遵守法律、行政法规和公司章程，对公司负有忠实义务和勤勉义务。

董事、监事、高级管理人员不得利用职权收受贿赂或者其他非法收入，不得侵占公司的财产。

### （二）条文释义

本条规定了董事、监事、高级管理人员的忠实和勤勉义务。

董事、监事、高级管理人员对公司负有忠实义务，忠实强调的是不背叛，不从事与公司利益相冲突的行为，事事维护公司的利益，不以权谋私。为此，董事、监事、高级管理人员应当采取措施避免自身利益与公司利益冲突，不得利用职权谋取不正当利益。

董事、监事、高级管理人员对公司负有勤勉义务，勤勉强调的是勤奋尽职，自我勉励，尽最大努力完成本职工作。为此，董事、监事、高级管理人员执行职务应当为公司的最大利益尽到管理者通常应有的合理注意。

公司的控股股东、实际控制人不担任公司董事但实际执行公司事务的，与公司董事、监事、高级管理人员一样，对公司负有忠实与勤勉的义务。需要注意的是，这里强调的是公司的控股股东和实际控制人，如果是公司的普通股东在公司担任一般职务或者执行公司事务，则其按照劳动合同或者其他约定完成其本职工作即可，不要求对公司尽忠实与勤勉的义务。

## 四、第一百八十一条

### （一）原文

【2023年版本】

第一百八十一条　董事、监事、高级管理人员不得有下列行为：

（一）侵占公司财产、挪用公司资金；

（二）将公司资金以其个人名义或者以其他个人名义开立账户存储；

（三）利用职权贿赂或者收受其他非法收入；

（四）接受他人与公司交易的佣金归为己有；

（五）擅自披露公司秘密；

（六）违反对公司忠实义务的其他行为。

【三次审议稿】

第一百八十二条　董事、监事、高级管理人员不得有下列行为：

（一）侵占公司财产、挪用公司资金；

（二）将公司资金以其个人名义或者以其他个人名义开立账户存储；

（三）利用职权贿赂或者收受其他非法收入；

（四）接受他人与公司交易的佣金归为己有；

（五）擅自披露公司秘密；

（六）违反对公司忠实义务的其他行为。

【2018年版本】

第一百四十八条　董事、高级管理人员不得有下列行为：

（一）挪用公司资金；

（二）将公司资金以其个人名义或者以其他个人名义开立账户存储；

（三）违反公司章程的规定，未经股东会、股东大会或者董事会同意，将公司资金借贷给他人或者以公司财产为他人提供担保；

（四）违反公司章程的规定或者未经股东会、股东大会同意，与本公司订立合同或者进行交易；

（五）未经股东会或者股东大会同意，利用职务便利为自己或者他人谋取属于公司的商业机会，自营或者为他人经营与所任职公司同类的业务；

（六）接受他人与公司交易的佣金归为己有；

（七）擅自披露公司秘密；

（八）违反对公司忠实义务的其他行为。

董事、高级管理人员违反前款规定所得的收入应当归公司所有。

## （二）条文释义

本条规定了董事、监事、高级管理人员的禁止行为。

董事、监事、高级管理人员对公司负有忠实的义务，因此，董事、监事、高级管理人员不得有下列对公司不忠实的行为：

（1）侵占公司财产、挪用公司资金。实务中，部分董事、监事、高级管理人员通过报销发票的方式侵占公司财产应当引起股东和公司的重视。

（2）将公司资金以其个人名义或者以其他个人名义开立账户存储。实务中，部分公司董事会决定将公司资金以某个个人的名义开立账户存储，虽然该行为是董事会的集体行为，但仍不免除其违法性，公司董事会集体也有可能违反忠实义务，设立小金库，侵占公司财产，损害公司利益。当然，设立小金库的行为也有可能是公款私存，偷逃国家税款，该行为仍然是违法行为。

（3）利用职权贿赂或者收受其他非法收入。行贿受贿均是违法行为，均违反了忠实义务。收受其他非法收入，如利用公司为他人虚开发票，接受他人的开票费。

（4）接受他人与公司交易的佣金归为己有。他人与公司达成交易，董事、监事、高级管理人员不应取得佣金，因为这是他们的分内之事，公司已经向他们支付了工资以及其他报酬，他们不应再额外取得佣金。如他人需要支付佣金，该佣金也应归公司所有。

（5）擅自披露公司秘密。公司秘密属于公司所有，往往涉及公司的重要利益，未经公司允许，任何人不得泄露，董事、监事、高级管理人员有更多机会接触公司秘密，更应有保守公司秘密的觉悟与义务，擅自披露公司秘密是典型的对公司不忠实的行为。

（6）违反对公司忠实义务的其他行为。如利用职权安插亲朋好友到公司任职并给予较高薪水，发现侵犯公司利益的行为不及时制止等。

第八章　公司董事、监事、高级管理人员的资格和义务

## 五、第一百八十二条

### （一）原文

【2023 年版本】

第一百八十二条　董事、监事、高级管理人员，直接或者间接与本公司订立合同或者进行交易，应当就与订立合同或者进行交易有关的事项向董事会或者股东会报告，并按照公司章程的规定经董事会或者股东会决议通过。

董事、监事、高级管理人员的近亲属，董事、监事、高级管理人员或者其近亲属直接或者间接控制的企业，以及与董事、监事、高级管理人员有其他关联关系的关联人，与公司订立合同或者进行交易，适用前款规定。

【三次审议稿】

第一百八十三条　董事、监事、高级管理人员，直接或者间接与本公司订立合同或者进行交易，应当就与订立合同或者进行交易有关的事项向董事会或者股东会报告，并按照公司章程的规定经董事会或者股东会决议。

董事、监事、高级管理人员的近亲属，董事、监事、高级管理人员或者其近亲属直接或者间接控制的企业，以及与董事、监事、高级管理人员有其他关联关系的关联人，与公司订立合同或者进行交易，适用前款规定。

### （二）条文释义

本条规定了董事、监事、高级管理人员关联交易报告的义务。

公司的董事、监事、高级管理人员与公司从事关联交易容易出现利益转移的问题，必须由董事会或者股东会对此专门进行决议。因此，董事、监事、高级管理人员，直接或者间接与本公司订立合同或者进行交易，应当就与订立合同或者进行交易有关的事项向董事会或者股东会报告，并按照公司章程的规定经董事会或者股东会决议通过。具体是经董事会决议还是经股东会决议要看公司章程的规定，为效率考虑，建议由董事会决议。当然，也可以规定金额较大的交易或者涉及董事长、副董事长的交易提交股东会决议。

董事、监事、高级管理人员的近亲属，董事、监事、高级管理人员或者其近亲属直接或者间接控制的企业，以及与董事、监事、高级管理人员有其他关联关系的关联人，与公司订立合同或者进行交易，应当就与订立合同或者进行交易有关的事项向董事会或者股东会报告，并按照公司章程的规定经董事会或者股东会决议。近亲属包括

配偶、父母、子女、兄弟姐妹、祖父母、外祖父母、孙子女和外孙子女等。直接控制一般是指直接持股超过 50%，间接控制一般是指根据持股比例相乘，其结果间接持股超过 50%。例如，甲公司持有乙公司 80% 的股权，乙公司持有丙公司 60% 的股权，则甲公司间接持有丙公司 48% 的股权。甲公司直接控制了乙公司，乙公司直接控制了丙公司，但甲公司对丙公司尚未达到间接控制的程度。

### （三）相关法律规定

**《民法典》**

**第一千零四十五条** 亲属包括配偶、血亲和姻亲。

配偶、父母、子女、兄弟姐妹、祖父母、外祖父母、孙子女、外孙子女为近亲属。

配偶、父母、子女和其他共同生活的近亲属为家庭成员。

## 六、第一百八十三条

### （一）原文

**【2023 年版本】**

**第一百八十三条** 董事、监事、高级管理人员，不得利用职务便利为自己或者他人谋取属于公司的商业机会。但是，有下列情形之一的除外：

（一）向董事会或者股东会报告，并按照公司章程的规定经董事会或者股东会决议通过；

（二）根据法律、行政法规或者公司章程的规定，公司不能利用该商业机会。

**【三次审议稿】**

**第一百八十四条** 董事、监事、高级管理人员，不得利用职务便利为自己或者他人谋取属于公司的商业机会。但是，有下列情形之一的除外：

（一）向董事会或者股东会报告，并经董事会或者股东会决议通过；

（二）根据法律、行政法规或者公司章程的规定，公司不能利用该商业机会。

### （二）条文释义

本条规定了董事、监事、高级管理人员禁止利用公司商业机会的义务。

公司的董事、监事、高级管理人员对公司负有忠实义务，因此，董事、监事、高级管理人员，不得利用职务便利为自己或者他人谋取属于公司的商业机会。但是，商业机会并不等于现实的利益，如果满足一定条件，商业机会也是可以为董事、监事、高级管理人员利用的。具体而言，有下列情形之一的除外：

（1）向董事会或者股东会报告，并按照公司章程的规定经董事会或者股东会决议通过。具体向哪个机构报告，可以由公司章程规定，如果公司章程没有规定，则向董事会或者股东会报告都是可以的。

（2）根据法律、行政法规或者公司章程的规定，公司不能利用该商业机会。这一条件的判断主体并没有明确规定，也就是说，谁有权利作出公司不能利用该商业机会的判断并没有明确规定。因此，实务中，除相关法律、行政法规或者公司章程的规定异常明确之外，董事、监事、高级管理人员最好还是向董事会报告一下，经董事会作出决议，再利用所任职公司的商业机会比较稳妥；否则，一旦自己判断失误，则可能要向公司承担责任。

## 七、第一百八十四条

### （一）原文

**【2023 年版本】**

第一百八十四条　董事、监事、高级管理人员未向董事会或者股东会报告，并按照公司章程的规定经董事会或者股东会决议通过，不得自营或者为他人经营与其任职公司同类的业务。

**【三次审议稿】**

第一百八十五条　董事、监事、高级管理人员未向董事会或者股东会报告，并经董事会或者股东会决议，不得自营或者为他人经营与其任职公司同类的业务。

### （二）条文释义

本条规定了董事、监事、高级管理人员禁止从事与公司了竞争业务的义务。

公司董事、监事、高级管理人员对公司负有忠实义务，原则上不允许从事与公司相竞争的业务，因此，如果董事、监事、高级管理人员要自营或者为他人经营与其任职公司同类的业务，必须首先按照公司章程的规定向董事会或者股东会报告，并经董事会或者股东会决议，否则，其行为将违反对公司的忠实义务。公司章程可以规定，该项事项应当由董事会决议还是由股东会决议，如果没有规定，则当事人既可以向董事会报告，也可以向股东会报告。

## 八、第一百八十五条

### （一）原文

**【2023年版本】**

第一百八十五条　董事会对本法第一百八十二条至第一百八十四条规定的事项决议时，关联董事不得参与表决，其表决权不计入表决权总数。出席董事会会议的无关联关系董事人数不足三人的，应当将该事项提交股东会审议。

**【三次审议稿】**

第一百八十六条　董事会对本法第一百八十三条至第一百八十五条规定的事项决议时，关联董事不得参与表决，其表决权不计入表决权总数。出席董事会的无关联关系董事人数不足三人的，应当将该事项提交股东会审议。

### （二）条文释义

本条规定了董事会对相关人员忠实义务表决的规则。

董事会在对《公司法》第一百八十三条至第一百八十五条规定的事项进行决议时，为确保公平、公正，关联董事不得参与表决，其表决权不计入表决权总数。例如，董事会共9人，其中2人与表决事项有关联关系，则该2人不计入董事会该次表决的总数。董事会有表决权的董事为7人，有4人出席董事会会议即有效，表决时，有4人投赞成票即达到了董事会全体人数的过半数。

出席董事会会议的无关联关系董事人数不足3人的，应当将该事项提交股东会审议。该项规定为法定强制性规定，不允许通过公司章程或者股东会决议予以变更。当然，公司章程或者股东会决议可以提高人数的标准，例如，可以规定：出席董事会的无关联关系董事人数不足5人的，应当将该事项提交股东会审议。

## 九、第一百八十六条

### （一）原文

**【2023年版本】**

第一百八十六条　董事、监事、高级管理人员违反本法第一百八十一条至第

# 第八章 公司董事、监事、高级管理人员的资格和义务

一百八十四条规定所得的收入应当归公司所有。

**【三次审议稿】**

第一百八十七条 董事、监事、高级管理人员违反本法第一百八十二条至第一百八十五条规定所得的收入应当归公司所有。

**【2018年版本】**

第一百四十八条 董事、高级管理人员不得有下列行为：

（一）挪用公司资金；

（二）将公司资金以其个人名义或者以其他个人名义开立账户存储；

（三）违反公司章程的规定，未经股东会、股东大会或者董事会同意，将公司资金借贷给他人或者以公司财产为他人提供担保；

（四）违反公司章程的规定或者未经股东会、股东大会同意，与本公司订立合同或者进行交易；

（五）未经股东会或者股东大会同意，利用职务便利为自己或者他人谋取属于公司的商业机会，自营或者为他人经营与所任职公司同类的业务；

（六）接受他人与公司交易的佣金归为己有；

（七）擅自披露公司秘密；

（八）违反对公司忠实义务的其他行为。

董事、高级管理人员违反前款规定所得的收入应当归公司所有。

## （二）条文释义

本条规定了董事、监事、高级管理人员违反忠实义务的收入归公司。

董事、监事、高级管理人员对公司负有忠实义务，如果上述人员违反对公司的忠实义务，其法律责任如何承担存在不同观点。由于上述人员违反忠实义务给公司造成的损失很难计算，可以通过上述人员的收入来估算公司的损失。因此，董事、监事、高级管理人员违反《公司法》第一百八十一条至第一百八十四条规定所得的收入应当归公司所有。这里所谓收入是指其扣除合理成本费用以及税款后的收入，也就是净收益。公司取得该笔收入后应当并入公司收入总额，依法缴纳企业所得税，可以不用缴纳增值税及其附加。

## （三）相关法律规定

**《企业所得税法》**

第五条 企业每一纳税年度的收入总额，减除不征税收入、免税收入、各项扣除以及允许弥补的以前年度亏损后的余额，为应纳税所得额。

第六条 企业以货币形式和非货币形式从各种来源取得的收入，为收入总额。包括：

（一）销售货物收入；

（二）提供劳务收入；

（三）转让财产收入；

（四）股息、红利等权益性投资收益；

（五）利息收入；

（六）租金收入；

（七）特许权使用费收入；

（八）接受捐赠收入；

（九）其他收入。

# 十、第一百八十七条

## （一）原文

**【2023年版本】**

第一百八十七条　股东会要求董事、监事、高级管理人员列席会议的，董事、监事、高级管理人员应当列席并接受股东的质询。

**【三次审议稿】**

第一百八十一条　股东会要求董事、监事、高级管理人员列席会议的，董事、监事、高级管理人员应当列席并接受股东的质询。

**【2018年版本】**

第一百五十条　股东会或者股东大会要求董事、监事、高级管理人员列席会议的，董事、监事、高级管理人员应当列席并接受股东的质询。

董事、高级管理人员应当如实向监事会或者不设监事会的有限责任公司的监事提供有关情况和资料，不得妨碍监事会或者监事行使职权。

## （二）条文释义

本条规定了董事、监事、高级管理人员列席股东会的制度。

为了提高股东会会议的效率，也为了方便股东详细了解公司的经营状况，股东会有权要求董事、监事、高级管理人员列席股东会会议。因此，实务中，每次股东会会议应当同时通知董事、监事、高级管理人员，原则上，上述人员应当列席每次股东会会议（通常每年也就一次到两次会议），以方便股东随时向上述人员了解情况。董事、监事、高级管理人员应当列席股东会会议并接受股东的质询，对股东的询问应详细回答，不应有所隐瞒。

## 十一、第一百八十八条

### （一）原文

【2023年版本、三次审议稿】

第一百八十八条　董事、监事、高级管理人员执行职务违反法律、行政法规或者公司章程的规定，给公司造成损失的，应当承担赔偿责任。

【2018年版本】

第一百四十九条　董事、监事、高级管理人员执行公司职务时违反法律、行政法规或者公司章程的规定，给公司造成损失的，应当承担赔偿责任。

### （二）条文释义

本条规定了董事、监事、高级管理人员对公司的赔偿义务。

董事、监事、高级管理人员对公司负有忠实、勤勉的义务，应当严格按照相关法律、行政法规或者公司章程的规定执行职务，其执行职务时如果违反法律、行政法规或者公司章程的规定，给公司造成损失，应当承担赔偿责任。

需要注意的是，董事、监事、高级管理人员只有违反法律、行政法规或者公司章程的规定，才有可能承担赔偿责任，如果仅仅违反地方性法规、规章以及其他规范性文件的规定且并未违反法律、行政法规或者公司章程的规定，其行为虽然可能给公司造成损失，但不应承担赔偿责任。

例如，公司高级管理人员驾驶公司车辆闯红灯，导致被罚款200元，由于闯红灯属于违反法律的行为，该200元罚款的损失应当由该公司高级管理人员承担。如果公司高级管理人员驾驶公司车辆在北京违反尾号限行的规定，导致被罚款100元，由于北京尾号限行的依据是北京市的地方政府规章（《北京市人民政府关于实施工作日高峰时段区域限行交通管理措施的通告》），并非法律、行政法规，如果公司章程对此类行为没有规定，则不能要求该高级管理人员向公司赔偿100元。

## 十二、第一百八十九条

### （一）原文

【2023 年版本】

**第一百八十九条** 董事、高级管理人员有前条规定的情形的，有限责任公司的股东、股份有限公司连续一百八十日以上单独或者合计持有公司百分之一以上股份的股东，可以书面请求监事会向人民法院提起诉讼；监事有前条规定的情形的，前述股东可以书面请求董事会向人民法院提起诉讼。

监事会或者董事会收到前款规定的股东书面请求后拒绝提起诉讼，或者自收到请求之日起三十日内未提起诉讼，或者情况紧急、不立即提起诉讼将会使公司利益受到难以弥补的损害的，前款规定的股东有权为公司利益以自己的名义直接向人民法院提起诉讼。

他人侵犯公司合法权益，给公司造成损失的，本条第一款规定的股东可以依照前两款的规定向人民法院提起诉讼。

公司全资子公司的董事、监事、高级管理人员有前条规定情形，或者他人侵犯公司全资子公司合法权益造成损失的，有限责任公司的股东、股份有限公司连续一百八十日以上单独或者合计持有公司百分之一以上股份的股东，可以依照前三款规定书面请求全资子公司的监事会、董事会向人民法院提起诉讼或者以自己的名义直接向人民法院提起诉讼。

【三次审议稿】

**第一百八十九条** 董事、高级管理人员有前条规定的情形的，有限责任公司的股东、股份有限公司连续一百八十日以上单独或者合计持有公司百分之一以上股份的股东，可以书面请求监事会向人民法院提起诉讼；监事有前条规定的情形的，前述股东可以书面请求董事会向人民法院提起诉讼。

监事会或者董事会收到前款规定的股东书面请求后拒绝提起诉讼，或者自收到请求之日起三十日内未提起诉讼，或者情况紧急、不立即提起诉讼将会使公司利益受到难以弥补的损害的，前款规定的股东有权为公司利益以自己的名义直接向人民法院提起诉讼。

他人侵犯公司合法权益，给公司造成损失的，本条第一款规定的股东可以依照前两款的规定向人民法院提起诉讼。

本条第一款、第二款所称的董事会、董事、高级管理人员、监事会、监事，包括全资子公司的董事会、董事、高级管理人员、监事会、监事。

### 第八章　公司董事、监事、高级管理人员的资格和义务

【2018 年版本】

**第一百五十一条**　董事、高级管理人员有本法第一百四十九条规定的情形的，有限责任公司的股东、股份有限公司连续一百八十日以上单独或者合计持有公司百分之一以上股份的股东，可以书面请求监事会或者不设监事会的有限责任公司的监事向人民法院提起诉讼；监事有本法第一百四十九条规定的情形的，前述股东可以书面请求董事会或者不设董事会的有限责任公司的执行董事向人民法院提起诉讼。

监事会、不设监事会的有限责任公司的监事，或者董事会、执行董事收到前款规定的股东书面请求后拒绝提起诉讼，或者自收到请求之日起三十日内未提起诉讼，或者情况紧急、不立即提起诉讼将会使公司利益受到难以弥补的损害的，前款规定的股东有权为了公司的利益以自己的名义直接向人民法院提起诉讼。

他人侵犯公司合法权益，给公司造成损失的，本条第一款规定的股东可以依照前两款的规定向人民法院提起诉讼。

## （二）条文释义

本条规定了追究董事、高级管理人员和监事责任的方式。

董事、监事、高级管理人员执行职务违反法律、行政法规或者公司章程的规定，给公司造成损失的，应当承担赔偿责任。由于上述人员位居公司管理层，如果没有相应的制度保障，恐怕很难追究其赔偿责任。如果董事、高级管理人员有上述情形，有限责任公司的股东、股份有限公司连续 180 日以上单独或者合计持有公司 1% 以上股份的股东，可以书面请求监事会向人民法院提起诉讼；如果监事有上述情形，前述股东可以书面请求董事会向人民法院提起诉讼。由于董事、监事、高级管理人员是向公司承担赔偿责任，因此，首先应当由公司的代表机关代表公司主张权利。如果是董事、高级管理人员有上述情形，应当由监事会代表公司提起诉讼，如果是监事有上述情形，应当由董事会代表公司提起诉讼。

特殊情况下，股东也可以代表公司提起诉讼，即如果监事会或者董事会收到上述股东书面请求后拒绝提起诉讼，或者自收到请求之日起 30 日内未提起诉讼，或者情况紧急、不立即提起诉讼将会使公司利益受到难以弥补的损害，上述股东有权为公司利益以自己的名义直接向人民法院提起诉讼。需要注意两点，一是股东是以自己的名义提起诉讼，并非代表公司提起诉讼，二是，虽然股东是以自己的名义直接向人民法院提起诉讼，但董事、监事、高级管理人员仍然是向公司承担赔偿责任，而非向提起诉讼的股东承担赔偿责任。

他人侵犯公司合法权益，给公司造成损失的，有限责任公司的股东、股份有限公司连续 180 日以上单独或者合计持有公司 1% 以上股份的股东，可以书面请求董事会或者监事会向人民法院提起诉讼；如果监事会或者董事会收到上述股东书面请求后拒绝提起诉讼，或者自收到请求之日起 30 日内未提起诉讼，或者情况紧急、不立即提起诉讼

将会使公司利益受到难以弥补的损害，上述股东有权为公司利益以自己的名义直接向人民法院提起诉讼。

公司全资子公司的董事、监事、高级管理人员有上述规定情形，或者他人侵犯公司全资子公司合法权益造成损失的，有限责任公司的股东、股份有限公司连续180日以上单独或者合计持有公司1%以上股份的股东，可以依照上述规定书面请求全资子公司的监事会、董事会向人民法院提起诉讼或者以自己的名义直接向人民法院提起诉讼。

## （三）相关司法解释规定

**《最高人民法院关于适用〈中华人民共和国公司法〉若干问题的规定（一）》**

**第四条** 公司法第一百五十一条规定的一百八十日以上连续持股期间，应为股东向人民法院提起诉讼时，已期满的持股时间；规定的合计持有公司百分之一以上股份，是指两个以上股东持股份额的合计。

**第二十三条** 清算组成员从事清算事务时，违反法律、行政法规或者公司章程给公司或者债权人造成损失，公司或者债权人主张其承担赔偿责任的，人民法院应依法予以支持。

有限责任公司的股东、股份有限公司连续一百八十日以上单独或者合计持有公司百分之一以上股份的股东，依据公司法第一百五十一条第三款的规定，以清算组成员有前款所述行为为由向人民法院提起诉讼的，人民法院应予受理。

公司已经清算完毕注销，上述股东参照公司法第一百五十一条第三款的规定，直接以清算组成员为被告、其他股东为第三人向人民法院提起诉讼的，人民法院应予受理。

**第二十四条** 解散公司诉讼案件和公司清算案件由公司住所地人民法院管辖。公司住所地是指公司主要办事机构所在地。公司办事机构所在地不明确的，由其注册地人民法院管辖。

基层人民法院管辖县、县级市或者区的公司登记机关核准登记公司的解散诉讼案件和公司清算案件；中级人民法院管辖地区、地级市以上的公司登记机关核准登记公司的解散诉讼案件和公司清算案件。

**《最高人民法院关于适用〈中华人民共和国公司法〉若干问题的规定（四）》**

**第二十三条** 监事会或者不设监事会的有限责任公司的监事依据公司法第一百五十一条第一款规定对董事、高级管理人员提起诉讼的，应当列公司为原告，依法由监事会主席或者不设监事会的有限责任公司的监事代表公司进行诉讼。

董事会或者不设董事会的有限责任公司的执行董事依据公司法第一百五十一条第一款规定对监事提起诉讼的，或者依据公司法第一百五十一条第三款规定对他人提起

### 第八章 公司董事、监事、高级管理人员的资格和义务

诉讼的，应当列公司为原告，依法由董事长或者执行董事代表公司进行诉讼。

**第二十四条** 符合公司法第一百五十一条第一款规定条件的股东，依据公司法第一百五十一条第二款、第三款规定，直接对董事、监事、高级管理人员或者他人提起诉讼的，应当列公司为第三人参加诉讼。

一审法庭辩论终结前，符合公司法第一百五十一条第一款规定条件的其他股东，以相同的诉讼请求申请参加诉讼的，应当列为共同原告。

**第二十五条** 股东依据公司法第一百五十一条第二款、第三款规定直接提起诉讼的案件，胜诉利益归属于公司。股东请求被告直接向其承担民事责任的，人民法院不予支持。

**第二十六条** 股东依据公司法第一百五十一条第二款、第三款规定直接提起诉讼的案件，其诉讼请求部分或者全部得到人民法院支持的，公司应当承担股东因参加诉讼支付的合理费用。

**《最高人民法院关于适用〈中华人民共和国公司法〉若干问题的规定（五）》**

**第一条** 关联交易损害公司利益，原告公司依据民法典第八十四条、公司法第二十一条规定请求控股股东、实际控制人、董事、监事、高级管理人员赔偿所造成的损失，被告仅以该交易已经履行了信息披露、经股东会或者股东大会同意等法律、行政法规或者公司章程规定的程序为由抗辩的，人民法院不予支持。

公司没有提起诉讼的，符合公司法第一百五十一条第一款规定条件的股东，可以依据公司法第一百五十一条第二款、第三款规定向人民法院提起诉讼。

**第二条** 关联交易合同存在无效、可撤销或者对公司不发生效力的情形，公司没有起诉合同相对方的，符合公司法第一百五十一条第一款规定条件的股东，可以依据公司法第一百五十一条第二款、第三款规定向人民法院提起诉讼。

## 十三、第一百九十条

### （一）原文

**【2023年版本、三次审议稿】**

第一百九十条 董事、高级管理人员违反法律、行政法规或者公司章程的规定，损害股东利益的，股东可以向人民法院提起诉讼。

**【2018年版本】**

第一百五十二条 董事、高级管理人员违反法律、行政法规或者公司章程的规定，损害股东利益的，股东可以向人民法院提起诉讼。

《中华人民共和国公司法》释义

### （二）条文释义

本条规定了股东直接起诉董事、高级管理人员的制度。

股东权利的行使需要公司董事和高级管理人员的配合与尊重，如果公司董事、高级管理人员违反法律、行政法规或者公司章程的规定，损害股东利益，股东可以向人民法院提起诉讼。股东可以请求公司董事和高级管理人员直接向股东本人承担损害赔偿责任。股东应当举证证明董事、高级管理人员违反了法律、行政法规或者公司章程的规定。

## 十四、第一百九十一条

### （一）原文

【2023 年版本、三次审议稿】

第一百九十一条　董事、高级管理人员执行职务，给他人造成损害的，公司应当承担赔偿责任；董事、高级管理人员存在故意或者重大过失的，也应当承担赔偿责任。

### （二）条文释义

本条规定了董事、高级管理人员职务行为造成他人损失的赔偿责任。

如果董事、高级管理人员执行职务的行为给他人造成损害，由于董事、高级管理人员的职务行为代表的是公司，因此，公司应当承担赔偿责任。如果董事、高级管理人员无过错或者因轻微过失而导致上述行为，根据正常执行职务行为免责的原理，该风险应当由公司承担。如果董事、高级管理人员存在故意或者重大过失，应当向他人或者公司承担赔偿责任。遭受损害的他人以及公司有义务举证证明董事、高级管理人员在执行职务时存在故意或者重大过失。

## 十五、第一百九十二条

### （一）原文

【2023 年版本、三次审议稿】

第一百九十二条　公司的控股股东、实际控制人指示董事、高级管理人员从事损害公司或者股东利益的行为的，与该董事、高级管理人员承担连带责任。

## （二）条文释义

本条规定了公司的控股股东、实际控制人的连带责任。

董事、高级管理人员有时仅仅是执行公司控股股东或者实际控制人的指示，其本身虽有责任，但其背后的指示者责任更。因此，如果公司的控股股东、实际控制人指示董事、高级管理人员从事损害公司或者股东利益的行为，应当与该董事、高级管理人员承担连带责任。遭受损害的公司或者股东有义务证明控股股东、实际控制人对董事、高级管理人员发出了不适当的指示，董事、高级管理人员根据该指示执行职务，并由此导致损害了公司或者股东的利益。

# 十六、第一百九十三条

## （一）原文

【2023年版本、三次审议稿】

第一百九十三条　公司可以在董事任职期间为董事因执行公司职务承担的赔偿责任投保责任保险。

公司为董事投保责任保险或者续保后，董事会应当向股东会报告责任保险的投保金额、承保范围及保险费率等内容。

## （二）条文释义

本条规定了董事责任险。

由于董事执行职务的行为可能要承担赔偿责任，而该责任可能远远超过董事从公司领取的薪酬，董事也有可能无力承担高额的赔偿，因此，为减轻董事的风险和责任，公司可以在董事任职期间为董事因执行公司职务承担的赔偿责任投保责任保险。只要在保额限度内，董事因执行公司职务不需要亲自承担赔偿责任，所有赔偿责任都由保险公司来承担。无论董事在执行公司职务时是否有故意或者重大过失，上述赔偿责任都由保险公司承担。该项投保决定可以由公司股东会决议，也可以由董事会决议，由公司章程具体规定，如果公司章程未作规定，股东会或者董事会均有权作出该项决议。

公司为董事投保责任保险或者续保后，董事会应当向股东会报告责任保险的投保金额、承保范围及保险费率等内容。无论为董事投保的决定是董事会作出的还是股东会作出的，董事会都有义务向股东会报告上述内容，以方便全体股东了解公司为董事投保的责任险的内容。

# 第九章 公司债券

## 一、第一百九十四条

### （一）原文

【2023年版本、三次审议稿】
第一百九十四条　本法所称公司债券，是指公司发行的约定按期还本付息的有价证券。

公司债券可以公开发行，也可以非公开发行。

公司债券的发行和交易应当符合《中华人民共和国证券法》等法律、行政法规的规定。

【2018年版本】
第一百五十三条　本法所称公司债券，是指公司依照法定程序发行、约定在一定期限还本付息的有价证券。

公司发行公司债券应当符合《中华人民共和国证券法》规定的发行条件。

### （二）条文释义

本条规定了公司债券。

公司债券，是指公司发行的约定按期还本付息的有价证券。债券是一种标准化的借款合同，可以在公开市场上交易，属于金融商品。公司债券可以公开发行，也可以非公开发行。公开发行和非公开发行的区别是是否向不特定对象发行以及发行对象的数量。如果公开打广告，向社会不特定对象发行，或者发行数量达到一定标准，即构成公开发行。公开发行由于涉及不特定社会公众的利益，受到的约束更多。

公司债券的发行和交易应当符合《证券法》等法律、行政法规的规定。

## （三）相关法律规定

**《证券法》**

**第二条** 在中华人民共和国境内，股票、公司债券、存托凭证和国务院依法认定的其他证券的发行和交易，适用本法；本法未规定的，适用《中华人民共和国公司法》和其他法律、行政法规的规定。

政府债券、证券投资基金份额的上市交易，适用本法；其他法律、行政法规另有规定的，适用其规定。

资产支持证券、资产管理产品发行、交易的管理办法，由国务院依照本法的原则规定。

在中华人民共和国境外的证券发行和交易活动，扰乱中华人民共和国境内市场秩序，损害境内投资者合法权益的，依照本法有关规定处理并追究法律责任。

**第九条** 公开发行证券，必须符合法律、行政法规规定的条件，并依法报经国务院证券监督管理机构或者国务院授权的部门注册。未经依法注册，任何单位和个人不得公开发行证券。证券发行注册制的具体范围、实施步骤，由国务院规定。

有下列情形之一的，为公开发行：

（一）向不特定对象发行证券；

（二）向特定对象发行证券累计超过二百人，但依法实施员工持股计划的员工人数不计算在内；

（三）法律、行政法规规定的其他发行行为。

非公开发行证券，不得采用广告、公开劝诱和变相公开方式。

**第十五条** 公开发行公司债券，应当符合下列条件：

（一）具备健全且运行良好的组织机构；

（二）最近三年平均可分配利润足以支付公司债券一年的利息；

（三）国务院规定的其他条件。

公开发行公司债券筹集的资金，必须按照公司债券募集办法所列资金用途使用；改变资金用途，必须经债券持有人会议作出决议。公开发行公司债券筹集的资金，不得用于弥补亏损和非生产性支出。

上市公司发行可转换为股票的公司债券，除应当符合第一款规定的条件外，还应当遵守本法第十二条第二款的规定。但是，按照公司债券募集办法，上市公司通过收购本公司股份的方式进行公司债券转换的除外。

**第十六条** 申请公开发行公司债券，应当向国务院授权的部门或者国务院证券监督管理机构报送下列文件：

（一）公司营业执照；

（二）公司章程；

（三）公司债券募集办法；

（四）国务院授权的部门或者国务院证券监督管理机构规定的其他文件。

依照本法规定聘请保荐人的，还应当报送保荐人出具的发行保荐书。

第十七条 有下列情形之一的，不得再次公开发行公司债券：

（一）对已公开发行的公司债券或者其他债务有违约或者延迟支付本息的事实，仍处于继续状态；

（二）违反本法规定，改变公开发行公司债券所募资金的用途。

# 二、第一百九十五条

## （一）原文

**【2023年版本】**

第一百九十五条 公开发行公司债券，应当经国务院证券监督管理机构注册，公告公司债券募集办法。

公司债券募集办法应当载明下列主要事项：

（一）公司名称；

（二）债券募集资金的用途；

（三）债券总额和债券的票面金额；

（四）债券利率的确定方式；

（五）还本付息的期限和方式；

（六）债券担保情况；

（七）债券的发行价格、发行的起止日期；

（八）公司净资产额；

（九）已发行的尚未到期的公司债券总额；

（十）公司债券的承销机构。

**【三次审议稿】**

第一百九十五条 公开发行公司债券的申请经国务院证券监督管理机构注册后，应当公告公司债券募集办法。

公司债券募集办法应当载明下列主要事项：

（一）公司名称；

（二）债券募集资金的用途；

（三）债券总额和债券的票面金额；

（四）债券利率的确定方式；

（五）还本付息的期限和方式；

（六）债券担保情况；

（七）债券的发行价格、发行的起止日期；

（八）公司净资产额；

（九）已发行的尚未到期的公司债券总额；

（十）公司债券的承销机构。

【2018年版本】

**第一百五十四条** 发行公司债券的申请经国务院授权的部门核准后，应当公告公司债券募集办法。

公司债券募集办法中应当载明下列主要事项：

（一）公司名称；

（二）债券募集资金的用途；

（三）债券总额和债券的票面金额；

（四）债券利率的确定方式；

（五）还本付息的期限和方式；

（六）债券担保情况；

（七）债券的发行价格、发行的起止日期；

（八）公司净资产额；

（九）已发行的尚未到期的公司债券总额；

（十）公司债券的承销机构。

## （二）条文释义

本条规定了公司债券募集办法。

公开发行公司债券与公开发行公司股票都采取注册制，公开发行公司债券，应当经国务院证券监督管理机构注册，公告公司债券募集办法。

公司债券募集办法应当载明需要公司债权人知晓的基本信息，具体而言，包括下列主要事项：

（1）公司名称。公司是债务人，债券募集办法必须表明债务人的身份。

（2）债券募集资金的用途。资金用途在一定程度上决定了资金的风险与收益，也是需要事先告知债权人的重要事项。

（3）债券总额和债券的票面金额。债券总额意味着本次债务发行的总额，通过这一指标可以计算出公司的资产负债率，这也是判断融资风险的重要指标。

（4）债券利率的确定方式。利率是决定债权人是否购买债券的最重要的因素之一，因此必须在债券募集办法中明确记载利率是多少，也可以记载利率的确定方式。

（5）还本付息的期限和方式。还本付息是债务人的主要义务，也是债权人的主要权利。还本付息的期限也就是借款的期限，这也是债务人最关心的问题之一。还本付息的方法有等额本息还款、等额本金还款、一次还本付息、每期付息到期一次还本4种方式。

（6）债券担保情况。发行债券一定要有担保，否则发行难度比较大。债券担保情况涉及债权人的债权到期能否实现，是债权人最关心的问题之一。担保的方式主要有抵押、质押和保证。公司债券采取保证的方式比较便利。

（7）债券的发行价格、发行的起止日期。债券并非一定按照票面金额发行，如果按票面金额发行，债券利率就是债权人的实际收益。如果超过票面金额发行，则债权人的实际收益将低于债券利率。如果低于票面金额发行，则债权人的实际收益将高于债券利率。

（8）公司净资产额。公司净资产是偿还公司债券的主要资金保证，因此，公司净资产额也是债权人最关心的指标之一。

（9）已发行的尚未到期的公司债券总额。公司本次发行的债券并不一定就是公司对外发行债券的总额，可能还有尚未到期的之前发行的公司债券，通过该指标，债权人才能准确计算出公司的资产负债率。公司已发行的已经到期且已经偿还的公司债券，由于不影响本次债券发行债权人的权利，因此，不需要在公司债券募集办法中载明。

（10）公司债券的承销机构。公司债券的承销机构主要涉及债权人如何购买公司债券，也应当在公司债券募集办法中载明。

## （三）相关法律规定

**《民法典》**

### 第十三章　保证合同

#### 第一节　一般规定

**第六百八十一条**　保证合同是为保障债权的实现，保证人和债权人约定，当债务人不履行到期债务或者发生当事人约定的情形时，保证人履行债务或者承担责任的合同。

**第六百八十二条**　保证合同是主债权债务合同的从合同。主债权债务合同无效的，保证合同无效，但是法律另有规定的除外。

保证合同被确认无效后，债务人、保证人、债权人有过错的，应当根据其过错各自承担相应的民事责任。

**第六百八十三条**　机关法人不得为保证人，但是经国务院批准为使用外国政府或者国际经济组织贷款进行转贷的除外。

以公益为目的的非营利法人、非法人组织不得为保证人。

**第六百八十四条** 保证合同的内容一般包括被保证的主债权的种类、数额,债务人履行债务的期限,保证的方式、范围和期间等条款。

**第六百八十五条** 保证合同可以是单独订立的书面合同,也可以是主债权债务合同中的保证条款。

第三人单方以书面形式向债权人作出保证,债权人接收且未提出异议的,保证合同成立。

**第六百八十六条** 保证的方式包括一般保证和连带责任保证。

当事人在保证合同中对保证方式没有约定或者约定不明确的,按照一般保证承担保证责任。

**第六百八十七条** 当事人在保证合同中约定,债务人不能履行债务时,由保证人承担保证责任的,为一般保证。

一般保证的保证人在主合同纠纷未经审判或者仲裁,并就债务人财产依法强制执行仍不能履行债务前,有权拒绝向债权人承担保证责任,但是有下列情形之一的除外:

(一)债务人下落不明,且无财产可供执行;

(二)人民法院已经受理债务人破产案件;

(三)债权人有证据证明债务人的财产不足以履行全部债务或者丧失履行债务能力;

(四)保证人书面表示放弃本款规定的权利。

**第六百八十八条** 当事人在保证合同中约定保证人和债务人对债务承担连带责任的,为连带责任保证。

连带责任保证的债务人不履行到期债务或者发生当事人约定的情形时,债权人可以请求债务人履行债务,也可以请求保证人在其保证范围内承担保证责任。

**第六百八十九条** 保证人可以要求债务人提供反担保。

**第六百九十条** 保证人与债权人可以协商订立最高额保证的合同,约定在最高债权额限度内就一定期间连续发生的债权提供保证。

最高额保证除适用本章规定外,参照适用本法第二编最高额抵押权的有关规定。

## 第二节 保证责任

**第六百九十一条** 保证的范围包括主债权及其利息、违约金、损害赔偿金和实现债权的费用。当事人另有约定的,按照其约定。

**第六百九十二条** 保证期间是确定保证人承担保证责任的期间,不发生中止、中断和延长。

债权人与保证人可以约定保证期间,但是约定的保证期间早于主债务履行期限或者与主债务履行期限同时届满的,视为没有约定;没有约定或约定不明确的,保证期间为主债务履行期限届满之日起六个月。

债权人与债务人对主债务履行期限没有约定或者约定不明确的,保证期间自债权人请求债务人履行债务的宽限期届满之日起计算。

**第六百九十三条** 一般保证的债权人未在保证期间对债务人提起诉讼或者申请仲裁的,保证人不再承担保证责任。

连带责任保证的债权人未在保证期间请求保证人承担保证责任的,保证人不再承担保证责任。

**第六百九十四条** 一般保证的债权人在保证期间届满前对债务人提起诉讼或者申请仲裁的,从保证人拒绝承担保证责任的权利消灭之日起,开始计算保证债务的诉讼时效。

连带责任保证的债权人在保证期间届满前请求保证人承担保证责任的,从债权人请求保证人承担保证责任之日起,开始计算保证债务的诉讼时效。

**第六百九十五条** 债权人和债务人未经保证人书面同意,协商变更主债权债务合同内容,减轻债务的,保证人仍对变更后的债务承担保证责任;加重债务的,保证人对加重的部分不承担保证责任。

债权人和债务人变更主债权债务合同的履行期限,未经保证人书面同意的,保证期间不受影响。

**第六百九十六条** 债权人转让全部或者部分债权,未通知保证人的,该转让对保证人不发生效力。

保证人与债权人约定禁止债权转让,债权人未经保证人书面同意转让债权的,保证人对受让人不再承担保证责任。

**第六百九十七条** 债权人未经保证人书面同意,允许债务人转移全部或者部分债务,保证人对未经其同意转移的债务不再承担保证责任,但是债权人和保证人另有约定的除外。

第三人加入债务的,保证人的保证责任不受影响。

**第六百九十八条** 一般保证的保证人在主债务履行期限届满后,向债权人提供债务人可供执行财产的真实情况,债权人放弃或者怠于行使权利致使该财产不能被执行的,保证人在其提供可供执行财产的价值范围内不再承担保证责任。

**第六百九十九条** 同一债务有两个以上保证人的,保证人应当按照保证合同约定的保证份额,承担保证责任;没有约定保证份额的,债权人可以请求任何一个保证人在其保证范围内承担保证责任。

**第七百条** 保证人承担保证责任后,除当事人另有约定外,有权在其承担保证责任的范围内向债务人追偿,享有债权人对债务人的权利,但是不得损害债权人的利益。

**第七百零一条** 保证人可以主张债务人对债权人的抗辩。债务人放弃抗辩的,保证人仍有权向债权人主张抗辩。

**第七百零二条** 债务人对债权人享有抵销权或者撤销权的,保证人可以在相应范围内拒绝承担保证责任。

## 三、第一百九十六条

### （一）原文

【2023 年版本】
第一百九十六条　公司以纸面形式发行公司债券的，应当在债券上载明公司名称、债券票面金额、利率、偿还期限等事项，并由法定代表人签名，公司盖章。

【三次审议稿】
第一百九十六条　公司以实物券方式发行公司债券的，应当在债券上载明公司名称、债券票面金额、利率、偿还期限等事项，并由法定代表人签名，公司盖章。

【2018 年版本】
第一百五十五条　公司以实物券方式发行公司债券的，必须在债券上载明公司名称、债券票面金额、利率、偿还期限等事项，并由法定代表人签名，公司盖章。

### （二）条文释义

本条规定了纸面形式债券的记载事项。

公司债券可以采取无纸化的电子方式，也可以采取纸面形式。如果公司以纸面形式发行公司债券，应当在债券上载明公司名称、债券票面金额、利率、偿还期限等事项，这些事项也是债权人最关心的核心事项。公司债券上应当由法定代表人签名，公司盖章。纸面形式的债券由于制作成本较高，通常非公开发行公司债券时才采取纸面债券的方式。

## 四、第一百九十七条

### （一）原文

【2023 年版本、三次审议稿】
第一百九十七条　公司债券应当为记名债券。
【2018 年版本】
第一百五十六条　公司债券，可以为记名债券，也可以为无记名债券。

## （二）条文释义

本条规定了公司债券必须为记名债券。

为降低债券流通的风险，公司债券应当为记名债券，不允许发行无记名债券。

## 五、第一百九十八条

### （一）原文

【2023年版本、三次审议稿】

**第一百九十八条** 公司发行公司债券应当置备公司债券持有人名册。

发行公司债券的，应当在公司债券持有人名册上载明下列事项：

（一）债券持有人的姓名或者名称及住所；

（二）债券持有人取得债券的日期及债券的编号；

（三）债券总额，债券的票面金额、利率、还本付息的期限和方式；

（四）债券的发行日期。

【2018年版本】

**第一百五十七条** 公司发行公司债券应当置备公司债券存根簿。

发行记名公司债券的，应当在公司债券存根簿上载明下列事项：

（一）债券持有人的姓名或者名称及住所；

（二）债券持有人取得债券的日期及债券的编号；

（三）债券总额，债券的票面金额、利率、还本付息的期限和方式；

（四）债券的发行日期。

发行无记名公司债券的，应当在公司债券存根簿上载明债券总额、利率、偿还期限和方式、发行日期及债券的编号。

### （二）条文释义

本条规定了公司债券持有人名册记载的事项。

由于公司债券全部为记名债券，为了便于公司掌握公司债券的基本情况，防止伪造公司债券，公司发行公司债券应当置备公司债券持有人名册。

发行公司债券的，应当在公司债券持有人名册上载明最主要的事实，具体包括下列事项：

（1）债券持有人的姓名或者名称及住所。对于自然人持有人，应记载姓名及住所；

对于公司持有人,应记载名称及住所。

（2）债券持有人取得债券的日期及债券的编号。为确保债券的唯一性,每一张公司债券都应有一个唯一的编号。

（3）债券总额,债券的票面金额、利率、还本付息的期限和方式。这些信息是同一批次债券的共同信息,由于不同批次的债券相关信息并不相同,因此,应当在公司债券持有人名册上载明这些事项。

（4）债券的发行日期。债券的发行日期是区分不同批次债券的重要标志,因此应当记载在公司债券持有人名册上。

## 六、第一百九十九条

### （一）原文

【2023年版本、三次审议稿】

第一百九十九条　公司债券的登记结算机构应当建立债券登记、存管、付息、兑付等相关制度。

【2018年版本】

第一百五十八条　记名公司债券的登记结算机构应当建立债券登记、存管、付息、兑付等相关制度。

### （二）条文释义

本条规定了公司债券登记结算机构建立相关制度的义务。

无纸质电子化的公司债券通常在登记结算机构登记和存管,为防范金融风险,公司债券的登记结算机构应当建立债券登记、存管、付息、兑付等相关制度。目前我国的公司债券的登记结算机构为中国证券登记结算有限责任公司。

## 七、第二百条

### （一）原文

【2023年版本、三次审议稿】

第二百条　公司债券可以转让,转让价格由转让人与受让人约定。

公司债券的转让应当符合法律、行政法规的规定。

**【2018 年版本】**

**第一百五十九条** 公司债券可以转让,转让价格由转让人与受让人约定。

公司债券在证券交易所上市交易的,按照证券交易所的交易规则转让。

## (二)条文释义

本条规定了公司债券的转让。

公司债券作为有价证券可以依法流转,公司债券可以转让,转让价格由转让人与受让人约定。公司债券的转让价格主要由票面金额、债券利率、公司还债能力等决定。

公司债券的转让应当符合法律、行政法规的规定。通常情况下法律法规并不对公司债券的转让规定条件,但在特殊情况下,也可能限制公司债券的转让。

## 八、第二百零一条

### (一)原文

**【2023 年版本、三次审议稿】**

**第二百零一条** 公司债券由债券持有人以背书方式或者法律、行政法规规定的其他方式转让;转让后由公司将受让人的姓名或者名称及住所记载于公司债券持有人名册。

**【2018 年版本】**

**第一百六十条** 记名公司债券,由债券持有人以背书方式或者法律、行政法规规定的其他方式转让;转让后由公司将受让人的姓名或者名称及住所记载于公司债券存根簿。

无记名公司债券的转让,由债券持有人将该债券交付给受让人后即发生转让的效力。

### (二)条文释义

本条规定了公司债券转让的方式。

采取实物券形式的公司债券,其转让方式与票据、公司股票的转让方式相同,即背书转让,也就是由债券持有人在公司债券的背面记载被背书人(受让人)的姓名或者名称,并签名或者盖章,最后再交付公司债券。

采取无纸化电子形式的公司债券,按照法律、行政法规规定的其他方式转让。通过公司债券的登记结算机构可以顺利实现公司债券的转让。为了让公司及时掌握债权人信息,公司债券转让后由公司将受让人的姓名或者名称及住所记载于公司债券持有人名册。

## 九、第二百零二条

### (一)原文

【2023 年版本、三次审议稿】

**第二百零二条** 股份有限公司经股东会决议,或者经公司章程、股东会授权由董事会决议,可以发行可转换为股票的公司债券,并规定具体的转换办法。上市公司发行可转换为股票的公司债券,应当经国务院证券监督管理机构注册。

发行可转换为股票的公司债券,应当在债券上标明可转换公司债券字样,并在公司债券持有人名册上载明可转换公司债券的数额。

【2018 年版本】

**第一百六十一条** 上市公司经股东大会决议可以发行可转换为股票的公司债券,并在公司债券募集办法中规定具体的转换办法。上市公司发行可转换为股票的公司债券,应当报国务院证券监督管理机构核准。

发行可转换为股票的公司债券,应当在债券上标明可转换公司债券字样,并在公司债券存根簿上载明可转换公司债券的数额。

### (二)条文释义

本条规定了可转换为股票的公司债券。

可转换为股票的公司债券本身为债券,但在满足一定条件时可以转换为股票,因此,只有股份有限公司可以发行可转换为股票的公司债券。股份有限公司经股东会决议,或者经公司章程、股东会授权由董事会决议,可以发行可转换为股票的公司债券,并规定具体的转换办法。对于上市公司而言,如果要发行可转换为股票的公司债券,相当于公开发行股票了,因此,应当经国务院证券监督管理机构注册。

为了与普通公司债券相区别,发行可转换为股票的公司债券,应当在债券上标明可转换公司债券字样,并在公司债券持有人名册上载明可转换公司债券的数额。

## 十、第二百零三条

### （一）原文

【2023年版本、三次审议稿】

第二百零三条　发行可转换为股票的公司债券的，公司应当按照其转换办法向债券持有人换发股票，但债券持有人对转换股票或者不转换股票有选择权。法律、行政法规另有规定的除外。

【2018年版本】

第一百六十二条　发行可转换为股票的公司债券的，公司应当按照其转换办法向债券持有人换发股票，但债券持有人对转换股票或者不转换股票有选择权。

### （二）条文释义

本条规定了向债券持有人换发股票的规定。

发行可转换为股票的公司债券的，公司应当按照其转换办法向债券持有人换发股票，但债券持有人对转换股票或者不转换股票有选择权。该选择权不允许通过协议或者其他方式予以取消。如果法律、行政法规另有规定，则应遵守该例外规定。

## 十一、第二百零四条

### （一）原文

【2023年版本】

第二百零四条　公开发行公司债券的，应当为同期债券持有人设立债券持有人会议，并在债券募集办法中对债券持有人会议的召集程序、会议规则和其他重要事项作出规定。债券持有人会议可以对与债券持有人有利害关系的事项作出决议。

除公司债券募集办法另有约定外，债券持有人会议决议对同期全体债券持有人发生效力。

【三次审议稿】

第二百零四条　公开发行公司债券的，应当为同期债券持有人设立债券持有人会议，债券持有人会议可以对与债券持有人有利害关系的事项作出决议。

债券持有人会议决议应当经出席债券持有人会议且有表决权的持有人所持表决权的过半数通过。

除公司债券募集办法另有约定的，债券持有人会议决议对同期全体债券持有人发生效力。

## （二）条文释义

本条规定了债券持有人会议。

由于公司债券的持有人数量众多，公司不可能与每一位持有人分别协商相关事项，公司债券持有人必须有一个代表机构。因此，公开发行公司债券的，应当为同期债券持有人设立债券持有人会议，债券持有人会议可以对与债券持有人有利害关系的事项作出决议。需要注意的是，每一期发行的债券都应当设立一个债券持有人会议，每一个债券持有人会议仅能对其所代表的该期债券持有人的相关事项作出决议，不能对其他期债券持有人的相关事项作出决议。

公开发行公司债券的，应当在债券募集办法中对债券持有人会议的召集程序、会议规则和其他重要事项作出规定。通常情况下，债券持有人会议决议应当经出席债券持有人会议且有表决权的持有人所持表决权的过半数通过。债券持有人会议对出席会议的人数及其所代表的债券比例并没有明确要求，只要依法召开了债券持有人会议，即使只有一位持有人参会，其所作出的决议也是债券持有人会议的有效决议。因此，债券持有人如果要维护自身合法权益，应当积极参与债券持有人会议并参与表决。

由于债券持有人会议是全体债券持有人的代表机构，因此，债券持有人会议决议对同期全体债券持有人发生效力。如果公司债券募集办法对债券持有人会议决议的效力另有约定的，则按该约定执行。

# 十二、第二百零五条

## （一）原文

【2023 年版本】

**第二百零五条** 公开发行公司债券的，发行人应当为债券持有人聘请债券受托管理人，由其为债券持有人办理受领清偿、债权保全、与债券相关的诉讼以及参与债务人破产程序等事项。

【三次审议稿】

**第二百零五条** 公开发行公司债券的，发行人应当为债券持有人聘请债券受托管理人，委托其为债券持有人办理受领清偿、债权保全、与债券相关的诉讼以及参与债务人破产程序等事项。

## （二）条文释义

本条规定了债券受托管理人。

由于债券持有人会议是非常设机构，而且一个会议机构也难以开展日常管理等具体工作，因此，公开发行公司债券的，发行人应当为债券持有人聘请债券受托管理人，委托其为债券持有人办理受领清偿、债权保全、与债券相关的诉讼以及参与债务人破产程序等事项。债券受托管理人虽然是发行人聘请的，但其身份是债券持有人的受托人，应当为债券持有人的利益而尽忠实和勤勉义务。

关于债券受托管理人的管理费用承担问题，法律对此没有作出明确规定。从法律解释的角度来看，既然"发行人应当为债券持有人聘请债券受托管理人"，债券受托管理人的管理费用应当由发行人承担，这是发行人发行公司债券应当负担的成本。

# 十三、第二百零六条

## （一）原文

**【2023年版本、三次审议稿】**

**第二百零六条** 债券受托管理人应当勤勉尽责，公正履行受托管理职责，不得损害债券持有人利益。

受托管理人与债券持有人存在利益冲突可能损害债券持有人利益的，债券持有人会议可以决议变更债券受托管理人。

债券受托管理人违反法律、行政法规或者债券持有人会议决议，损害债券持有人利益的，应当承担赔偿责任。

## （二）条文释义

本条规定了债券受托管理人的义务。

债券受托管理人虽然是发行人聘任的，但其作为债券持有人的受托人，应当对债券持有人勤勉尽责，公正履行受托管理职责，不得损害债券持有人利益。

选择债券受托管理人的权力并非完全在发行人，如果受托管理人与债券持有人存在利益冲突可能损害债券持有人利益的，债券持有人会议可以决议变更债券受托管理人。

债券受托管理人在履行受托管理职责时，应当严格遵守法律、行政法规以及债券持有人会议决议，如果违反法律、行政法规或者债券持有人会议决议，损害债券持有人利益，应当承担赔偿责任。

2023年10月20日，《中国证券业协会关于发布公司债券承销、尽职调查和受托管理相关自律规则的通知》（中证协发〔2023〕203号）提出，为落实党中央、国务院关于机构改革的决策部署，稳妥做好企业债券发行审核职责划转相关工作，进一步规范公司债券（含企业债券）承销、尽职调查和受托管理相关业务，促进提升执业质量。在中国证监会指导下，协会组织修订并更名公司债券6项自律规则——《公司债券承销业务规则》《公司债券主承销商尽职调查指引》《公司债券主承销商和受托管理人工作底稿目录细则》《公司债券受托管理人执业行为准则》《公开发行公司债券受托管理协议必备条款》《公司债券受托管理人处置公司债券违约风险指引》。修订后的规则已经协会第七届理事会第十九次会议表决通过，并经中国证监会备案，自2023年10月20日起施行。

# 第十章 公司财务、会计

## 一、第二百零七条

### (一)原文

【2023年版本、三次审议稿】

第二百零七条 公司应当依照法律、行政法规和国务院财政部门的规定建立本公司的财务、会计制度。

【2018年版本】

第一百六十三条 公司应当依照法律、行政法规和国务院财政部门的规定建立本公司的财务、会计制度。

### (二)条文释义

本条规定了公司建立财务会计制度的义务。

公司应当依照法律、行政法规和国务院财政部门的规定建立本公司的财务、会计制度。目前,适用于公司的财务会计制度主要有《会计法》《企业财务会计报告条例》《会计基础工作规范》《企业会计准则》《小企业会计准则》《代理记账管理办法》《会计档案管理办法》等。

### (三)相关法律规定

《中华人民共和国会计法》(1985年1月21日第六届全国人民代表大会常务委员会第九次会议通过,根据1993年12月29日第八届全国人民代表大会常务委员会第五次会议《关于修改〈中华人民共和国会计法〉的决定》第一次修正,1999年10月31日第九届全国人民代表大会常务委员会第十二次会议修订，根据 2017 年 11 月 4 日第十二届全国人民代表大会常务委员会第三十次会议《关于修改〈中华人民共和国会计法〉等十一部法律的决定》第二次修正，以下简称《会计法》）

**第一条** 为了规范会计行为，保证会计资料真实、完整，加强经济管理和财务管理，提高经济效益，维护社会主义市场经济秩序，制定本法。

**第二条** 国家机关、社会团体、公司、企业、事业单位和其他组织（以下统称单位）必须依照本法办理会计事务。

**第三条** 各单位必须依法设置会计账簿，并保证其真实、完整。

**第四条** 单位负责人对本单位的会计工作和会计资料的真实性、完整性负责。

**第五条** 会计机构、会计人员依照本法规定进行会计核算，实行会计监督。

任何单位或者个人不得以任何方式授意、指使、强令会计机构、会计人员伪造、变造会计凭证、会计账簿和其他会计资料，提供虚假财务会计报告。

任何单位或者个人不得对依法履行职责、抵制违反本法规定行为的会计人员实行打击报复。

**第九条** 各单位必须根据实际发生的经济业务事项进行会计核算，填制会计凭证，登记会计账簿，编制财务会计报告。

任何单位不得以虚假的经济业务事项或者资料进行会计核算。

**第十条** 下列经济业务事项，应当办理会计手续，进行会计核算：

（一）款项和有价证券的收付；

（二）财物的收发、增减和使用；

（三）债权债务的发生和结算；

（四）资本、基金的增减；

（五）收入、支出、费用、成本的计算；

（六）财务成果的计算和处理；

（七）需要办理会计手续、进行会计核算的其他事项。

# 二、第二百零八条

## （一）原文

【2023 年版本、三次审议稿】

**第二百零八条** 公司应当在每一会计年度终了时编制财务会计报告，并依法经会计师事务所审计。

财务会计报告应当依照法律、行政法规和国务院财政部门的规定制作。

**【2018年版本】**

**第一百六十四条** 公司应当在每一会计年度终了时编制财务会计报告,并依法经会计师事务所审计。

财务会计报告应当依照法律、行政法规和国务院财政部门的规定制作。

## (二)条文释义

本条规定了公司编制财务会计报告的义务。

公司应当在每一会计年度终了时编制财务会计报告,并依法经会计师事务所审计。目前我国会计年度为公历年度,即1月1日至12月31日。公司通常应当在2个月内编制完成财务会计报告,在4个月内完成会计师事务所的审计。

财务会计报告应当依照法律、行政法规和国务院财政部门的规定制作。相关法律、行政法规和国务院财政部门的规定对财务会计报告的制作格式、内容等有详细要求。

## (三)相关法律规定

### 《会计法》

**第十一条** 会计年度自公历1月1日起至12月31日止。

**第十三条** 会计凭证、会计账簿、财务会计报告和其他会计资料,必须符合国家统一的会计制度的规定。

使用电子计算机进行会计核算的,其软件及其生成的会计凭证、会计账簿、财务会计报告和其他会计资料,也必须符合国家统一的会计制度的规定。

任何单位和个人不得伪造、变造会计凭证、会计账簿及其他会计资料,不得提供虚假的财务会计报告。

**第二十条** 财务会计报告应当根据经过审核的会计账簿记录和有关资料编制,并符合本法和国家统一的会计制度关于财务会计报告的编制要求、提供对象和提供期限的规定;其他法律、行政法规另有规定的,从其规定。

财务会计报告由会计报表、会计报表附注和财务情况说明书组成。向不同的会计资料使用者提供的财务会计报告,其编制依据应当一致。有关法律、行政法规规定会计报表、会计报表附注和财务情况说明书须经注册会计师审计的,注册会计师及其所在的会计师事务所出具的审计报告应当随同财务会计报告一并提供。

**第二十一条** 财务会计报告应当由单位负责人和主管会计工作的负责人、会计机构负责人(会计主管人员)签名并盖章;设置总会计师的单位,还须由总会计师签名并盖章。

单位负责人应当保证财务会计报告真实、完整。

## （四）相关行政法规的规定

**《企业财务会计报告条例》**（国务院令2000年第287号）

### 第一章 总 则

**第一条** 为了规范企业财务会计报告，保证财务会计报告的真实、完整，根据《中华人民共和国会计法》，制定本条例。

**第二条** 企业（包括公司，下同）编制和对外提供财务会计报告，应当遵守本条例。

本条例所称财务会计报告，是指企业对外提供的反映企业某一特定日期财务状况和某一会计期间经营成果、现金流量的文件。

**第三条** 企业不得编制和对外提供虚假的或者隐瞒重要事实的财务会计报告。

企业负责人对本企业财务会计报告的真实性、完整性负责。

**第四条** 任何组织或者个人不得授意、指使、强令企业编制和对外提供虚假的或者隐瞒重要事实的财务会计报告。

**第五条** 注册会计师、会计师事务所审计企业财务会计报告，应当依照有关法律、行政法规以及注册会计师执业规则的规定进行，并对所出具的审计报告负责。

### 第二章 财务会计报告的构成

**第六条** 财务会计报告分为年度、半年度、季度和月度财务会计报告。

**第七条** 年度、半年度财务会计报告应当包括：

（一）会计报表；

（二）会计报表附注；

（三）财务情况说明书。

会计报表应当包括资产负债表、利润表、现金流量表及相关附表。

**第八条** 季度、月度财务会计报告通常仅指会计报表，会计报表至少应当包括资产负债表和利润表。国家统一的会计制度规定季度、月度财务会计报告需要编制会计报表附注的，从其规定。

**第九条** 资产负债表是反映企业在某一特定日期财务状况的报表。资产负债表应当按照资产、负债和所有者权益（或者股东权益，下同）分类分项列示。其中，资产、负债和所有者权益的定义及列示应当遵循下列规定：

（一）资产，是指过去的交易、事项形成并由企业拥有或者控制的资源，该资源预期会给企业带来经济利益。在资产负债表上，资产应当按照其流动性分类分项列示，包括流动资产、长期投资、固定资产、无形资产及其他资产。银行、保险公司和非银行金融机构的各项资产有特殊性的，按照其性质分类分项列示。

（二）负债，是指过去的交易、事项形成的现时义务，履行该义务预期会导致经济利益流出企业。在资产负债表上，负债应当按照其流动性分类分项列示，包括流动负债、长期负债等。银行、保险公司和非银行金融机构的各项负债有特殊性的，按照其性质分类分项列示。

（三）所有者权益，是指所有者在企业资产中享有的经济利益，其金额为资产减去负债后的余额。在资产负债表上，所有者权益应当按照实收资本（或者股本）、资本公积、盈余公积、未分配利润等项目分项列示。

**第十条** 利润表是反映企业在一定会计期间经营成果的报表。利润表应当按照各项收入、费用以及构成利润的各个项目分类分项列示。其中，收入、费用和利润的定义及列示应当遵循下列规定：

（一）收入，是指企业在销售商品、提供劳务及让渡资产使用权等日常活动中所形成的经济利益的总流入。收入不包括为第三方或者客户代收的款项。在利润表上，收入应当按照其重要性分项列示。

（二）费用，是指企业为销售商品、提供劳务等日常活动所发生的经济利益的流出。在利润表上，费用应当按照其性质分项列示。

（三）利润，是指企业在一定会计期间的经营成果。在利润表上，利润应当按照营业利润、利润总额和净利润等利润的构成分类分项列示。

**第十一条** 现金流量表是反映企业一定会计期间现金和现金等价物（以下简称现金）流入和流出的报表。现金流量表应当按照经营活动、投资活动和筹资活动的现金流量分类分项列示。其中，经营活动、投资活动和筹资活动的定义及列示应当遵循下列规定：

（一）经营活动，是指企业投资活动和筹资活动以外的所有交易和事项。在现金流量表上，经营活动的现金流量应当按照其经营活动的现金流入和流出的性质分项列示；银行、保险公司和非银行金融机构的经营活动按照其经营活动特点分项列示。

（二）投资活动，是指企业长期资产的购建和不包括在现金等价物范围内的投资及其处置活动。在现金流量表上，投资活动的现金流量应当按照其投资活动的现金流入和流出的性质分项列示。

（三）筹资活动，是指导致企业资本及债务规模和构成发生变化的活动。在现金流量表上，筹资活动的现金流量应当按照其筹资活动的现金流入和流出的性质分项列示。

**第十二条** 相关附表是反映企业财务状况、经营成果和现金流量的补充报表，主要包括利润分配表以及国家统一的会计制度规定的其他附表。

利润分配表是反映企业一定会计期间对实现净利润以及以前年度未分配利润的分配或者亏损弥补的报表。利润分配表应当按照利润分配各个项目分类分项列示。

**第十三条** 年度、半年度会计报表至少应当反映两个年度或者相关两个期间的比较数据。

**第十四条** 会计报表附注是为便于会计报表使用者理解会计报表的内容而对会计

报表的编制基础、编制依据、编制原则和方法及主要项目等所作的解释。会计报表附注至少应当包括下列内容：

（一）不符合基本会计假设的说明；

（二）重要会计政策和会计估计及其变更情况、变更原因及其对财务状况和经营成果的影响；

（三）或有事项和资产负债表日后事项的说明；

（四）关联方关系及其交易的说明；

（五）重要资产转让及其出售情况；

（六）企业合并、分立；

（七）重大投资、融资活动；

（八）会计报表中重要项目的明细资料；

（九）有助于理解和分析会计报表需要说明的其他事项。

**第十五条** 财务情况说明书至少应当对下列情况作出说明：

（一）企业生产经营的基本情况；

（二）利润实现和分配情况；

（三）资金增减和周转情况；

（四）对企业财务状况、经营成果和现金流量有重大影响的其他事项。

## 第三章 财务会计报告的编制

**第十六条** 企业应当于年度终了编报年度财务会计报告。国家统一的会计制度规定企业应当编报半年度、季度和月度财务会计报告的，从其规定。

**第十七条** 企业编制财务会计报告，应当根据真实的交易、事项以及完整、准确的账簿记录等资料，并按照国家统一的会计制度规定的编制基础、编制依据、编制原则和方法。

企业不得违反本条例和国家统一的会计制度规定，随意改变财务会计报告的编制基础、编制依据、编制原则和方法。

任何组织或者个人不得授意、指使、强令企业违反本条例和国家统一的会计制度规定，改变财务会计报告的编制基础、编制依据、编制原则和方法。

**第十八条** 企业应当依照本条例和国家统一的会计制度规定，对会计报表中各项会计要素进行合理的确认和计量，不得随意改变会计要素的确认和计量标准。

**第十九条** 企业应当依照有关法律、行政法规和本条例规定的结账日进行结账，不得提前或者延迟。年度结账日为公历年度每年的12月31日；半年度、季度、月度结账日分别为公历年度每半年、每季、每月的最后一天。

**第二十条** 企业在编制年度财务会计报告前，应当按照下列规定，全面清查资产、核实债务：

（一）结算款项，包括应收款项、应付款项、应交税金等是否存在，与债务、债权单位的相应债务、债权金额是否一致；

（二）原材料、在产品、自制半成品、库存商品等各项存货的实存数量与账面数量是否一致，是否有报废损失和积压物资等；

（三）各项投资是否存在，投资收益是否按照国家统一的会计制度规定进行确认和计量；

（四）房屋建筑物、机器设备、运输工具等各项固定资产的实存数量与账面数量是否一致；

（五）在建工程的实际发生额与账面记录是否一致；

（六）需要清查、核实的其他内容。

企业通过前款规定的清查、核实，查明财产物资的实存数量与账面数量是否一致、各项结算款项的拖欠情况及其原因、材料物资的实际储备情况、各项投资是否达到预期目的、固定资产的使用情况及其完好程度等。企业清查、核实后，应当将清查、核实的结果及其处理办法向企业的董事会或者相应机构报告，并根据国家统一的会计制度的规定进行相应的会计处理。

企业应当在年度中间根据具体情况，对各项财产物资和结算款项进行重点抽查、轮流清查或者定期清查。

**第二十一条** 企业在编制财务会计报告前，除应当全面清查资产、核实债务外，还应当完成下列工作：

（一）核对各会计账簿记录与会计凭证的内容、金额等是否一致，记账方向是否相符；

（二）依照本条例规定的结账日进行结账，结出有关会计账簿的余额和发生额，并核对各会计账簿之间的余额；

（三）检查相关的会计核算是否按照国家统一的会计制度的规定进行；

（四）对于国家统一的会计制度没有规定统一核算方法的交易、事项，检查其是否按照会计核算的一般原则进行确认和计量以及相关账务处理是否合理；

（五）检查是否存在因会计差错、会计政策变更等原因需要调整前期或者本期相关项目。

在前款规定工作中发现问题的，应当按照国家统一的会计制度的规定进行处理。

**第二十二条** 企业编制年度和半年度财务会计报告时，对经查实后的资产、负债有变动的，应当按照资产、负债的确认和计量标准进行确认和计量，并按照国家统一的会计制度的规定进行相应的会计处理。

**第二十三条** 企业应当按照国家统一的会计制度规定的会计报表格式和内容，根据登记完整、核对无误的会计账簿记录和其他有关资料编制会计报表，做到内容完整、数字真实、计算准确，不得漏报或者任意取舍。

**第二十四条** 会计报表之间、会计报表各项目之间，凡有对应关系的数字，应当相互一致；会计报表中本期与上期的有关数字应当相互衔接。

**第二十五条** 会计报表附注和财务情况说明书应当按照本条例和国家统一的会计

制度的规定，对会计报表中需要说明的事项作出真实、完整、清楚的说明。

第二十六条　企业发生合并、分立情形的，应当按照国家统一的会计制度的规定编制相应的财务会计报告。

第二十七条　企业终止营业的，应当在终止营业时按照编制年度财务会计报告的要求全面清查资产、核实债务、进行结账，并编制财务会计报告；在清算期间，应当按照国家统一的会计制度的规定编制清算期间的财务会计报告。

第二十八条　按照国家统一的会计制度的规定，需要编制合并会计报表的企业集团，母公司除编制其个别会计报表外，还应当编制企业集团的合并会计报表。

企业集团合并会计报表，是指反映企业集团整体财务状况、经营成果和现金流量的会计报表。

## 三、第二百零九条

### （一）原文

【2023 年版本】

第二百零九条　有限责任公司应当按照公司章程规定的期限将财务会计报告送交各股东。

股份有限公司的财务会计报告应当在召开股东会年会的二十日前置备于本公司，供股东查阅；公开发行股份的股份有限公司应当公告其财务会计报告。

【三次审议稿】

第二百零九条　有限责任公司应当按照公司章程规定的期限将财务会计报告送交各股东。

股份有限公司的财务会计报告应当在召开股东会年会的二十日前置备于本公司，供股东查阅；公开发行股票的股份有限公司应当公告其财务会计报告。

【2018 年版本】

第一百六十五条　有限责任公司应当依照公司章程规定的期限将财务会计报告送交各股东。

股份有限公司的财务会计报告应当在召开股东大会年会的二十日前置备于本公司，供股东查阅；公开发行股票的股份有限公司必须公告其财务会计报告。

### （二）条文释义

本条规定了财务会计报告的提供。

有限责任公司的股东数量较少,因此,应当按照公司章程规定的期限将财务会计报告送交各股东。送交的方式由公司章程具体规定,可以快递纸质报告,也可以通过邮箱等发送电子报告。

股份有限公司的股东人数较多,不方便向每位股东发送,但其财务会计报告应当在召开股东会年会的20日前置备于本公司,供股东查阅。公司章程在规定股东会年会召开日期时应注意与财务会计报告的编制期限相协调,避免较早召开股东会年会时来不及编制财务会计报告。股东会年会通常在5月份及以后召开。

公开发行股票的股份有限公司,其股东数量更多,而且大部分中小股东并不参加股东会年会,难以实际查阅公司财务会计报告,因此,应当公告其财务会计报告。对于公开发行股票的股份有限公司而言,其本身属于公众公司,不仅其股东可以查看其财务会计报告,社会公众(可以视为潜在的股东)均可以查看其财务会计报告。

## (三)相关行政法规的规定

《企业财务会计报告条例》(国务院令2000年第287号)

### 第四章 财务会计报告的对外提供

**第二十九条** 对外提供的财务会计报告反映的会计信息应当真实、完整。

**第三十条** 企业应当依照法律、行政法规和国家统一的会计制度有关财务会计报告提供期限的规定,及时对外提供财务会计报告。

**第三十一条** 企业对外提供的财务会计报告应当依次编定页数,加具封面,装订成册,加盖公章。封面上应当注明:企业名称、企业统一代码、组织形式、地址、报表所属年度或者月份、报出日期,并由企业负责人和主管会计工作的负责人、会计机构负责人(会计主管人员)签名并盖章;设置总会计师的企业,还应当由总会计师签名并盖章。

**第三十二条** 企业应当依照企业章程的规定,向投资者提供财务会计报告。

国务院派出监事会的国有重点大型企业、国有重点金融机构和省、自治区、直辖市人民政府派出监事会的国有企业,应当依法定期向监事会提供财务会计报告。

**第三十三条** 有关部门或者机构依照法律、行政法规或者国务院的规定,要求企业提供部分或者全部财务会计报告及其有关数据的,应当向企业出示依据,并不得要求企业改变财务会计报告有关数据的会计口径。

**第三十四条** 非依照法律、行政法规或者国务院的规定,任何组织或者个人不得要求企业提供部分或者全部财务会计报告及其有关数据。

违反本条例规定,要求企业提供部分或者全部财务会计报告及其有关数据的,企业有权拒绝。

**第三十五条** 国有企业、国有控股的或者占主导地位的企业,应当至少每年一次

向本企业的职工代表大会公布财务会计报告,并重点说明下列事项:

(一)反映与职工利益密切相关的信息,包括:管理费用的构成情况,企业管理人员工资、福利和职工工资、福利费用的发放、使用和结余情况,公益金的提取及使用情况,利润分配的情况以及其他与职工利益相关的信息;

(二)内部审计发现的问题及纠正情况;

(三)注册会计师审计的情况;

(四)国家审计机关发现的问题及纠正情况;

(五)重大的投资、融资和资产处置决策及其原因的说明;

(六)需要说明的其他重要事项。

**第三十六条** 企业依照本条例规定向有关各方提供的财务会计报告,其编制基础、编制依据、编制原则和方法应当一致,不得提供编制基础、编制依据、编制原则和方法不同的财务会计报告。

**第三十七条** 财务会计报告须经注册会计师审计的,企业应当将注册会计师及其会计师事务所出具的审计报告随同财务会计报告一并对外提供。

**第三十八条** 接受企业财务会计报告的组织或者个人,在企业财务会计报告未正式对外披露前,应当对其内容保密。

## 第五章 法律责任

**第三十九条** 违反本条例规定,有下列行为之一的,由县级以上人民政府财政部门责令限期改正,对企业可以处3 000元以上5万元以下的罚款;对直接负责的主管人员和其他直接责任人员,可以处2 000元以上2万元以下的罚款;属于国家工作人员的,并依法给予行政处分或者纪律处分:

(一)随意改变会计要素的确认和计量标准的;

(二)随意改变财务会计报告的编制基础、编制依据、编制原则和方法的;

(三)提前或者延迟结账日结账的;

(四)在编制年度财务会计报告前,未按照本条例规定全面清查资产、核实债务的;

(五)拒绝财政部门和其他有关部门对财务会计报告依法进行的监督检查,或者不如实提供有关情况的。

会计人员有前款所列行为之一,情节严重的,由县级以上人民政府财政部门吊销会计从业资格证书。

**第四十条** 企业编制、对外提供虚假的或者隐瞒重要事实的财务会计报告,构成犯罪的,依法追究刑事责任。

有前款行为,尚不构成犯罪的,由县级以上人民政府财政部门予以通报,对企业可以处5 000元以上10万元以下的罚款;对直接负责的主管人员和其他直接责任人员,可以处3 000元以上5万元以下的罚款;属于国家工作人员的,并依法给予撤职直至开除的行政处分或者纪律处分;对其中的会计人员,情节严重的,并由县级以上人民政府财政部门吊销会计从业资格证书。

**第四十一条** 授意、指使、强令会计机构、会计人员及其他人员编制、对外提供虚假的或者隐瞒重要事实的财务会计报告,或者隐匿、故意销毁依法应当保存的财务会计报告,构成犯罪的,依法追究刑事责任;尚不构成犯罪的,可以处 5 000 元以上 5 万元以下的罚款;属于国家工作人员的,并依法给予降级、撤职、开除的行政处分或者纪律处分。

**第四十二条** 违反本条例的规定,要求企业向其提供部分或者全部财务会计报告及其有关数据的,由县级以上人民政府责令改正。

**第四十三条** 违反本条例规定,同时违反其他法律、行政法规规定的,由有关部门在各自的职权范围内依法给予处罚。

# 四、第二百一十条

## (一)原文

【2023 年版本、三次审议稿】

第二百一十条 公司分配当年税后利润时,应当提取利润的百分之十列入公司法定公积金。公司法定公积金累计额为公司注册资本的百分之五十以上的,可以不再提取。

公司的法定公积金不足以弥补以前年度亏损的,在依照前款规定提取法定公积金之前,应当先用当年利润弥补亏损。

公司从税后利润中提取法定公积金后,经股东会决议,还可以从税后利润中提取任意公积金。

公司弥补亏损和提取公积金后所余税后利润,有限责任公司按照股东实缴的出资比例分配利润,全体股东约定不按照出资比例分配利润的除外;股份有限公司按照股东所持有的股份比例分配利润,公司章程另有规定的除外。

公司持有的本公司股份不得分配利润。

【2018 年版本】

第一百六十六条 公司分配当年税后利润时,应当提取利润的百分之十列入公司法定公积金。公司法定公积金累计额为公司注册资本的百分之五十以上的,可以不再提取。

公司的法定公积金不足以弥补以前年度亏损的,在依照前款规定提取法定公积金之前,应当先用当年利润弥补亏损。

公司从税后利润中提取法定公积金后,经股东会或者股东大会决议,还可以从税后利润中提取任意公积金。

公司弥补亏损和提取公积金后所余税后利润，有限责任公司依照本法第三十四条的规定分配；股份有限公司按照股东持有的股份比例分配，但股份有限公司章程规定不按持股比例分配的除外。

股东会、股东大会或者董事会违反前款规定，在公司弥补亏损和提取法定公积金之前向股东分配利润的，股东必须将违反规定分配的利润退还公司。

公司持有的本公司股份不得分配利润。

## （二）条文释义

本条规定了公司利润分配的方法。

公司利润首先要用来缴纳企业所得税，税后利润一方面要分配给股东，另一方面也要照顾公司自身的积累与发展，因此，公司分配当年税后利润时，应当提取利润的10%列入公司法定公积金。公司法定公积金累计额为公司注册资本的50%以上的，可以不再提取。

例如，甲公司2023年度的利润总额为1 000万元，缴纳企业所得税250万元（1 000×25%），税后利润为750万元。假设甲公司是第一次分配股息，则应当首先提取75万元（750×10%）列入甲公司法定公积金，剩余的675万元可以分配给股东。

再例如，乙公司2023年度的利润总额为1 000万元，缴纳企业所得税250万元（1 000×25%），税后利润为750万元。乙公司注册资本为3 000万元，乙公司以前年度累计提取法定公积金1 500万元，则乙公司2023年度的税后利润750万元可以全部分配给股东，不需要提取法定公积金。

公司的法定公积金不足以弥补以前年度亏损的，在依照规定提取法定公积金之前，应当先用当年利润弥补亏损。例如，甲公司2022年度累计亏损1 000万元，法定公积金总额为700万元，甲公司首先要用法定公积金弥补以前年度亏损700万元。2023年度甲公司的利润总额为400万元，缴纳企业所得税100万元（400×25%），税后利润300万元，甲公司首先要用该300万元利润弥补以前年度的亏损300万元，弥补之后，没有利润，甲公司2023年度不能分配股息，也不需要提取法定公积金。假设甲公司2023年度的利润总额为1 000万元，缴纳企业所得税250万元，税后利润为750万元，则首先用300万元去弥补以前年度的亏损，剩余450万元可以按照规定分配股息，即首先提取45万元（450×10%）列入法定公积金，剩余405万元可以向股东分配。

公司从税后利润中提取法定公积金后，经股东会决议，还可以从税后利润中提取任意公积金。任意公积金的提取比例没有限制，也就是说，股东会可以决议将全部税后利润在提取法定公积金之后，全部提取任意公积金。为确保中小股东利益，股东会在没有充足理由时不宜将全部利润提取公积金，通常情况下，将税后利润的30%分配给股东比较合适。

公司弥补亏损和提取公积金后所余税后利润，有限责任公司按照股东实缴的出资比例分配利润，全体股东约定不按照出资比例分配利润的除外；股份有限公司按照股东所持有的股份比例分配利润，公司章程另有规定的除外。原则上，公司股息均按出资比例或者持股比例来分配，但如果全体股东另有规定或者公司章程另有规定，也可以不按照出资比例或者持股比例分配股息。例如，部分股东拥有较大比例的表决权，其他股东拥有较大比例的分配权。当然，拥有较大比例表决权的股东也可以拥有较大比例分配权。例如，张某持有甲公司1%的股权，但在分配股息时，可以获得90%的股息，只要全体股东有约定（适用于有限责任公司）或者公司章程有规定（适用于股份有限公司）即可。

公司持有的本公司股份既没有表决权，也不得分配利润。对于这一规则，不能由全体股东作出例外约定或者由公司章程作出例外规定。

## （三）相关司法解释规定

**《最高人民法院关于适用〈中华人民共和国公司法〉若干问题的规定（四）》**

第十三条　股东请求公司分配利润案件，应当列公司为被告。

一审法庭辩论终结前，其他股东基于同一分配方案请求分配利润并申请参加诉讼的，应当列为共同原告。

第十四条　股东提交载明具体分配方案的股东会或者股东大会的有效决议，请求公司分配利润，公司拒绝分配利润且其关于无法执行决议的抗辩理由不成立的，人民法院应当判决公司按照决议载明的具体分配方案向股东分配利润。

第十五条　股东未提交载明具体分配方案的股东会或者股东大会决议，请求公司分配利润的，人民法院应当驳回其诉讼请求，但违反法律规定滥用股东权利导致公司不分配利润，给其他股东造成损失的除外。

# 五、第二百一十一条

## （一）原文

**【2023年版本】**

第二百一十一条　公司违反本法规定向股东分配利润的，股东应当将违反规定分配的利润退还公司；给公司造成损失的，股东及负有责任的董事、监事、高级管理人员应当承担赔偿责任。

**【三次审议稿】**

第二百一十一条　公司违反本法规定在弥补亏损和提取法定公积金之前向股东分

配利润的，股东应当将违反规定分配的利润退还公司；给公司造成损失的，股东及负有责任的董事、监事、高级管理人员应当承担赔偿责任。

## （二）条文释义

本条规定了违法分配利润的法律后果。

实务中，经常有公司不按照法律规定弥补亏损、提取法定公积金，而是将利润全部分配给股东，为此，如果公司违反《公司法》规定向股东分配利润，股东应当将违反规定分配的利润退还公司；给公司造成损失的，股东及负有责任的董事、监事、高级管理人员应当承担赔偿责任。给公司造成的损失主要是利息损失，如果公司因违法分配利润而缺少资金并从银行贷款，公司违法多分配的利润所对应的银行贷款利息就是公司因此遭受的损失。

股东及负有责任的董事、监事、高级管理人员应根据其过错程度承担赔偿责任。部分小股东可能并没有任何过错，大股东在取得利润的同时，小股东也顺带取得了股息。此时，小股东应当承担退还利润以及该笔利润在小股东手中产生的银行存款利息。董事、监事、高级管理人员有可能不是股东，他们不承担退还利润的责任，但如果在该事件过程中存在故意或者重大过失，应当承担一定的赔偿责任。

# 六、第二百一十二条

## （一）原文

【2023年版本】

第二百一十二条　股东会作出分配利润的决议的，董事会应当在股东会决议作出之日起六个月内进行分配。

【三次审议稿】

第二百一十二条　股东会作出分配利润的决议的，董事会应当在股东会决议作出之日起六个月内进行分配；公司章程或者股东会决议另有规定的除外。

## （二）条文释义

本条规定了董事会执行利润分配的期限。

股东会作出分配利润的决议后，为防止公司迟迟不向股东分红，从而侵犯中小股东的利益，董事会应当在股东会决议作出之日起6个月内进行分配。如果公司章程或

《中华人民共和国公司法》释义

者股东会决议另有规定，由于这是包括中小股东在内的全体股东同意的结果，可以超过6个月。

实务中，有些公司虽然账面上有利润，但这些利润往往是以应收账款、应收票据的形式体现，并非现金，无法向股东分配利润，此时，股东会在作出利润分配的决议后，可以规定在上述款项收回公司后再进行利润分配。

### （三）相关司法解释规定

**《最高人民法院关于适用〈中华人民共和国公司法〉若干问题的规定（五）》**

第四条　分配利润的股东会或者股东大会决议作出后，公司应当在决议载明的时间内完成利润分配。决议没有载明时间的，以公司章程规定的为准。决议、章程中均未规定时间或者时间超过一年的，公司应当自决议作出之日起一年内完成利润分配。

决议中载明的利润分配完成时间超过公司章程规定时间的，股东可以依据民法典第八十五条、公司法第二十二条第二款规定请求人民法院撤销决议中关于该时间的规定。

## 七、第二百一十三条

### （一）原文

**【2023年版本、三次审议稿】**

第二百一十三条　公司以超过股票票面金额的发行价格发行股份所得的溢价款、发行无面额股所得股款未计入注册资本的金额以及国务院财政部门规定列入资本公积金的其他项目，应当列为公司资本公积金。

**【2018年版本】**

第一百六十七条　股份有限公司以超过股票票面金额的发行价格发行股份所得的溢价款以及国务院财政部门规定列入资本公积金的其他收入，应当列为公司资本公积金。

### （二）条文释义

本条规定了溢价发行股票的资金处理。

公司以超过股票票面金额的发行价格发行股份所得的溢价款属于全体股东的出资，理应列入注册资本，但为追求不同批次股东之间的利益平衡，只有票面金额才能计入注册资本，其余部分应当列为公司资本公积金，由全体股东享有。将来资本公积金可以随时转为公司的注册资本，全体股东不需要缴纳所得税。

公司发行无面额股所得股款未计入注册资本的金额也属于全体股东的出资，理应列入注册资本，但为追求不同批次股东之间的利益平衡，公司可以决定仅仅将部分金额计入注册资本，其余部分应当列为公司资本公积金，由全体股东享有。将来资本公积金可以随时转为公司的注册资本，全体股东不需要缴纳所得税。

国务院财政部门有权直接规定公司的部分资金列入资本公积金，如国家对国有企业的资金注入和补贴等，如果有明确规定，公司应当将其列为公司资本公积金。例如，财政部印发的《矿产资源保护项目补助经费管理暂行办法》（财基字〔1997〕146号，目前已废止）第七条曾规定："补助经费的财务会计处理、决算编报执行现行企业财务会计制度的有关规定。项目完成后，对补助经费中属于按规定准予核销的部分，须报经财政部批准后予以核销；其余部分作为国家投资，列入资本公积金。"

## 八、第二百一十四条

### （一）原文

【2023年版本】

第二百一十四条　公司的公积金用于弥补公司的亏损、扩大公司生产经营或者转为增加公司注册资本。

公积金弥补公司亏损，应当先使用任意公积金和法定公积金；仍不能弥补的，可以按照规定使用资本公积金。

法定公积金转为增加注册资本时，所留存的该项公积金不得少于转增前公司注册资本的百分之二十五。

【三次审议稿】

第二百一十四条　公司的公积金用于弥补公司的亏损、扩大公司生产经营或者转为增加公司资本。

公积金弥补公司亏损，应当先使用任意公积金和法定公积金；仍不能弥补的，可以按照规定使用资本公积金。

法定公积金转为资本时，所留存的该项公积金不得少于转增前公司注册资本的百分之二十五。

【2018年版本】

第一百六十八条　公司的公积金用于弥补公司的亏损、扩大公司生产经营或者转为增加公司资本。但是，资本公积金不得用于弥补公司的亏损。

法定公积金转为资本时，所留存的该项公积金不得少于转增前公司注册资本的百分之二十五。

## （二）条文释义

本条规定了公司公积金的使用范围。

公司的公积金主要来源于股东出资和公司利润，是公司对外承担责任最重要的资金，只能用于弥补公司的亏损、扩大公司生产经营或者转为增加公司注册资本，不允许分配给股东（公司解散时除外）。

公积金弥补公司亏损，应当先使用任意公积金和法定公积金；仍不能弥补的，可以按照规定使用资本公积金。公司的盈余公积金中有根据《公司法》规定每次分配利润提取10%而形成的法定盈余公积金，也有公司任意提取的任意盈余公积金。弥补公司亏损的顺序为任意盈余公积金、法定盈余公积金、资本公积金。

法定公积金转为注册资本时，所留存的该项公积金不得少于转增前公司注册资本的25%。例如，甲公司注册资本为2 000万元，法定盈余公积金总额为1 000万元，甲公司计划将其中部分资金转增为注册资本，根据法律规定，甲公司至少要留下500万元（2 000×25%）法定盈余公积金，最多可以将其中的500万元转增为注册资本。

需要注意的是，使用法定盈余公积金转增注册资本时，公司股东不需要缴纳企业所得税，但个人股东需要缴纳20%的个人所得税。另外需要注意的是，公司使用资本公积金转增注册资本时，没有金额与比例的限制，可以将全部资本公积金转增为注册资本。

# 九、第二百一十五条

## （一）原文

【2023年版本、三次审议稿】

第二百一十五条　公司聘用、解聘承办公司审计业务的会计师事务所，按照公司章程的规定，由股东会、董事会或者监事会决定。

公司股东会、董事会或者监事会就解聘会计师事务所进行表决时，应当允许会计师事务所陈述意见。

【2018年版本】

第一百六十九条　公司聘用、解聘承办公司审计业务的会计师事务所，依照公司章程的规定，由股东会、股东大会或者董事会决定。

公司股东会、股东大会或者董事会就解聘会计师事务所进行表决时，应当允许会计师事务所陈述意见。

## （二）条文释义

本条规定了公司聘用、解聘承办公司审计业务的会计师事务所的程序。

会计师事务所的选任在一定程度上决定了公司财务会计报告的质量，因此，公司聘用、解聘承办公司审计业务的会计师事务所，按照公司章程的规定，由股东会、董事会或者监事会决定。股东会、董事会或者监事会都有权决定聘用、解聘会计师事务所，关键看公司章程是如何规定的，如果公司章程规定由董事会决定聘用、解聘会计师事务所，则股东会和监事会均无权聘用、解聘会计师事务所。

公司股东会、董事会或者监事会就解聘会计师事务所进行表决时，应当允许会计师事务所陈述意见。当然，这仅仅是会计师事务所的程序性权利，是否解聘，仍然由公司股东会、董事会或者监事会表决确定。

## 十、第二百一十六条

### （一）原文

**【2023年版本、三次审议稿】**

第二百一十六条　公司应当向聘用的会计师事务所提供真实、完整的会计凭证、会计账簿、财务会计报告及其他会计资料，不得拒绝、隐匿、谎报。

**【2018年版本】**

第一百七十条　公司应当向聘用的会计师事务所提供真实、完整的会计凭证、会计账簿、财务会计报告及其他会计资料，不得拒绝、隐匿、谎报。

### （二）条文释义

本条规定了公司提供真实、完整会计资料的义务。

为保证会计师事务所依法履行审计职责，公司应当向聘用的会计师事务所提供真实、完整的会计凭证、会计账簿、财务会计报告及其他会计资料，不得拒绝、隐匿、谎报。

### （三）相关法律规定

**《注册会计师法》**

第十七条　注册会计师执行业务，可以根据需要查阅委托人的有关会计资料和文件，查看委托人的业务现场和设施，要求委托人提供其他必要的协助。

第十八条　注册会计师与委托人有利害关系的，应当回避；委托人有权要求其回避。

**第十九条** 注册会计师对在执行业务中知悉的商业秘密，负有保密义务。

**第二十条** 注册会计师执行审计业务，遇有下列情形之一的，应当拒绝出具有关报告：

（一）委托人示意其作不实或者不当证明的；

（二）委托人故意不提供有关会计资料和文件的；

（三）因委托人有其他不合理要求，致使注册会计师出具的报告不能对财务会计的重要事项作出正确表述的。

**第二十一条** 注册会计师执行审计业务，必须按照执业准则、规则确定的工作程序出具报告。

注册会计师执行审计业务出具报告时，不得有下列行为：

（一）明知委托人对重要事项的财务会计处理与国家有关规定相抵触，而不予指明；

（二）明知委托人的财务会计处理会直接损害报告使用人或者其他利害关系人的利益，而予以隐瞒或者作不实的报告；

（三）明知委托人的财务会计处理会导致报告使用人或者其他利害关系人产生重大误解，而不予指明；

（四）明知委托人的会计报表的重要事项有其他不实的内容，而不予指明。

对委托人有前款所列行为，注册会计师按照执业准则、规则应当知道的，适用前款规定。

**第二十二条** 注册会计师不得有下列行为：

（一）在执行审计业务期间，在法律、行政法规规定不得买卖被审计单位的股票、债券或者不得购买被审计单位或者个人的其他财产的期限内，买卖被审计单位的股票、债券或者购买被审计单位或者个人所拥有的其他财产；

（二）索取、收受委托合同约定以外的酬金或者其他财物，或者利用执行业务之便，谋取其他不正当的利益；

（三）接受委托催收债款；

（四）允许他人以本人名义执行业务；

（五）同时在两个或者两个以上的会计师事务所执行业务；

（六）对其能力进行广告宣传以招揽业务；

（七）违反法律、行政法规的其他行为。

# 十一、第二百一十七条

## （一）原文

【2023 年版本】

**第二百一十七条** 公司除法定的会计账簿外，不得另立会计账簿。

对公司资金，不得以任何个人名义开立账户存储。

**【三次审议稿】**

第二百一十七条　公司除法定的会计账簿外，不得另立会计账簿。

对公司资产，不得以任何个人名义开立账户存储。

**【2018 年版本】**

第一百七十一条　公司除法定的会计账簿外，不得另立会计账簿。

对公司资产，不得以任何个人名义开立账户存储。

## （二）条文释义

本条规定了公司不得另立会计账簿以及设立小金库的义务。

公司除法定的会计账簿外，不得另立会计账簿。公司设立两套账不仅有可能侵害公司中小股东的利益，还有可能侵犯国家的税收利益，因此是被严厉禁止的违法行为。

对公司资金，不得以任何个人名义开立账户存储。公司可以依法在多个银行开设实名银行账户，但不得已以任何个人名义开立账户存储公司的资金。设立小金库的行为同样可能侵犯中小股东的利益，甚至可以导致管理层侵犯全体股东的利益，也有可能侵犯国家的税收利益，也是被严厉禁止的违法行为。

## （三）相关法律规定

**《会计法》**

第四十二条　违反本法规定，有下列行为之一的，由县级以上人民政府财政部门责令限期改正，可以对单位并处三千元以上五万元以下的罚款；对其直接负责的主管人员和其他直接责任人员，可以处二千元以上二万元以下的罚款；属于国家工作人员的，还应当由其所在单位或者有关单位依法给予行政处分：

（一）不依法设置会计账簿的；

（二）私设会计账簿的；

（三）未按照规定填制、取得原始凭证或者填制、取得的原始凭证不符合规定的；

（四）以未经审核的会计凭证为依据登记会计账簿或者登记会计账簿不符合规定的；

（五）随意变更会计处理方法的；

（六）向不同的会计资料使用者提供的财务会计报告编制依据不一致的；

（七）未按照规定使用会计记录文字或者记账本位币的；

（八）未按照规定保管会计资料，致使会计资料毁损、灭失的；

（九）未按照规定建立并实施单位内部会计监督制度或者拒绝依法实施的监督或

者不如实提供有关会计资料及有关情况的；

（十）任用会计人员不符合本法规定的。

有前款所列行为之一，构成犯罪的，依法追究刑事责任。

会计人员有第一款所列行为之一，情节严重的，五年内不得从事会计工作。

有关法律对第一款所列行为的处罚另有规定的，依照有关法律的规定办理

**第四十三条** 伪造、变造会计凭证、会计账簿，编制虚假财务会计报告，构成犯罪的，依法追究刑事责任。

有前款行为，尚不构成犯罪的，由县级以上人民政府财政部门予以通报，可以对单位并处五千元以上十万元以下的罚款；对其直接负责的主管人员和其他直接责任人员，可以处三千元以上五万元以下的罚款；属于国家工作人员的，还应当由其所在单位或者有关单位依法给予撤职直至开除的行政处分；其中的会计人员，五年内不得从事会计工作。

**第四十四条** 隐匿或者故意销毁依法应当保存的会计凭证、会计账簿、财务会计报告，构成犯罪的，依法追究刑事责任。

有前款行为，尚不构成犯罪的，由县级以上人民政府财政部门予以通报，可以对单位并处五千元以上十万元以下的罚款；对其直接负责的主管人员和其他直接责任人员，可以处三千元以上五万元以下的罚款；属于国家工作人员的，还应当由其所在单位或者有关单位依法给予撤职直至开除的行政处分；其中的会计人员，五年内不得从事会计工作。

**第四十五条** 授意、指使、强令会计机构、会计人员及其他人员伪造、变造会计凭证、会计账簿，编制虚假财务会计报告或者隐匿、故意销毁依法应当保存的会计凭证、会计账簿、财务会计报告，构成犯罪的，依法追究刑事责任；尚不构成犯罪的，可以处五千元以上五万元以下的罚款；属于国家工作人员的，还应当由其所在单位或者有关单位依法给予降级、撤职、开除的行政处分。

**第四十六条** 单位负责人对依法履行职责、抵制违反本法规定行为的会计人员以降级、撤职、调离工作岗位、解聘或者开除等方式实行打击报复，构成犯罪的，依法追究刑事责任；尚不构成犯罪的，由其所在单位或者有关单位依法给予行政处分。对受打击报复的会计人员，应当恢复其名誉和原有职务、级别。

**第四十七条** 财政部门及有关行政部门的工作人员在实施监督管理中滥用职权、玩忽职守、徇私舞弊或者泄露国家秘密、商业秘密，构成犯罪的，依法追究刑事责任；尚不构成犯罪的，依法给予行政处分。

**第四十八条** 违反本法第三十条规定，将检举人姓名和检举材料转给被检举单位和被检举人个人的，由所在单位或者有关单位依法给予行政处分。

**第四十九条** 违反本法规定，同时违反其他法律规定的，由有关部门在各自职权范围内依法进行处罚。

# 第十一章　公司合并、分立、增资、减资

## 一、第二百一十八条

### （一）原文

**【2023 年版本、三次审议稿】**

第二百一十八条　公司合并可以采取吸收合并或者新设合并。

一个公司吸收其他公司为吸收合并，被吸收的公司解散。两个以上公司合并设立一个新的公司为新设合并，合并各方解散。

**【2018 年版本】**

第一百七十二条　公司合并可以采取吸收合并或者新设合并。

一个公司吸收其他公司为吸收合并，被吸收的公司解散。两个以上公司合并设立一个新的公司为新设合并，合并各方解散。

### （二）条文释义

本条规定了公司合并的方式。

公司合并可以采取两种方式：吸收合并或者新设合并。无论采取哪种方式，公司合并时至少要有一个公司解散。

吸收合并是一个公司吸收其他公司，被吸收的公司解散。例如，甲公司和乙公司采取吸收合并的方式合并，合并之后，乙公司解散，甲公司存续，乙公司全部资产、负债和人员并入甲公司。

新设合并是两个以上公司合并设立一个新的公司，合并各方解散。例如，甲公司和乙公司采取新设合并的方式合并，合并之后，甲公司和乙公司均解散，新设丙公司来承接甲公司和乙公司的全部资产、负债和人员。

## （三）相关规章规定

**《财政部 国家税务总局关于企业重组业务企业所得税处理若干问题的通知》**（财税〔2009〕59号）

一、本通知所称企业重组，是指企业在日常经营活动以外发生的法律结构或经济结构重大改变的交易，包括企业法律形式改变、债务重组、股权收购、资产收购、合并、分立等。

（五）合并，是指一家或多家企业（以下称为被合并企业）将其全部资产和负债转让给另一家现存或新设企业（以下称为合并企业），被合并企业股东换取合并企业的股权或非股权支付，实现两个或两个以上企业的依法合并。

……

四、企业重组，除符合本通知规定适用特殊性税务处理规定的外，按以下规定进行税务处理：

（四）企业合并，当事各方应按下列规定处理：

1. 合并企业应按公允价值确定接受被合并企业各项资产和负债的计税基础。
2. 被合并企业及其股东都应按清算进行所得税处理。
3. 被合并企业的亏损不得在合并企业结转弥补。

五、企业重组同时符合下列条件的，适用特殊性税务处理规定：

（一）具有合理的商业目的，且不以减少、免除或者推迟缴纳税款为主要目的。

（二）被收购、合并或分立部分的资产或股权比例符合本通知规定的比例。

（三）企业重组后的连续12个月内不改变重组资产原来的实质性经营活动。

（四）重组交易对价中涉及股权支付金额符合本通知规定比例。

（五）企业重组中取得股权支付的原主要股东，在重组后连续12个月内，不得转让所取得的股权。

六、企业重组符合本通知第五条规定条件的，交易各方对其交易中的股权支付部分，可以按以下规定进行特殊性税务处理：

（四）企业合并，企业股东在该企业合并发生时取得的股权支付金额不低于其交易支付总额的85%，以及同一控制下且不需要支付对价的企业合并，可以选择按以下规定处理：

1. 合并企业接受被合并企业资产和负债的计税基础，以被合并企业的原有计税基础确定。
2. 被合并企业合并前的相关所得税事项由合并企业承继。
3. 可由合并企业弥补的被合并企业亏损的限额＝被合并企业净资产公允价值×截至合并业务发生当年年末国家发行的最长期限的国债利率。
4. 被合并企业股东取得合并企业股权的计税基础，以其原持有的被合并企业股权的计税基础确定。

## 二、第二百一十九条

### （一）原文

【2023年版本、三次审议稿】

第二百一十九条　公司与其持股百分之九十以上的公司合并，被合并的公司不需经股东会决议，但应当通知其他股东，其他股东有权请求公司按照合理的价格收购其股权或者股份。

公司合并支付的价款不超过本公司净资产百分之十的，可以不经股东会决议；但是，公司章程另有规定的除外。

公司依照前两款规定合并不经股东会决议的，应当经董事会决议。

### （二）条文释义

本条规定了公司合并的决策程序。

公司合并是公司经营中的大事，原则上需要经过公司股东会的特别决议。如果公司与其持股90%以上的公司合并，由于股东会决议也是持股90%以上的公司说了算，此时没有必要再经过股东会的特别决议。因此，被合并的公司不需经股东会决议，但应当通知其他股东，为了确保其他股东的利益不受侵犯，法律允许其他股东退出公司，即其他股东有权请求公司按照合理的价格收购其股权或者股份。公司依照上述规定合并不经股东会决议的，应当经董事会决议。

如果一个很大的公司吸收合并一个很小的公司，对于合并公司而言，并不属于重大的企业重组，可以由董事会决议。由此，公司合并支付的价款不超过本公司净资产10%的，可以不经股东会决议；但是，公司合并毕竟也是重要的事项，如果公司章程规定必须经股东会决议，则应当遵守公司章程的规定。公司依照上述规定合并不经股东会决议的，应当经董事会决议。

## 三、第二百二十条

### （一）原文

【2023年版本】

第二百二十条　公司合并，应当由合并各方签订合并协议，并编制资产负债表及财产清单。公司应当自作出合并决议之日起十日内通知债权人，并于三十日内在报纸上或者国家企业信用信息公示系统公告。债权人自接到通知之日起三十日内，未接到通知的自公告之日起四十五日内，可以要求公司清偿债务或者提供相应的担保。

**【三次审议稿】**

第二百二十条　公司合并，应当由合并各方签订合并协议，并编制资产负债表及财产清单。公司应当自作出合并决议之日起十日内通知债权人，并于三十日内在报纸上或者统一的企业信息公示系统公告。债权人自接到通知之日起三十日内，未接到通知的自公告之日起四十五日内，可以要求公司清偿债务或者提供相应的担保。

**【2018年版本】**

第一百七十三条　公司合并，应当由合并各方签订合并协议，并编制资产负债表及财产清单。公司应当自作出合并决议之日起十日内通知债权人，并于三十日内在报纸上公告。债权人自接到通知书之日起三十日内，未接到通知书的自公告之日起四十五日内，可以要求公司清偿债务或者提供相应的担保。

## （二）条文释义

本条规定了公司合并中对债权人的保护。

公司合并是公司的重大事项，因此，应当由合并各方签订书面合并协议。公司合并主要是公司资产与负债的合并，因此，应当编制资产负债表及财产清单。

公司合并有可能是优质公司收购了资不抵债的公司，有可能损害优质公司债权人的利益，因此，公司应当自作出合并决议之日起10日内通知债权人，并于30日内在报纸上或者国家企业信用信息公示系统公告。公司应当按照所掌握的债权人的信息通知债权人，通知的具体方式可以是信件、邮件，也可以是电话、短信、微信等，尽量采取可以举证的通知方式。如果没有债权人的信息或者通过常规方式无法联系债权人，依法公告视为通知。需要注意的是，通知债权人与公告需要同时进行。

债权人自接到通知之日起30日内，未接到通知的自公告之日起45日内，可以要求公司清偿债务或者提供相应的担保。债权人一旦接到通知，就只有30日的时间来要求公司清偿债务或者提供相应的担保。只有未接到通知的债权人才能按照自公告之日起45日内的期限执行。

# 四、第二百二十一条

## （一）原文

**【2023年版本、三次审议稿】**

第二百二十一条　公司合并时，合并各方的债权、债务，应当由合并后存续的公司或者新设的公司承继。

**【2018年版本】**

第一百七十四条　公司合并时，合并各方的债权、债务，应当由合并后存续的公司或者新设的公司承继。

## （二）条文释义

本条规定了公司合并债权债务的处理。

公司合并时，合并各方并不清算，因此，合并各方的债权、债务，应当由合并后存续的公司或者新设的公司承继。公司合并时，双方的资产和负债仅仅是简单合为一个主体所有，并未在实质上增减双方的资产和负债，因此，并未对原债权人和债务人产生实质性影响，由合并后的公司承继是合理的。

# 五、第二百二十二条

## （一）原文

**【2023年版本】**

第二百二十二条　公司分立，其财产作相应的分割。

公司分立，应当编制资产负债表及财产清单。公司应当自作出分立决议之日起十日内通知债权人，并于三十日内在报纸上或者国家企业信用信息公示系统公告。

**【三次审议稿】**

第二百二十二条　公司分立，其财产作相应的分割。

公司分立，应当编制资产负债表及财产清单。公司应当自作出分立决议之日起十日内通知债权人，并于三十日内在报纸上或者统一的企业信息公示系统公告。

**【2018年版本】**

第一百七十五条　公司分立，其财产作相应的分割。

公司分立，应当编制资产负债表及财产清单。公司应当自作出分立决议之日起十日内通知债权人，并于三十日内在报纸上公告。

## （二）条文释义

本条规定了公司分立。

公司分立，就是一个公司分立为两个或者多个公司，原公司可以存续，也可以解散。公司分立时，原公司的财产作相应的分割，分别进入分立后新成立的公司以及存续的公司。

《中华人民共和国公司法》释义

公司分立，实质是对公司的资产和负债进行相应的分割，因此，应当编制资产负债表及财产清单。公司本来就需要定期编制资产负债表，如很多中大型公司每月均编制一份资产负债表。为公司分立需要，应当在股东会或者相关机构确立的分立日重新编制一份资产负债表，以供分立时分割财产使用。

公司分立需要对相关债权债务进行分割，也有可能损害债权人的利益，因此，公司应当自作出分立决议之日起10日内通知债权人，并于30日内在报纸上或者国家企业信用信息公示系统公告。公司分立的通知程序与公司合并的通知程序是相同的，均只需要通知债权人，不需要通知债务人，因为并不影响债务人的利益。

## 六、第二百二十三条

### （一）原文

【2023年版本、三次审议稿】

第二百二十三条 公司分立前的债务由分立后的公司承担连带责任。但是，公司在分立前与债权人就债务清偿达成的书面协议另有约定的除外。

【2018年版本】

第一百七十六条 公司分立前的债务由分立后的公司承担连带责任。但是，公司在分立前与债权人就债务清偿达成的书面协议另有约定的除外。

### （二）条文释义

本条规定了公司分立债务的承担。

公司分立实质上是对资产和负债的分割，本质上并未减弱全体公司的偿债能力，因此，公司分立前的债务由分立后的公司承担连带责任。但是，如果公司在分立前与债权人就债务清偿达成的书面协议另有约定，由于这是当事人意思自治的结果，债务承担本身是私法问题，法律理应尊重，因此，应当按照该约定来承担或者偿还债务。

## 七、第二百二十四条

### （一）原文

【2023年版本】

第二百二十四条 公司减少注册资本，应当编制资产负债表及财产清单。

公司应当自股东会作出减少注册资本决议之日起十日内通知债权人，并于三十日内在报纸上或者国家企业信用信息公示系统公告。债权人自接到通知之日起三十日内，未接到通知的自公告之日起四十五日内，有权要求公司清偿债务或者提供相应的担保。

公司减少注册资本，应当按照股东出资或者持有股份的比例相应减少出资额或者股份，法律另有规定、有限责任公司全体股东另有约定或者股份有限公司章程另有规定的除外。

【三次审议稿】

第二百二十四条 公司减少注册资本，应当编制资产负债表及财产清单。

公司应当自股东会作出减少注册资本决议之日起十日内通知债权人，并于三十日内在报纸上或者统一的企业信息公示系统公告。债权人自接到通知之日起三十日内，未接到通知的自公告之日起四十五日内，有权要求公司清偿债务或者提供相应的担保。

公司减少注册资本，应当按照股东出资或者持有股份的比例相应减少出资额或者股份，本法或者其他法律另有规定的除外。

【2018 年版本】

第一百七十七条 公司需要减少注册资本时，必须编制资产负债表及财产清单。

公司应当自作出减少注册资本决议之日起十日内通知债权人，并于三十日内在报纸上公告。债权人自接到通知书之日起三十日内，未接到通知书的自公告之日起四十五日内，有权要求公司清偿债务或者提供相应的担保。

## （二）条文释义

本条规定了公司减资的程序。

公司减少注册资本，首先应当清楚自己有多少资产和负债，因此，应当编制资产负债表及财产清单。其中的资产负债表可以利用公司定期编制的最近一期的资产负债表。财产清单需要专门编制，因为公司通常不会定期编制财产清单。

公司减少注册资本一定会影响债权人的利益，因此，公司应当自股东会作出减少注册资本决议之日起 10 日内通知债权人，并于 30 日内在报纸上或者国家企业信用信息公示系统公告。这一通知的要求与公司合并、公司分立时的通知要求是一致的。债权人自接到通知之日起 30 日内，未接到通知的自公告之日起 45 日内，有权要求公司清偿债务或者提供相应的担保。公司债权人要求公司清偿债务或者提供相应担保的期限与公司合并中债权人要求公司清偿债务或者提供相应担保的期限是一致的。

公司减少注册资本，原则上应当按照股东出资或者持有股份的比例相应减少出资额或者股份，不允许只减少部分股东的出资或者股份比例，其他股东不变，因为这就变成部分股东变相退股了，也不允许按照不同的比例减少股东的出资或者持股比例，也就是说公司减资只能是全体股东按照出资或者持股比例等比例地减少。当然，如果法律另有规定、有限责任公司全体股东另有约定或者股份有限公司章程另有规定的，可以除外。

## 八、第二百二十条

### （一）原文

【2023年版本】

第二百二十五条　公司依照本法第二百一十四条第二款的规定弥补亏损后，仍有亏损的，可以减少注册资本弥补亏损。减少注册资本弥补亏损的，公司不得向股东分配，也不得免除股东缴纳出资或者股款的义务。

依照前款规定减少注册资本的，不适用前条第二款的规定，但应当自股东会作出减少注册资本决议之日起三十日内在报纸上或者国家企业信用信息公示系统公告。

公司依照前两款的规定减少注册资本后，在法定公积金和任意公积金累计额达到公司注册资本百分之五十前，不得分配利润。

【三次审议稿】

第二百二十五条　公司依照本法第二百一十四条第二款的规定弥补亏损后，仍有亏损的，可以减少注册资本弥补亏损，但不得向股东分配，也不得免除股东缴纳出资或者股款的义务。

按照前款规定减少注册资本的，不适用前条第二款的规定，但应当在报纸上或者统一的企业信息公示系统公告。

公司按照前两款的规定减少注册资本后，在法定公积金累计额达到公司注册资本百分之五十前，不得分配利润。

### （二）条文释义

本条规定了亏损情况下的减资程序。

公司经营产生亏损后，可以首先使用盈余公积金中的任意公积金弥补亏损，弥补后如还有亏损，再使用盈余公积金中的法定公积金弥补亏损，弥补后如还有亏损，再使用资本公积金弥补亏损，弥补后如仍有亏损，可以减少注册资本弥补亏损。如果公司减少注册资本弥补亏损，不得向股东分配，也不得免除股东缴纳出资或者股款的义务。

例如，甲公司经营中产生亏损1 000万元，目前公司盈余公积金中的任意公积金为0，法定公积金为200万元，资本公积金为300万元。甲公司将全部公积金弥补亏损后还有

500万元的亏损。目前甲公司的注册资本为 3 000 万元，实收资本为 2 000 万元，未缴资本为 1 000 万元。甲公司可以将注册资本减少 500 万元以弥补亏损，减少以后，甲公司的注册资本变为 2 500 万元，实收资本变为 1 500 万元，未缴资本仍然为 1 000 万元，这个未缴资本是不能用来弥补亏损的。

公司为弥补亏损而减少注册资本的，由于并未实质性减少公司对外承担责任的资产总额，并未损害债权人的利益，因此，不需要通知债权人，但应当自股东会作出减少注册资本决议之日起 30 日内在报纸上或者国家企业信用信息公示系统公告。债权人也不能因此要求公司清偿债务或者提供相应的担保。

公司为弥补亏损而减少注册资本后，为进一步提高公司抗风险的能力，在法定公积金累计额达到公司注册资本 50% 前，不得分配利润。注意，这里的注册资本是指减少注册资本以后的注册资本。这里的法定公积金指的是从公司税后利润中提取的利润 10% 的部分，不包括任意公积金和资本公积金。

## 九、第二百二十六条

### （一）原文

【2023 年版本、三次审议稿】

第二百二十六条　违反本法规定减少注册资本的，股东应当退还其收到的资金，减免股东出资的应当恢复原状；给公司造成损失的，股东及负有责任的董事、监事、高级管理人员应当承担赔偿责任。

### （二）条文释义

本条规定了违反减资的法律责任。

如果公司违反《公司法》规定减少注册资本，从公司收到资金的股东应当退还其收到的资金，未从公司收到资金的股东不承担退还的责任。

如果公司违反《公司法》规定减少注册资本，减免股东出资的应当恢复原状，未被减免出资的股东以及出资已经完成的股东不承担恢复原状的责任。

如果公司违反《公司法》规定减少注册资本，且给公司造成损失，股东及负有责任的董事、监事、高级管理人员应当承担赔偿责任。公司的通常损失是利息损失，特殊情况下可能导致公司经营损失，如损失了订单或者因资金不足导致违约需要承担违约责任等。承担责任的股东包括从公司收到资金的股东、被减免出资的股东以及股东会表决时投赞成票的股东。负有责任的董事、监事、高级管理人员是指具体操作公司减资程序的高级管理人员、董事会作出决议时投赞成票的董事、列席董事会但未提出异议的监事等。

## 十、第二百二十七条

### （一）原文

【2023 年版本】

第二百二十七条　有限责任公司增加注册资本时，股东在同等条件下有权优先按照实缴的出资比例认缴出资。但是，全体股东约定不按照出资比例优先认缴出资的除外。

股份有限公司为增加注册资本发行新股时，股东不享有优先认购权，公司章程另有规定或者股东会决议决定股东享有优先认购权的除外。

【三次审议稿】

第二百二十七条　有限责任公司增加资本时，股东在同等条件下有权优先按照实缴的出资比例认缴出资。但是，全体股东约定不按照出资比例优先认缴出资的除外。

股份有限公司为增加资本发行新股时，股东不享有优先认购权，公司章程另有规定或者股东会决议赋予股东优先认购权的除外。

【2018 年版本】

第一百七十八条　有限责任公司增加注册资本时，股东认缴新增资本的出资，依照本法设立有限责任公司缴纳出资的有关规定执行。

股份有限公司为增加注册资本发行新股时，股东认购新股，依照本法设立股份有限公司缴纳股款的有关规定执行。

### （二）条文释义

本条规定了公司增资的规则。

有限责任公司的股东通常按照出资比例行使股东权利，因此，有限责任公司增加注册资本时，股东在同等条件下有权优先按照实缴的出资比例认缴出资。但是，全体股东约定不按照出资比例优先认缴出资的除外。需要注意的是，这种约定是全体股东都必须同意的，不能仅仅通过公司章程规定，或者通过股东会普通决议或者三分之二以上的特别决议，必须是全体股东一致同意的约定，因为这一约定影响到全体股东的基本权利。

股份有限公司由于有大量的公众公司和上市公司，为增加注册资本发行新股时，股东不享有优先认购权,原股东与未来新股东的认购权是相同的。公司章程另有规定或者股东会决议赋予股东优先认购权的除外。

## 十一、第二百二十八条

### (一)原文

**【2023年版本、三次审议稿】**

第二百二十八条　有限责任公司增加注册资本时,股东认缴新增资本的出资,依照本法设立有限责任公司缴纳出资的有关规定执行。

股份有限公司为增加注册资本发行新股时,股东认购新股,依照本法设立股份有限公司缴纳股款的有关规定执行。

**【2018年版本】**

第一百七十九条　公司合并或者分立,登记事项发生变更的,应当依法向公司登记机关办理变更登记;公司解散的,应当依法办理公司注销登记;设立新公司的,应当依法办理公司设立登记。

公司增加或者减少注册资本,应当依法向公司登记机关办理变更登记。

### (二)条文释义

本条规定了公司增资的出资程序。

有限责任公司增加注册资本时,股东认缴新增资本的出资与公司成立时股东认缴出资实质上是相同的,因此,依照《公司法》设立有限责任公司缴纳出资的有关规定执行。

股份有限公司为增加注册资本发行新股时,股东认购新股与股份有限公司成立时原始股东认购股份在实质上是相同的,因此,依照《公司法》设立股份有限公司缴纳股款的有关规定执行。

# 第十二章　公司解散和清算

## 一、第二百二十九条

### （一）原文

**【2023 年版本】**

第二百二十九条　公司因下列原因解散：

（一）公司章程规定的营业期限届满或者公司章程规定的其他解散事由出现；

（二）股东会决议解散；

（三）因公司合并或者分立需要解散；

（四）依法被吊销营业执照、责令关闭或者被撤销；

（五）人民法院依照本法第二百三十一条的规定予以解散。

公司出现前款规定的解散事由，应当在十日内将解散事由通过国家企业信用信息公示系统予以公示。

**【三次审议稿】**

第二百二十九条　公司因下列原因解散：

（一）公司章程规定的营业期限届满或者公司章程规定的其他解散事由出现；

（二）股东会决议解散；

（三）因公司合并或者分立需要解散；

（四）依法被吊销营业执照、责令关闭或者被撤销；

（五）人民法院依照本法第二百三十一条的规定予以解散。

公司出现前款规定的解散事由，应当在十日内将解散事由通过统一的企业信息公示系统予以公示。

**【2018 年版本】**

第一百八十条　公司因下列原因解散：

（一）公司章程规定的营业期限届满或者公司章程规定的其他解散事由出现；
（二）股东会或者股东大会决议解散；
（三）因公司合并或者分立需要解散；
（四）依法被吊销营业执照、责令关闭或者被撤销；
（五）人民法院依照本法第一百八十二条的规定予以解散。

## （二）条文释义

本条规定了公司解散的原因。

公司解散是公司终止的主要形式，公司解散的原因很多，具体来说，包括下列原因：

（1）公司章程规定的营业期限届满或者公司章程规定的其他解散事由出现。公司章程是公司组织与经营的基础性规范，其中可以规定公司的营业期限，也可以规定其他解散事由，比如某某创始股东有权解散公司或者公司亏损超过注册资本 80% 以上时公司解散。公司章程的规定只要不违法、不违反公序良俗，都应认为有效。

（2）股东会决议解散。股东会是公司的最高权力机构，其有权根据市场环境和公司经营状况随时决定解散公司。

（3）因公司合并或者分立需要解散。公司合并时至少有一个公司要解散，当然这只是形式上的解散，被合并公司的资产、负债和人员均转入合并公司，被合并公司解散后，在合并公司中获得了新生。公司分立，被分立的公司可以解散，也可以不解散。如果解散，被分立公司的全部资产、负债和人员分别转入新设立的若干个公司，这种解散也是形式上的解散，被分立公司在若干家新成立的公司中获得了新生。

（4）依法被吊销营业执照、责令关闭或者被撤销。公司若有违法行为或者继续存在不具有现实意义，依法可以被吊销营业执照、责令关闭或者被撤销。公司在这种情况下的解散是一种被迫解散，即已经没有继续存在的合法性基础了，必须解散。

（5）公司经营管理发生严重困难，继续存续会使股东利益受到重大损失，通过其他途径不能解决的，持有公司 10% 以上表决权的股东，可以请求人民法院解散公司，人民法院如果判决解散公司，则公司必须解散。

公司出现上述各种解散事由后，应当向全体股东、所有债权人以及社会公众告知其已经解散的事实，因此，应当在 10 日内将解散事由通过国家企业信用信息公示系统予以公示。

## 二、第二百三十条

### （一）原文

【2023 年版本、三次审议稿】

第二百三十条　公司有前条第一款第一项、第二项情形，且尚未向股东分配财产的，可以通过修改公司章程或者经股东会决议而存续。

依照前款规定修改公司章程或者经股东会决议，有限责任公司须经持有三分之二以上表决权的股东通过，股份有限公司须经出席股东会会议的股东所持表决权的三分之二以上通过。

【2018年版本】

第一百八十一条 公司有本法第一百八十条第（一）项情形的，可以通过修改公司章程而存续。

依照前款规定修改公司章程，有限责任公司须经持有三分之二以上表决权的股东通过，股份有限公司须经出席股东大会会议的股东所持表决权的三分之二以上通过。

## （二）条文释义

本条规定了公司出现解散事由后存续的情形。

公司解散有可能导致股东损失、债权人损失和职工损失，因此，如果有可能，应当尽量避免解散公司。

如果公司章程规定的营业期限届满或者公司章程规定的其他解散事由出现，但公司尚未向股东分配财产，股东会可以通过修改公司章程的方式让公司存续。

如果股东会决议解散公司，但公司尚未向股东分配财产，公司可以再次召开股东会重新作出决议，让公司存续。

依照上述规定修改公司章程或者经股东会决议，有限责任公司须经持有三分之二以上表决权的股东通过，股份有限公司须经出席股东会会议的股东所持表决权的三分之二以上通过。

# 三、第二百三十一条

## （一）原文

【2023年版本、三次审议稿】

第二百三十一条 公司经营管理发生严重困难，继续存续会使股东利益受到重大损失，通过其他途径不能解决的，持有公司百分之十以上表决权的股东，可以请求人民法院解散公司。

【2018年版本】

第一百八十二条 公司经营管理发生严重困难，继续存续会使股东利益受到重大损失，通过其他途径不能解决的，持有公司全部股东表决权百分之十以上的股东，可以请求人民法院解散公司。

## （二）条文释义

本条规定了公司经营困难被人民法院解散的情形。

如果公司经营管理发生严重困难，继续存续会使股东利益受到重大损失，通过其他途径不能解决，公司的中小股东可能没有其他办法让公司解散，此时，持有公司10%以上表决权的股东，可以请求人民法院解散公司。

需要注意的是，只有持有公司10%以上表决权的股东才有该项权利，持股比例少于这一标准的股东没有该项权利。人民法院在审理中，应当尽可能避免公司解散，公司经营管理发生严重困难时，能用其他方法协调和解决的，尽量不要直接解散公司。

## （三）相关司法解释规定

《最高人民法院关于适用〈中华人民共和国公司法〉若干问题的规定（二）》（2008年5月5日最高人民法院审判委员会第1447次会议通过，根据2014年2月17日最高人民法院审判委员会第1607次会议《关于修改关于适用〈中华人民共和国公司法〉若干问题的规定的决定》第一次修正，根据2020年12月23日最高人民法院审判委员会第1823次会议通过的《最高人民法院关于修改〈最高人民法院关于破产企业国有划拨土地使用权应否列入破产财产等问题的批复〉等二十九件商事类司法解释的决定》第二次修正，下同）

**第一条** 单独或者合计持有公司全部股东表决权百分之十以上的股东，以下列事由之一提起解散公司诉讼，并符合公司法第一百八十二条规定的，人民法院应予受理：

（一）公司持续两年以上无法召开股东会或者股东大会，公司经营管理发生严重困难的；

（二）股东表决时无法达到法定或者公司章程规定的比例，持续两年以上不能做出有效的股东会或者股东大会决议，公司经营管理发生严重困难的；

（三）公司董事长期冲突，且无法通过股东会或者股东大会解决，公司经营管理发生严重困难的；

（四）经营管理发生其他严重困难，公司继续存续会使股东利益受到重大损失的情形。

股东以知情权、利润分配请求权等权益受到损害，或者公司亏损、财产不足以偿还全部债务，以及公司被吊销企业法人营业执照未进行清算等为由，提起解散公司诉讼的，人民法院不予受理。

**第二条** 股东提起解散公司诉讼，同时又申请人民法院对公司进行清算的，人民法院对其提出的清算申请不予受理。人民法院可以告知原告，在人民法院判决解散公司后，依据民法典第七十条、公司法第一百八十三条和本规定第七条的规定，自行组织清算或者另行申请人民法院对公司进行清算。

**第三条** 股东提起解散公司诉讼时，向人民法院申请财产保全或者证据保全的，在股东提供担保且不影响公司正常经营的情形下，人民法院可予以保全。

**第四条** 股东提起解散公司诉讼应当以公司为被告。

原告以其他股东为被告一并提起诉讼的，人民法院应当告知原告将其他股东变更为第三人；原告坚持不予变更的，人民法院应当驳回原告对其他股东的起诉。

原告提起解散公司诉讼应当告知其他股东，或者由人民法院通知其参加诉讼。其他股东或者有关利害关系人申请以共同原告或者第三人身份参加诉讼的，人民法院应予准许。

**第五条** 人民法院审理解散公司诉讼案件，应当注重调解。当事人协商同意由公司或者股东收购股份，或者以减资等方式使公司存续，且不违反法律、行政法规强制性规定的，人民法院应予支持。当事人不能协商一致使公司存续的，人民法院应当及时判决。

经人民法院调解公司收购原告股份的，公司应当自调解书生效之日起六个月内将股份转让或者注销。股份转让或者注销之前，原告不得以公司收购其股份为由对抗公司债权人。

**第六条** 人民法院关于解散公司诉讼作出的判决，对公司全体股东具有法律约束力。

人民法院判决驳回解散公司诉讼请求后，提起该诉讼的股东或者其他股东又以同一事实和理由提起解散公司诉讼的，人民法院不予受理。

**《最高人民法院关于适用〈中华人民共和国公司法〉若干问题的规定（五）》**

**第五条** 人民法院审理涉及有限责任公司股东重大分歧案件时，应当注重调解。当事人协商一致以下列方式解决分歧，且不违反法律、行政法规的强制性规定的，人民法院应予支持：

（一）公司回购部分股东股份；

（二）其他股东受让部分股东股份；

（三）他人受让部分股东股份；

（四）公司减资；

（五）公司分立；

（六）其他能够解决分歧，恢复公司正常经营，避免公司解散的方式。

## 四、第二百三十二条

### （一）原文

【2023年版本、三次审议稿】

第二百三十二条　公司因本法第二百二十九条第一款第一项、第二项、第四项、第五项规定而解散的，应当清算。董事为公司清算义务人，应当在解散事由出现之日起十五日内组成清算组进行清算。

清算组由董事组成，但是公司章程另有规定或者股东会决议另选他人的除外。

清算义务人未及时履行清算义务，给公司或者债权人造成损失的，应当承担赔偿责任。

【2018年版本】

第一百八十三条　公司因本法第一百八十条第（一）项、第（二）项、第（四）项、第（五）项规定而解散的，应当在解散事由出现之日起十五日内成立清算组，开始清算。有限责任公司的清算组由股东组成，股份有限公司的清算组由董事或者股东大会确定的人员组成。逾期不成立清算组进行清算的，债权人可以申请人民法院指定有关人员组成清算组进行清算。人民法院应当受理该申请，并及时组织清算组进行清算。

### （二）条文释义

本条规定了公司的清算义务人。

如果公司因下列原因解散，公司应当清算：公司章程规定的营业期限届满或者公司章程规定的其他解散事由出现、股东会决议解散、依法被吊销营业执照、责令关闭或者被撤销、人民法院依照《公司法》第二百三十一条的规定予以解散。也就是说，只有当公司因公司合并或者分立需要解散不需要清算以外，公司因其他原因解散时都需要清算。

公司清算需要有具体的清算义务人履行相关职责，董事为公司清算义务人，应当在解散事由出现之日起15日内组成清算组进行清算。注意，只有董事才是公司清算义务人，非董事的股东、监事、高级管理人员均不是清算义务人。这里的董事包括内部董事、外部董事、由职工出任的董事以及独立董事等。

清算组由董事组成，但清算本身毕竟是公司内部的事情，因此，公司章程或者股东会决议可以规定或者决定由董事以外的其他人员组成清算组。例如，可以规定由监事、高级管理人员等组成清算组。

清算义务人应当及时进行公司清算，如果未及时履行清算义务，给公司或者债权人造成损失的，应当承担赔偿责任。未及时履行清算义务，公司的财产有可能霉烂、变质、毁损或者被盗窃、遗失，这些都可能给公司或者债权人造成损失。

## （三）相关司法解释规定

### 《最高人民法院关于适用〈中华人民共和国公司法〉若干问题的规定（二）》

**第七条** 公司应当依照民法典第七十条、公司法第一百八十三条的规定，在解散事由出现之日起十五日内成立清算组，开始自行清算。

有下列情形之一，债权人、公司股东、董事或其他利害关系人申请人民法院指定清算组进行清算的，人民法院应予受理：

（一）公司解散逾期不成立清算组进行清算的；

（二）虽然成立清算组但故意拖延清算的；

（三）违法清算可能严重损害债权人或者股东利益的。

**第八条** 人民法院受理公司清算案件，应当及时指定有关人员组成清算组。

清算组成员可以从下列人员或者机构中产生：

（一）公司股东、董事、监事、高级管理人员；

（二）依法设立的律师事务所、会计师事务所、破产清算事务所等社会中介机构；

（三）依法设立的律师事务所、会计师事务所、破产清算事务所等社会中介机构中具备相关专业知识并取得执业资格的人员。

**第九条** 人民法院指定的清算组成员有下列情形之一的，人民法院可以根据债权人、公司股东、董事或其他利害关系人的申请，或者依职权更换清算组成员：

（一）有违反法律或者行政法规的行为；

（二）丧失执业能力或者民事行为能力的；

（三）有严重损害公司或者债权人利益的行为。

**第十条** 公司依法清算结束并办理注销登记前，有关公司的民事诉讼，应当以公司的名义进行。

公司成立清算组的，由清算组负责人代表公司参加诉讼；尚未成立清算组的，由原法定代表人代表公司参加诉讼。

## 五、第二百三十三条

### （一）原文

**【2023年版本、三次审议稿】**

第二百三十三条 公司依照前条第一款的规定应当清算，逾期不成立清算组进行清算或者成立清算组后不清算的，利害关系人可以申请人民法院指定有关人员组成清算组进行清算。人民法院应当受理该申请，并及时组织清算组进行清算。

公司因本法第二百二十九条第一款第四项的规定而解散的，作出吊销营业执照、责令关闭或者撤销决定的部门或者公司登记机关，可以申请人民法院指定有关人员组成清算组进行清算。

## （二）条文释义

本条规定了人民法院组织清算组的情形。

如果公司依法应当清算，但公司逾期不成立清算组进行清算或者成立清算组后不清算，延迟清算有可能损害股东、债权人等相关主体的利益，因此，股东、债权人等利害关系人可以申请人民法院指定有关人员组成清算组进行清算。人民法院应当受理该申请，并及时组织清算组进行清算。人民法院组织的清算组可以包括公司董事，也可以不包括公司董事，可以包括提起诉讼的利害关系人，也可以包括注册会计师、律师等专业人员。

如果公司依法被吊销营业执照、责令关闭或者被撤销，此时也需要解散并清算，但公司有可能拒绝清算或者无力清算，此时，作出吊销营业执照、责令关闭或者撤销决定的部门或者公司登记机关，可以申请人民法院指定有关人员组成清算组进行清算。人民法院可以组织公司股东、董事、高级管理人员、相关部门或者公司登记机关、社会中介机构的人员组成清算组。

# 六、第二百三十四条

## （一）原文

**【2023年版本、三次审议稿】**

**第二百三十四条** 清算组在清算期间行使下列职权：

（一）清理公司财产，分别编制资产负债表和财产清单；

（二）通知、公告债权人；

（三）处理与清算有关的公司未了结的业务；

（四）清缴所欠税款以及清算过程中产生的税款；

（五）清理债权、债务；

（六）分配公司清偿债务后的剩余财产；

（七）代表公司参与民事诉讼活动。

【2018年版本】

第一百八十四条　清算组在清算期间行使下列职权：

（一）清理公司财产，分别编制资产负债表和财产清单；

（二）通知、公告债权人；

（三）处理与清算有关的公司未了结的业务；

（四）清缴所欠税款以及清算过程中产生的税款；

（五）清理债权、债务；

（六）处理公司清偿债务后的剩余财产；

（七）代表公司参与民事诉讼活动。

## （二）条文释义

本条规定了清算组的职权。

清算组在清算期间全权代表公司从事清算工作，具体而言，行使下列职权：

（1）清理公司财产，分别编制资产负债表和财产清单。公司清算的基础工作之一就是清理公司财产，为便于统计和财产分配，应当编制资产负债表和财产清单。如果清算组成员没有人会编制资产负债表和财产清单，可以聘请会计师等专业人员予以协助。

（2）通知、公告债权人。公司清理需要偿还债务，因此，需要让公司的全体债权人知道公司开始清算，及时与公司联系债务清偿事宜。通知与公告要同时进行，以免遗漏公司债权人。

（3）处理与清算有关的公司未了结的业务。公司一旦进入清算环节，原则上不允许开展新的生产经营活动，但对于一些未了结的业务，清算组可以决定继续履行合同或者解除合同，终止相关业务。

（4）清缴所欠税款以及清算过程中产生的税款。税款属于公法债权，也应当予以清缴。

（5）清理债权、债务。对于公司债权，应当收回，如果尚未到期，可以打折收回或者转让给他人。对于公司债务，无论是否到期，一律予以清偿。

（6）分配公司清偿债务后的剩余财产。公司剩余财产属于股东的权益，应当按照出资比例或者持股比例或者按照公司章程规定的方法分配给股东。

（7）代表公司参与民事诉讼活动。如果在清理期间，公司产生了诉讼，成为原告或者被告，由清算组代表公司参与诉讼。

## 七、第二百三十五条

### （一）原文

**【2023 年版本】**

第二百三十五条　清算组应当自成立之日起十日内通知债权人，并于六十日内在报纸上或者国家企业信用信息公示系统公告。债权人应当自接到通知之日起三十日内，未接到通知的自公告之日起四十五日内，向清算组申报其债权。

债权人申报债权，应当说明债权的有关事项，并提供证明材料。清算组应当对债权进行登记。

在申报债权期间，清算组不得对债权人进行清偿。

**【三次审议稿】**

第二百三十五条　清算组应当自成立之日起十日内通知债权人，并于六十日内在报纸上或者统一的企业信息公示系统公告。

债权人应当自接到通知之日起三十日内，未接到通知的自公告之日起四十五日内，向清算组申报其债权。

债权人申报债权，应当说明债权的有关事项，并提供证明材料。清算组应当对债权进行登记。

在申报债权期间，清算组不得对债权人进行清偿。

**【2018 年版本】**

第一百八十五条　清算组应当自成立之日起十日内通知债权人，并于六十日内在报纸上公告。债权人应当自接到通知书之日起三十日内，未接到通知书的自公告之日起四十五日内，向清算组申报其债权。

债权人申报债权，应当说明债权的有关事项，并提供证明材料。清算组应当对债权进行登记。

在申报债权期间，清算组不得对债权人进行清偿。

### （二）条文释义

本条规定了清算组对公司债务的处理程序。

清算组的核心任务是清理债权债务，因此，清算组应当自成立之日起 10 日内通知债权人，并于 60 日内在报纸上或者国家企业信用信息公示系统公告。通知和公告的程序应当同时进行，以确保公司所有债权人均知晓公司已经进入清算程序。

为了便于清算组统计债权和偿还债务，债权人应当自接到通知之日起30日内，未接到通知的自公告之日起45日内，向清算组申报其债权。未申报债权的，将无法获得清算组统一组织的清偿，其债权有可能劣后其他债权得到清偿，也可能最终难以得到清偿，因此，债权人应当重视债权申报工作，及时进行债权申报。债权申报不分先后，只要分别在30日内和45日内申报，均是有效的债权申报。

债权人有义务证明自己债权的存在，因此，债权人申报债权，应当说明债权的有关事项，并提供证明材料。清算组应当对债权进行登记。清算组应当对债权的证明材料进行初步审核，对明显不具有证明力的材料应当予以排除，对无法证明其拥有债权的，不应予以登记。

公司清算需要对全体债权人公平清偿，万一公司资不抵债，还要走破产清算程序，因此，在申报债权期间，清算组不得对债权人进行清偿。如果进行了清偿，该清偿无效。

## （三）相关司法解释规定

**《最高人民法院关于适用〈中华人民共和国公司法〉若干问题的规定（二）》**

**第十一条** 公司清算时，清算组应当按照公司法第一百八十五条的规定，将公司解散清算事宜书面通知全体已知债权人，并根据公司规模和营业地域范围在全国或者公司注册登记地省级有影响的报纸上进行公告。

清算组未按照前款规定履行通知和公告义务，导致债权人未及时申报债权而未获清偿，债权人主张清算组成员对因此造成的损失承担赔偿责任的，人民法院应依法予以支持。

**第十二条** 公司清算时，债权人对清算组核定的债权有异议的，可以要求清算组重新核定。清算组不予重新核定，或者债权人对重新核定的债权仍有异议，债权人以公司为被告向人民法院提起诉讼请求确认的，人民法院应予受理。

**第十三条** 债权人在规定的期限内未申报债权，在公司清算程序终结前补充申报的，清算组应予登记。

公司清算程序终结，是指清算报告经股东会、股东大会或者人民法院确认完毕。

**第十四条** 债权人补充申报的债权，可以在公司尚未分配财产中依法清偿。公司尚未分配财产不能全额清偿，债权人主张股东以其在剩余财产分配中已经取得的财产予以清偿的，人民法院应予支持；但债权人因重大过错未在规定期限内申报债权的除外。

债权人或者清算组，以公司尚未分配财产和股东在剩余财产分配中已经取得的财产，不能全额清偿补充申报的债权为由，向人民法院提出破产清算申请的，人民法院不予受理。

## 八、第二百三十六条

### （一）原文

【2023年版本】

第二百三十六条　清算组在清理公司财产、编制资产负债表和财产清单后，应当制订清算方案，并报股东会或者人民法院确认。

公司财产在分别支付清算费用、职工的工资、社会保险费用和法定补偿金，缴纳所欠税款，清偿公司债务后的剩余财产，有限责任公司按照股东的出资比例分配，股份有限公司按照股东持有的股份比例分配。

清算期间，公司存续，但不得开展与清算无关的经营活动。公司财产在未依照前款规定清偿前，不得分配给股东。

【三次审议稿】

第二百三十六条　清算组在清理公司财产、编制资产负债表和财产清单后，应当制订清算方案，并报股东会或者人民法院确认。

公司财产在分别支付清算费用、职工的工资、社会保险费用和法定补偿金，缴纳所欠税款，清偿公司债务后的剩余财产，有限责任公司按照股东的出资比例分配，股份有限公司按照股东持有的股份比例分配。

清算期间，公司存续，但不得开展与清算无关的经营活动。

公司财产在未依照前款规定清偿前，不得分配给股东。

【2018年版本】

第一百八十六条　清算组在清理公司财产、编制资产负债表和财产清单后，应当制定清算方案，并报股东会、股东大会或者人民法院确认。

公司财产在分别支付清算费用、职工的工资、社会保险费用和法定补偿金，缴纳所欠税款，清偿公司债务后的剩余财产，有限责任公司按照股东的出资比例分配，股份有限公司按照股东持有的股份比例分配。

清算期间，公司存续，但不得开展与清算无关的经营活动。公司财产在未依照前款规定清偿前，不得分配给股东。

### （二）条文释义

本条规定了清算方案及其执行。

清算组在前期基础工作是清理公司财产、编制资产负债表和财产清单,完成上述任务后,就应当制订清算方案,清算方案中应详细规定用哪些财产偿还债务,剩余财产如何分配给股东。由于公司财产分配属于股东权利,因此,清算组应将清算方案报股东会确认,如果清算组是由人民法院组织的,清算方案应当报人民法院确认。

公司财产对外支付的顺序分别为:

(1)清算费用。

(2)职工的工资、社会保险费用和法定补偿金。

(3)缴纳所欠税款。

(4)清偿公司债务。

不支付清算费用,没有清算组的辛勤工作,就无法完成清算工作,职工、税务机关和债权人都拿不到钱,因此,清算费用最优先。税收债权体现公共利益,因此,应当优先于公司普通债务。职工的工资、社保及补偿金等涉及基本人权保障,应当优先于税款。

上述费用支付后的剩余财产,有限责任公司按照股东的实缴出资比例分配,股份有限公司按照股东持有的股份比例分配。

清算期间,公司存续,但不得开展与清算无关的经营活动。可以开展与清算有关的经营活动,如继续履行之前已经签订但尚未履行完毕的相关合同,但如果是长期合作合同,也应在适当的时候终止合同。

公司财产在未依照上述规定清偿前,不得分配给股东。也就是说,股东排在公司债权人之后,在全部债权人未获得足额清偿之前,公司股东不能从公司取回财产或者获得其他分配。

## (三)相关司法解释规定

**《最高人民法院关于适用〈中华人民共和国公司法〉若干问题的规定(二)》**

**第十五条** 公司自行清算的,清算方案应当报股东会或者股东大会决议确认;人民法院组织清算的,清算方案应当报人民法院确认。未经确认的清算方案,清算组不得执行。

执行未经确认的清算方案给公司或者债权人造成损失,公司、股东、董事、公司其他利害关系人或者债权人主张清算组成员承担赔偿责任的,人民法院应依法予以支持。

**第十六条** 人民法院组织清算的,清算组应当自成立之日起六个月内清算完毕。

因特殊情况无法在六个月内完成清算的,清算组应当向人民法院申请延长。

# 第十二章 公司解散和清算

## 九、第二百三十七条

### （一）原文

【2023年版本、三次审议稿】

第二百三十七条 清算组在清理公司财产、编制资产负债表和财产清单后，发现公司财产不足清偿债务的，应当依法向人民法院申请破产清算。

人民法院受理破产申请后，清算组应当将清算事务移交给人民法院指定的破产管理人。

【2018年版本】

第一百八十七条 清算组在清理公司财产、编制资产负债表和财产清单后，发现公司财产不足清偿债务的，应当依法向人民法院申请宣告破产。

公司经人民法院裁定宣告破产后，清算组应当将清算事务移交给人民法院。

### （二）条文释义

本条规定了申请破产清算的情形。

清算组在清理公司财产、编制资产负债表和财产清单后，如果发现公司财产不足清偿债务，此时就出现了破产情形，应当依法向人民法院申请破产清算，按照破产法的相关规定公平向全体债权人清偿债务，未获得清偿的债务不再清偿。

人民法院受理破产申请后，应当由破产管理人履行相关职责，因此，清算组应当将清算事务移交给人民法院指定的破产管理人。

### （三）相关法律规定

《**中华人民共和国企业破产法**》（2006年8月27日第十届全国人民代表大会常务委员会第二十三次会议通过，以下简称《**企业破产法**》）

第二条 企业法人不能清偿到期债务，并且资产不足以清偿全部债务或者明显缺乏清偿能力的，依照本法规定清理债务。

企业法人有前款规定情形，或者有明显丧失清偿能力可能的，可以依照本法规定进行重整。

第八条 向人民法院提出破产申请，应当提交破产申请书和有关证据。

破产申请书应当载明下列事项：

（一）申请人、被申请人的基本情况；

（二）申请目的；

（三）申请的事实和理由；

（四）人民法院认为应当载明的其他事项。

债务人提出申请的，还应当向人民法院提交财产状况说明、债务清册、债权清册、有关财务会计报告、职工安置预案以及职工工资的支付和社会保险费用的缴纳情况。

**第二十二条** 管理人由人民法院指定。

债权人会议认为管理人不能依法、公正执行职务或者有其他不能胜任职务情形的，可以申请人民法院予以更换。

指定管理人和确定管理人报酬的办法，由最高人民法院规定。

**第二十三条** 管理人依照本法规定执行职务，向人民法院报告工作，并接受债权人会议和债权人委员会的监督。

管理人应当列席债权人会议，向债权人会议报告职务执行情况，并回答询问。

**第一百一十三条** 破产财产在优先清偿破产费用和共益债务后，依照下列顺序清偿：

（一）破产人所欠职工的工资和医疗、伤残补助、抚恤费用，所欠的应当划入职工个人账户的基本养老保险、基本医疗保险费用，以及法律、行政法规规定应当支付给职工的补偿金；

（二）破产人欠缴的除前项规定以外的社会保险费用和破产人所欠税款；

（三）普通破产债权。

破产财产不足以清偿同一顺序的清偿要求的，按照比例分配。

破产企业的董事、监事和高级管理人员的工资按照该企业职工的平均工资计算。

**第一百二十条** 破产人无财产可供分配的，管理人应当请求人民法院裁定终结破产程序。

管理人在最后分配完结后，应当及时向人民法院提交破产财产分配报告，并提请人民法院裁定终结破产程序。

人民法院应当自收到管理人终结破产程序的请求之日起十五日内作出是否终结破产程序的裁定。裁定终结的，应当予以公告。

## （四）相关司法解释规定

### 《最高人民法院关于适用〈中华人民共和国公司法〉若干问题的规定（二）》

**第十七条** 人民法院指定的清算组在清理公司财产、编制资产负债表和财产清单时，发现公司财产不足清偿债务的，可以与债权人协商制作有关债务清偿方案。

债务清偿方案经全体债权人确认且不损害其他利害关系人利益的，人民法院可依清算组的申请裁定予以认可。清算组依据该清偿方案清偿债务后，应当向人民法院申请裁定终结清算程序。

债权人对债务清偿方案不予确认或者人民法院不予认可的，清算组应当依法向人民法院申请宣告破产。

第二十二条　公司解散时，股东尚未缴纳的出资均应作为清算财产。股东尚未缴纳的出资，包括到期应缴未缴的出资，以及依照公司法第二十六条和第八十条的规定分期缴纳尚未届满缴纳期限的出资。

公司财产不足以清偿债务时，债权人主张未缴出资股东，以及公司设立时的其他股东或者发起人在未缴出资范围内对公司债务承担连带清偿责任的，人民法院应依法予以支持。

## 十、第二百三十八条

### （一）原文

【2023年版本、三次审议稿】

第二百三十八条　清算组成员履行清算职责，负有忠实义务和勤勉义务。

清算组成员怠于履行清算职责，给公司造成损失的，应当承担赔偿责任；因故意或者重大过失给债权人造成损失的，应当承担赔偿责任。

【2018年版本】

第一百八十九条　清算组成员应当忠于职守，依法履行清算义务。

清算组成员不得利用职权收受贿赂或者其他非法收入，不得侵占公司财产。

清算组成员因故意或者重大过失给公司或者债权人造成损失的，应当承担赔偿责任。

### （二）条文释义

本条规定了清算组的义务及其赔偿责任。

清算组成员在清算期间，类似公司的董事、监事和高级管理人员，因此，其履行清算职责期间，对公司负有忠实义务和勤勉义务。

如果清算组成员怠于履行清算职责，给公司造成损失，应当承担赔偿责任。怠于履行清算职责主要是客观表现，主观上可能出于故意，也可能出于过失，但无论哪种情况，只要给公司造成损失，都要承担赔偿责任。例如，导致公司的债权超过诉讼时效，从而无法胜诉，导致公司部分鲜活产品腐烂变质等。上述赔偿责任原则上应当由清算组全体成员共同承担，如果部分成员能证明自己积极履行了职责，给公司造成损失是因为部分清算组成员不履行职责，可以由未尽责的清算组成员承担赔偿责任。

如果清算组成员因故意或者重大过失给债权人造成损失，应当承担赔偿责任。需要注意的是，清算组成员对债权人造成损失承担责任的前提条件是清算组成员主观上有故意或者重大过失，如果仅仅具有轻微过失，不能要求其承担责任。由于公司的资产往往大于其对外所负债务，因此，清算组的行为给公司造成损失，不一定会给债权人造成损失。通常情况下，因清算组的行为导致公司损失，并进而导致公司无法足额清偿债务或者公司无法清除特定债务，才会导致债权人的损失。

## （三）相关司法解释规定

**《最高人民法院关于适用〈中华人民共和国公司法〉若干问题的规定（二）》**

第十八条　有限责任公司的股东、股份有限公司的董事和控股股东未在法定期限内成立清算组开始清算，导致公司财产贬值、流失、毁损或者灭失，债权人主张其在造成损失范围内对公司债务承担赔偿责任的，人民法院应依法予以支持。

有限责任公司的股东、股份有限公司的董事和控股股东因怠于履行义务，导致公司主要财产、账册、重要文件等灭失，无法进行清算，债权人主张其对公司债务承担连带清偿责任的，人民法院应依法予以支持。

上述情形系实际控制人原因造成，债权人主张实际控制人对公司债务承担相应民事责任的，人民法院应依法予以支持。

第十九条　有限责任公司的股东、股份有限公司的董事和控股股东，以及公司的实际控制人在公司解散后，恶意处置公司财产给债权人造成损失，或者未经依法清算，以虚假的清算报告骗取公司登记机关办理法人注销登记，债权人主张其对公司债务承担相应赔偿责任的，人民法院应依法予以支持。

# 十一、第二百三十九条

## （一）原文

**【2023年版本、三次审议稿】**

第二百三十九条　公司清算结束后，清算组应当制作清算报告，报股东会或者人民法院确认，并报送公司登记机关，申请注销公司登记。

**【2018年版本】**

**第一百八十八条** 公司清算结束后，清算组应当制作清算报告，报股东会、股东大会或者人民法院确认，并报送公司登记机关，申请注销公司登记，公告公司终止。

### （二）条文释义

本条规定了清算结束后的程序。

公司清算结束后，清算组应当制作清算报告，清算报告应当详细记载清算组清理公司资产、债权债务的基本情况，清偿债务的情况，剩余资产的分配情况等。清算报告报股东会确认，如果清算组是由人民法院组织的，报人民法院确认。确认之后，清算组应当将清算报告报送公司登记机关，携带公司登记机关要求的其他资料，申请注销公司登记。

### （三）相关司法解释规定

**《最高人民法院关于适用〈中华人民共和国公司法〉若干问题的规定（二）》**

**第二十条** 公司解散应当在依法清算完毕后，申请办理注销登记。公司未经清算即办理注销登记，导致公司无法进行清算，债权人主张有限责任公司的股东、股份有限公司的董事和控股股东，以及公司的实际控制人对公司债务承担清偿责任的，人民法院应依法予以支持。

公司未经依法清算即办理注销登记，股东或者第三人在公司登记机关办理注销登记时承诺对公司债务承担责任，债权人主张其对公司债务承担相应民事责任的，人民法院应依法予以支持。

**第二十一条** 按照本规定第十八条和第二十条第一款的规定应当承担责任的有限责任公司的股东、股份有限公司的董事和控股股东，以及公司的实际控制人为二人以上的，其中一人或者数人依法承担民事责任后，主张其他人员按照过错大小分担责任的，人民法院应依法予以支持。

## 十二、第二百四十条

### （一）原文

**【2023年版本】**

**第二百四十条** 公司在存续期间未产生债务，或者已清偿全部债务的，经全体股东承诺，可以按照规定通过简易程序注销公司登记。

通过简易程序注销公司登记，应当通过国家企业信用信息公示系统予以公告，公告期限不少于二十日。公告期限届满后，未有异议的，公司可以在二十日内向公司登记机关申请注销公司登记。

公司通过简易程序注销公司登记，股东对本条第一款规定的内容承诺不实的，应当对注销登记前的债务承担连带责任。

【三次审议稿】

第二百四十条 公司在存续期间未产生债务，或者已清偿全部债务的，经全体股东承诺，可以通过简易程序注销公司登记。

通过简易程序注销公司登记，应当通过统一的企业信息公示系统予以公告，公告期限不少于二十日。公告期限届满后，未有异议的，公司可以在二十日内向公司登记机关申请注销公司登记。

公司通过简易程序注销公司登记，股东对本条第一款规定的内容承诺不实的，应当对注销登记前的债务承担连带责任。

## （二）条文释义

本条规定了简易程序注销公司登记。

公司注销程序如果过于复杂，容易阻碍老公司的注销和新公司的产生，因此，如果公司在存续期间未产生债务，或者已清偿全部债务，就没有必要进行公司清算，因为清算的主要任务就是清理债权债务。经全体股东承诺，可以按照规定通过简易程序注销公司登记。需要注意的是，这里需要经过全体股东承诺，而非公司承诺或者股东会、董事会承诺，需要每一位股东亲自承诺。

为防止公司隐瞒债务，让社会公众知晓公司即将被注销，通过简易程序注销公司登记，应当通过国家企业信用信息公示系统予以公告，公告期限不少于20日。如果公司尚有债务没有清偿，债权人可以向公司以及公司登记机关提出异议。

公告期限届满后，如果没有人提出异议，公司可以在20日内向公司登记机关申请注销公司登记。

公司通过简易程序注销公司登记，如果股东对"公司在存续期间未产生债务，或者已清偿全部债务"的承诺不实，应当对注销登记前的债务承担连带责任。所谓连带责任，就是指每一个股东都有义务对公司注销登记前的所有债务承担足额清偿的责任，不考虑股东当初出资比例以及持股比例等。因此，股东在签署该承诺时应当谨慎。

## 十三、第二百四十一条

### （一）原文

【2023 年版本】

第二百四十一条　公司被吊销营业执照、责令关闭或者被撤销，满三年未向公司登记机关申请注销公司登记的，公司登记机关可以通过国家企业信用信息公示系统予以公告，公告期限不少于六十日。公告期限届满后，未有异议的，公司登记机关可以注销公司登记。

依照前款规定注销公司登记的，原公司股东、清算义务人的责任不受影响。

【三次审议稿】

第二百四十一条　公司被吊销营业执照、责令关闭或者被撤销，满三年未清算完毕的，公司登记机关可以通过统一的企业信息公示系统予以公告，公告期限不少于六十日。公告期限届满后，未有异议的，公司登记机关可以注销公司登记。

依照前款规定注销公司登记的，原公司股东、清算义务人的责任不受影响。

### （二）条文释义

本条规定了公司登记机关主动注销公司登记的情形。

公司被吊销营业执照、责令关闭或者被撤销的情形下，公司有可能拒绝进行清算，相关机关可以申请人民法院组织清算，也有可能不申请，由此可能导致公司长期处于一种待清算的状态。如果公司满 3 年仍未向公司登记机关申请注销公司登记，公司登记机关可以通过国家企业信用信息公示系统予以公告，公告期限不少于 60 日。公告期限届满后，如果公司、股东、债权人等相关主体没有提出异议，公司登记机关可以注销公司登记。公司被注销之后，其民事主体资格终止，不能再以公司名义从事任何法律行为。

依照上述规定注销公司登记的，原公司股东、清算义务人的责任不受影响。也就是说，原公司股东仍应对公司的债务承担连带责任，清算义务人（即原公司董事）因怠于履行清算义务，如果给公司和债权人造成损失，也应承担赔偿责任。

# 十四、第二百四十二条

## （一）原文

**【2023年版本、三次审议稿】**

第二百四十二条 公司被依法宣告破产的，依照有关企业破产的法律实施破产清算。

**【2018年版本】**

第一百九十条 公司被依法宣告破产的，依照有关企业破产的法律实施破产清算。

## （二）条文释义

本条规定了公司被宣告破产的处理。

公司被依法宣告破产的，依照有关企业破产的法律实施破产清算。破产清算与普通清算最大的区别在于普通清算可以足额清偿全部债务，而破产清算只能按比例非足额清偿全部债务。正因为无法足额清偿，破产清算特别强调清偿债务公平合理，因此，应当在人民法院的主持下进行，而普通清算因为可以足额清偿全部债务，通常情况下，由公司自己组织清算即可。

## （三）相关法律规定

《企业破产法》

### 第十章 破产清算

#### 第一节 破产宣告

**第一百零七条** 人民法院依照本法规定宣告债务人破产的，应当自裁定作出之日起五日内送达债务人和管理人，自裁定作出之日起十日内通知已知债权人，并予以公告。

债务人被宣告破产后，债务人称为破产人，债务人财产称为破产财产，人民法院受理破产申请时对债务人享有的债权称为破产债权。

**第一百零八条** 破产宣告前，有下列情形之一的，人民法院应当裁定终结破产程序，并予以公告：

（一）第三人为债务人提供足额担保或者为债务人清偿全部到期债务的；

（二）债务人已清偿全部到期债务的。

# 第十二章 公司解散和清算

**第一百零九条** 对破产人的特定财产享有担保权的权利人，对该特定财产享有优先受偿的权利。

**第一百一十条** 享有本法第一百零九条规定权利的债权人行使优先受偿权利未能完全受偿的，其未受偿的债权作为普通债权；放弃优先受偿权利的，其债权作为普通债权。

## 第二节 变价和分配

**第一百一十一条** 管理人应当及时拟订破产财产变价方案，提交债权人会议讨论。

管理人应当按照债权人会议通过的或者人民法院依照本法第六十五条第一款规定裁定的破产财产变价方案，适时变价出售破产财产。

**第一百一十二条** 变价出售破产财产应当通过拍卖进行。但是，债权人会议另有决议的除外。

破产企业可以全部或者部分变价出售。企业变价出售时，可以将其中的无形资产和其他财产单独变价出售。

按照国家规定不能拍卖或者限制转让的财产，应当按照国家规定的方式处理。

**第一百一十三条** 破产财产在优先清偿破产费用和共益债务后，依照下列顺序清偿：

（一）破产人所欠职工的工资和医疗、伤残补助、抚恤费用，所欠的应当划入职工个人账户的基本养老保险、基本医疗保险费用，以及法律、行政法规规定应当支付给职工的补偿金；

（二）破产人欠缴的除前项规定以外的社会保险费用和破产人所欠税款；

（三）普通破产债权。

破产财产不足以清偿同一顺序的清偿要求的，按照比例分配。

破产企业的董事、监事和高级管理人员的工资按照该企业职工的平均工资计算。

**第一百一十四条** 破产财产的分配应当以货币分配方式进行。但是，债权人会议另有决议的除外。

**第一百一十五条** 管理人应当及时拟订破产财产分配方案，提交债权人会议讨论。

破产财产分配方案应当载明下列事项：

（一）参加破产财产分配的债权人名称或者姓名、住所；

（二）参加破产财产分配的债权额；

（三）可供分配的破产财产数额；

（四）破产财产分配的顺序、比例及数额；

（五）实施破产财产分配的方法。

债权人会议通过破产财产分配方案后，由管理人将该方案提请人民法院裁定认可。

**第一百一十六条** 破产财产分配方案经人民法院裁定认可后，由管理人执行。

管理人按照破产财产分配方案实施多次分配的，应当公告本次分配的财产额和债权额。管理人实施最后分配的，应当在公告中指明，并载明本法第一百一十七条第二款规定的事项。

**第一百一十七条** 对于附生效条件或者解除条件的债权，管理人应当将其分配额提存。

管理人依照前款规定提存的分配额，在最后分配公告日，生效条件未成就或者解除条件成就的，应当分配给其他债权人；在最后分配公告日，生效条件成就或者解除条件未成就的，应当交付给债权人。

**第一百一十八条** 债权人未受领的破产财产分配额，管理人应当提存。债权人自最后分配公告之日起满二个月仍不领取的，视为放弃受领分配的权利，管理人或者人民法院应当将提存的分配额分配给其他债权人。

**第一百一十九条** 破产财产分配时，对于诉讼或者仲裁未决的债权，管理人应当将其分配额提存。自破产程序终结之日起满二年仍不能受领分配的，人民法院应当将提存的分配额分配给其他债权人。

### 第三节 破产程序的终结

**第一百二十条** 破产人无财产可供分配的，管理人应当请求人民法院裁定终结破产程序。

管理人在最后分配完结后，应当及时向人民法院提交破产财产分配报告，并提请人民法院裁定终结破产程序。

人民法院应当自收到管理人终结破产程序的请求之日起十五日内作出是否终结破产程序的裁定。裁定终结的，应当予以公告。

**第一百二十一条** 管理人应当自破产程序终结之日起十日内，持人民法院终结破产程序的裁定，向破产人的原登记机关办理注销登记。

**第一百二十二条** 管理人于办理注销登记完毕的次日终止执行职务。但是，存在诉讼或者仲裁未决情况的除外。

**第一百二十三条** 自破产程序依照本法第四十三条第四款或者第一百二十条的规定终结之日起二年内，有下列情形之一的，债权人可以请求人民法院按照破产财产分配方案进行追加分配：

（一）发现有依照本法第三十一条、第三十二条、第三十三条、第三十六条规定应当追回的财产的；

（二）发现破产人有应当供分配的其他财产的。

有前款规定情形，但财产数量不足以支付分配费用的，不再进行追加分配，由人民法院将其上交国库。

**第一百二十四条** 破产人的保证人和其他连带债务人，在破产程序终结后，对债权人依照破产清算程序未受清偿的债权，依法继续承担清偿责任。

# 第十三章 外国公司的分支机构

## 一、第二百四十三条

### （一）原文

【2023年版本、三次审议稿】
第二百四十三条 本法所称外国公司，是指依照外国法律在中华人民共和国境外设立的公司。

【2018年版本】
第一百九十一条 本法所称外国公司是指依照外国法律在中国境外设立的公司。
第二百一十七条 外商投资的有限责任公司和股份有限公司适用本法；有关外商投资的法律另有规定的，适用其规定。

### （二）条文释义

本条规定了外国公司的定义。

外国公司，是指依照外国法律在中华人民共和国境外设立的公司。公司的国籍是由其依照的法律以及颁发营业执照的机关所在国家来确定的，由中国公司登记机关颁发营业执照的公司都是中国公司，由其他国家公司登记机关颁发营业执照的公司是外国公司。公司国籍与股东的国籍无关，例如，中国人在美国注册的公司属于美国公司，也就是中国的外国公司。

《中华人民共和国公司法》释义

## 二、第二百四十四条

### （一）原文

【2023 年版本、三次审议稿】

第二百四十四条 外国公司在中华人民共和国境内设立分支机构，应当向中国主管机关提出申请，并提交其公司章程、所属国的公司登记证书等有关文件，经批准后，向公司登记机关依法办理登记，领取营业执照。

外国公司分支机构的审批办法由国务院另行规定。

【2018 年版本】

第一百九十二条 外国公司在中国境内设立分支机构，必须向中国主管机关提出申请，并提交其公司章程、所属国的公司登记证书等有关文件，经批准后，向公司登记机关依法办理登记，领取营业执照。

外国公司分支机构的审批办法由国务院另行规定。

### （二）条文释义

本条规定了外国公司在中国设立分支机构的程序。

中国允许外国公司在中国境内经营，也就是允许在中国境内设立分支机构。为加强对外国公司的监督管理，外国公司在中国境内设立分支机构的，应当向中国主管机关提出申请，并提交其公司章程、所属国的公司登记证书等有关文件，经批准后，向公司登记机关依法办理登记，领取营业执照。

外国公司在中国境内设立分支机构，应当经过两个部门的同意，一是"主管机关"，如商务部门，二是"公司登记机关"。这里的"公司登记机关"与中国公司设立时的"公司登记机关"是同一机关，均是市场监督管理机关。

## 三、第二百四十五条

### （一）原文

【2023 年版本、三次审议稿】

第二百四十五条 外国公司在中华人民共和国境内设立分支机构，应当在中华人民共和国境内指定负责该分支机构的代表人或者代理人,并向该分支机构拨付与其所从事的经营活动相适应的资金。

对外国公司分支机构的经营资金需要规定最低限额的,由国务院另行规定。

【2018 年版本】

第一百九十三条　外国公司在中国境内设立分支机构,必须在中国境内指定负责该分支机构的代表人或者代理人,并向该分支机构拨付与其所从事的经营活动相适应的资金。

对外国公司分支机构的经营资金需要规定最低限额的,由国务院另行规定。

## (二)条文释义

本条规定了外国公司在华代表人及经营资金。

外国公司在中华人民共和国境内设立分支机构,该分支机构应当有一个与中国公司法定代表人类似的一个负责人,因此,应当在中华人民共和国境内指定负责该分支机构的代表人或者代理人。外国公司分支机构运营也需要一定资金,因此,外国公司应当向该分支机构拨付与其所从事的经营活动相适应的资金。该资金不叫注册资本,通常也没有具体金额的要求,但国务院可以对特定行业的外国公司分支机构的经营资金规定最低限额,如果有该项规定,外国公司应当向分支机构拨付不低于该最低限额的经营资金。

# 四、第二百四十六条

## (一)原文

【2023 年版本、三次审议稿】

第二百四十六条　外国公司的分支机构应当在其名称中标明该外国公司的国籍及责任形式。

外国公司的分支机构应当在本机构中置备该外国公司章程。

【2018 年版本】

第一百九十四条　外国公司的分支机构应当在其名称中标明该外国公司的国籍及责任形式。

外国公司的分支机构应当在本机构中置备该外国公司章程。

## （二）条文释义

本条规定了外国公司分支机构的名称与章程。

为便于社会公众特别是与外国公司分支机构打交道的个人与组织了解分支机构所属外国公司的性质，外国公司的分支机构应当在其名称中标明该外国公司的国籍及责任形式。

为了便于社会公众特别是与外国公司分支机构开展合作的单位与个人充分了解该外国公司的组织状况，外国公司的分支机构应当在本机构中置备该外国公司章程。外国公司章程应当使用其本国语言并翻译成中文。也就是说，应当置备两个语言版本的公司章程。

# 五、第二百四十七条

## （一）原文

**【2023年版本、三次审议稿】**

第二百四十七条　外国公司在中华人民共和国境内设立的分支机构不具有中国法人资格。

外国公司对其分支机构在中华人民共和国境内进行经营活动承担民事责任。

**【2018年版本】**

第一百九十五条　外国公司在中国境内设立的分支机构不具有中国法人资格。

外国公司对其分支机构在中国境内进行经营活动承担民事责任。

## （二）条文释义

本条规定了外国公司分支机构的性质及其责任承担。

外国公司在中华人民共和国境内设立的分支机构不具有中国法人资格，其性质类似中国公司的分公司。

外国公司对其分支机构在中华人民共和国境内进行经营活动承担民事责任。实务操作中，可以先由外国公司的分支机构使用其经营资金承担民事责任，不足以承担的部分，由外国公司继续承担。

## 六、第二百四十八条

### （一）原文

【2023年版本、三次审议稿】

第二百四十八条　经批准设立的外国公司分支机构，在中华人民共和国境内从事业务活动，应当遵守中国的法律，不得损害中国的社会公共利益，其合法权益受中国法律保护。

【2018年版本】

第一百九十六条　经批准设立的外国公司分支机构，在中国境内从事业务活动，必须遵守中国的法律，不得损害中国的社会公共利益，其合法权益受中国法律保护。

### （二）条文释义

本条规定了外国公司分支机构遵守中国法律及受法律保护的义务。

我国法律的效力范围包括位于中国境内的一切自然人与组织机构，因此，经批准设立的外国公司分支机构，在中华人民共和国境内从事业务活动，应当遵守中国的法律，不得损害中国的社会公共利益；外国公司的分支机构在中国享受国民待遇，其合法权益受中国法律保护。外国公司的分支机构同样应当遵守外国公司所在国的法律。

## 七、第二百四十九条

### （一）原文

【2023年版本、三次审议稿】

第二百四十九条　外国公司撤销其在中华人民共和国境内的分支机构时，应当依法清偿债务，依照本法有关公司清算程序的规定进行清算。未清偿债务之前，不得将其分支机构的财产转移至中华人民共和国境外。

【2018年版本】

第一百九十七条　外国公司撤销其在中国境内的分支机构时，必须依法清偿债务，依照本法有关公司清算程序的规定进行清算。未清偿债务之前，不得将其分支机构的财产移至中国境外。

### （二）条文释义

本条规定了外国公司分支机构的撤销。

外国公司撤销其在中华人民共和国境内的分支机构时，与中国公司解散的程序是类似的，也应当进行类似清算的程序，即应当依法清偿债务，依照《公司法》有关公司清算程序的规定进行清算。外国公司分支机构清算结束也应当到公司登记机关办理公司注销登记。

为防止外国公司逃避在中国应当承担的责任，外国公司未清偿债务之前，不得将其分支机构的财产转移至中华人民共和国境外。

# 第十四章 法律责任

## 一、第二百五十条

### （一）原文

【2023 年版本】

**第二百五十条** 违反本法规定，虚报注册资本、提交虚假材料或者采取其他欺诈手段隐瞒重要事实取得公司登记的，由公司登记机关责令改正，对虚报注册资本的公司，处以虚报注册资本金额百分之五以上百分之十五以下的罚款；对提交虚假材料或者采取其他欺诈手段隐瞒重要事实的公司，处以五万元以上二百万元以下的罚款；情节严重的，吊销营业执照；对直接负责的主管人员和其他直接责任人员处以三万元以上三十万元以下的罚款。

【三次审议稿】

**第二百五十条** 违反本法规定，虚报注册资本、提交虚假材料或者采取其他欺诈手段隐瞒重要事实取得公司登记的，由公司登记机关责令改正，对虚报注册资本的公司，处以虚报注册资本金额百分之五以上百分之十五以下的罚款；对提交虚假材料或者采取其他欺诈手段隐瞒重要事实的公司，处以五万元以上二十万元以下的罚款；情节严重的，处以二十万元以上一百万元以下的罚款，吊销营业执照；对直接负责的主管人员和其他直接责任人员处以一万元以上五万元以下的罚款。

【2018 年版本】

**第一百九十八条** 违反本法规定，虚报注册资本、提交虚假材料或者采取其他欺诈手段隐瞒重要事实取得公司登记的，由公司登记机关责令改正，对虚报注册资本的公司，处以虚报注册资本金额百分之五以上百分之十五以下的罚款；对提交虚假材料或者采取其他欺诈手段隐瞒重要事实的公司，处以五万元以上五十万元以下的罚款；情节严重的，撤销公司登记或者吊销营业执照。

## （二）条文释义

本条规定了虚假注册的法律责任。

违反《公司法》规定，虚报注册资本、提交虚假材料或者采取其他欺诈手段隐瞒重要事实取得公司登记的，由公司登记机关责令改正，对虚报注册资本的公司，处以虚报注册资本金额 5% 以上 15% 以下的罚款。对罚款的上限和下限没有具体金额的限定，也就是有可能处罚几元钱，也有可能处罚过亿元。

对提交虚假材料或者采取其他欺诈手段隐瞒重要事实的公司，处以 5 万元以上 200 万元以下的罚款。只要材料虚假或者以欺诈手段隐瞒了重要事实，最低处罚金额为 5 万元。例如，公司提交虚假股东会会议记录，变更公司章程，最低处罚金额为 5 万元。

上述违法行为，如果情节严重，吊销营业执照。情节严重主要是指其行为造成了比较严重的后果，如导致债权人巨额损失，或者国家税款重大损失等。

只要有上述违法行为，无论情节轻重，均对直接负责的主管人员和其他直接责任人员处以 3 万元以上 30 万元以下的罚款。直接负责的主管人员主要是指主要领导，有可能是公司法定代表人，也有可能是公司董事或者高级管理人员。直接责任人员主要是指直接办事人员，直接造假人员。

# 二、第二百五十一条

## （一）原文

【2023 年版本】

第二百五十一条  公司未依照本法第四十条规定公示有关信息或者不如实公示有关信息的，由公司登记机关责令改正，可以处以一万元以上五万元以下的罚款。情节严重的，处以五万元以上二十万元以下的罚款；对直接负责的主管人员和其他直接责任人员处以一万元以上十万元以下的罚款。

## （二）条文释义

本条规定了未依法公示信息的法律责任。

依法公示信息既是公司对股东、债权人以及潜在投资者应尽的义务，也有利于社会加强对公司经营状况的监督，如果公司未依照《公司法》第四十条规定公示有关信息或者不如实公示有关信息，由公司登记机关责令改正，可以处以 1 万元以上 5 万元以下的罚款。如果企业能够及时改正且未造成严重后果，可以不予罚款。如果情节严重，处以 5 万元以上 20 万元以下的罚款；对直接负责的主管人员和其他直接责任人员处以 1 万元以上 10 万元以下的罚款。

## 三、第二百五十二条

### （一）原文

【2023 年版本】

第二百五十二条　公司的发起人、股东虚假出资，未交付或者未按期交付作为出资的货币或者非货币财产的，由公司登记机关责令改正，可以处以五万元以上二十万元以下的罚款；情节严重的，处以虚假出资或者未出资金额百分之五以上百分之十五以下的罚款；对直接负责的主管人员和其他直接责任人员处以一万元以上十万元以下的罚款。

【三次审议稿】

第二百五十一条　公司的发起人、股东虚假出资，未交付或者未按期交付作为出资的货币或者非货币财产的，由公司登记机关责令改正，处以虚假出资金额百分之五以上百分之十五以下的罚款。

【2018 年版本】

第一百九十九条　公司的发起人、股东虚假出资，未交付或者未按期交付作为出资的货币或者非货币财产的，由公司登记机关责令改正，处以虚假出资金额百分之五以上百分之十五以下的罚款。

### （二）条文释义

本条规定了虚假出资的法律责任。

公司的发起人、股东最基本的义务就是按期足额缴付出资，如果虚假出资，未交付或者未按期交付作为出资的货币或者非货币财产的，由公司登记机关责令改正，可以处以 5 万元以上 20 万元以下的罚款，如果公司能够及时改正且未造成严重后果，可以不予罚款。

如果情节严重，处以虚假出资或者未出资金额 5% 以上 15% 以下的罚款。所谓"虚假出资或者未出资金额"是指应出而未出的金额或者出资不实或者迟延出资的金额。对直接负责的主管人员和其他直接责任人员处以 1 万元以上 10 万元以下的罚款。

## 四、第二百五十三条

### （一）原文

**【2023 年版本】**

第二百五十三条 公司的发起人、股东在公司成立后，抽逃其出资的，由公司登记机关责令改正，处以所抽逃出资金额百分之五以上百分之十五以下的罚款；对直接负责的主管人员和其他直接责任人员处以三万元以上三十万元以下的罚款。

**【三次审议稿】**

第二百五十二条 公司的发起人、股东在公司成立后，抽逃其出资的，由公司登记机关责令改正，处以所抽逃出资金额百分之五以上百分之十五以下的罚款；对直接负责的主管人员和其他直接责任人员处以三万元以上三十万元以下的罚款。

**【2018 年版本】**

第二百条 公司的发起人、股东在公司成立后，抽逃其出资的，由公司登记机关责令改正，处以所抽逃出资金额百分之五以上百分之十五以下的罚款。

### （二）条文释义

本条规定了抽逃出资的法律责任。

出资是公司的发起人、股东最基本的义务，出资之后，相关财产属于公司所有，任何人不允许侵占，也不允许抽逃。

如果公司的发起人、股东在公司成立后，抽逃其出资，也就是使用各种非法手段或者表面合法的手段，实质上将出资到公司的财产抽回，使得公司无法利用该财产。如果有抽逃出资的违法行为，由公司登记机关责令改正，处以所抽逃出资金额 5% 以上 15% 以下的罚款；对直接负责的主管人员和其他直接责任人员处以 3 万元以上 30 万元以下的罚款。

发起人或者股东能够抽逃出资一定有公司董事、高级管理人员的协助，起到协助作用的董事、高级管理人员就是直接负责的主管人员，具体办事人员以及具体伪造相关交易的人员就是直接责任人员。

## 第十四章 法律责任

## 五、第二百五十四条

### （一）原文

【2023 年版本】

第二百五十四条　有下列行为之一的，由县级以上人民政府财政部门依照《中华人民共和国会计法》等法律、行政法规的规定处罚：

（一）在法定的会计账簿以外另立会计账簿；

（二）提供存在虚假记载或者隐瞒重要事实的财务会计报告。

【三次审议稿】

第二百五十三条　有下列行为之一的，由县级以上人民政府财政部门按照《中华人民共和国会计法》等法律、行政法规的规定处罚：

（一）在法定的会计账簿以外另立会计账簿；

（二）提供存在虚假记载或者隐瞒重要事实的财务会计报告。

【2018 年版本】

第二百零一条　公司违反本法规定，在法定的会计账簿以外另立会计账簿的，由县级以上人民政府财政部门责令改正，处以五万元以上五十万元以下的罚款。

第二百零二条　公司在依法向有关主管部门提供的财务会计报告等材料上作虚假记载或者隐瞒重要事实的，由有关主管部门对直接负责的主管人员和其他直接责任人员处以三万元以上三十万元以下的罚款。

第二百零三条　公司不依照本法规定提取法定公积金的，由县级以上人民政府财政部门责令如数补足应当提取的金额，可以对公司处以二十万元以下的罚款。

### （二）条文释义

本条规定了公司会计违法行为的法律责任。

有下列行为之一的，由县级以上人民政府财政部门依照《会计法》等法律、法规的规定处罚：

（1）在法定的会计账簿以外另立会计账簿。建立两套或者多套账簿是典型的严重会计违法行为，其损害的可能是股东的利益，也可能是债权人的利益，还可能是国家税收利益，对该行为应当根据会计法的规定追究法律责任。

（2）提供存在虚假记载或者隐瞒重要事实的财务会计报告。财务造假是严重危害公司、股东、债权人、国家税收利益的会计违法行为，对该行为，应当根据会计法的规定追究法律责任。

## （三）相关法律规定

**《会计法》**

**第四十二条** 违反本法规定，有下列行为之一的，由县级以上人民政府财政部门责令限期改正，可以对单位并处三千元以上五万元以下的罚款；对其直接负责的主管人员和其他直接责任人员，可以处二千元以上二万元以下的罚款；属于国家工作人员的，还应当由其所在单位或者有关单位依法给予行政处分：

（一）不依法设置会计账簿的；

（二）私设会计账簿的；

（三）未按照规定填制、取得原始凭证或者填制、取得的原始凭证不符合规定的；

（四）以未经审核的会计凭证为依据登记会计账簿或者登记会计账簿不符合规定的；

（五）随意变更会计处理方法的；

（六）向不同的会计资料使用者提供的财务会计报告编制依据不一致的；

（七）未按照规定使用会计记录文字或者记账本位币的；

（八）未按照规定保管会计资料，致使会计资料毁损、灭失的；

（九）未按照规定建立并实施单位内部会计监督制度或者拒绝依法实施的监督或者不如实提供有关会计资料及有关情况的；

（十）任用会计人员不符合本法规定的。

有前款所列行为之一，构成犯罪的，依法追究刑事责任。

会计人员有第一款所列行为之一，情节严重的，五年内不得从事会计工作。

有关法律对第一款所列行为的处罚另有规定的，依照有关法律的规定办理。

**第四十三条** 伪造、变造会计凭证、会计账簿，编制虚假财务会计报告，构成犯罪的，依法追究刑事责任。

有前款行为，尚不构成犯罪的，由县级以上人民政府财政部门予以通报，可以对单位并处五千元以上十万元以下的罚款；对其直接负责的主管人员和其他直接责任人员，可以处三千元以上五万元以下的罚款；属于国家工作人员的，还应当由其所在单位或者有关单位依法给予撤职直至开除的行政处分；其中的会计人员，五年内不得从事会计工作。

## 六、第二百五十五条

### （一）原文

**【2023 年版本】**

第二百五十五条　公司在合并、分立、减少注册资本或者进行清算时，不依照本法规定通知或者公告债权人的，由公司登记机关责令改正，对公司处以一万元以上十万元以下的罚款。

**【三次审议稿】**

第二百五十四条　公司在合并、分立、减少注册资本或者进行清算时，不依照本法规定通知或者公告债权人的，由公司登记机关责令改正，对公司处以一万元以上十万元以下的罚款。

**【2018 年版本】**

第二百零四条　公司在合并、分立、减少注册资本或者进行清算时，不依照本法规定通知或者公告债权人的，由公司登记机关责令改正，对公司处以一万元以上十万元以下的罚款。

公司在进行清算时，隐匿财产，对资产负债表或者财产清单作虚假记载或者在未清偿债务前分配公司财产的，由公司登记机关责令改正，对公司处以隐匿财产或者未清偿债务前分配公司财产金额百分之五以上百分之十以下的罚款；对直接负责的主管人员和其他直接责任人员处以一万元以上十万元以下的罚款。

### （二）条文释义

本条规定了公司不依法通知或公告债权人的法律责任。

公司在合并、分立、减少注册资本或者进行清算时，应当依法告知债权人，应当依法通知债权人与发布公告，如果公司不依照《公司法》规定通知或者公告债权人的，由公司登记机关责令改正，对公司处以 1 万元以上 10 万元以下的罚款。该项违法行为也有直接负责的主管人员和其他直接责任人员，但直接负责的主管人员和其他直接责任人员并不承担法律责任，仅仅由公司承担责任。

《中华人民共和国公司法》释义

## 七、第二百五十六条

### （一）原文

**【2023年版本】**

第二百五十六条　公司在进行清算时，隐匿财产，对资产负债表或者财产清单作虚假记载，或者在未清偿债务前分配公司财产的，由公司登记机关责令改正，对公司处以隐匿财产或者未清偿债务前分配公司财产金额百分之五以上百分之十以下的罚款；对直接负责的主管人员和其他直接责任人员处以一万元以上十万元以下的罚款。

**【三次审议稿】**

第二百五十五条　公司在进行清算时，隐匿财产，对资产负债表或者财产清单作虚假记载，或者在未清偿债务前分配公司财产的，由公司登记机关责令改正，对公司处以隐匿财产或者未清偿债务前分配公司财产金额百分之五以上百分之十以下的罚款；对直接负责的主管人员和其他直接责任人员处以一万元以上十万元以下的罚款。

**【2018年版本】**

第二百零四条　公司在合并、分立、减少注册资本或者进行清算时，不依照本法规定通知或者公告债权人的，由公司登记机关责令改正，对公司处以一万元以上十万元以下的罚款。

公司在进行清算时，隐匿财产，对资产负债表或者财产清单作虚假记载或者在未清偿债务前分配公司财产的，由公司登记机关责令改正，对公司处以隐匿财产或者未清偿债务前分配公司财产金额百分之五以上百分之十以下的罚款；对直接负责的主管人员和其他直接责任人员处以一万元以上十万元以下的罚款。

第二百零五条　公司在清算期间开展与清算无关的经营活动的，由公司登记机关予以警告，没收违法所得。

第二百零六条　清算组不依照本法规定向公司登记机关报送清算报告，或者报送清算报告隐瞒重要事实或者有重大遗漏的，由公司登记机关责令改正。

清算组成员利用职权徇私舞弊、谋取非法收入或者侵占公司财产的，由公司登记机关责令退还公司财产，没收违法所得，并可以处以违法所得一倍以上五倍以下的罚款。

### （二）条文释义

本条规定了公司清算的法律责任。

公司在进行清算时，应当依法对资产进行核实，依法足额清偿债务，不能隐匿财产，不能对资产负债表或者财产清单作虚假记载，更不能在未清偿债务前分配公司财产。公司如果有上述违法行为，应当由公司登记机关责令改正，对公司处以隐匿财产或者未清偿债务前分配公司财产金额5%以上10%以下的罚款；对直接负责的主管人员和其他直接责任人员处以1万元以上10万元以下的罚款。

对公司的罚款与对直接负责的主管人员和其他直接责任人员的罚款需要同时进行，如果因此给债权人造成损失，公司及其股东、直接负责的主管人员和其他直接责任人员均能应承担赔偿责任。

## 八、第二百五十七条

### （一）原文

【2023年版本】

第二百五十七条　承担资产评估、验资或者验证的机构提供虚假材料或者提供有重大遗漏的报告的，由有关部门依照《中华人民共和国资产评估法》《中华人民共和国注册会计师法》等法律、行政法规的规定处罚。

承担资产评估、验资或者验证的机构因其出具的评估结果、验资或者验证证明不实，给公司债权人造成损失的，除能够证明自己没有过错的外，在其评估或者证明不实的金额范围内承担赔偿责任。

【三次审议稿】

第二百五十六条　承担资产评估、验资或者验证的机构提供虚假材料或者提供有重大遗漏的报告的，由有关机关按照《中华人民共和国资产评估法》《中华人民共和国注册会计师法》等法律、行政法规的规定处罚。

承担资产评估、验资或者验证的机构因其出具的评估结果、验资或者验证证明不实，给公司债权人造成损失的，除能够证明自己没有过错的外，在其评估或者证明不实的金额范围内承担赔偿责任。

【2018年版本】

第二百零七条　承担资产评估、验资或者验证的机构提供虚假材料的，由公司登记机关没收违法所得，处以违法所得一倍以上五倍以下的罚款，并可以由有关主管部门依法责令该机构停业、吊销直接责任人员的资格证书，吊销营业执照。

承担资产评估、验资或者验证的机构因过失提供有重大遗漏的报告的，由公司登记机关责令改正，情节较重的，处以所得收入一倍以上五倍以下的罚款，并可以由有关主管部门依法责令该机构停业、吊销直接责任人员的资格证书，吊销营业执照。

承担资产评估、验资或者验证的机构因其出具的评估结果、验资或者验证证明不实，给公司债权人造成损失的，除能够证明自己没有过错的外，在其评估或者证明不实的金额范围内承担赔偿责任。

## （二）条文释义

本条规定了验资机构的法律责任。

公司登记机关对公司的登记需要依赖承担验资职责的机构的相关资料，因此，如果承担资产评估、验资或者验证的机构提供虚假材料或者提供有重大遗漏的报告的，由有关机关依照《资产评估法》《注册会计师法》等法律、行政法规的规定处罚。公司登记机关由于不是主管机关，因此，不能直接对承担资产评估、验资或者验证的机构进行处罚。

承担资产评估、验资或者验证的机构因其出具的评估结果、验资或者验证证明不实，有可能给公司债权人造成损失，此时，承担资产评估、验资或者验证的机构需要承担过错推定责任，即除能够证明自己没有过错的外，在其评估或者证明不实的金额范围内承担赔偿责任。例如，股东实际出资财产的价值为 100 万元，资产评估机构评估为 150 万元，如果该资产评估机构无法证明自己没有过错，则应当在 50 万元范围内向债权人承担责任，如果债权人的损失为 10 万元，资产评估机构承担 10 万元的责任，如果债权人的损失为 60 万元，资产评估机构承担 50 万元的责任。

## （三）相关法律规定

《资产评估法》

### 第七章　法律责任

**第四十四条**　评估专业人员违反本法规定，有下列情形之一的，由有关评估行政管理部门予以警告，可以责令停止从业六个月以上一年以下；有违法所得的，没收违法所得；情节严重的，责令停止从业一年以上五年以下；构成犯罪的，依法追究刑事责任：

（一）私自接受委托从事业务、收取费用的；

（二）同时在两个以上评估机构从事业务的；

（三）采用欺骗、利诱、胁迫，或者贬损、诋毁其他评估专业人员等不正当手段招揽业务的；

（四）允许他人以本人名义从事业务，或者冒用他人名义从事业务的；

（五）签署本人未承办业务的评估报告或者有重大遗漏的评估报告的；

（六）索要、收受或者变相索要、收受合同约定以外的酬金、财物，或者谋取其他不正当利益的；

# 第十四章 法律责任

**第四十五条** 评估专业人员违反本法规定，签署虚假评估报告的，由有关评估行政管理部门责令停止从业两年以上五年以下；有违法所得的，没收违法所得；情节严重的，责令停止从业五年以上十年以下；构成犯罪的，依法追究刑事责任，终身不得从事评估业务。

**第四十六条** 违反本法规定，未经工商登记以评估机构名义从事评估业务的，由工商行政管理部门责令停止违法活动；有违法所得的，没收违法所得，并处违法所得一倍以上五倍以下罚款。

**第四十七条** 评估机构违反本法规定，有下列情形之一的，由有关评估行政管理部门予以警告，可以责令停业一个月以上六个月以下；有违法所得的，没收违法所得，并处违法所得一倍以上五倍以下罚款；情节严重的，由工商行政管理部门吊销营业执照；构成犯罪的，依法追究刑事责任：

（一）利用开展业务之便，谋取不正当利益的；

（二）允许其他机构以本机构名义开展业务，或者冒用其他机构名义开展业务的；

（三）以恶性压价、支付回扣、虚假宣传，或者贬损、诋毁其他评估机构等不正当手段招揽业务的；

（四）受理与自身有利害关系的业务的；

（五）分别接受利益冲突双方的委托，对同一评估对象进行评估的；

（六）出具有重大遗漏的评估报告的；

（七）未按本法规定的期限保存评估档案的；

（八）聘用或者指定不符合本法规定的人员从事评估业务的；

（九）对本机构的评估专业人员疏于管理，造成不良后果的。

评估机构未按本法规定备案或者不符合本法第十五条规定的条件的，由有关评估行政管理部门责令改正；拒不改正的，责令停业，可以并处一万元以上五万元以下罚款。

**第四十八条** 评估机构违反本法规定，出具虚假评估报告的，由有关评估行政管理部门责令停业六个月以上一年以下；有违法所得的，没收违法所得，并处违法所得一倍以上五倍以下罚款；情节严重的，由工商行政管理部门吊销营业执照；构成犯罪的，依法追究刑事责任。

**第四十九条** 评估机构、评估专业人员在一年内累计三次因违反本法规定受到责令停业、责令停止从业以外处罚的，有关评估行政管理部门可以责令其停业或者停止从业一年以上五年以下。

**第五十条** 评估专业人员违反本法规定，给委托人或者其他相关当事人造成损失的，由其所在的评估机构依法承担赔偿责任。评估机构履行赔偿责任后，可以向有故意或者重大过失行为的评估专业人员追偿。

**第五十一条** 违反本法规定，应当委托评估机构进行法定评估而未委托的，由有关部门责令改正；拒不改正的，处十万元以上五十万元以下罚款；情节严重的，对直接负责的主管人员和其他直接责任人员依法给予处分；造成损失的，依法承担赔偿责任；

构成犯罪的，依法追究刑事责任。

**第五十二条** 违反本法规定，委托人在法定评估中有下列情形之一的，由有关评估行政管理部门会同有关部门责令改正；拒不改正的，处十万元以上五十万元以下罚款；有违法所得的，没收违法所得；情节严重的，对直接负责的主管人员和其他直接责任人员依法给予处分；造成损失的，依法承担赔偿责任；构成犯罪的，依法追究刑事责任：

（一）未依法选择评估机构的；

（二）索要、收受或者变相索要、收受回扣的；

（三）串通、唆使评估机构或者评估师出具虚假评估报告的；

（四）不如实向评估机构提供权属证明、财务会计信息和其他资料的；

（五）未按照法律规定和评估报告载明的使用范围使用评估报告的。

前款规定以外的委托人违反本法规定，给他人造成损失的，依法承担赔偿责任。

**第五十三条** 评估行业协会违反本法规定的，由有关评估行政管理部门给予警告，责令改正；拒不改正的，可以通报登记管理机关，由其依法给予处罚。

**第五十四条** 有关行政管理部门、评估行业协会工作人员违反本法规定，滥用职权、玩忽职守或者徇私舞弊的，依法给予处分；构成犯罪的，依法追究刑事责任。

## 《注册会计师法》

### 第六章　法律责任

**第三十九条** 会计师事务所违反本法第二十条、第二十一条规定的，由省级以上人民政府财政部门给予警告，没收违法所得，可以并处违法所得一倍以上五倍以下的罚款；情节严重的，并可以由省级以上人民政府财政部门暂停其经营业务或者予以撤销。

注册会计师违反本法第二十条、第二十一条规定的，由省级以上人民政府财政部门给予警告；情节严重的，可以由省级以上人民政府财政部门暂停其执行业务或者吊销注册会计师证书。

会计师事务所、注册会计师违反本法第二十条、第二十一条的规定，故意出具虚假的审计报告、验资报告，构成犯罪的，依法追究刑事责任。

**第四十条** 对未经批准承办本法第十四条规定的注册会计师业务的单位，由省级以上人民政府财政部门责令其停止违法活动，没收违法所得，可以并处违法所得一倍以上五倍以下的罚款。

**第四十一条** 当事人对行政处罚决定不服的，可以在接到处罚通知之日起十五日内向作出处罚决定的机关的上一级机关申请复议；当事人也可以在接到处罚决定通知之日起十五日内直接向人民法院起诉。

复议机关应当在接到复议申请之日起六十日内作出复议决定。当事人对复议决定不服的，可以在接到复议决定之日起十五日内向人民法院起诉。复议机关逾期不作出复议决定的，当事人可以在复议期满之日起十五日内向人民法院起诉。

当事人逾期不申请复议，也不向人民法院起诉，又不履行处罚决定的，作出处罚决定的机关可以申请人民法院强制执行。

第四十二条 会计师事务所违反本法规定，给委托人、其他利害关系人造成损失的，应当依法承担赔偿责任。

# 九、第二百五十八条

## （一）原文

**【2023年版本】**

第二百五十八条 公司登记机关违反法律、行政法规规定未履行职责或者履行职责不当的，对负有责任的领导人员和直接责任人员依法给予政务处分。

**【三次审议稿】**

第二百五十七条 公司登记机关对不符合本法规定条件的登记申请予以登记，或者对符合本法规定条件的登记申请不予登记的，对直接负责的主管人员和其他直接责任人员，依法给予处分。

**【2018年版本】**

第二百零八条 公司登记机关对不符合本法规定条件的登记申请予以登记，或者对符合本法规定条件的登记申请不予登记的，对直接负责的主管人员和其他直接责任人员，依法给予行政处分。

## （二）条文释义

本条规定了公司登记机关的法律责任。

公司登记机关应当认真履行公司登记职责，如果违反法律、行政法规规定未履行职责或者履行职责不当，都是违法行为。应当对负有责任的领导人员和直接责任人员依法给予政务处分。

对直接负责的主管人员和其他直接责任人员进行政务处分的主要法律依据是《中华人民共和国公务员法》。公司登记机关直接负责的主管人员和其他直接责任人员如果有受贿等其他违法行为，还应当依照受贿处罚的相关法律规定追究其法律责任。

## （三）相关法律规定

**《中华人民共和国公务员法》**（2005年4月27日第十届全国人民代表大会常务委员会第十五次会议通过，根据2017年9月1日第十二届全国人民代表大会常务委员会第二十九次会议《关于修改〈中华人民共和国法官法〉等八部法律的决定》修正，2018年12月29日第十三届全国人民代表大会常务委员会第七次会议修订）

### 第十七章　法律责任

**第一百零六条**　对有下列违反本法规定情形的，由县级以上领导机关或者公务员主管部门按照管理权限，区别不同情况，分别予以责令纠正或者宣布无效；对负有责任的领导人员和直接责任人员，根据情节轻重，给予批评教育、责令检查、诫勉、组织调整、处分；构成犯罪的，依法追究刑事责任：

（一）不按照编制限额、职数或者任职资格条件进行公务员录用、调任、转任、聘任和晋升的；

（二）不按照规定条件进行公务员奖惩、回避和办理退休的；

（三）不按照规定程序进行公务员录用、调任、转任、聘任、晋升以及考核、奖惩的；

（四）违反国家规定，更改公务员工资、福利、保险待遇标准的；

（五）在录用、公开遴选等工作中发生泄露试题、违反考场纪律以及其他严重影响公开、公正行为的；

（六）不按照规定受理和处理公务员申诉、控告的；

（七）违反本法规定的其他情形的。

**第一百零七条**　公务员辞去公职或者退休的，原系领导成员、县处级以上领导职务的公务员在离职三年内，其他公务员在离职两年内，不得到与原工作业务直接相关的企业或者其他营利性组织任职，不得从事与原工作业务直接相关的营利性活动。

公务员辞去公职或者退休后有违反前款规定行为的，由其原所在机关的同级公务员主管部门责令限期改正；逾期不改正的，由县级以上市场监管部门没收该人员从业期间的违法所得，责令接收单位将该人员予以清退，并根据情节轻重，对接收单位处以被处罚人员违法所得一倍以上五倍以下的罚款。

**第一百零八条**　公务员主管部门的工作人员，违反本法规定，滥用职权、玩忽职守、徇私舞弊，构成犯罪的，依法追究刑事责任；尚不构成犯罪的，给予处分或者由监察机关依法给予政务处分。

**第一百零九条**　在公务员录用、聘任等工作中，有隐瞒真实信息、弄虚作假、考试作弊、扰乱考试秩序等行为的，由公务员主管部门根据情节作出考试成绩无效、取消资格、限制报考等处理；情节严重的，依法追究法律责任。

**第一百一十条** 机关因错误的人事处理对公务员造成名誉损害的，应当赔礼道歉、恢复名誉、消除影响；造成经济损失的，应当依法给予赔偿。

# 十、第二百五十九条

## （一）原文

**【2023年版本、三次审议稿】**

**第二百五十九条** 未依法登记为有限责任公司或者股份有限公司，而冒用有限责任公司或者股份有限公司名义的，或者未依法登记为有限责任公司或者股份有限公司的分公司，而冒用有限责任公司或者股份有限公司的分公司名义的，由公司登记机关责令改正或者予以取缔，可以并处十万元以下的罚款。

**【2018年版本】**

**第二百一十条** 未依法登记为有限责任公司或者股份有限公司，而冒用有限责任公司或者股份有限公司名义的，或者未依法登记为有限责任公司或者股份有限公司的分公司，而冒用有限责任公司或者股份有限公司的分公司名义的，由公司登记机关责令改正或者予以取缔，可以并处十万元以下的罚款。

## （二）条文释义

本条规定了冒用公司名义经营的法律责任。

只有经过公司登记机关依法登记的企业才能对外称为有限责任公司或者股份有限公司，否则，就涉嫌欺骗社会公众。因此，如果未依法登记为有限责任公司或者股份有限公司，而冒用有限责任公司或者股份有限公司名义，包括登记为有限责任公司的冒用股份有限公司的名义，或者登记为股份有限公司的冒用有限责任公司的名义，或者未依法登记为有限责任公司或者股份有限公司的分公司，而冒用有限责任公司或者股份有限公司的分公司名义的，由公司登记机关责令改正或者予以取缔，可以并处10万元以下的罚款。

如果是因为过失而导致将企业的名称或者性质表达错误，没有造成实际危害后果，公司登记机关责令改正即可，不予以取缔，也可以不予以罚款。如果长期冒用有限责任公司、股份有限公司、有限责任公司分公司或者股份有限公司分公司的名义开展经营活动，公司登记机关应当予以取缔，凡是予以取缔的，通常应当进行适当的罚款。对于首次轻微违法行为，应当注意《中华人民共和国行政处罚法》首违不罚的相关规定。

## （三）相关法律规定

**《中华人民共和国行政处罚法》**（1996年3月17日第八届全国人民代表大会第四次会议通过，根据2009年8月27日第十一届全国人民代表大会常务委员会第十次会议《关于修改部分法律的决定》第一次修正，根据2017年9月1日第十二届全国人民代表大会常务委员会第二十九次会议《关于修改〈中华人民共和国法官法〉等八部法律的决定》第二次修正，2021年1月22日第十三届全国人民代表大会常务委员会第二十五次会议修订）

**第二条** 行政处罚是指行政机关依法对违反行政管理秩序的公民、法人或者其他组织，以减损权益或者增加义务的方式予以惩戒的行为。

**第四条** 公民、法人或者其他组织违反行政管理秩序的行为，应当给予行政处罚的，依照本法由法律、法规、规章规定，并由行政机关依照本法规定的程序实施。

**第五条** 行政处罚遵循公正、公开的原则。

设定和实施行政处罚必须以事实为依据，与违法行为的事实、性质、情节以及社会危害程度相当。

对违法行为给予行政处罚的规定必须公布；未经公布的，不得作为行政处罚的依据。

**第六条** 实施行政处罚，纠正违法行为，应当坚持处罚与教育相结合，教育公民、法人或者其他组织自觉守法。

**第七条** 公民、法人或者其他组织对行政机关所给予的行政处罚，享有陈述权、申辩权；对行政处罚不服的，有权依法申请行政复议或者提起行政诉讼。

公民、法人或者其他组织因行政机关违法给予行政处罚受到损害的，有权依法提出赔偿要求。

**第九条** 行政处罚的种类：

（一）警告、通报批评；

（二）罚款、没收违法所得、没收非法财物；

（三）暂扣许可证件、降低资质等级、吊销许可证件；

（四）限制开展生产经营活动、责令停产停业、责令关闭、限制从业；

（五）行政拘留；

（六）法律、行政法规规定的其他行政处罚。

**第二十七条** 违法行为涉嫌犯罪的，行政机关应当及时将案件移送司法机关，依法追究刑事责任。对依法不需要追究刑事责任或者免予刑事处罚，但应当给予行政处罚的，司法机关应当及时将案件移送有关行政机关。

行政处罚实施机关与司法机关之间应当加强协调配合，建立健全案件移送制度，加强证据材料移交、接收衔接，完善案件处理信息通报机制。

第二十八条　行政机关实施行政处罚时，应当责令当事人改正或者限期改正违法行为。

当事人有违法所得，除依法应当退赔的外，应当予以没收。违法所得是指实施违法行为所取得的款项。法律、行政法规、部门规章对违法所得的计算另有规定的，从其规定。

第二十九条　对当事人的同一个违法行为，不得给予两次以上罚款的行政处罚。同一个违法行为违反多个法律规范应当给予罚款处罚的，按照罚款数额高的规定处罚。

第三十二条　当事人有下列情形之一，应当从轻或者减轻行政处罚：

（一）主动消除或者减轻违法行为危害后果的；

（二）受他人胁迫或者诱骗实施违法行为的；

（三）主动供述行政机关尚未掌握的违法行为的；

（四）配合行政机关查处违法行为有立功表现的；

（五）法律、法规、规章规定其他应当从轻或者减轻行政处罚的。

第三十三条　违法行为轻微并及时改正，没有造成危害后果的，不予行政处罚。初次违法且危害后果轻微并及时改正的，可以不予行政处罚。

当事人有证据足以证明没有主观过错的，不予行政处罚。法律、行政法规另有规定的，从其规定。

对当事人的违法行为依法不予行政处罚的，行政机关应当对当事人进行教育。

第三十四条　行政机关可以依法制定行政处罚裁量基准，规范行使行政处罚裁量权。行政处罚裁量基准应当向社会公布。

# 十一、第二百六十条

## （一）原文

**【2023 年版本】**

第二百六十条　公司成立后无正当理由超过六个月未开业的，或者开业后自行停业连续六个月以上的，公司登记机关可以吊销营业执照，但公司依法办理歇业的除外。

公司登记事项发生变更时，未依照本法规定办理有关变更登记的，由公司登记机关责令限期登记；逾期不登记的，处以一万元以上十万元以下的罚款。

**【三次审议稿】**

第二百六十条　公司成立后无正当理由超过六个月未开业的，或者开业后自行停业连续六个月以上的，可以由公司登记机关吊销营业执照，但公司依法办理歇业的除外。

公司登记事项发生变更时，未依照本法规定办理有关变更登记的，由公司登记机关责令限期登记；逾期不登记的，处以一万元以上十万元以下的罚款。

**【2018年版本】**

第二百一十一条 公司成立后无正当理由超过六个月未开业的，或者开业后自行停业连续六个月以上的，可以由公司登记机关吊销营业执照。

公司登记事项发生变更时，未依照本法规定办理有关变更登记的，由公司登记机关责令限期登记；逾期不登记的，处以一万元以上十万元以下的罚款。

### （二）条文释义

本条规定了公司违法歇业及不依法办理登记的法律责任。

公司成立后应当正常开业，如果无正当理由超过6个月未开业的，或者开业后自行停业连续6个月以上的，应当依法办理歇业，如果未办理歇业，由于公司已经名存实亡，公司登记机关可以吊销其营业执照。在认定公司未开业和停业时，应当结合公司客观状况以及负责人的主观状态综合认定，公司因市场冷清而未发生交易并不等于未开业或者停业，原则上只要有人愿意与公司交易且在合理期间内公司有人员与其联系交易事项就应当算企业处于开业状态，如果公司已经关闭经营场所，遣散所有员工，无法办理具体业务，应当认为公司未开业或者停业。

公司登记事项均是需要社会公众或者政府机关知晓的事项，因此，如果公司登记事项发生变更，公司应当及时依照《公司法》规定办理有关变更登记，如果未依法办理，由公司登记机关责令限期登记，如果在限期内完成了变更登记，不再予以处罚。如果逾期不登记，由公司登记机关处以1万元以上10万元以下的罚款。

## 十二、第二百六十一条

### （一）原文

**【2023年版本、三次审议稿】**

第二百六十一条 外国公司违反本法规定，擅自在中华人民共和国境内设立分支机构的，由公司登记机关责令改正或者关闭，可以并处五万元以上二十万元以下的罚款。

**【2018年版本】**

第二百一十二条 外国公司违反本法规定，擅自在中国境内设立分支机构的，由公司登记机关责令改正或者关闭，可以并处五万元以上二十万元以下的罚款。

## （二）条文释义

本条规定了外国公司违法设立分支机构的法律责任。

外国公司在中国境内设立分支机构需要遵守中国法律并依法办理登记，如果外国公司违反《公司法》规定，擅自在中华人民共和国境内设立分支机构，由公司登记机关责令改正或者关闭，原则上能改正的改正，即补办登记手续，不能改正的予以关闭。无论是责令改正还是予以关闭，只要情节较重，均可以并处5万元以上20万元以下的罚款，如果情节较轻，没有造成不良后果，也可以不予罚款。

## 十三、第二百六十二条

### （一）原文

【2023年版本、三次审议稿】

第二百六十二条　利用公司名义从事危害国家安全、社会公共利益的严重违法行为的，吊销营业执照。

【2018年版本】

第二百一十三条　利用公司名义从事危害国家安全、社会公共利益的严重违法行为的，吊销营业执照。

### （二）条文释义

本条规定了公司从事严重违法行为的法律责任。

股东只能利用公司从事有利于社会的生产经营活动，如果利用公司名义从事危害国家安全、社会公共利益的严重违法行为，公司登记机关应当直接吊销该公司的营业执照。

根据《刑法》的规定，危害国家安全罪主要包括背叛国家罪，分裂国家罪，煽动分裂国家罪，武装叛乱、暴乱罪，颠覆国家政权罪，煽动颠覆国家政权罪，资助危害国家安全犯罪活动罪，投敌叛变罪，叛逃罪，间谍罪，为境外窃取、刺探、收买、非法提供国家秘密、情报罪，资敌罪等。

危害公共安全罪主要包括放火罪，决水罪，爆炸罪，投放危险物质罪，以危险方法危害公共安全罪，失火罪，过失决水罪，过失爆炸罪，过失投放危险物质罪，过失以危险方法危害公共安全罪，破坏交通工具罪，破坏交通设施罪，破坏电力设备罪，破坏易燃易爆设备罪，组织、领导、参加恐怖组织罪，帮助恐怖活动罪，准备实施恐怖活动罪，宣扬恐怖主义、极端主义、煽动实施恐怖活动罪，利用极端主义破坏法律实施罪，强制穿戴宣扬恐怖主义、极端主义服饰、标志罪，非法持有宣扬恐怖主义、极端主义物品罪，劫持航空器罪，劫持船只、汽车罪，暴力危及飞行安全罪，破坏广播电视设施、公用电信设施罪，过失损坏广播电视设施、公用电信设施罪，非法制造、买卖、运输、邮寄、储存枪支、弹药、爆炸物罪，非法制造、买卖、运输、储存危险物质罪，违规制造、销售枪支罪，盗窃、抢夺枪支、弹药、爆炸物、危险物质罪，盗窃、抢夺枪支、弹药、爆炸物、危险物质罪，非法持有、私藏枪支、弹药罪，非法出租、出借枪支罪，丢失枪支不报罪，非法携带枪支、弹药、管制刀具、危险物品危及公共安全罪，重大飞行事故罪，铁路运营安全事故罪，交通肇事罪，危险驾驶罪，妨害安全驾驶罪，重大责任事故罪，危险作业罪，重大劳动安全事故罪，大型群众性活动重大安全事故罪，危险物品肇事罪，工程重大安全事故罪，教育设施重大安全事故罪，消防责任事故罪，不报、谎报安全事故罪等。

## （三）相关法律规定

**《刑法》**

### 第二编 分　　则

#### 第一章　危害国家安全罪

**第一百零二条**　【背叛国家罪】勾结外国，危害中华人民共和国的主权、领土完整和安全的，处无期徒刑或者十年以上有期徒刑。

与境外机构、组织、个人相勾结，犯前款罪的，依照前款的规定处罚。

**第一百零三条**　【分裂国家罪】组织、策划、实施分裂国家、破坏国家统一的，对首要分子或者罪行重大的，处无期徒刑或者十年以上有期徒刑；对积极参加的，处三年以上十年以下有期徒刑；对其他参加的，处三年以下有期徒刑、拘役、管制或者剥夺政治权利。

【煽动分裂国家罪】煽动分裂国家、破坏国家统一的，处五年以下有期徒刑、拘役、管制或者剥夺政治权利；首要分子或者罪行重大的，处五年以上有期徒刑。

**第一百零四条**　【武装叛乱、暴乱罪】组织、策划、实施武装叛乱或者武装暴乱的，对首要分子或者罪行重大的，处无期徒刑或者十年以上有期徒刑；对积极参加的，处三年以上十年以下有期徒刑；对其他参加的，处三年以下有期徒刑、拘役、管制或者剥夺政治权利。

策动、胁迫、勾引、收买国家机关工作人员、武装部队人员、人民警察、民兵进行武装叛乱或者武装暴乱的，依照前款的规定从重处罚。

**第一百零五条** 【颠覆国家政权罪】组织、策划、实施颠覆国家政权、推翻社会主义制度的，对首要分子或者罪行重大的，处无期徒刑或者十年以上有期徒刑；对积极参加的，处三年以上十年以下有期徒刑；对其他参加的，处三年以下有期徒刑、拘役、管制或者剥夺政治权利。

【煽动颠覆国家政权罪】以造谣、诽谤或者其他方式煽动颠覆国家政权、推翻社会主义制度的，处五年以下有期徒刑、拘役、管制或者剥夺政治权利；首要分子或者罪行重大的，处五年以上有期徒刑。

**第一百零六条** 【与境外勾结的处罚规定】与境外机构、组织、个人相勾结，实施本章第一百零三条、第一百零四条、第一百零五条规定之罪的，依照各该条的规定从重处罚。

**第一百零七条** 【资助危害国家安全犯罪活动罪】境内外机构、组织或者个人资助实施本章第一百零二条、第一百零三条、第一百零四条、第一百零五条规定之罪的，对直接责任人员，处五年以下有期徒刑、拘役、管制或者剥夺政治权利；情节严重的，处五年以上有期徒刑。

**第一百零八条** 【投敌叛变罪】投敌叛变的，处三年以上十年以下有期徒刑；情节严重或者带领武装部队人员、人民警察、民兵投敌叛变的，处十年以上有期徒刑或者无期徒刑。

**第一百零九条** 【叛逃罪】国家机关工作人员在履行公务期间，擅离岗位，叛逃境外或者在境外叛逃的，处五年以下有期徒刑、拘役、管制或者剥夺政治权利；情节严重的，处五年以上十年以下有期徒刑。

掌握国家秘密的国家工作人员叛逃境外或者在境外叛逃的，依照前款的规定从重处罚。

**第一百一十条** 【间谍罪】有下列间谍行为之一，危害国家安全的，处十年以上有期徒刑或者无期徒刑；情节较轻的，处三年以上十年以下有期徒刑：

（一）参加间谍组织或者接受间谍组织及其代理人的任务的；

（二）为敌人指示轰击目标的。

**第一百一十一条** 【为境外窃取、刺探、收买、非法提供国家秘密、情报罪】为境外的机构、组织、人员窃取、刺探、收买、非法提供国家秘密或者情报的，处五年以上十年以下有期徒刑；情节特别严重的，处十年以上有期徒刑或者无期徒刑；情节较轻的，处五年以下有期徒刑、拘役、管制或者剥夺政治权利。

**第一百一十二条** 【资敌罪】战时供给敌人武器装备、军用物资资敌的，处十年以上有期徒刑或者无期徒刑；情节较轻的，处三年以上十年以下有期徒刑。

**第一百一十三条** 【危害国家安全罪适用死刑、没收财产的规定】本章上述危害国家安全罪行中，除第一百零三条第二款、第一百零五条、第一百零七条、第一百零九条外，对国家和人民危害特别严重、情节特别恶劣的，可以判处死刑。

犯本章之罪的，可以并处没收财产。

《中华人民共和国公司法》释义

## 第二章 危害公共安全罪

**第一百一十四条** 【放火罪】【决水罪】【爆炸罪】【投放危险物质罪】【以危险方法危害公共安全罪】放火、决水、爆炸以及投放毒害性、放射性、传染病病原体等物质或者以其他危险方法危害公共安全，尚未造成严重后果的，处三年以上十年以下有期徒刑。

**第一百一十五条** 【放火罪】【决水罪】【爆炸罪】【投放危险物质罪】【以危险方法危害公共安全罪】放火、决水、爆炸以及投放毒害性、放射性、传染病病原体等物质或者以其他危险方法致人重伤、死亡或者使公私财产遭受重大损失的，处十年以上有期徒刑、无期徒刑或者死刑。

【失火罪】【过失决水罪】【过失爆炸罪】【过失投放危险物质罪】【过失以危险方法危害公共安全罪】过失犯前款罪的，处三年以上七年以下有期徒刑；情节较轻的，处三年以下有期徒刑或者拘役。

**第一百一十六条** 【破坏交通工具罪】破坏火车、汽车、电车、船只、航空器，足以使火车、汽车、电车、船只、航空器发生倾覆、毁坏危险，尚未造成严重后果的，处三年以上十年以下有期徒刑。

**第一百一十七条** 【破坏交通设施罪】破坏轨道、桥梁、隧道、公路、机场、航道、灯塔、标志或者进行其他破坏活动，足以使火车、汽车、电车、船只、航空器发生倾覆、毁坏危险，尚未造成严重后果的，处三年以上十年以下有期徒刑。

**第一百一十八条** 【破坏电力设备罪】【破坏易燃易爆设备罪】破坏电力、燃气或者其他易燃易爆设备，危害公共安全，尚未造成严重后果的，处三年以上十年以下有期徒刑。

**第一百一十九条** 【破坏交通工具罪】【破坏交通设施罪】【破坏电力设备罪】【破坏易燃易爆设备罪】破坏交通工具、交通设施、电力设备、燃气设备、易燃易爆设备，造成严重后果的，处十年以上有期徒刑、无期徒刑或者死刑。

【过失损坏交通工具罪】【过失损坏交通设施罪】【过失损坏电力设备罪】【过失损坏易燃易爆设备罪】过失犯前款罪的，处三年以上七年以下有期徒刑；情节较轻的，处三年以下有期徒刑或者拘役。

**第一百二十条** 【组织、领导、参加恐怖组织罪】组织、领导恐怖活动组织的，处十年以上有期徒刑或者无期徒刑，并处没收财产；积极参加的，处三年以上十年以下有期徒刑，并处罚金；其他参加的，处三年以下有期徒刑、拘役、管制或者剥夺政治权利，可以并处罚金。

犯前款罪并实施杀人、爆炸、绑架等犯罪的，依照数罪并罚的规定处罚。

**第一百二十条之一** 【帮助恐怖活动罪】资助恐怖活动组织、实施恐怖活动的个人的，或者资助恐怖活动培训的，处五年以下有期徒刑、拘役、管制或者剥夺政治权利，并处罚金；情节严重的，处五年以上有期徒刑，并处罚金或者没收财产。

为恐怖活动组织、实施恐怖活动或者恐怖活动培训招募、运送人员的，依照前款的规定处罚。

单位犯前两款罪的，对单位判处罚金，并对其直接负责的主管人员和其他直接责任人员，依照第一款的规定处罚。

**第一百二十条之二**　【准备实施恐怖活动罪】有下列情形之一的，处五年以下有期徒刑、拘役、管制或者剥夺政治权利，并处罚金；情节严重的，处五年以上有期徒刑，并处罚金或者没收财产：

（一）为实施恐怖活动准备凶器、危险物品或者其他工具的；

（二）组织恐怖活动培训或者积极参加恐怖活动培训的；

（三）为实施恐怖活动与境外恐怖活动组织或者人员联络的；

（四）为实施恐怖活动进行策划或者其他准备的。

有前款行为，同时构成其他犯罪的，依照处罚较重的规定定罪处罚。

**第一百二十条之三**　【宣扬恐怖主义、极端主义、煽动实施恐怖活动罪】以制作、散发宣扬恐怖主义、极端主义的图书、音频视频资料或者其他物品，或者通过讲授、发布信息等方式宣扬恐怖主义、极端主义的，或者煽动实施恐怖活动的，处五年以下有期徒刑、拘役、管制或者剥夺政治权利，并处罚金；情节严重的，处五年以上有期徒刑，并处罚金或者没收财产。

**第一百二十条之四**　【利用极端主义破坏法律实施罪】利用极端主义煽动、胁迫群众破坏国家法律确立的婚姻、司法、教育、社会管理等制度实施的，处三年以下有期徒刑、拘役或者管制，并处罚金；情节严重的，处三年以上七年以下有期徒刑，并处罚金；情节特别严重的，处七年以上有期徒刑，并处罚金或者没收财产。

**第一百二十条之五**　【强制穿戴宣扬恐怖主义、极端主义服饰、标志罪】以暴力、胁迫等方式强制他人在公共场所穿着、佩戴宣扬恐怖主义、极端主义服饰、标志的，处三年以下有期徒刑、拘役或者管制，并处罚金。

**第一百二十条之六**　【非法持有宣扬恐怖主义、极端主义物品罪】明知是宣扬恐怖主义、极端主义的图书、音频视频资料或者其他物品而非法持有，情节严重的，处三年以下有期徒刑、拘役或者管制，并处或者单处罚金。

**第一百二十一条**　【劫持航空器罪】以暴力、胁迫或者其他方法劫持航空器的，处十年以上有期徒刑或者无期徒刑；致人重伤、死亡或者使航空器遭受严重破坏的，处死刑。

**第一百二十二条**　【劫持船只、汽车罪】以暴力、胁迫或者其他方法劫持船只、汽车的，处五年以上十年以下有期徒刑；造成严重后果的，处十年以上有期徒刑或者无期徒刑。

**第一百二十三条**　【暴力危及飞行安全罪】对飞行中的航空器上的人员使用暴力，危及飞行安全，尚未造成严重后果的，处五年以下有期徒刑或者拘役；造成严重后果的，处五年以上有期徒刑。

**第一百二十四条** 【破坏广播电视设施、公用电信设施罪】破坏广播电视设施、公用电信设施，危害公共安全的，处三年以上七年以下有期徒刑；造成严重后果的，处七年以上有期徒刑。

【过失损坏广播电视设施、公用电信设施罪】过失犯前款罪的，处三年以上七年以下有期徒刑；情节较轻的，处三年以下有期徒刑或者拘役。

**第一百二十五条** 【非法制造、买卖、运输、邮寄、储存枪支、弹药、爆炸物罪】非法制造、买卖、运输、邮寄、储存枪支、弹药、爆炸物的，处三年以上十年以下有期徒刑；情节严重的，处十年以上有期徒刑、无期徒刑或者死刑。

【非法制造、买卖、运输、储存危险物质罪】非法制造、买卖、运输、储存毒害性、放射性、传染病病原体等物质，危害公共安全的，依照前款的规定处罚。

单位犯前两款罪的，对单位判处罚金，并对其直接负责的主管人员和其他直接责任人员，依照第一款的规定处罚。

**第一百二十六条** 【违规制造、销售枪支罪】依法被指定、确定的枪支制造企业、销售企业，违反枪支管理规定，有下列行为之一的，对单位判处罚金，并对其直接负责的主管人员和其他直接责任人员，处五年以下有期徒刑；情节严重的，处五年以上十年以下有期徒刑；情节特别严重的，处十年以上有期徒刑或者无期徒刑：

（一）以非法销售为目的，超过限额或者不按照规定的品种制造、配售枪支的；

（二）以非法销售为目的，制造无号、重号、假号的枪支的；

（三）非法销售枪支或者在境内销售为出口制造的枪支的。

**第一百二十七条** 【盗窃、抢夺枪支、弹药、爆炸物、危险物质罪】盗窃、抢夺枪支、弹药、爆炸物的，或者盗窃、抢夺毒害性、放射性、传染病病原体等物质，危害公共安全的，处三年以上十年以下有期徒刑；情节严重的，处十年以上有期徒刑、无期徒刑或者死刑。

【抢劫枪支、弹药、爆炸物、危险物质罪】【盗窃、抢夺枪支、弹药、爆炸物、危险物质罪】抢劫枪支、弹药、爆炸物的，或者抢劫毒害性、放射性、传染病病原体等物质，危害公共安全的，或者盗窃、抢夺国家机关、军警人员、民兵的枪支、弹药、爆炸物的，处十年以上有期徒刑、无期徒刑或者死刑。

**第一百二十八条** 【非法持有、私藏枪支、弹药罪】违反枪支管理规定，非法持有、私藏枪支、弹药的，处三年以下有期徒刑、拘役或者管制；情节严重的，处三年以上七年以下有期徒刑。

【非法出租、出借枪支罪】依法配备公务用枪的人员，非法出租、出借枪支的，依照前款的规定处罚。

【非法出租、出借枪支罪】依法配置枪支的人员，非法出租、出借枪支，造成严重后果的，依照第一款的规定处罚。

单位犯第二款、第三款罪的，对单位判处罚金，并对其直接负责的主管人员和其他直接责任人员，依照第一款的规定处罚。

**第一百二十九条** 【丢失枪支不报罪】依法配备公务用枪的人员,丢失枪支不及时报告,造成严重后果的,处三年以下有期徒刑或者拘役。

**第一百三十条** 【非法携带枪支、弹药、管制刀具、危险物品危及公共安全罪】非法携带枪支、弹药、管制刀具或者爆炸性、易燃性、放射性、毒害性、腐蚀性物品,进入公共场所或者公共交通工具,危及公共安全,情节严重的,处三年以下有期徒刑、拘役或者管制。

**第一百三十一条** 【重大飞行事故罪】航空人员违反规章制度,致使发生重大飞行事故,造成严重后果的,处三年以下有期徒刑或者拘役;造成飞机坠毁或者人员死亡的,处三年以上七年以下有期徒刑。

**第一百三十二条** 【铁路运营安全事故罪】铁路职工违反规章制度,致使发生铁路运营安全事故,造成严重后果的,处三年以下有期徒刑或者拘役;造成特别严重后果的,处三年以上七年以下有期徒刑。

**第一百三十三条** 【交通肇事罪】违反交通运输管理法规,因而发生重大事故,致人重伤、死亡或者使公私财产遭受重大损失的,处三年以下有期徒刑或者拘役;交通运输肇事后逃逸或者有其他特别恶劣情节的,处三年以上七年以下有期徒刑;因逃逸致人死亡的,处七年以上有期徒刑。

**第一百三十三条之一** 【危险驾驶罪】在道路上驾驶机动车,有下列情形之一的,处拘役,并处罚金:

(一)追逐竞驶,情节恶劣的;

(二)醉酒驾驶机动车的;

(三)从事校车业务或者旅客运输,严重超过额定乘员载客,或者严重超过规定时速行驶的;

(四)违反危险化学品安全管理规定运输危险化学品,危及公共安全的。

机动车所有人、管理人对前款第三项、第四项行为负有直接责任的,依照前款的规定处罚。

有前两款行为,同时构成其他犯罪的,依照处罚较重的规定定罪处罚。

**第一百三十三条之二** 【妨害安全驾驶罪】对行驶中的公共交通工具的驾驶人员使用暴力或者抢控驾驶操纵装置,干扰公共交通工具正常行驶,危及公共安全的,处一年以下有期徒刑、拘役或者管制,并处或者单处罚金。

前款规定的驾驶人员在行驶的公共交通工具上擅离职守,与他人互殴或者殴打他人,危及公共安全的,依照前款的规定处罚。

有前两款行为,同时构成其他犯罪的,依照处罚较重的规定定罪处罚。

**第一百三十四条** 【重大责任事故罪】在生产、作业中违反有关安全管理的规定,因而发生重大伤亡事故或者造成其他严重后果的,处三年以下有期徒刑或者拘役;情节特别恶劣的,处三年以上七年以下有期徒刑。

【强令、组织他人违章冒险作业罪】强令他人违章冒险作业,或者明知存在重大事故隐患而不排除，仍冒险组织作业，因而发生重大伤亡事故或者造成其他严重后果的，处五年以下有期徒刑或者拘役；情节特别恶劣的，处五年以上有期徒刑。

**第一百三十四条之一** 【危险作业罪】在生产、作业中违反有关安全管理的规定，有下列情形之一，具有发生重大伤亡事故或者其他严重后果的现实危险的，处一年以下有期徒刑、拘役或者管制：

（一）关闭、破坏直接关系生产安全的监控、报警、防护、救生设备、设施，或者篡改、隐瞒、销毁其相关数据、信息的；

（二）因存在重大事故隐患被依法责令停产停业、停止施工、停止使用有关设备、设施、场所或者立即采取排除危险的整改措施，而拒不执行的；

（三）涉及安全生产的事项未经依法批准或者许可，擅自从事矿山开采、金属冶炼、建筑施工，以及危险物品生产、经营、储存等高度危险的生产作业活动的。

**第一百三十五条** 【重大劳动安全事故罪】安全生产设施或者安全生产条件不符合国家规定，因而发生重大伤亡事故或者造成其他严重后果的，对直接负责的主管人员和其他直接责任人员，处三年以下有期徒刑或者拘役；情节特别恶劣的，处三年以上七年以下有期徒刑。

**第一百三十五条之一** 【大型群众性活动重大安全事故罪】举办大型群众性活动违反安全管理规定，因而发生重大伤亡事故或者造成其他严重后果的，对直接负责的主管人员和其他直接责任人员，处三年以下有期徒刑或者拘役；情节特别恶劣的，处三年以上七年以下有期徒刑。

**第一百三十六条** 【危险物品肇事罪】违反爆炸性、易燃性、放射性、毒害性、腐蚀性物品的管理规定，在生产、储存、运输、使用中发生重大事故，造成严重后果的，处三年以下有期徒刑或者拘役；后果特别严重的，处三年以上七年以下有期徒刑。

**第一百三十七条** 【工程重大安全事故罪】建设单位、设计单位、施工单位、工程监理单位违反国家规定，降低工程质量标准，造成重大安全事故的，对直接责任人员，处五年以下有期徒刑或者拘役，并处罚金；后果特别严重的，处五年以上十年以下有期徒刑，并处罚金。

**第一百三十八条** 【教育设施重大安全事故罪】明知校舍或者教育教学设施有危险，而不采取措施或者不及时报告，致使发生重大伤亡事故的，对直接责任人员，处三年以下有期徒刑或者拘役；后果特别严重的，处三年以上七年以下有期徒刑。

**第一百三十九条** 【消防责任事故罪】违反消防管理法规，经消防监督机构通知采取改正措施而拒绝执行，造成严重后果的，对直接责任人员，处三年以下有期徒刑或者拘役；后果特别严重的，处三年以上七年以下有期徒刑。

**第一百三十九条之一** 【不报、谎报安全事故罪】在安全事故发生后，负有报告职责的人员不报或者谎报事故情况，贻误事故抢救，情节严重的，处三年以下有期徒刑或者拘役；情节特别严重的，处三年以上七年以下有期徒刑。

## 十四、第二百六十三条

### （一）原文

**【2023 年版本、三次审议稿】**

第二百六十三条　公司违反本法规定，应当承担民事赔偿责任和缴纳罚款、罚金的，其财产不足以支付时，先承担民事赔偿责任。

**【2018 年版本】**

第二百一十四条　公司违反本法规定，应当承担民事赔偿责任和缴纳罚款、罚金的，其财产不足以支付时，先承担民事赔偿责任。

### （二）条文释义

本条规定了公司承担法律责任的顺序。

公司违反《公司法》规定，如果应当同时承担民事赔偿责任和缴纳罚款、罚金，为保护人民生命财产权益以及维护社会经济秩序的稳定，当公司财产不足以支付时，应当先承担民事赔偿责任，有剩余再承担罚款、罚金责任，没有剩余，或者剩余部分不足以承担全部罚款、罚金责任，则仅承担部分罚款、罚金责任，无财产承担的部分不再承担。

## 十五、第二百六十四条

### （一）原文

**【2023 年版本、三次审议稿】**
第二百六十四条　违反本法规定，构成犯罪的，依法追究刑事责任。
**【2018 年版本】**
第二百一十五条　违反本法规定，构成犯罪的，依法追究刑事责任。

### （二）条文释义

本条规定了刑事责任的追究。

严重违反《公司法》规定的行为有可能构成犯罪，由于我国所有刑事责任均规定在《刑法》之中，其他法律不具体规定刑事责任，因此，应当根据《刑法》规定追究刑事责任。

《刑法》在第二编第三章第三节中专门规定了"妨害对公司、企业的管理秩序罪"，违反《公司法》的行为也可能构成其他犯罪，如贪污贿赂罪、渎职罪等。

## （三）相关法律规定

### 《刑法》

#### 第三节　妨害对公司、企业的管理秩序罪

**第一百五十八条**　【虚报注册资本罪】申请公司登记使用虚假证明文件或者采取其他欺诈手段虚报注册资本，欺骗公司登记主管部门，取得公司登记，虚报注册资本数额巨大、后果严重或者有其他严重情节的，处三年以下有期徒刑或者拘役，并处或者单处虚报注册资本金额百分之一以上百分之五以下罚金。

单位犯前款罪的，对单位判处罚金，并对其直接负责的主管人员和其他直接责任人员，处三年以下有期徒刑或者拘役。

**第一百五十九条**　【虚假出资、抽逃出资罪】公司发起人、股东违反公司法的规定未交付货币、实物或者未转移财产权，虚假出资，或者在公司成立后又抽逃其出资，数额巨大、后果严重或者有其他严重情节的，处五年以下有期徒刑或者拘役，并处或者单处虚假出资金额或者抽逃出资金额百分之二以上百分之十以下罚金。

单位犯前款罪的，对单位判处罚金，并对其直接负责的主管人员和其他直接责任人员，处五年以下有期徒刑或者拘役。

**第一百六十条**　【欺诈发行证券罪】在招股说明书、认股书、公司、企业债券募集办法等发行文件中隐瞒重要事实或者编造重大虚假内容，发行股票或者公司、企业债券、存托凭证或者国务院依法认定的其他证券，数额巨大、后果严重或者有其他严重情节的，处五年以下有期徒刑或者拘役，并处或者单处罚金；数额特别巨大、后果特别严重或者有其他特别严重情节的，处五年以上有期徒刑，并处罚金。

控股股东、实际控制人组织、指使实施前款行为的，处五年以下有期徒刑或者拘役，并处或者单处非法募集资金金额百分之二十以上一倍以下罚金；数额特别巨大、后果特别严重或者有其他特别严重情节的，处五年以上有期徒刑，并处非法募集资金金额百分之二十以上一倍以下罚金。

单位犯前两款罪的，对单位判处非法募集资金金额百分之二十以上一倍以下罚金，并对其直接负责的主管人员和其他直接责任人员，依照第一款的规定处罚。

**第一百六十一条**　【违规披露、不披露重要信息罪】依法负有信息披露义务的公司、企业向股东和社会公众提供虚假的或者隐瞒重要事实的财务会计报告，或者对依法应

当披露的其他重要信息不按照规定披露，严重损害股东或者其他人利益，或者有其他严重情节的，对其直接负责的主管人员和其他直接责任人员，处五年以下有期徒刑或者拘役，并处或者单处罚金；情节特别严重的，处五年以上十年以下有期徒刑，并处罚金。

前款规定的公司、企业的控股股东、实际控制人实施或者组织、指使实施前款行为的，或者隐瞒相关事项导致前款规定的情形发生的，依照前款的规定处罚。

犯前款罪的控股股东、实际控制人是单位的，对单位判处罚金，并对其直接负责的主管人员和其他直接责任人员，依照第一款的规定处罚。

**第一百六十二条**　【妨害清算罪】公司、企业进行清算时，隐匿财产，对资产负债表或者财产清单作虚伪记载或者在未清偿债务前分配公司、企业财产，严重损害债权人或者其他人利益的，对其直接负责的主管人员和其他直接责任人员，处五年以下有期徒刑或者拘役，并处或者单处二万元以上二十万元以下罚金。

**第一百六十二条之一**　【隐匿、故意销毁会计凭证、会计账簿、财务会计报告罪】隐匿或者故意销毁依法应当保存的会计凭证、会计账簿、财务会计报告，情节严重的，处五年以下有期徒刑或者拘役，并处或者单处二万元以上二十万元以下罚金。

单位犯前款罪的，对单位判处罚金，并对其直接负责的主管人员和其他直接责任人员，依照前款的规定处罚。

**第一百六十二条之二**　【虚假破产罪】公司、企业通过隐匿财产、承担虚构的债务或者以其他方法转移、处分财产，实施虚假破产，严重损害债权人或者其他人利益的，对其直接负责的主管人员和其他直接责任人员，处五年以下有期徒刑或者拘役，并处或者单处二万元以上二十万元以下罚金。

**第一百六十三条**　【非国家工作人员受贿罪】公司、企业或者其他单位的工作人员，利用职务上的便利，索取他人财物或者非法收受他人财物，为他人谋取利益，数额较大的，处三年以下有期徒刑或者拘役，并处罚金；数额巨大或者有其他严重情节的，处三年以上十年以下有期徒刑，并处罚金；数额特别巨大或者有其他特别严重情节的，处十年以上有期徒刑或者无期徒刑，并处罚金。

公司、企业或者其他单位的工作人员在经济往来中，利用职务上的便利，违反国家规定，收受各种名义的回扣、手续费，归个人所有的，依照前款的规定处罚。

【受贿罪】国有公司、企业或者其他国有单位中从事公务的人员和国有公司、企业或者其他国有单位委派到非国有公司、企业以及其他单位从事公务的人员有前两款行为的，依照本法第三百八十五条、第三百八十六条的规定定罪处罚。

**第一百六十四条**　【对非国家工作人员行贿罪】为谋取不正当利益，给予公司、企业或者其他单位的工作人员以财物，数额较大的，处三年以下有期徒刑或者拘役，并处罚金；数额巨大的，处三年以上十年以下有期徒刑，并处罚金。

【对外国公职人员、国际公共组织官员行贿罪】为谋取不正当商业利益，给予外国公职人员或者国际公共组织官员以财物的，依照前款的规定处罚。

单位犯前两款罪的,对单位判处罚金,并对其直接负责的主管人员和其他直接责任人员,依照第一款的规定处罚。

行贿人在被追诉前主动交待行贿行为的,可以减轻处罚或者免除处罚。

**第一百六十五条** 【非法经营同类营业罪】国有公司、企业的董事、经理利用职务便利,自己经营或者为他人经营与其所任职公司、企业同类的营业,获取非法利益,数额巨大的,处三年以下有期徒刑或者拘役,并处或者单处罚金;数额特别巨大的,处三年以上七年以下有期徒刑,并处罚金。

**第一百六十六条** 【为亲友非法牟利罪】国有公司、企业、事业单位的工作人员,利用职务便利,有下列情形之一,使国家利益遭受重大损失的,处三年以下有期徒刑或者拘役,并处或者单处罚金;致使国家利益遭受特别重大损失的,处三年以上七年以下有期徒刑,并处罚金:

(一)将本单位的盈利业务交由自己的亲友进行经营的;

(二)以明显高于市场的价格向自己的亲友经营管理的单位采购商品或者以明显低于市场的价格向自己的亲友经营管理的单位销售商品的;

(三)向自己的亲友经营管理的单位采购不合格商品的。

**第一百六十七条** 【签订、履行合同失职被骗罪】国有公司、企业、事业单位直接负责的主管人员,在签订、履行合同过程中,因严重不负责任被诈骗,致使国家利益遭受重大损失的,处三年以下有期徒刑或者拘役;致使国家利益遭受特别重大损失的,处三年以上七年以下有期徒刑。

**第一百六十八条** 【国有公司、企业、事业单位人员失职罪】【国有公司、企业、事业单位人员滥用职权罪】国有公司、企业的工作人员,由于严重不负责任或者滥用职权,造成国有公司、企业破产或者严重损失,致使国家利益遭受重大损失的,处三年以下有期徒刑或者拘役;致使国家利益遭受特别重大损失的,处三年以上七年以下有期徒刑。

国有事业单位的工作人员有前款行为,致使国家利益遭受重大损失的,依照前款的规定处罚。

国有公司、企业、事业单位的工作人员,徇私舞弊,犯前两款罪的,依照第一款的规定从重处罚。

**第一百六十九条** 【徇私舞弊低价折股、出售国有资产罪】国有公司、企业或者其上级主管部门直接负责的主管人员,徇私舞弊,将国有资产低价折股或者低价出售,致使国家利益遭受重大损失的,处三年以下有期徒刑或者拘役;致使国家利益遭受特别重大损失的,处三年以上七年以下有期徒刑。

**第一百六十九条之一** 【背信损害上市公司利益罪】上市公司的董事、监事、高级管理人员违背对公司的忠实义务,利用职务便利,操纵上市公司从事下列行为之一,致使上市公司利益遭受重大损失的,处三年以下有期徒刑或者拘役,并处或者单处罚金;致使上市公司利益遭受特别重大损失的,处三年以上七年以下有期徒刑,并处罚金:

（一）无偿向其他单位或者个人提供资金、商品、服务或者其他资产的；

（二）以明显不公平的条件，提供或者接受资金、商品、服务或者其他资产的；

（三）向明显不具有清偿能力的单位或者个人提供资金、商品、服务或者其他资产的；

（四）为明显不具有清偿能力的单位或者个人提供担保，或者无正当理由为其他单位或者个人提供担保的；

（五）无正当理由放弃债权、承担债务的；

（六）采用其他方式损害上市公司利益的。

上市公司的控股股东或者实际控制人，指使上市公司董事、监事、高级管理人员实施前款行为的，依照前款的规定处罚。

犯前款罪的上市公司的控股股东或者实际控制人是单位的，对单位判处罚金，并对其直接负责的主管人员和其他直接责任人员，依照第一款的规定处罚。

# 第十五章 附 则

## 一、第二百六十五条

### （一）原文

**【2023年版本、三次审议稿】**
第二百六十五条 本法下列用语的含义：
（一）高级管理人员，是指公司的经理、副经理、财务负责人，上市公司董事会秘书和公司章程规定的其他人员。
（二）控股股东，是指其出资额占有限责任公司资本总额超过百分之五十或者其持有的股份占股份有限公司股本总额超过百分之五十的股东；出资额或者持有股份的比例虽然低于百分之五十，但依其出资额或者持有的股份所享有的表决权已足以对股东会的决议产生重大影响的股东。
（三）实际控制人，是指通过投资关系、协议或者其他安排，能够实际支配公司行为的人。
（四）关联关系，是指公司控股股东、实际控制人、董事、监事、高级管理人员与其直接或者间接控制的企业之间的关系，以及可能导致公司利益转移的其他关系。但是，国家控股的企业之间不仅因为同受国家控股而具有关联关系。

**【2018年版本】**
第二百一十六条 本法下列用语的含义：
（一）高级管理人员，是指公司的经理、副经理、财务负责人，上市公司董事会秘书和公司章程规定的其他人员。
（二）控股股东，是指其出资额占有限责任公司资本总额百分之五十以上或者其持有的股份占股份有限公司股本总额百分之五十以上的股东；出资额或者持有股份的比例虽然不足百分之五十，但依其出资额或者持有的股份所享有的表决权已足以对股东会、股东大会的决议产生重大影响的股东。

（三）实际控制人，是指虽不是公司的股东，但通过投资关系、协议或者其他安排，能够实际支配公司行为的人。

（四）关联关系，是指公司控股股东、实际控制人、董事、监事、高级管理人员与其直接或者间接控制的企业之间的关系，以及可能导致公司利益转移的其他关系。但是，国家控股的企业之间不仅因为同受国家控股而具有关联关系。

## （二）条文释义

本条规定了相关术语的含义。

高级管理人员，是指公司的经理、副经理、财务负责人，上市公司董事会秘书和公司章程规定的其他人员。董事有可能兼任高级管理人员，也有可能不兼任高级管理人员。公司章程可以规定其他高级管理人员，例如部门经理、经理助理、总法律顾问、总会计师、总经济师、总审计师等。

控股股东分为形式控股股东和实质控股股东，形式控股股东是指其出资额占有限责任公司资本总额超过50%或者其持有的股份占股份有限公司股本总额超过50%的股东。实质控股股东是指出资额或者持有股份的比例虽然低于50%，但依其出资额或者持有的股份所享有的表决权已足以对股东会的决议产生重大影响的股东。

实际控制人的范围大于控股股东，是指通过投资关系、协议或者其他安排，能够实际支配公司行为的人。控股股东是实际控制人，但实际控制人还包括控股股东以外的其他人员，如其原材料供应商、经销商、技术授予方等。

关联关系，是指公司控股股东、实际控制人、董事、监事、高级管理人员与其直接或者间接控制的企业之间的关系，以及可能导致公司利益转移的其他关系。判断关联关系，主要看交易向对方是否是公司的关联人。公司控股股东、实际控制人、董事、监事、高级管理人员均是公司的关联人，普通职工不是关联人。与同一主体均有关联关系的主体之间也具有关联关系。例如，张某同时担任甲公司和乙公司的董事，则张某与甲公司之间、张某与乙公司之间、甲公司与乙公司之间均具有关联关系。国家控股企业的股东均为国家，如根据一般规定，应当全部属于关联企业，未来它们之间的关系很难处理，同时也因为国家是一个抽象的主体，国家不会损害国家控股企业的利益，因此，国家控股的企业之间不仅因为同受国家控股而具有关联关系。例如，甲公司和乙公司均是国务院国资委所属企业，如果甲公司与乙公司之没有其他关联关系，则甲公司和乙公司不具有关联关系。再例如，甲公司持有丙公司80%的股权，持有丁公司60%的股权，则丙公司与丁公司之间具有关联关系。

《中华人民共和国公司法》释义

## 二、第二百六十六条

### （一）原文

**【2023 年版本】**

第二百六十六条　本法自 2024 年 7 月 1 日起施行。

本法施行前已登记设立的公司，出资期限超过本法规定的期限的，除法律、行政法规或者国务院另有规定外，应当逐步调整至本法规定的期限以内；对于出资期限、出资额明显异常的，公司登记机关可以依法要求其及时调整。具体实施办法由国务院规定。

**【三次审议稿】**

第二百六十六条　本法自　　年　　月　　日起施行。

**【2018 年版本】**

第二百一十八条　本法自 2006 年 1 月 1 日起施行。

### （二）条文释义

本条规定了生效日期。

修改后的《公司法》自 2024 年 7 月 1 日起施行。由于《公司法》修改内容较多，需要给社会留出一定的学习和适应时期。

2024 年 7 月 1 日前已登记设立的公司，出资期限超过 5 年的，除法律、行政法规或者国务院另有规定外，应当逐步调整至 5 年以内；对于出资期限、出资额明显异常的，公司登记机关可以依法要求其及时调整。例如，有的公司出资期限为 2050 年 12 月 31 日，《公司法》施行后，应当按相关规定逐步调整至 2029 年 7 月 1 日。

### （三）相关司法解释规定

**《最高人民法院关于适用〈中华人民共和国公司法〉若干问题的规定（一）》**

**第一条**　公司法实施后，人民法院尚未审结的和新受理的民事案件，其民事行为或事件发生在公司法实施以前的，适用当时的法律法规和司法解释。

**第二条**　因公司法实施前有关民事行为或者事件发生纠纷起诉到人民法院的，如当时的法律法规和司法解释没有明确规定时，可参照适用公司法的有关规定。

**第五条**　人民法院对公司法实施前已经终审的案件依法进行再审时，不适用公司法的规定。